序 / V

本书所获赞誉 / XI

前　言 / XIII

第一部分　超级恐慌 / 1

第1章　危机
金融纸牌屋的周期性修正 / 2

第2章　经济周期的本质
货币与资产的循环 / 19

第3章　泡沫、恐慌和崩溃
盲目从众与自我欺骗 / 28

第二部分　超级趋势 / 45

第4章　戏剧化平衡
中产需求和老龄化方案 / 47

第5章　全球化、城镇化和财富爆炸
自由经济的奇迹 / 81

第 6 章 创新力社会
元思想的传播与聚变 / 94

第 7 章 环境和资源的压力
从"繁荣的尽头"到"惊人的胜利" / 112

第三部分 超级帝国 / 143

第 8 章 部落与帝国
虚拟帝国的诞生 / 145

第 9 章 冲突陷阱
战争、恐怖主义和底层 10 亿人 / 165

第四部分 超级行业 / 187

第 10 章 未来的世界
可预测的周期、趋势和未来 / 189

第 11 章 金融
角色增加与再次扩张 / 202

第 12 章 房地产
位置、估值和时机 / 218

第 13 章 大宗商品
人类的选择 / 250

第 14 章 新能源
成本、时间与规模的博弈 / 266

第 15 章 基因学和生物技术
解码与创新 / 280

第 16 章 信息技术
从晶体管到神经元和蜘蛛软件 / 304

第 17 章　奢侈品

品牌的虚拟货币机 /356

第 18 章　生活方式

体验经济、分享经济、创造经济 /374

第五部分　超级大脑 /389

第 19 章　智慧和幸福

从介质遗传到智能进化 /390

后　记　站在未来看现在 /409

附　录　未来 30 年最引人注目的 100 件事 /411

序

今天我们正处在一个希望与焦虑并存的时期里。从希望的角度看，人类社会正处在一次科技大革命、经济大发展的前期。人工智能、信息技术、新能源、生命科学等一系列科技方面的突破，让未来的几十年很可能成为人类历史上增长最快、变化最快的时代。另一方面，国际经济社会环境和科技造成的一系列颠覆性的改变也引起了人们的极度焦虑。我们掌握的知识会不会被淘汰？我们的工作岗位会不会消失？对于中国人来说，中美贸易摩擦所代表的一系列逆全球化的发展，正在改变我们在改革开放40年里熟悉的外部环境。未来几十年，世界经济、社会、环境、科技发展何去何从？

这些正是《逃不开的经济周期2》详尽讨论的大问题。作者拉斯·特维德曾担任卫星通信、互联网和移动领域许多成功的高科技公司的创始人。他还撰写了许多涵盖金融交易、市场规划和经济危机理论等领域的畅销书。在《简明营销圣经》中，特维德先生被列入世界营销战略的62位主要思想家之一。这本书是集他几十年知识和经验之大成，讨论了未来40年人类社会在政治、经济、社会、人口、环境、生活方式、商业以及科技上的发展大趋势。在如此大跨度的时间、极广泛的领域里讨论将要出现的趋势，难度之大，可想而知。

那么，在未来几十年里，在作者的眼中有哪些特别值得关注的超级趋势呢？

一是人口增长的趋势。尽管全球人口增长的速度在放缓，但到2050年世界人口将在目前的基础上增加20亿人，而且绝大部分的新增人口出现在发展中国家特别是欠发达国家。二是人口的结构也要发生巨大的变化。在此期间，全球城市要新增30亿人，大部分是从农村搬进来的。一个好消息是，人的预期寿命将平均增加10岁；一个坏消息是老龄化将成为突出的特点，仅退休人员就要增加16亿。三是市场在扩大，经济规模也在快速增长。全球年产出GDP将会比现在高出400%，其中大多数的新兴市场国家的年度GDP将比现在高出400%~600%。全球中产阶层要从2010年的10亿人增加到2050年的25亿人。

然而，未来经济社会的发展不应该是一帆风顺、直线上升的。特维德认为，未来市场中存在三个经济周期。一个是由于企业库存变化造成的大概4~5年一次的存货周期；一个是由投资造成的一般为9~10年一次的资本支出周期；一个是由房地产的兴衰造成的房地产周期，这是一个有可能导致经济全面崩溃的强周期，一般15~20年一次。这三个周期相互叠加，相互作用，周而复始，令全球经济处于一个S形的发展过程。周期震荡幅度的大小，由经济上升时期产生的泡沫大小，以及泡沫破灭后人们的恐慌情绪和市场的崩溃程度来决定。

对于中国读者来说，我们更关心的是，在这样的超级趋势和经济周期下，中国的地位和发展会如何？

尽管这本书并没有一个专门的章节来讨论中国问题，但作者认为，几乎在所有的领域里，中国都是一个非常重要的角色。作者惊叹，几十年来发生的惊人的变化奠定了中国未来发展的基础。特维德说，20世纪70年代中国的人均收入与索马里差不多，经济规模甚至还不如比利时，但今天，中国的GDP已经超过日本，成为世界第二大经济体。他预测，中国经济总量会在2040年之前超过美国，成为世界第一大经济体。作者回顾了几千年的人类发展史，实际上早在1820年，中国的经济总量就是世界第一，占当时世界经济的33%。这一比例一直到1945年第二次世界大战结束时才被美国超越。

今天，中国正在努力实现在中华人民共和国成立100周年时的2049年成为世界强国的宏伟目标。这本书是市场中少有的对2050年世界人口、经济和科技格局进行全面分析和预测的重要著作。让我们看一看作者的"第三只眼"是如何看待2050年中国在世界经济中的地位的。

首先看人口。作者引用了联合国2008年《世界人口展望》的数据，到2050年全世界人口将达到90亿，中国的人口将比2010年仅增加5%，为14.1亿。与此同时，日本的人口不但不增加还要下降20%，包括俄罗斯在内的东欧则要下降18%，西欧下降2%。另一方面，非洲的人口要增加93%，包括土耳其在内的中东人口要增加60%，印度增加33%，北美增加28%。未来人口结构如此大的变化，会严重影响世界格局。作者对中国老龄化的人口结构也有比较悲观的预测。以抚养比为例，2010年中国的抚养比已经低于50%（即0~14岁及65岁以上的人口之和已经大于15~60岁有生产能力的人口）。到2050年，这个抚养比要高达80%。也就是说，届时我国20%有劳动能力的人口要抚养80%的人口。这些数字应该引起我们极大的警惕。从现在起就要开始规划，尽早采取从加大养老金投入、延长退休年龄，到切实提高人口教育质量、大力发展智能机器人等切实有效的措施。

再看经济总量，作者预计到2050年全世界GDP的产出为2010年的400%，达264万亿美元。届时中国的经济规模是多少，作者没有直接给出答案，但他指出新兴市场国家年增长率比现在高4~6倍。作为最大最重要的新兴市场国家，按2010年的不变价计算，2050年中国的GDP将达到30万~36万亿美元，比当时美国的GDP要高出25%。这当然是一个比较保守的估计。更多的经济学家预测，2030年以前，中国经济总量将超过美国。高盛公司更预测，到2050年中国GDP将接近美国的2倍。但是，我们都知道，经济总量大并不能说明一个国家就是真正强大的。英国经济学家安格斯·迪森的研究数据表明，在过去2 000年的世界历史中，中国的经济总量一直居于世界前列，甚至直到1930年，中国的经济总量还位居世界第二。落后是要挨打的。1840年，当我们的GDP还是世界第一的时候我们就被几艘英国炮舰轰开了大门。历史再次印证了中华民族伟大复兴一定要从大国向强国转变。

作为一个知识分子，我更关心的是知识领域和科技领域长期发展的大趋势。尽管在每一个具体的科技领域里，前瞻性的研究著作已经是汗牛充栋了。但对知识作为总量发展进行研究的书籍还不多。为此，我对作者对知识发展的长期判断很感兴趣。作者认为，全球的知识工作者人数每15年翻一番。由于更好的教育、更好的营养，加上全球化的趋势，由不同地方和种族的人通婚而产生的"杂交优势"，使人类的平均智力每年增长0.3%。也就是说，人类知识的综合年增长率为10%左右。以此类推，到2050年，人类知识将增加45倍，远远超过经济领域4倍的增长率。

我完全同意作者的看法，人类正在进入一个前所未有的科技高速发展的新阶段。在以大数据、人工智能为代表的这些震撼世界的新科技日益发展的同时，人类的生产生活环境将面临史无前例的大变化。牛津大学和花旗银行的一份研究报告预测，中国目前77%的工作岗位未来都有可能会被智能机器人替代。各个行业、各年龄段的人对新科技带来的变化都有着强烈的焦虑感。虽然在过去的蒸汽机革命、电气革命以及迄今为止的计算机革命中，人类一次又一次地战胜了机器，可是过去机器替代的是人的手脚，而现在人工智能却直指人类最核心的竞争力——大脑。按牛津大学的尼克·波斯特洛姆教授的预测，超级智能将在包括科学创造、普通智慧和社会技能在内的每一方面都比最有智慧的人类头脑还要聪明。日本软件银行集团董事长孙正义更是惊人地预测，在未来30年内，人工智能的智商将达到10 000。这是什么意思？现在人类的平均智商只有100。即使是像本书作者所说，目前全球智商最高记录是一个韩国的叫金雄镕的年青人，他4岁时能阅读韩、日、德、英四种文字的书籍，3~6岁在汉阳大学学习物理，4岁时就能解高阶随机微分方程，但他的智商也只有210。如果孙正义的预测真的能实现的话，哪怕再晚上几十年，我们的后代又如何与超级智能机器人竞争呢？

序

未来趋势到底如何变化？我们又应该如何掌控与应对？还是来看看这本书吧！

汤敏

2019 年 10 月于北京

本书所获赞誉

金融市场在次贷危机之后将何去何从？本书以一种非经济学家也能理解的语言，为金融市场的动态提供了一种令人兴奋和易于理解的视角。

——彼得·莫拉塔，新风投合伙人

这本书不仅仅是一本极具知识启发性的书。它将你从短期共识中解放出来，并有力地将你的思维导向未来。对所有准备挑战现状以便获得良好商业前景的高管而言，这是一本必读之书。

——克里斯蒂安·德·普拉蒂博士，美林资本市场有限公司首席执行官

2009年，拉斯·特维德受我之邀为一群科技投资者和企业家做主题演讲。他对能源、生物技术和信息技术等行业的趋势进行分析，给听众留下了深刻的印象。在这本书中，拉斯扩展了这些想法，对全球趋势、人口变化和技术进步进行了深入研究，他的结论为精明的投资者提供了更多的机会。对于那些想要在快速变化的世界中寻找机会的投资者来说，这是一本必读之书。

——法利·卡什·杜瓦尔，红鲱鱼前董事总经理，现任瑞士苏黎世白公牛有限公司首席执行官

未来40年，我们需要敏锐的分析意识和昂贵的创造力进行思考。无论你是否认同拉斯·特维德开发的水晶球，它都是对我们共同的未来独特而全面的审视。此外，由于

它提供了广泛的洞察力，对每个人都有价值。读一读吧，然后好好加以思考。

——巴里·A．松森，高通公司副总裁

这不仅是一本商业领袖和投资者的必读书，也是那些对今天和未来世界感兴趣的人的必读书。拉斯·特维德的新书对未来的乐观态度令人难以置信且耳目一新。这是一本令人兴奋的、发人深省的、激动人心且非常有趣的好书！

——奥列·斯科夫，埃森哲前管理合伙人

前言

2020年的世界将会是什么样的？2030年、2040年，甚至2050年呢？那时候，最有趣的工作、创业和投资方式是什么样的？最快的增长和最丰厚的利润又将来自哪里？

2009年5月的大部分时间，我都在思考这一问题。几年前，我与合伙人共同成立了一家移动通信公司，该公司于2009年1月入选红鲱鱼全球100强，成为世界上最有发展前景的科技公司之一。在美国圣迭戈市举行的颁奖典礼结束之后，我被邀请在柏林举行的红鲱鱼欧洲100强活动上向领先的企业家和风险投资公司发表主旨演讲。活动在2009年4月1日举行，我演讲的题目是"科技的未来"。

演讲结束后，我想写一本书，内容上不仅关乎未来的科技，还关乎未来的政治、冲突、经济、人口、环境、生活方式、商业以及科技。

原因是，我不时地注意到包括我在内的几乎所有商业人士，似乎都在压倒性地寻求中、短期信息。"未来12个月的盈利共识是什么？""目前哪些手机制造商正在抢占市场份额？""谁将在日本大选中获胜？"

这些信息很重要，但在我的生活中，能让我做出最好的投资决策并在生意上获得最大乐趣的，往往是那种在掌握了全部信息的情况下所做的不同于主流情绪和处于领先地位的长远思考。我也注意到，为了获得乐趣、取得成功，仅仅把事情做正确还不够，选择做正确的事情更重要。我所获得的成功，真的只是在正确的地点、正确的时间做了正确的事，正如他们所言。

你现在读的是最终成书。我对2050年的前景做了最长远的展望。某些人对未来会发生什么似乎有清晰而强烈的预见，而另一些人，我确信他们是在一个相当大的范围内冒险。例如，迄今为止，对于2050年人口的数据统计远比信息技术更具可预测性。

在写这本书的几个月里，有很多人说世界经济将处于非常长的停滞阶段——可能10年，也可能20年。毕竟，这是日本在1990年经济危机后发生的事情，而自1980年以来，甚至自"二战"以来，西方世界就积累了过多的信贷，这种信贷过剩难道不需要同样长的时间来逆转吗？

我个人不这么认为。我认为我们正处于急速的全球扩张中，一些经济体将不得不与债务做斗争，而大多数国家要么没有债务问题，要么是能够处理这些问题。然而，我们需要从2007—2009年的经济危机中了解未来的一些教训。所以，尽管这本书是关于未来几十年的，但我仍将从处理这一巨大的经济危机讲起。

第一部分

超级恐慌

- 人类文明的道路从来都不是平坦的，未来也不会是平坦的。其中的一些归因于不可预测的事件，但一些反复出现的现象也起到了重要作用。
- 总结从2007—2009年的危机中得到的启示，并对这些启示以及它们在未来可能产生的非理性、不确定性和戏剧性进行解释和量化。这部分特别强调经济周期、泡沫和恐慌背后的经济和心理驱动因素。
- 此外，我们还将对货币和银行业的实质进行解释，并揭示影子货币和影子银行在过去是如何促成过度繁荣和崩溃的，以及未来再次发生这种情况的可能性。
- 在这一部分的最后，你还将看到，在20世纪80年代后，世界进入一个结构性的通缩繁荣阶段，而这一阶段远未结束。这种动态的状况将会刺激金融泡沫频繁出现。

第 1 章　危机
金融纸牌屋的周期性修正

在 2008 年 1 月寒冷的一天，我正坐在瑞士苏黎世机场等候登机，这时，我突然听到类似 U 形潜水艇声呐的声音。它来自我的口袋。

嗡嗡嗡，嗡嗡嗡。

那是我的手机。我把它从口袋里掏出来，按了一下绿色按钮。"拉斯……"，我对着电话说。另一端的声音来自我的一个朋友，他所说的话听起来令人惊恐：

"拉斯，我刚从银行研讨会出来。他们是我见过的最悲观的人。事实上，这是我第一次感受到他们是真正地感到担忧——我想你应该知道。"

他所提到的研讨会是在苏黎世举行的年度预测研讨会，它通常在苏黎世湖畔著名的酒店举行。我和朋友们每年都去参加这个会议，因为它非常好。但这次我有事没能参加。

我的朋友在电话中说的话并不出人意料。事实上，我已经卖出了很多股票，并在 2007 年年底卖出股指期货以对冲其余的股票。但他说的话还是让我担心。我们聊了一会儿就挂断了电话。飞机尚未准备就绪，所以我静静地坐着思考了一会儿。"如果这件事真的发生——它很有可能发生，那么我可不想因此惹上麻烦。"我想。问题在于我投资了大量的私募股权，不可能轻易地卖出，而且我已经承诺要追加更多投资了。我也投资对冲基金和小盘股，不可能很快就脱手。在登机之前，我打电话给经纪人，卖出了更多的股票期货。

现在回想起来，我应该卖出更多股指期货。接下来的金融崩盘甚至比我担忧的还要严重，而且可能比几乎任何投资银行家所能想到的都更严重。这是我一生中的投资低谷，尽管我有先见之明，但由于过早地清空了我的对冲头寸，我的股票净值在后期下跌了。

那么，那次危机到底发生了什么？有人说它源于2007年爆发的经济泡沫。然而，即使有些市场顶部过高，我个人也不愿意用"泡沫"这个词来描述它们。在我看来，2008年年初的美国房地产和股票价格并非高得离谱。

有些人把这次危机归咎于金融系统的系统性风险，我认为这是完全正确的。还有一些人说，这是一个传统的经济周期事件，这显然是事情的一部分。那么，让我们先从这个方面着手吧。

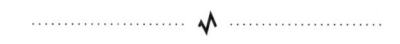

只顾展望未来而不考虑经济周期是很危险的。之所以这么说，具体有三个原因。第一，经济周期对我们的生活影响巨大，所以发展到未来阶段，也可能对其他事情产生影响。第二，经济周期的行为取决于创新和通货膨胀的长期趋势。第三，人们经常把周期与趋势混淆，如果能够真正理解这二者，有些风险就是可以避免的。因此，我将在下文详细阐述我认为每一个投资者和企业家都应该知道的事实。

经济周期主要源于一些被称为"番茄酱效应"的现象。"番茄酱效应"就是当你持续拍打番茄酱瓶时，开始一点儿都流不出来。然后，突然，从瓶里倒出来的番茄酱又太多了，远远超出你的需求，类似的效应通常会发生在三个不稳定的经济领域：

- 存货
- 资本支出
- 房地产

存货是其中最容易预测也最简单的。如果在当代经济正常发展的过程中，截取任一时点进行观察，可能就会发现存货大约构成了年度GDP（国内生产总值）的6%。以下是我们对存货周期变化规律的详细阐述。

（1）在衰退的最后阶段，存货低于正常值，因为公司已经有一段时间不生产任何产品了。

（2）随着需求的回升，公司被迫增加存货。这一追加过程增加了新的订单，从而给经济带来额外的刺激。

（3）随着经济增长的加速，许多公司都试图将存货水平提高一些，但由于销售订单增长得更快，它们在一段时间内无法补充存货。此外，随着经济的增长，存货的交货期越来越长，这可能会迫使公司订购超过真实需求量的存货。

（4）最终，公司已经拥有了足够的存货。一旦出现这种情况，工厂的订单就会降至零，突然间，很多经理开始担心他们实际上做过了头，现有的库存太多了。因此，他们会暂时停止订单，而存货驱动的周期会随之下降。

存货波动倾向于创造一个温和的经济周期，四五年循环一次，这使之成为最短的经济周期。存货周期很短的一个原因是，存货很容易被订购，而且到货相当快（在经济繁荣时期会慢一些）。存货里没有核反应堆或摩天大楼，相反它们往往是那些更小或更简单的产品，如螺丝钉和螺栓、原材料，或者是剃须刀、真空吸尘器和几箱酒之类的简单产品。如果一个经济体在深度衰退中收缩5%，那么实际上仍然有95%的资金流动，所以公司可以很容易减少它们的存货。现实情况是，一旦企业在经济衰退初期感到恐慌，开始了去库存的过程，通常9~12个月，存货就会降至几乎为零，这就是存货周期较短的真正原因。

第二个经济周期的驱动力是资本支出，它投资于如装配线、卡车、包装机械和计算机等机器和设备。资本支出在现代经济中所占的比重为9%~10%，其在高增长的新兴市场所占的比重更高。

为什么资本支出会导致经济波动？当经济增长时，公司会在一段时间内决定提高生产能力，因此它们会订购更多的设备。这在固定设备供应商中创造了一个繁荣，它们需要增加产能，因此也会订购更多的设备。换句话说，繁荣是自馈式的满足。最后，当每个人都感觉自己已经获得了足够的产能时，订单量减少了，许多供应商现在会突然意识到，自己已经订购了太多的设备。于是，销售额开始下降，甚至越降越低。这种"番茄酱效应"与存货现象非常类似，但它的发展速度较慢，因为固定设备比存货更复杂，因而其生产所消耗的时间也更长。资本支出周期之所以更长，是因为资本支出在经济中所占比重更大，而且时间拖得越久，这两个方向上的过剩都将变得更糟。资本支出周期平均每9~10年就会出现一次衰退。

资本支出周期的严重性绝不是说说而已，从2000年到2003年的信息技术危机就是一个很好的例子。然而，最具破坏性的经济周期是由房地产市场的内在波动性造成的。在典型的发达经济体中，住宅建设平均占国内生产总值的9%左右，商业地产建设约占3%。其中大约一半花在修缮和维护上，一半花在新建工程上。其中也许有20%是由政府出资，因此相当稳定，其余部分则是私人的，就是在这里出现了这种令人讨厌的周期。

那么，它是什么样的呢？首先，每个周期平均持续时间为18~20年。房地产市场崩溃之后，几乎不会有任何新的建设活动。因为人们太害怕，既然购买现房的价格远低于重置成本，那又何必去建新的房子呢？此外，很大一部分开发商正处于破产阶段，难以获得开发新项目所需的资金，开发商或买家将不得不拿出高额的预付款。

然而，随着时间的推移，自然需求最终赶上了未售出的房产的供应量。房地产价格开始上涨，一段时间后，置换就会变得有利可图。开发商现在开始寻找新的土地，起草项目方案，获得建设许可，并开始建设。当然这要花费好几年的时间。与此同时，市场继续改善，不少投机者也加入这一竞争行列。此外，许多私人投资者可能会决定购买第二套房子，部分原因是为了改善居住条件，同时也期望这将是一项好的和安全的投资。

当新的房产以极少数人可以承受的价格大量供应的时候，资产周期达到了最后的高潮。现在销售变得困难，出现了价格下跌和交易量下降。在销量下降大约一年之后，价格也开始下降，这一过程会持续3~4年。

正是在这个阶段，许多银行惊恐地意识到，它们放贷的一些投机者没有能力偿还贷款。由于每个投机者通常都向几家银行申请贷款，因而放贷者得出结论，最后一家收回贷款的银行将遭受损失，所以他们争先恐后地"挤兑"客户。

由于房地产价格现在正在下降，其损害从高杠杆的投机者蔓延到建筑商、经纪人和各类房地产业主。随之而来的是破产，而那些给自己加了10倍杠杆的贷款人通常不得不接受巨额的损失。一些实力较弱的银行很快就到了破产边缘，危机的早期阶段是银行挤兑客户，而现在是客户挤兑银行。实力较弱的那些金融机构很快就屈服了。受破产风险和资产价值下滑的影响，现在银行将切断对所有行业的贷款，由此导致整体流动性收缩，这种收缩即使没有导致经济萧条，也将带来严重的经济衰退。

房地产周期已经有超过150年的历史，并且在不同时代、不同国家和地区都表现得非常相似。但是每个周期都可能与历史平均值大相径庭，典型的情况如下：

（1）经济萧条开始：房地产价格下跌和交易量下降的一年；

（2）然后是3~4年的价格下跌；

（3）随后几年，交易恢复，价格缓慢上涨；

（4）最后是10~15年的价格上涨期，并在下一次经济萧条到来之前加速发展。

正如我所言，这是历史平均水平，只能这样理解。但是，如上所述，它已经持续了几个世纪，在许多不同的国家也是如此。

这里有一个问题，为什么在发达国家房地产周期比资本支出周期更为戏

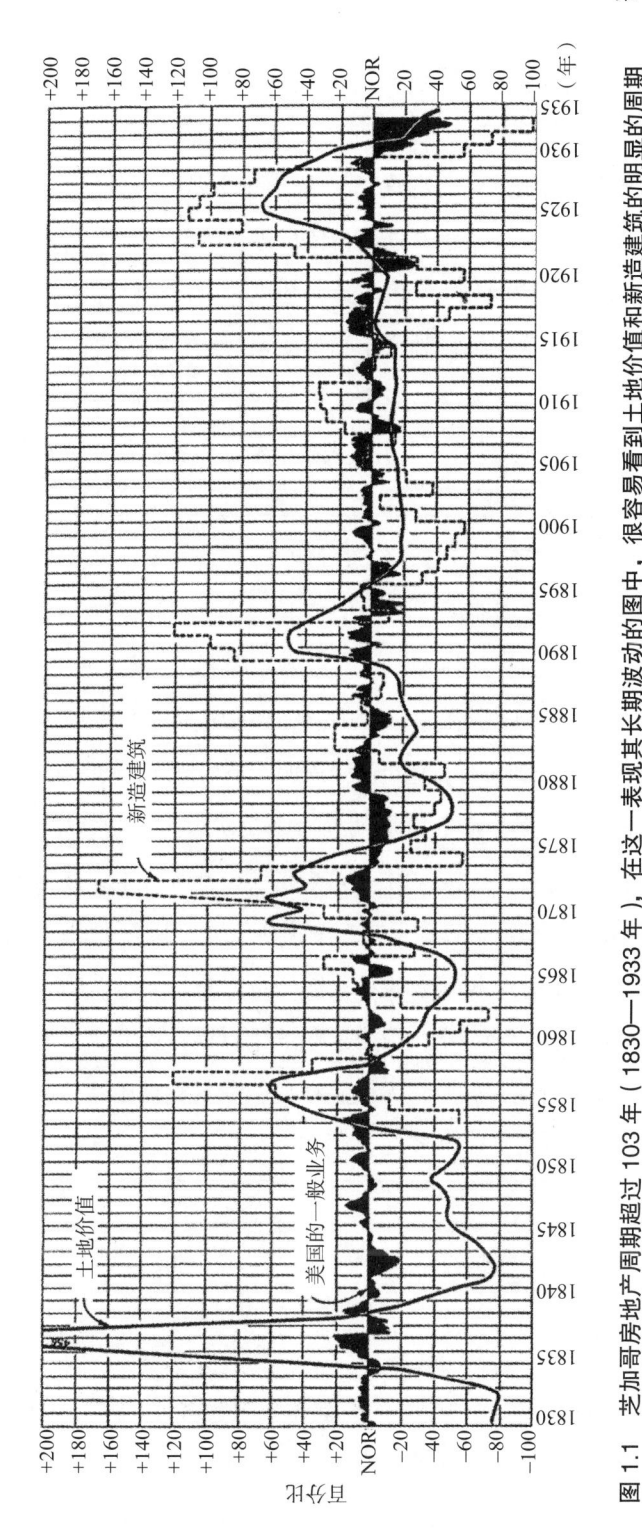

图 1.1 芝加哥房地产周期超过 103 年（1830—1933 年），在这一表现其长期波动的图中，很容易看到土地价值和新造建筑的明显的周期

资料来源：霍默·霍伊特，《房地产百年周期史：1830—1933 年芝加哥城市发展与土地价值》，芝加哥：芝加哥大学出版社，1933 年。

剧化？毕竟，我们刚刚看到，资本支出约为国民生产总值的9%，而房地产约为12%。这难道不是一个巨大的差距吗？

答案部分归结于所谓的"财富效应"。当房价下跌时，股价也随之下滑，人们突然感觉到财富减少了很多，这使得他们停止了消费。房地产价格下滑之所以如此糟糕，主要原因在于，大多数其他可变价格资产都由非杠杆投资者（如养老基金）所拥有，而房地产市场却依赖两层杠杆。第一，房地产所有者通常已经为此借入很大一部分资金。第二，贷款给他们的机构本身的杠杆率通常在10倍左右（不包括资产负债表外的活动，我们将在后面介绍）。

三个经济周期

这里存在三个经济周期。

- 存货周期。平均持续时间为4.5年的有限周期。
- 资本支出周期。平均持续时间为9~10年的潜在的强周期。
- 房地产周期。导致银行业危机的强周期，平均持续时间为18~20年。

有一种趋势，如果一个经济周期处于下行阶段，比如房地产周期，其他周期也将随之下行，这被称为"模式锁定"。想象一下，在音乐会上人们开始随机拍手，然后迅速地形成一个集体节奏，其实事情就是这样。经济周期中的模式锁定之所以发生，是因为世界是普遍联系的，尤其在房地产危机发生时会特别突出，因为这些危机对银行业造成了损害，而每个人都要依赖银行获得融资，无论是存货、资本支出还是房地产，无一例外。

我认为任何想要投资或做生意的人都需要熟悉我刚刚描述的周期。但是，了解正常的"市场轮动"也非常有用。它是在货币市场、债券市场和股

票市场之间的周期性轮动，甚至存在于每一个市场内部。表 1.1 给出了围绕（基于房地产）经济周期的典型总体序列。

表 1.1 金融市场在经济周期中的循环

繁荣	1. 提高货币利率（银行贷款利率）
	2. 债券价格下跌（这意味着债券利率上升）
	3. 股票价格下跌
下降	4. 经济衰退
	5. 商品价格下跌
危机	6. 房地产价格下跌
	7. 低利率
	8. 债券价格上升
	9. 股票价格上升
恢复	10. 经济复苏
	11. 商品价格上升
	12. 房地产价格上升

围绕着基于资本支出的经济周期的轮动在很大程度上是相同的，除了纯粹的资本支出或库存驱动经济周期，房地产市场可能不会在经济衰退阶段下行，因为利率下降带来的好处足以抵消不断恶化的经济影响。

在每个参与市场轮动的资产类别中，有领先者也有落后者。例如，对于股票市场而言，在经济复苏之前和期间，其表现优于大盘的顺序通常是：（1）金融和非必需消费股上升，（2）信息技术和工业股，（3）资源股。随着经济到达波峰，仅仅是消费必需品，然后是公用事业股能跑赢大盘。

还有一件事是每个人都应该知道的（但很多人显然不知道）：股票在经济峰值前 9 个月处于平均峰值水平，然后通常会进入交易区间或下行。据高盛估算，从 1847 年至 1982 年，美国经济周期性熊市平均持续 23 个月，股价平均下跌 30%。在波谷期，这种行为有所不同，股票市场在经济波谷前平均 5 个月左右会有一些反弹。

因此，无论是处于波峰还是波谷，股票都是主要指标，事实上也是我们所拥有的最好的主要指标。然而，对于那些在接近底部时买入股票的人来说，当他们看到经济状况继续恶化时，在5个月的时间里继续持有股票无疑是一种精神折磨。然而（这常常被遗忘），当你购买一只股票时，它不仅仅是企业的盈利，或者是未来5个月或12个月的亏损，还包括未来15年乃至更长时间内贴现现金流的减少。从这个角度看，金融市场疯狂地反映了经济的周期性波动。

为什么波峰的提前期比在波谷的提前期长？其中一个原因可能是，资本支出和房地产建设活动的发展势头导致了经济波峰的出现，而这种势头很难快速终止。因此，股市通常会先出现几个月的高波动期，但没有明显的趋势，在经济达到峰值之后，股市开始下降。低拐点的金融价格机制往往更突然，因为较低的经济拐点将会很快到来，而它主要是通过存货补充来启动的。无论如何，罗斯柴尔德男爵曾说过，现在是买进股票的时候了，"当街上有血的时候——即使是你自己的血"。这是非常正确的。在经济达到最低点之前，应该买进股票，一个早期信号是债券价格的回升，包括公司债券在内，接下来的一段时间，尽管坏消息不断传来，但股市将停止下跌。

大宗商品在市场轮动中也发挥着重要的作用。首先，它们是经济周期中明显的滞后指标。戈登和卢文赫斯特研究了不同的大宗商品在美国1959年到2004年的经济周期里是如何波动的（《大宗商品期货的事实和幻想》）。表1.2是与债券和股票相比，大宗商品的平均价格表现，我用灰色将表现强劲的阶段标记出来。

区别很明显。伴随着通货膨胀的消失、流动性的扩张以及一个可预期的更美好的未来，即使在经济衰退后期，公司债券也会大幅上涨，并持续到经济复苏。股价紧随其后，出于同样的原因，因为期货收益（即债券收益率）的贴现率下降，所以大宗商品在扩张后期才发挥作用，特别是铜和锌的交易表现良好。铜价甚至在衰退早期仍处于高位，这是因为在扩张期启动的建设项目通常会继续进行，直到它们完成。

表 1.2 大宗商品与债券和股票相比的平均价格表现

	扩张早期	扩张晚期	衰退早期	衰退晚期
铜	2.3%	18.8%	11.3%	21.6%
锌	3.3%	11.9%	−8.6%	−1.7%
镍	3.4%	14.1%	6.9%	−11.2%
铝	−0.6%	4.6%	5.6%	−3.8%
铅	2.6%	11.6%	−16.0%	−9.7%
公司债券	11.5%	3.6%	−2.9%	25.7%
标普综合回报	18.1%	10.4%	−15.5%	17.3%

资料来源：戈登、卢文赫斯特，《大宗商品期货的事实和幻想》。

经济周期中的绝佳投资并不是一个人是否在给定的时间里进行了投资，而是在每个阶段投资了什么。市场上总有牛市和熊市。

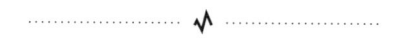

关于经济周期的理论已经足够多了。让我们仔细研究一下 2007—2009 年的那次大崩溃。它始于 2006 年美国住宅房地产交易活动的高峰期，随后从 2007 年开始房地产价格下跌。这个时间很有趣，因为美国上次经济危机发生的时间是 1986—1991 年，正好是 20 年前。之前的事件被称为"储贷协会危机"，可以说惨不忍睹。在此期间，所谓的"住房开工"（新建的住房）下降了 45%，降至"二战"以来的最低水平，储贷协会危机导致了不少于 745 家储贷协会违约。

我的观点是，2007—2009 年发生的危机是教科书式的经济周期，由于银行通常因为亏损而瘫痪，它切断了资本支出的资金，因此导致资本支出大幅下降。事实上，银行业危机也符合标准的经济周期模型——所有的房地产危机都会导致银行业危机，因此银行不得不减少放贷。不用说，公司的反应是减少存货，这导致三个经济周期同步崩溃。正如我所言，它是教科书式的。

然而，2007—2009年的经济危机的其他方面并未在本书中予以体现。为了解释这一点，我想讲一些虚构的故事。

我们从美好的旧德国开始，2006年之前，那里的房地产价格一点也不贵。（在过去几年里，我和一些朋友在德国黄金地段投资了很多房地产，回报率约为重置价值的40%，年收益率为6%~8%，非常便宜！）无论如何，假设我们在德国一个名为霍赫多夫的虚拟村庄的一家银行分支机构里，施密特先生负责当地的住房抵押贷款业务。

午饭后，施密特先生接到来自老客户米勒先生的电话，他说他想买一幢新房子。他说："我已经积攒了很多年的首付款了。""那很好"，施密特先生回答，并补充说米勒先生可以获得70%的贷款，因为银行已经认识他很多年了，知道他有一份稳定的工作和一段稳定的婚姻，拥有人寿保险、健康的生活方式，并且他挣的钱足以应付这一切。

施密特先生和米勒先生的行为都是负责任的，表现出德国人所谓的"商业头脑"，这意味着这个世界充满了商业头脑。

然而，现在让我们到达大西洋彼岸，来到2006年的美国。一个名叫丹尼尔·威廉姆斯的推销员在一个名叫迈阿密的虚构城市的黄金机会金融公司工作。一个阳光明媚的星期一早晨，丹尼尔打电话给一个叫乔·约翰逊的失业者。丹尼尔问乔是否想买一套公寓。他解释说，他已经做好了安排，乔可以从当地金融公司获得低利率贷款，这是一个一揽子财务计划，在计划开始的几年，乔甚至不需要支付任何利息，甚至一美元都不需要！此外，当价格上涨时，如果愿意，乔可以卖掉他的公寓，这意味着他不用工作就可以致富。如果最坏的情况发生了，乔付不起钱了（顺便问一下，这是什么原因呢？），他可以把钥匙退回去，一切都将被遗忘。公寓将是贷款的唯一抵押品，没有个人担保。

乔刚刚喝了5瓶啤酒，不太理解丹尼尔所说的一切（比如"抵押品"是什么意思？），所以丹尼尔再次向他解释，他不用冒任何风险。"……因为如果房价上涨，那么你将变得富有；如果房价下跌，那么你只需要离开。"

第一部分　超级恐慌

乔仍然没有完全理解这句话，但是对故事的核心产生了共鸣，即他可以不工作而致富。因此，第二天他们见面了，乔很快就签署了协议，这让丹尼尔很高兴，因为他只为佣金而工作：贷款越多，佣金越多。此外，丹尼尔并不特别担心风险，因为每个人都知道房地产价格总是在上涨，所以他刚才所做的基本上是给乔一个巨大的恩惠，不是吗？

丹尼尔在黄金机会金融公司的老板可能更愤世嫉俗一些。他知道你不能发放超过房地产价值的房贷。所以，他要求当地的评估师对公司交易的每一个房子进行评估。现在，可以这么说。周围有很多这样的评估师，有些人对房价的看法比其他人更乐观。幸运的是，丹尼尔的老板显然找到了一个更易于合作的人。（顺便说一下，这也是这个评估师看起来比他的竞争对手拥有更多业务的原因。）

听起来所有这些对黄金机会金融公司来说都是很冒险的，但实际上并非如此，因为它将这些贷款全部出售给大银行并因此获利。因此，乔是否有能力偿还贷款对黄金机会金融公司来说并不重要。令人惊讶的是，银行也不在乎，因为它们有一个完整的学术团队，它们将这些贷款分成不同的金融产品，就像你把意大利香肠切成薄片一样。不同的"香肠切片"被售予特定目的的投资机构（special-purpose vehicle，SPVs）。大银行写了一份合同，规定贷款人（乔和其他像他一样的人）的付款先还给最有优先权的债权人，然后再分配给其他债权人。

这听起来很复杂，但是请振作起来，因为这样的金融产品还有很多。SPVs被出售给全球银行巨头公司（Global Megabank Inc.），该公司有一些常春藤联盟级别的专家，他们将其作为创建"债务抵押债券"（collateralized debt obligations，CDOs）的基础。CDOs的基础是来自SPVs的资金，但是CDOs并不直接与相关贷款挂钩。身处迈阿密的乔和CDOs之间没有直接联系，只有间接联系。

现在，情况变得很复杂，因为全球银行巨头公司调用全球评级机构（Global Rating Agency），并询问它是否可以为每个"香肠切片"发布官方信用评级。全球评级机构同意并要求全球银行巨头公司以电子表格的形式发送文档，文档应包含以下信息：

- 有多少交易已经减少了第一年的利息；
- 这些房产的位置；
- 这些房产是首套住宅还是第二居所；
- 房产评估价值中有多少已经获得融资，或者没有首付；
- 有多少贷款没有任何关于买方经济状况等的有效文件。

全球银行巨头公司与全球评级机构之间有一个很好的对话，评级机构把所有信息都放到它的电脑里进行评级。由于双方关系良好（全球银行巨头公司是一个大客户），银行准确地知道评级模式如何工作。它们也知道如何创造每一个"香肠切片"，使它刚好有资格获得一个给定的信用评级。最好的资产现在被评级为"AAA级"，对投资者来说，它意味着投资非常安全。但通常有大约12个风险级别，其中一些显然会获得低评级，因此会用较高的利率来补偿风险。

我保证尽快结束，但我们还没有完成。全球银行巨头公司已经找到了一种将垃圾的次级贷变成金融美食的方法：从全球信用保险公司购买财产损失保险。这当然是有代价的，但它是值得的，因为它将金融有毒废物转化为AAA级资产。

它并不会止步于此。全球银行巨头建立了一些空的CDO公司，给出一些明确的、书面的投资指令，并邀请全球评级机构对这些CDO公司进行评级。整个过程被其他打算做汽车贷款、信用卡贷款、学生贷款，以及其他贷款的CDO公司复制。所有这些都被称为"资产支持证券"（asset-backed securities，ABS），而持有这种证券的CDO公司并不需要出现在银行的资产负债表上。

那么，全球银行巨头公司对这些证券实际上保留的贷款到底做了什么呢？它建立了所谓的特定目的投资机构（SPVs）或"表外通道"（"off-balance-sheet conduits"），通过它们基于第三方提供的不同贷款购买（CDOs /

ABS），并以所谓的"商业票据"形式获得融资，它是一种非常短期的债券。为了获得这些资产的高评级，它发行了信用违约互换（CDS）。这些 SPV 被并入离岸地区，而全球银行巨头公司并不需要把这些公司放在资产负债表上，因为它们既不拥有资产，也不处理融资。这个想法基于这些机构应该永远运行，并不时产生可以带给银行的利差，这对股票价格以及管理层的奖金和股票期权都有好处。

我想你应该可以想象，类似这样的事情正在大规模地发生——金融部门正在建立一个商业史上最大的纸牌屋，它建立在像我们居住在迈阿密的乔这样的人的身上。

对于这些，人们都知道吗？有迹象表明，大多数参与者并没有完全理解这一点。毕竟，"香肠切片"在全球范围内被打包，重新被打包，被出售和再次被出售，并被转售给国际养老基金、对冲基金、小银行，甚至地方政府。其中一些买家甚至将它们用作高杠杆投资的抵押品，有时候还通过最初销售"香肠切片"的同一家银行的其他部门来获得融资。当危机来临时，除了摩根大通、高盛、瑞士信贷以及一些对冲基金的少数人外，我认为很少有市场参与者了解整个事情变得有多危险。如果有的话，银行是否会自己购买这些产品？

就次级贷的运行机制而言，我们已经阐述完毕了，尽管我的描述是高度简化的。然而，人们可能会问，所有这些活动的目的是什么？我认为，答案主要是：（1）创造费用；（2）增加杠杆作用。前者不是对社会的系统性威胁，而后者是。两者都将在未来无数次重现，虽然我认为我们要花很长时间才能看到类似于 2007—2009 年那般规模的崩溃。

现在，这个错综复杂的故事是关于在 2007—2009 年崩溃之前的金融机构的过度行为，而商业领域似乎要健康得多。商业公司包括汽车制造商、快递公司、食品加工公司和制药公司——实体经济。直到 2007 年，它们的利润平均水平还极高。此外，资本支出也并不过度，资产负债表实际上看起来比"二战"以来的任何时候都要好。

然而，商业公司也有一个问题，就是它们自己是如何融资的。对于商业公司来说，传统的资金来源有发行股本、发行债券、申请银行贷款。后两种来源中的抵押品可能是任何东西，可能是政府债券、高级公司债券等，在扣除所谓的10%、15%或20%的估值折扣之后，它们几乎可以获得完全融资。抵押品也可以是多种类型的有形资产。大量的资产可以用这种方式转换成现金，这个过程被称为"证券化"。

如果你发行股权，你没有法律义务支付任何费用；债券是按照预先约定的期限进行支付的。所以这两个安排对于发行公司而言是相当安全的。第三种选择，通过银行贷款/信贷额度的融资，原则上更加简单，因为银行可以终止协议，或选择在到期后不予延长（"滚动"）。实际上，银行经常有兴趣与公司合作解决任何问题，除非前景是无望的，因为残酷地关闭资金出口可能会严重损害抵押品的价值，甚至损害银行的声誉。

现在，情况在2004—2006年发生了一些变化。市场在使用第四种融资方式，即所谓的"商业票据"后出现了显著增长，这是一种超短期债券（或更正确的"期票"），没有任何抵押品支持。这是一个很好的理由，你知道，银行的运行成本是高昂的，包括它们的高管的奖金，如大理石宫殿般的装潢，但是用商业票据，你基本上可以绕过它们，从而避免间接地支付给银行费用。

然而，银行确实有开销，有充分的理由（除了其宫殿）。例如，银行有管理团队，他们可以与陷入困境的发行方谈判，而在流动性紧缩期间，他们可以从中央银行获得资金。

商业票据市场没有这些安全阀。当你发行商业票据时，你只是希望有人接受它们。每当有一些票据到期时，你只是发行了一些新票据，它们将在市场上被抢购。

但是，如果有一天没有人想买你的商业票据了呢？当危机爆发时，买家消失，成千上万的公司突然失去现金。想象一下，你个人的经济状况非常好，你的房子有一笔短期的可变利率抵押贷款，这个贷款合同每6个月续约一次。然后想象一下，你突然无法续约，不得不偿还你现在所欠的一切。想象一下！经常是这样的。

第一部分 超级恐慌

因此，我们找到了问题所在：房地产市场价格变得过于昂贵时，就开始自然地出现周期性修正；金融系统无意中建造了一个巨大的纸牌屋，由于资产证券化，信贷扩张超出任何有意义的范围。此外，商业公司也越来越多地通过没有安全阀的系统进行融资。在这个金融纸牌屋中发生的所有事情的名字都叫"影子银行"，我们可以把那些堆积在价格多变的资产中的财富称为"影子货币"。其中有些货币确实很可疑，但所有的一切都是脆弱的。它可能会出错，而且确实如此。下面说一下灾难发生的10个简单的步骤。

（1）像乔这样的来自迈阿密的人在他们本不该有的抵押贷款上违约。他们交还了他们的钥匙并放弃房产。

（2）房地产价格开始下降，从而开启了房地产周期的衰退阶段。杠杆玩家违约。数万亿的纸面财富消失。

（3）银行开始担心彼此的债务抵押证券和特定目的投资机构等的风险敞口。因此，它们停止互相借贷。

（4）股市崩盘，数万亿美元的纸面财富被抹去。杠杆玩家被迫抛售。

（5）房地产开工量下降，房地产建筑商和开发商面临破产。

（6）日益加剧的恐惧和逐步下降的流动性意味着商业票据市场的关闭，从而切断了银行的表外融资和商业部门的贷款。

（7）信用违约掉期的发行商被债务压得喘不过气来，无力偿债，因此，违约担保债券的风险远比买方预期的要高得多。

（8）信用评级机构被起诉，一步就把相关证券从AAA级降级到垃圾状态，从而使养老基金和那些只允许持有AAA级债券的机构不得不处置它们，这就导致了新的抛售浪潮。

（9）商业公司因资金的缺乏以及对未来的恐惧而终止其资本开支。与此同时，它们开始减少存货，这加剧了经济的整体收缩。换句话说，资本支出和存货周期的下降阶段开始了，周期性的锁定模式正在发挥作用。

（10）公司被迫裁员，这造成了失业。这意味着消费需求下降以及信用卡、消费贷款等方面的违约率不断上升。

这些事件不仅是一个接一个倒下的多米诺骨牌，而且是一个全球性的恶性循环，每一部分都在相互影响，最终导致房地产价格、股票价格、公司债券价格、资本支出、存货和信贷总额下降到远低于长期趋势的水平。

虽然每个房地产下行周期都会导致银行危机，但这次是不同寻常的，因为这次是真正的"银行挤兑"，就像19世纪常见的那样。它们唯一的区别是，这次不像许多银行那样始于零售银行挤兑，而是发生在批发部门。这个特别的挤兑是由机构投资者和银行自己煽动的，因为它们停止相互借贷。

随着危机的深入，那些资产之前是可以证券化的，并且看起来也非常像"钱"，但是就这样突然失去了作为抵押品的所有价值。同时，货币停止换手，经济学家将这种现象称为"货币流通速度下降"。这可能是近80年来货币流动最陡峭的下降，也是全球资产平均价值幅度最长时间内最大的一次下降。所有这一切使它成为未来的一个重要教训，金钱和资产的作用也是如此。下一章就来说说什么是钱和资产，以及它们的作用。

第 2 章 经济周期的本质
货币与资产的循环

2009 年 8 月，我和家人正在希腊度假。尽管那时候全球经济已经有了明显的复苏迹象，但是那年夏天，在希腊预订一家餐厅也不是一件很难的事。有一天，我坐在风景迷人的圣托里尼岛的"1800"餐厅里，我妹妹，她是幼儿园老师，问了我一个好问题：

拉斯，我不明白的是……为什么现在大家都没钱了呢？金钱不可能凭空消失，是吗？它肯定在某个地方……

那时候，天气很热，景色宜人，我无法清晰地思考经济学问题，所以我非常简单地回答说，在现代经济中，大部分钱都是信用，它实际上可以被撤销，是可以消失的。然而，她的问题很不错，因此，让我们更仔细地研究一下危机期间的货币会发生什么，因为它能使我们得出一些重要的结论。

我们可以从货币的定义开始。几乎所有的经济学家都同意货币有三种功能：交换媒介、记账单位、价值存储。对中央银行而言，这三种功能通常是指货币的三种基本类型，即 M0、M1、M2。这些都被描述为"狭义货币"，它们包括现金和银行账户。其实它们很简单，便于普通人使用。此外，人们还使用 M3、M4 和 M5 这样的术语来形容"广义货币"，包括机构存款、建筑协会的股份等等。①

  我认为当货币作为交换媒介和记账单位时，央行对它的定义是准确的。然而，当货币作为价值存储时，它看起来似乎不太完整。想想人们是如何积累财富的。是"钱"吗？只能说有些可能是。例如有一些的确会隐藏在储蓄和货币市场的账户（M2）中，或者在国债（M5）中，或者以简单的现金（M0）形式存在。但对大多数拥有真正意义储蓄的人而言，房地产、股票、债券、珠宝或其他更具情调的东西，比如汽车、金条或优质艺术品，在他们的财富中也占很大的份额。因此，他们的财富并不仅仅存在于被中央银行定义为"货币"的资产中，但是根据货币的定义，这些财富又确实具有一些功能，例如存储价值。这些资产被称为"可变价格资产"。

  人们可能认为这些资产和官方货币之间存在明显的区别，因为 1 美元就是 1 美元，这不是可变价格。但以欧元或日元计价的美元价格会随时间发生很大的变化，就像所有价格可变的资产一样。国际上，所有价值存储都是可变价格资产。

  让我们从可变价格资产开始，先来研究一下比率。我用所有合理的可变价格资产做计算，你将在下面看到。我这里包括所有的普通汽车，飞机和游艇排除在外，因为它们趋于贬值。我计算的年份为 2004 年（见表 2.1），全球 GDP 为 41 万亿美元。选择这个年份似乎是奇怪而遥远的，但有其具体原因，2004 年是一个非常"正常"的周期的年份，全球经济和资本市场相当平静——既不在繁荣时期，也不在经济衰退期。在我们看到这些可变价格资产的细节之前，我应该补充一点，那就是全球货币供应量（见图 2.1）在那一年不足 40 万亿美元，所以几乎和全球 GDP 一样。

---

① 这几段中，关于 M2、M3、M4 与 M5，作者与学界的界定不甚一致，此处仅按照作者观点译出。——译者注

表 2.1 2004 年全球可变价格资产评估

资产类别	资产总价值（万亿美元）	中期评估（占全球GDP的百分比）
住宅物业，经合组织	60~80	170%
住宅物业，新兴市场	15~25	49%
全球商业地产	15~25	49%
全部资产	90~130	268%
债券	45~55	122%
股票	35~40	100%
黄金	1.6~2.0	4%
收藏品	0.3~0.6	1%
全部可变价格资产	172~228	488%
对上市公司资产的重复计算	（2~8）	−12%
总可变价格资产，剔除重复计算部分	170~220	476%

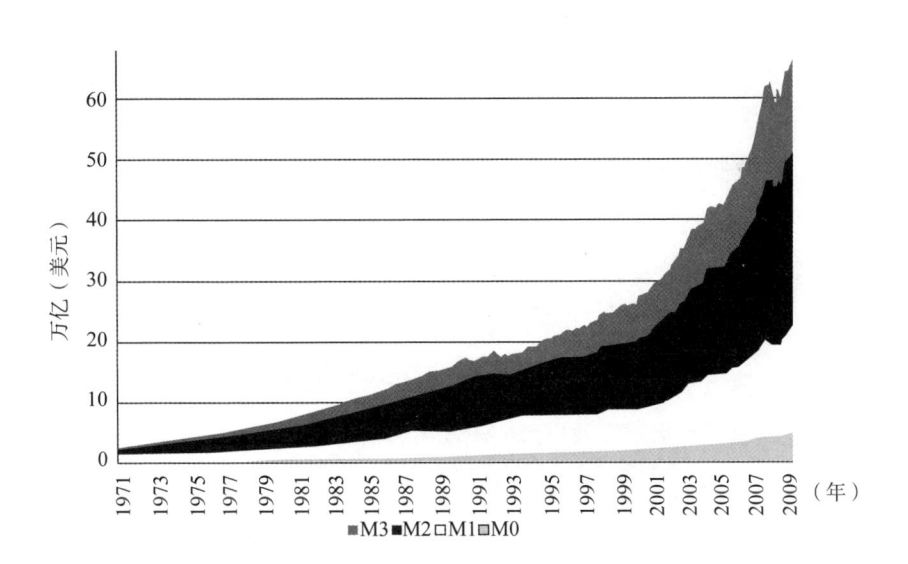

图 2.1 全球货币总量估计（1971 年 1 月—2009 年 12 月）

资料来源：www.dollardaze.org。

在表 2.1 的最后一行，你可以看到，2004 年的全球可变价格资产在 170 万亿到 220 万亿美元之间。这意味着可变价格资产的价值是 GDP 的 4~5 倍。此外，由于货币供应量是个近似值，一年期 GDP 也取近似值。所以，可变价格资产在此也用近似值表示。

另一个重要的结论是，房地产通常占所有可变价格资产的一半以上，至少在 2004 年的"正常"年份里是这样的。我认为这很重要，原因是当房地产周期转为下降时，财富的减少就是巨大的。在我的例子中，如果房地产价格下跌 30%，那么它可能会带走相当于社会所有货币（M5）80% 的财富。

经济学家已经尝试很多方法来计算资产价格下跌对各类财富将产生多大的破坏性影响，其中最普遍的共识是，所有国家的经济都将遭受 6% 的财富损失，除非这个周期是非常短暂的。我们应该记住，在经济危机爆发之前，可变价格资产价值可能比全球 GDP 高出 5~6 倍，这使得随后的财富损失更大。我们假设，可变价格资产在经济繁荣周期的高峰期是 GDP 的 5 倍，随后的情况如下：

- 股票下跌 50%；
- 房地产下跌 35%；
- 债券上涨 20%（因为资金追逐安全资产）。

其结果将是总可变价格资产减少约 25%，相当于 GDP 的 125%（以及货币供应量 135%）。再乘以财富效应，它所带来的经济上的拖累约占 GDP 的 7%。

财富效应不是即时呈现的，它将在几年内发挥作用，如果资产价格在短期内完全恢复，那么财富效应可能还没那么糟糕。然而，这并不是经济衰退中唯一的价值收缩。来自瑞士一家大银行的工作人员告诉我，他们估算过，在美国经济危机期间突然停止资产证券化会使这个国家的货币供应量减少多少。他们通过采用所有常见的抵押品适用的折减标准进行估算，并假设一段时间，这些都不能再被使用了。得出的结论是，其货币损失相当于美国 GDP 的 25%！

全球可变价格资产分配

下面的饼状图说明了不同可变价格资产的典型分布，从而给出了有意义的财富破坏来自何方的直观感受。例如，黄金价格的下跌对经济造成很小的损失，但当商业和住宅地产价格下跌时，经济会深受伤害。

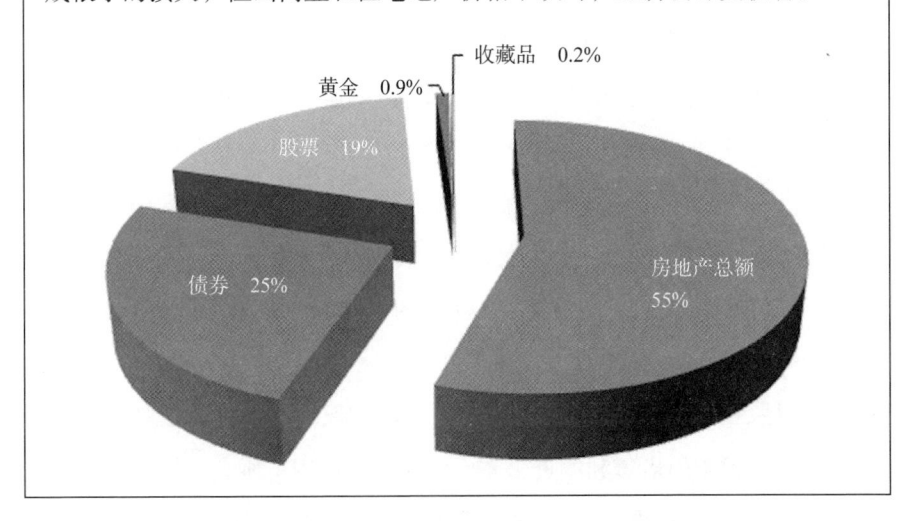

收藏品 0.2%
黄金 0.9%
股票 19%
债券 25%
房地产总额 55%

我非常愿意对这些数字做一些研究，但这次研究的是实体经济，而不是货币部门。假设我们遇到了严重的经济衰退，建筑业和资本支出分别收缩40%。随着资产价格下跌，抵押品遭到破坏，然后恐惧扩散，商业需求进一步降低。这种资产和消费需求的下跌分别占 GDP 的 5% 和 4%。我们还可以假设，存货下降额相当于 GDP 的 2%，私人消费下降了 6%，其原因是恐惧、财富损失和失业率的上升。如果消费占 GDP 的 70%，那么 6% 的降幅将会使 GDP 减少 4%。下面我们把这些数字列出来。

建筑业下降：占 GDP 的 5%

资本支出下降：占 GDP 的 4%

存货下降：占 GDP 的 2%

私人消费下降：占 GDP 的 4%

总量下降：占 GDP 的 15%

我上文所写包含各种各样的技术问题，一些经济学教授在阅读时可能会感到抓狂，但我认为它确实为将来可能发生什么提供了一个相当合适的粗略的估计，房地产周期转为下降和信贷市场因此而瘫痪，导致资本支出的急剧下降和存货的迅速减少以及私人消费的减少。

在我计算的例子中，这 15% 的 GDP 损失令人震惊，但幸运的是，它并未真正发生。假设我所描述的全球可变价格资产的冲击被延长了 3 年，在此期间，增长的趋势将是 6%（大约每年 2%）。上述 15% 的损失发生在"其他所有因素相同"的情况下，但如果真正的趋势增长率为 6%，那将会是另一种情况。让我们假设政府开始启用大量的预算赤字来刺激经济，中央银行通过购买债券和其他手段将利率降低到几乎为零，并同时向金融系统注入流动性，那么所有这一切的影响就是，大规模的周期性灾难变成更短暂和更浅层的衰退。

这正是 2007—2009 年次贷危机中发生的情况（正如我现在对它的称呼一样），一些国家的借贷利率近乎零，中央银行使用了所有的标准工具（有些是匆匆忙忙做出的选择）来支持银行体系，增加货币供给，一些政府的预算开始下降到 GDP 的 10%，甚至更多。

顺便说一下，如果整个刺激计划没有发生呢？如果当局只是让危机顺其自然，并且像许多人建议的那样，"把所有的问题都从系统中清除掉"？在这种情况下，我认为我们会再度学习 20 世纪 30 年代"大萧条"的教训，衰退往往会自动消失，而萧条是一个你无法轻易摆脱的陷阱。这就像一个高尔夫球滚进湖泊而不是沙坑一样。

事实上，在政府干预之前，萧条是一种令人不快的平衡。在萧条期，正如人们所说，有伟大想法的企业家得不到资金；脆弱的公司被淘汰；受过良好教育和有上进心的人会发现他们的时间和才能被浪费；而陷入重大资本投资中的大企业将因缺乏资金而退出。此外，犯罪率将飙升，经过几代人发展起来的知识产权和实物资产，将以极低的价格被出售给诸如石油生产国的主权财富基金等实体，而这些实体并没有为这些资产做出什么贡献。最后，经济衰退带来的唯一持久的财富损失来自失业。它可能会导致 20% 的劳动力失业，由此造成永久性的损失。让危机顺其自然发生将是一种可怕而不必要的浪费。

另一个反对公共干预的提议是：如果中央银行把那么多货币投入系统中，就会导致通货膨胀。这一反对理由与经济学家米尔顿·弗里德曼宣称的通货膨胀一直是"一个货币问题"的观点相近。尽管如此，当局并没有试图增加货币流动性，只是试图阻止它掉下来。这是怎么回事？这里，货币就是货币。具体可以用下面这个简单的方程来解释：

货币数量 × 其流通速度 = 商品和服务的数量 × 商品和服务的平均价格

这个被称为"货币数量论"的方程实际上不是一个真正的理论，而是一个朴素的事实陈述。它适用于一个家庭、一个国家，乃至整个世界，甚至当你和孩子玩《大富翁》游戏时。

经济衰退时，信贷被取消不仅仅会引发货币供应量（M）下降，而且会引发我在前面的章节中提到的货币流通速度（V）的下降，自然，货币换手速度也会下降。当局没有任何直接的办法可以迫使私人部门的货币周转加快，但它可以通过以下方式进行补偿：（1）通过降息来降低窖藏货币的吸引力；（2）允许银行增加杠杆率；（3）购买债券，这在压低利率的同时增加了货币供应和财富。

所以，只要产品和服务的需求远远低于生产能力，只要货币流通速度下降，投放货币就不会造成通货膨胀。只有当需求趋近于生产能力时，中央银行才需要收回人们手中持有的货币。

也许这是一个很好的时机，可以对我妹妹的问题做出简短的回答：

是的，货币实际上可以从一个经济体中消失，具体有以下三个主要理由。

（1）在我们的经济中，大部分钱都是以信用为基础的，也是以支付承诺为基础的。可以减少或取消信贷协定。"银行是一家在阳光灿烂时为你提供雨伞的机构"，这一说法并非不恰当。当危机酝酿之时，银行家和其他债权人开始对支付承诺产生怀疑，于是他们停止放贷。

（2）如果我们接受货币作为财富储藏的功能表现为可变价格的资产，那么这些货币实际上就会减少。当房地产和金融股票等价格下跌时，人们对他们拥有的财富的感知也会发生变化。然后他们会说自己"赔钱"了，即使从技术上讲，这些资产并不是所谓的钱。当资产价格下跌时，人们会通过少花钱来调整他们的行为。

（3）货币换手的速度会迅速下降，藏在床垫下的钱完全没有经济价值，就好像消失了一样。

当我妹妹问我的时候，我并没有这样说。那天，圣托里尼岛的天气非常热。

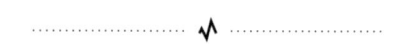

················ 〰 ················

总而言之，每当遇到周期性的危机，有人就会期望它能够持续多年，就像20世纪30年代的大萧条和日本1990年以后的危机一样。然而，这种情况是相当罕见的。当它发生的时候，既不是因为经济陷入真正的萧条（因为只要中央银行最终有无限的能力来创造货币，这就是完全可以避免的），也不像我们在日本看到的那样，陷入困境的、必须进行重组的公司因为得不到国家补贴而被永远推迟。复苏必须建立在健全的、具有国际竞争力的企业基础上。

我的意思是，经济周期本质上就是一个循环。这意味着，所有能制造泡沫的力量都可以在相反的方向上发挥作用。在我假设的案例中，那个相当于"15%的GDP"的经济周期性下滑的力量可能会在相反的方向发挥作用。

事实上，在某种情况下，它们很可能会这样。统计数字表明，通常情况下，前一次危机越大，接下来的复苏趋势就越有力。此外，银行在危机之后的复苏通常非常迅速，因为银行业危机本身并不是一个过度消费或过度投资的症状，必然会随着时间的推移而得到解决。当这样一个快速复苏发生时，我们的经济可能不会爆发通货膨胀的唯一原因是，中央银行和财政部长能够逆周期进行有效的调控。特别是中央银行，可以迅速从踩油门转换到踩刹车。因此，第一个结论是，周期不应与趋势相混淆。

我认为另一个主要结论是，在经历了一场像次贷危机那样的危机后，迎来的不是一段漫长、沉闷的低迷期，而是一次重大的复苏。尽管这种情况发生了，但是我相信，这种复苏可能是长期的、结构性的，当然也会充满无数的泡沫、恐慌和崩溃。没错，这就是下一章的内容。

第 3 章 泡沫、恐慌和崩溃

盲目从众与自我欺骗

我认为，泡沫可以宽泛地定义为一组资产，其价格在短短几个月或几年之内就会升至疯狂水平，随后破裂。有一个很好的例子：在1998—2000年的信息产业泡沫中，美国纳斯达克股票市场经历了漫长而完全合理的牛市，在完全崩溃之前，它在短短两个疯狂的年头里加速上涨了360%。图3.1展示了纳斯达克股市在这一期间的表现。

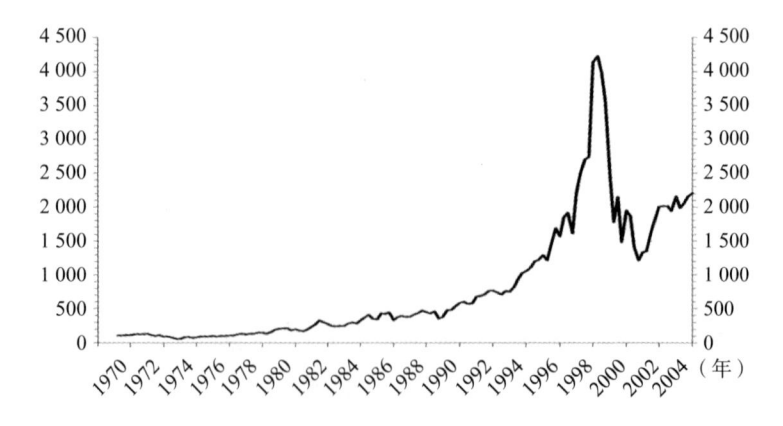

图 3.1 纳斯达克综合价格指数

如果仔细观察，就可以看到，直到 1998 年年初，纳斯达克指数还处于一个良好且有序的牛市之中。当市场能够像 1981—1998 年的纳斯达克股市那样运作时，通常有两个因素：廉价资金和一个好的"故事"。在这个特定的牛市中，这个故事内容主要是计算机性能的巨大改进、互联网的大幅普及以及手机在全球的繁荣。这确实令人非常兴奋，它也是股票上涨的一个绝佳理由。

不过，从图 3.1 还可以看到，从 1998—2000 年，整个事情变得有些疯狂，纳斯达克指数在两年内上涨了数倍。例如，当时一家名为 Theglobe.com 的公司以每股 9 美元的价格上市，在第一个交易日就涨到了每股 97 美元，股票总市值达到了 10 亿美元。我之所以提到这家特别的公司，是因为在其存续期间它总共只有 270 万美元的收入。此外，它在运营过程中亏损巨大，而且也没有专有技术或专利。另一家名为神奇公司（The Fantastic Corporation）的公司，我还是它的创始人之一，在成立 4 年多的时间里市值就达到了 46 亿欧元。尽管我们所有的员工都非常喜欢我们创造的东西，但有时我们也会想，按照这样的市值计算，我们得以多快的速度才能获得如此丰厚的回报。（该公司实际上拥有大量的专利和可观的收入，我要补充的是，还有来自英特尔、德国电信、路透社、欧莱雅、英国电信、意大利电信、朗讯、基尔希集团和新加坡报业控股集团的金融和商业支持。）

.... ∿ ....

IT（信息技术）泡沫只是众多金融繁荣景象中的一个。按照我自己的统计方法得出的数字显示，自 1557 年以来，世界历史上有 47 个较大的泡沫，因此发生过 47 次随之而来的崩溃（我在 www.superscares.com 上已全部列出），其他人可能会用不同的方式来标记，但我认为自己的数字是比较合理的。我试着对这些灾难进行分类。这有点儿复杂，因为许多泡沫和危机涉及多个商贸领域，因此下面的泡沫总数超过了 47 个。它们主要有以下这些：

- 金融和信贷： 16
- 基础设施： 13
- 房地产： 12
- 大宗商品： 11
- 与贸易相关的活动： 9
- 农业： 9
- 收藏品： 3
- 制造业： 3

在这些泡沫驱动因素中，四个类别与主要经济周期直接相关，这一点儿都不奇怪。毕竟，最常见的类别，即金融和信贷扩张，是主要经济周期的一部分，正如我在前几章展示的那样，这是次贷危机的核心问题。此外，我在上面列出的第二个类别，即基础设施投资，与9~10年的资本支出周期有关。房地产与18~20年的房地产周期相关，大宗商品也进入资本支出和房地产周期（因为这两项活动都需要大量的大宗商品）。因此，泡沫主要发生在本质上最不稳定的那些经济活动中，它们倾向于与经济周期联系在一起。

几年前的一天，我聆听了瑞士信贷首席全球策略师乔纳森·威尔莫特的演讲。他在演讲中提出，主要资产价格升值主要发生在全球化和创新时期。他用持续时间最长的现存债券（英国公债）的图表对不同的经济阶段进行了举例说明。这些债券永远不会到期，通过图3.2，人们能很好地了解1700年以来发达国家的利率和通货膨胀预期。

图3.2显示出收益率普遍下降的三个时期：1700—1720年，1800—1913年和1970—2010年。这三个时期都显示了由全球化和创新推动的"通缩繁荣"。

我想在这里做一点儿技术性的工作。在通货紧缩的繁荣时期所发生的一些事情可以用我之前提到的货币数量方程式来解释：

$$MV = PQ$$

第一部分　超级恐慌

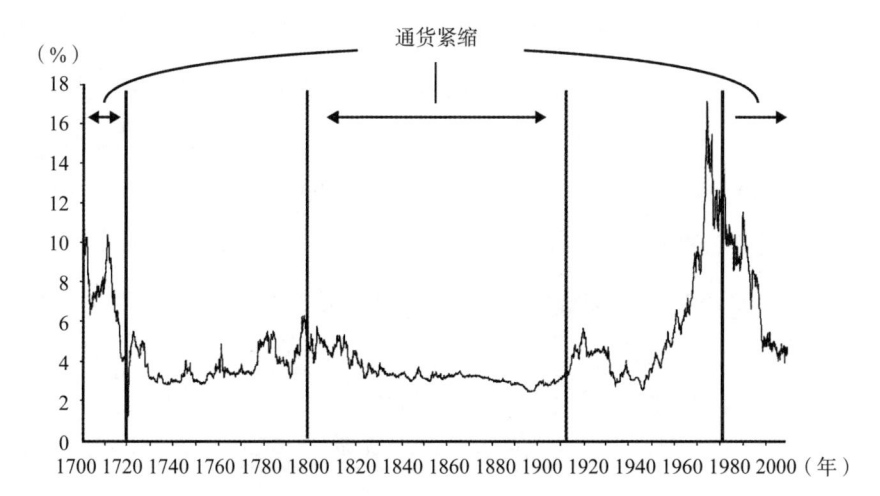

图 3.2　英国公债（1700—2000 年）的收益率

注：1700—1720 年，这一繁荣标志着英国、苏格兰和欧洲大陆部分地区早期工业革命时期的第一次突破；1800—1913 年，工业革命真正加速发展，并开始在全球范围内传播。这与旧世界和南北美洲、印度、澳大利亚、新西兰以及其他地区的全球贸易扩张密切相关；1980 年以来，信息技术创新获得突破，出现了第一个真正的全球性通货紧缩的繁荣。

资料来源：瑞士信贷绘制的统一公债图，图中插入的垂直线由拉斯·特维德绘制。

等式左边的 M 是货币供给量，V 是货币的流通速度，而等式右边的 P 是商品和服务的出售价格，Q 是出售的产品和服务的数量。由于激烈的竞争和生产率的提高，全球化和创新使企业不太可能提高价格 P，那么中央银行就可以在不引起通货膨胀的情况下大量地投入资金（MV）。实际上，它甚至可能被迫这样做，以避免出现通货紧缩（价格下跌）。它所导致的一个结果是货币（MV）急剧上升，这反映在商品和服务（Q）的快速增长上。换句话说，在通货紧缩的环境中，经济增长速度的上限很高。

但还有另一个影响，那就是大量资金的增加会波及资产市场，还将导致"资产通胀"。货币数量方程式包含了这样的资产通胀，因为 P 和 Q 不仅涉及所生产的汽车和电话的价格和数量，而且涉及诸如股票和土地等资产的价格和数量。如果对资产的需求超过供给，价格就会上涨。因此，通货紧缩繁荣的宽松货币政策创造了资产通胀。之前的证据支持这种想法吗？如果你拿出我之前提到的泡沫列表，你会看到下面的有趣的模式。

- 在1700—1720年的通货紧缩繁荣时期有两个泡沫。从数量上看，这可能不是一个很大的数字，但从本质上看，这两个泡沫都是非常大的。其中一个是"南海泡沫"，另一个是所谓的"密西西比泡沫"，随之而来的是通用银行和皇家银行的破产。因此，在20年里这样的泡沫每10年就会发生一次。
- 在接下来的80年里有6个泡沫——每13年会有一个。
- 在1800—1913年的通货紧缩繁荣时期，有不少于21个泡沫，这意味着每5年有一个。
- 1913—1980年只有4个——每17年有一个。
- 1980—2010年有12个，其中一些是巨大的。这就意味着每3年有一个！

现在世界正处于有史以来规模最大、协同程度最高的通货紧缩繁荣期，因此会比以往有更多的泡沫。后面我还会谈到，低通胀和高增长将伴随我们几十年，同时也会带来众多金融泡沫和危机。我想平均每3年一个泡沫的危机周期是一个合理的预期。

················ ∧ ················

然而，泡沫和崩溃并不是我们能预期的唯一波动，也存在许多所谓的"恐慌"。在我十几岁的时候，有一天我坐在家里做作业，当时收音机里正在播放对一位环保人士的采访，我开始几乎没有在意他说的话，直到他谈到一些引起我注意的事情。他说，到2000年，他预测地中海会遭受极其严重的污染，以至你不可能在离海岸不到25公里的地方还闻不到腐烂的恶臭。就个人而言，我去过科特迪瓦的海滩，我知道人们把那些未经处理的污水排放到海里，因此对我来说，这位环保人士说的话听起来并非不可信。我感到害怕。

也正是在那个时候，国际畅销书《增长的极限》面世了。我的父母拿到了1974年的版本，其中包含了这样的预测：如果世界经济继续以指数增长率增长的话，各种不同的资源到底在何时被消耗殆尽。这本书基于麻省理工学院一个关于世界上巨大的计算机模型的发现，模型分析显示，鉴于已知的储量，黄金将在 1983 年被耗尽，银和汞于 1987 年，锡于 1989 年，锌于 1992 年，铅和铜于 1995 年，以及铝在 2005 年都将被耗尽。令人放心的是，这本书也包含第二个更乐观的预测，假设资源在储量上是已知发布数量的 5 倍。在这些假设下，我们将在 2003 年耗尽黄金，在 2005 年耗尽汞，在 2016 年耗尽白银，在 2024 年耗尽石油，等等。这也吓了我一跳，因为当我长大后，如果世界上的商品都接二连三地被用光了，那么我们这一代人该怎么办？

然而，同年（1974 年）最大的恐慌是即将来临的冰期。其实，恐慌早些时候就开始了。《科学文摘》在 1973 年发表的一篇关于这个主题的文章就说道：

> 这时候，世界气候学家只对两件事情达成了共识：我们没有几万年的时间为下一个冰期做准备，而我们对大气污染状况的细节的监测将直接影响这场气候危机的本质。而我们对大气污染监测的认真程度将会直接影响这场气候危机发生的时间和性质。这些科学家说，人类越早面对这些事实，就越安全。

我们在学校里了解到，我的祖国丹麦在上一个冰期的部分时间被冰雪完全覆盖，现在人们说这种情况很有可能再次发生，而且会很快到来。安妮和保罗·埃尔利希出版了一本名为《富足的结束》的书，他们预测全球变冷将如何减少农业产出。1975 年 4 月 28 日的《新闻周刊》刊登了一篇关于这一主题的长篇文章：

> 有一种迹象表明，地球的气候模式已经开始发生戏剧性的变化，这些变化可能预示着食品生产量的急剧下降，对地球上的每个国家都有深远的政治影响。粮食产量的下降可能很快就会出现，也许距离现在只有 10 年的时间。

此外：

去年 4 月，在有史以来最严重的龙卷风中，148 场龙卷风袭击了 300 多人，造成美国 13 个州共计 5 亿美元的损失……气象学家对变冷趋势的原因和范围及其对当地天气状况的具体影响存在分歧。但他们却一致认为，这一趋势将导致 21 世纪剩余的时间里农业生产率的下降。如果气候变化像一些悲观主义者担心的那样严重，那么由此产生的饥荒将是灾难性的。气候学家对政治领导人将采取积极行动改善气候变化，甚至是减轻气候变化的影响持悲观态度。

其实，如果我们回顾一下历史，就会知道我们曾经研究过这个问题。下面是 1895 年 2 月 24 日《纽约时报》一篇文章的开头。

另一个冰期的前景

——

地质学家认为世界可能

再次被冻结

最近和长期的持续观察是否指出了第二个冰期到来，这一问题再次被讨论。现在这些沐浴在热带温暖阳光下的国家最终会被极地地区常年的冰雪覆盖。地质学家的研究证实了格陵兰岛和其他北极地区存在仙人掌和其他热带植物化石，这就表明这些地区曾经覆盖着丰富的植被，这些植物只生活在赤道地区的气候下。

临近 2000 年时，我已经遇到了我的第一个恐慌（关于发臭的地中海），

不仅是地中海（也包含丹麦的海岸线以及所有我知道的湖泊）远比我小时候更清洁，而且空气质量也是一样，这都要归功于更好的汽车发动机和催化剂以及对工厂烟雾更高效的净化。我现在也不那么害怕人类资源枯竭了，原因是生产过剩导致大宗商品价格普遍下跌，或者至少没有跟上通货膨胀的步伐。在《增长的极限》出版后，人们对即将到来的冰期的恐惧已经发生了变化，因为气温已经再次上升。但我却有了一个新的担忧：千年虫，或者叫"Y2K"。根据新闻媒体的普遍预测，在 2000 年第一天的 12：01 之后，世界经济的大部分地区将陷入停滞，因为计算机会认为这一年是"00 年"。

因此，在千禧年的最后一天，我和家人一边在法国阿尔卑斯山上庆祝平安夜，一边还想知道世界上的电脑是否会在午夜钟声敲响时停止运转。

什么都没有发生。第二天我们的信用卡仍然有效。还有手机、滑雪橇也是正常的，在全球范围内几乎没有千年虫事件。这就是另一个"恐慌"。

在我看来，恐慌是一种由现有或潜在问题的最初担忧演变成的媒体狂热事件，它与实际问题并不相符。此外，很多"恐慌"（如果不是大多数的话）引发了公众与实际问题不相符的过度反应。因此，这种恐慌弊大于利。《星期日电讯报》（*Sunday Telegraph*）的专栏作家克里斯多夫·布克和欧洲议会前研究主任理查德·诺斯博士在《恐慌至死》（*Scared to Death*）一书中清晰地描绘了自 1980 年以来出现的恐慌：

- 杀手鸡蛋
- 冰箱杀手"李斯特菌"
- 疯牛病
- 肉、奶酪和大肠杆菌
- "比利时二噁英"食品污染事件
- 仪式化的虐待儿童
- 含铅汽油
- 被动吸烟

- 石棉
- 全球变暖
- 千年虫
- 禽流感

来自冰期的恐慌

《科学新闻》，1975年（标题）：

"冰期来了！"

《纽约时报》，1975年5月21日：

"科学家们思考着为什么世界的气候正在发生变化：他们普遍认为全球变冷的趋势是不可避免的。"

《国际野生动物》，1975年7月：

"近年来，从对冰期的研究中，这些事实已经浮出水面。他们暗示，新的冰期的威胁现在必须与核战争一起被视为人类大规模死亡和痛苦的可能性来源。"

洛·庞特，《气候变冷》，1976年：

"气候变冷已经造成了贫困国家成千上万人的死亡……如果继续下去，不采取强有力的措施来应对，那么气候变冷将导致世界饥荒、世界混乱，并可能引发世界大战，而这一切都将在2000年到来。"

《新闻周刊》，1975年4月：

"他们承认，一些更令人惊叹的解决方案，如通过覆盖黑色的煤灰或令北极河流改道以融化北极冰盖，这样做产生的结果可能比他们想解决的问题更严重。但是，科学家没有看到任何迹象能够表明，任何地方的政府领导人准备采取简单的粮食储存措施，或者将气候不确定的变量引入未来的粮食供应。规划者拖延的时间越长，结果就会变得越严峻，他们就越难以应对气候变化。"

第一部分 超级恐慌

> 《时代周刊》，1994 年 1 月：
>
> "最后一个（冰期）在一万年前结束了；下一个（将会有下一个）可能是从现在开始的数万年，或几十年，或者它已经开始了。"

在某种程度上，这些看起来都很恐怖。例如，世界卫生组织称，禽流感是人类面临的最大的单一健康威胁，而据负责该问题的高级官员预测，禽流感造成的死亡人数可能高达 1.5 亿人。这是一个天文数字，甚至远远超过了两次世界大战期间死亡人数的总和。事实上，禽流感要想成为当代人类最大的健康威胁，那它必须超越疟疾，疟疾每年造成约 2.5 亿人发烧。而在世界卫生组织发表声明之后的 4 年里，只有不到 200 人死于禽流感。

至于疯牛病，英国海绵状脑病咨询委员会主席在电视采访中说，这一疾病造成的死亡人数可能高达 50 万人。《观察家报》讲述了一个重要的故事，描述了这种疾病每年是如何杀死 50 万英国人的，是如何导致这个国家被其他国家封锁并瓦解的。当英国有一些人被鸡蛋的沙门氏菌感染时，政府的一名顾问建议杀死 5 000 万只家禽，尽管食物中毒的实际人数已经开始自然减少，尽管事实上根本没有证据表明沙门氏菌感染来自鸡蛋。但是这些家禽仍然被消灭了。

至于即将到来的气候变冷或冰期所导致的全球粮食短缺的威胁，当然，也没有发生，事实是，此后农业粮食产量增加了 50% 以上，全球鱼类捕捞量增加了约 75%。气候变冷自然停止了，回顾过去，我们并没有听从科学家的建议，通过河流改道或者在北极冰盖上覆盖煤灰以使地球变暖。

我相信，金融泡沫与公众恐慌之间存在着许多共性。每个泡沫都有 5 组参与者：（1）最先植入概念的人们；（2）促进和放大其事的人们；（3）通过提出最激进的解释来吸引眼球的意见领袖；（4）数以百万计对此印象深刻的人们；（5）感觉自己作为强大的精英阶层必须做出反应的人们。

社会角色	金融泡沫	公众恐慌
植入新想法	金融分析师	科学家
宣传想法	公共媒体、银行	公共媒体，施压团体
意见领袖	主要分析人士和有远见卓识者/传播者	主要科学家/政治家
形成集体的歇斯底里	投资人	选民
被迫或被说服做出不理智的回应	基金经理、商界领袖、监管者、政客	监管机构、政客

这些系统可能非常强大。要理解其中的原因，我们必须研究心理学。让我们以泡沫为例来看当价格在一段时间内稳步上升时，这两个开始发挥作用的所谓的心理框架因素。

• 代表性的效果。我们认为，我们所观察到的趋势很可能会持续下去。

• 习惯性思维。我们的决定受到一些看似接近正确答案的输入信息的影响。

我们也会参与所谓的群体思维，我们最终会盲目地从众。

• 错误共识效应。我们通常会高估同意我们意见的人数。

• 适应态度。我们很容易形成与我们交往的人相同的态度。

• 社会比较。我们用他人的行为作为我们难以理解的主题的信息来源。

第三类也许是最痛苦的一组心理现象，它解释了我们是如何陷入自我欺骗的。

• 确认偏误。我们的结论过分地偏向于我们想要相信的东西。

• 认知失调。当有证据表明我们的假设是错误的，我们会试图逃避这些信息，或者曲解它们，我们试图避免那些强调认知失调的行为。

• 自我防御态度。我们会调整自己的态度，以便它们似乎能改变我们已经做出的决定。

• 同化错误。我们错误地解释了收到的信息，这些信息似乎可以证明前面我们的做法是正确的。

• 选择性呈现。我们尝试只暴露那些能证实我们的行为和态度的信息。

• 选择性理解。我们错误地解释信息，通过这种方式似乎证实了我们的行为和态度。

好像这还不够，还有第四类，我们倾向于高估我们自己的才能，从而孤注一掷。

• 过于自信的行为。我们高估了自己做出正确决定的能力。

• 事后偏见。我们高估了如果我们回到过去还能做出正确判断的概率。

当所有这一切结合起来时，它变得强大到足以创造一种狂躁症，正如我们在1998—2000年的纳斯达克股票市场或在"李斯特菌"这样的社会恐慌中看到的那样。随着这种大众狂热的发展，我们不断受到来自各种媒体，也可能是来自同事、家人和朋友的相同观点和数据的狂轰滥炸，抵抗变得越来越困难。

然而，当到达某个时刻，没有更多证据来支持这种恐慌时，自然也就没有了更多资金来支持这种金融趋势。当后者发生时，当金融泡沫耗尽了新的资金时，市场通常会迅速下跌。一个快速下跌的市场就像咆哮的牛市一样扣人心弦。关于这一点也有心理学解释，其中最重要的是关于"态度"的某些理论。态度的形成是一种简化和数据压缩的过程，大脑通过它从许多印象中得出简单结论。实验表明，改变一种态度不仅需要大量的新信息，而且需要大量的时间，至少需要几个月的时间。然而，一个惊慌失措的人——一个被发生的事情吓得心跳加速、手心冒汗、注意力集中困难的人，会在几分钟甚至几秒钟内就改变态度。当数百万投资者陷入恐慌时，他们的反应比正常情况下要快得多，这就造成了价格自由落体般下跌。当这种情况发生时，抵抗是劳而无功的。

恐慌与泡沫的不同之处似乎在于，这种下跌最初涉及的感觉是恐惧而不是贪婪，但它们的心理驱动力基本上是一样的，包括框架、群体思维、自我欺骗、个人高估和恐慌。其结果是，人们盲目地忽略了所有要求他们冷静地考虑所提议行动的成本和收益的呼吁。此外，如果有人提出证据表明这种恐惧可能被夸大了，甚至没有任何价值，那么这种担心很快就会被刷掉。作为这一过程的一部分，人们甚至可能会使用所谓的"对比错误"，即人们认为他们的对手比实际情况要差得多。例如，他们可能会认为对手不是那么聪明、诚实，或出于善意，或者他们可能会用放大镜来检查对手的错误，而这些错误可以作为借口让他们低估这种想法。或者，也许最常见的是，他们可能会认为自己是阴谋的一部分，会被大公司或政党收买。

除了心理上的影响外，信息过滤和社会/财务压力大大地增强了泡沫或恐慌的积聚。社会上没有任何一个人可以随时随地亲自对轰炸我们的所有新想法和恐慌进行研究。谁又能坐下来仔细检验成千上万页的研究文件，之后形成一个合理的个人观点呢？确实，谁有能力这样做？几乎所有的研究，无论是金融的还是科学的，都充满了奇怪的术语和数学方程式。所以，我们得到的是媒体给我们提供的信息，而媒体得到的是银行或压力集团给它们提供的信息。

但是，一个受欢迎且成功的记者并不仅仅为事实服务。记者得到的信息必须被戏剧化，被放大，这样才能成为好故事。因此，许多媒体所做的事情，可以被更好地描述为叙述故事而不是发现事实。一个好的故事需要圣人和罪人，而媒体通常会做出选择，并放大自己的角色。此外，如果这些新闻记者能证明（或宣称），是他们发现了某种阴谋或发现有人试图掩饰什么——那么他们故事中的英雄就变成了他们自己，当然，这并不是坏事。

所有这些都造成了社会压力，这些压力会迅速演变为财务压力。情况就是这样，例如，当金融分析师警告投资过热时，新闻记者就会被排除在媒体和客户的渠道之外，甚至被解雇，因为他们破坏了银行的业务。或者，当科学家对那些可能与粮食不相关的问题感兴趣时，新闻记者又被排除在获得拨款名单之外，进而这些科学家会通过失业和职业生涯的发展对他们进行有效威胁。那些质疑传统观点的人通常是在对冲基金等较小的机构工作，或者自己投资，或者处于恐慌状态的金融专家，他们通常是退休的科学家，他们没有职业风险。

具有讽刺意味的是，当这些科学家最终只能从该行业获得资金支持时，他们可能会遭受这种歇斯底里的威胁，在这种情况下，他们无意中为阴谋论提供了完美的论据。

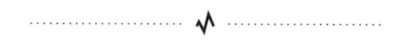

《恐慌至死》这本书是在 2007 年出版的，因此不可能涉及 2009 年的禽流感。但是，如果我们在这里加上核能（事实证明，它比煤炭安全得多，因为煤炭已经造成了数十万人的死亡，而且严重污染了空气），那么从 1980 年到 2010 年，我们就会有 14 次恐慌，这意味着差不多每三年就有一次恐慌。这似乎是巧合，这与同一时期的泡沫/崩溃数量非常接近（也是每三年一次），但是关于两者的时间安排有一个有趣的现象：据《恐慌至死》的两位作者的观点，高频率的恐慌始于 20 世纪 80 年代初，而这恰好与高频率的泡沫开始出现的时间吻合。

我已经说过，这些泡沫与最近的通货紧缩有关，那么为什么这些恐慌会同时发生呢？如果说泡沫是金融乐观造成的错误，那么恐惧就是悲观主义造成的错误。保持乐观是一种乐趣（直到市场崩溃），但人们可能会想，为什么那么多人会变得过于恐惧和悲观，这不应该是令人愉快的吗？

也许它有很深的根源。人们通常对自己的生活、社区和个人能力相当乐观。例如，当被问到他们是不是比一般人的驾驶技术更好时，大多数人会说是。然而，他们对不在他们周围或控制范围之外的事情感到悲观。当你问人们他们自己的社区、整个国家，或者世界的环境是好是坏时，他们几乎一致认为当地环境比他们国家的好，他们国家的环境比世界的环境好。这几乎适用于世界各地。因此，一个问题越遥远，越普遍，悲观偏见就越大。

产生这种消极世界观的一个原因可能是社会变化的速度。直到最近几代人，社会在大多数情况下都是静态的，这意味着人们在一生中没有看到关于社会的任何结构变化。你在田野上播种，然后收获了；一些人出生了，一些人去世了，但这都是周期性的；没有前进的趋势进入未知的领域。只有在过去的一百年内，人们才真正意识到社会在他们的一生中发生了明显的变化，而现在这种变化越来越快，可以说社会在我们眼前不断地变化。就像我们在昏暗的森林中快速前进，我们看到了阴影和形状，听到了我们无法完全理解的声音。所以，在我们的幻想中，我们完成了这幅画，想象它们是威胁我们的野兽和怪物。当然，如果我们被真正的怪物追逐，比如一群狼咬着我们的脚后跟，那么我们自然不用在乎远处有什么奇怪的形状和声音。在过去的日子里，有一些孩子很可能早夭了，也可能你得了肺炎或感染了其他严重的疾病，你很可能注定命运多舛。

这可能是对许多恐慌的另一个解释：我们需要它们。令人感到奇怪的是，关于恐怖、死亡和毁灭的电影卖得很好，而报纸通常会刊登更多的坏消息。然而，我认为这一切都是因为我们生来就是为了战斗，如果社会对我们不再构成重大威胁，我们就会自己发明一些东西与之战斗。

第三个解释是关于罪恶、净化和宗教的。人们很可能会有一种罪恶和肮脏的潜意识。这可能是因为我们一边有着动物的生活和欲望，另一边又掌握着人类的知识，因而左右为难。我们活着，却是唯一知道自己必将死亡的动物。我们杀生，却有同情心。我们以自我为中心，但也有道德意识。宗教提供了一种通过忏悔、祈祷、斋戒和深思熟虑来净化自身的生活方式。将我们的文明和生活方式视为一种必须被净化的罪恶，我们就可以与这些情绪建立联系。

这让我想起为什么一系列强烈的恐慌会与一系列高强度的泡沫同时发生：它们都与苏联解体和东欧剧变有关。这种转变不仅引发了自那时起一直占主导地位的严重的通货紧缩热潮，而且造成了许多泡沫，它还消除了此前占主导地位的全球核战争的巨大威胁。1980年之后，发达国家没有太多的恐惧，所以我们开始夸大自己对各种事物的恐惧。

第一部分 超级恐慌

社会是一个极其复杂的系统。经济学家曾经认为，经济和金融市场最好的模型是假设理性人相互作用从而创造可预测的平衡状态（一种被称为古典主义，后来又被称为新古典主义的经济学）。当你把合理性的假设放入数学方程时，你就会期望所谓的"线性"关系。例如，如果某物价格上涨，你的预期就是人们会减少购买数量。如果价格进一步上涨，人们会买得更少。

今天的观点更加微妙，人们普遍认为，尽管多数人是理性的，但个人和整个社会却可以长期做一些高度非理性的事情。我们可能会反常地卖出股票，因为它们价格下跌，又或者因为它们的快速上涨而买进，又或者我们可能会陷入非理性的恐慌，惶恐不安，等等。

在动态术语中，所有这些都被描述为层叠、正向（自我强化）反馈回路以及反抑制因子（自然修改力被阻止发挥作用）。这些所谓的"非线性"影响了你对经济现象的统计。很多学者和金融工程师长期以来一直认为，这些市场的概率有所谓的"正常"或高斯分布，即那些用钟形曲线表示的分布。然而，由于非线性的存在，极端事件的风险比这些模型所预测的都要大。当提到钟形曲线分布模式时，人们常用"肥尾"来说明这一点，而在金融界，极端事件的俚语就是简单的"尾部事件"。有许多正向反馈回路和尾部事件的系统往往有些混乱，或者如人们所言，"显示出高维确定性的混乱"。但并不是所有的事情都是混乱的，而周期、趋势和高维混乱的结合是正确看待我们的经济、社会趋势、金融市场等的方式。

在这些条件下衡量未来显然是困难的，但其中很大一部分是试图区分哪些是周期，哪些是泡沫，哪些是恐慌，哪些又是趋势。例如，当一种狂热开始形成或泡沫破灭时，人们通常认为某种趋势已经停止。当信息泡沫在1998—2000年逐渐形成时，许多人认为"旧"的经济几乎消失了。

当泡沫破灭时，一些人将新经济视为一个笑话。但这是美国华尔街金融的崩溃，而非主流经济的崩溃：信息产业在经济萧条期和之后继续发展，创新也没有因此停止。金融周期已经转向，但创新趋势仍在继续。在2007—2009年的次贷危机之后，很多人相信自由市场经济的趋势已经结束。我认为，房地产周期转向了，但全球化/创新趋势仍在继续。

因此，是的，区分这些现象是必要的，尽管区分它们总是不那么容易。然而，每一种现象的画面越清晰，我们对整体的感觉就越清晰。在下一章，我们将讨论长期趋势。

第二部分

超级趋势

这部分从人口统计学、宏观经济学、环境学、资源和基础科学等角度描述了最伟大的基本趋势，正是它们将要塑造未来。

- 全球人口增长速度正在放缓，但在 2050 年全球人口趋于稳定之前，人口仍将增加大约 20 亿或 30%。
- 城市人口将会增加大约 30 亿。
- 农村人口将会减少，许多村庄将变得荒芜。
- 从 2010 年到 2050 年，全球人口将会老龄化，退休人员的人数将增加 16 亿，大约 90% 的增长将出现在新兴市场。
- 全球预期寿命每 10 年就会增长 2.5 岁，因此从 2010 年到 2050 年，人均寿命将增加 10 年。然而，在这一时期结束的时候，由于先进的生物技术和基因组学成为一项信息技术，年龄预防将以更快的速度增长。
- 从 2010 年到 2050 年，全球 GDP 的实际增长率将达到 400%。

- 与此同时，发达国家的平均实际收入将增长200%至300%。
- 大多数新兴市场的平均实际收入将增长400%到600%。
- 从2010年到2050年，全球财富将会增长400%，其可变价格资产将增加约800万亿美元。
- 全球中产阶层每年将增加7 000万至9 000万人，并将从2010年的10亿人增加到2050年的25亿人。
- 到2030年，新兴市场的经济增长将超过2010年六大经济体的规模。
- 中国将成为世界上最大的经济体。
- 最底层的10亿人口的平均收入几乎不会增加，一些人口的收入会下降。
- 接受高等教育的人数每15年将翻一番。
- 妇女的解放将发展得非常快，在高等教育中她们的人数将超过男性人数。
- 许多发达国家将缺乏存款来支付退休潮所需费用。几个西方经济体和日本可能会经历严重的债务危机。
- 在俄罗斯、日本以及东欧和南欧的一些地区，劳动力数量将迅速减少。
- 人类的知识将以每8~9年翻一番的速度增长，2010—2050年，将增长大约45倍。增长最快的将是基因组学/生物技术、信息技术和新能源。
- 污染会减少，但碳排放将需要几十年的时间才能得到控制，地球可能会升温1摄氏度至2摄氏度，而海平面也将缓慢上升。
- 我们不会耗尽任何资源，但由于经济的爆炸式增长，一些资源将出现暂时短缺，从而引发价格飙升。
- 每单位土地的作物产量将开始以高于农产品需求的速度增长，最终导致所需耕地数量减少。

第 4 章　戏剧化平衡
中产需求和老龄化方案

1957 年我出生的时候，全球有 28 亿人口。到 2010 年，全球人口已达到近 70 亿，这意味着从我出生到那时，这一数字翻了一番还不止。预计到 2050 年，全球人口将高达约 90 亿，几乎是我出生时人口的 4 倍，从 2010 年到 2050 年增长约 30%（如图 4.1 所示）。全球人口每年增长约 8 000 万，这一数字大致相当于德国的人口数量。

我们来看看 2010 年地球上 70 亿人居住的地方。我们可以从欧盟及其他发达国家开始，如美国、日本、加拿大、澳大利亚等。这些发达经济体的人口总数约为 10 亿人，占全球人口的 14% 左右。再看看中国，中国有 13 亿人口，相当于全球人口的 20%，中国的人口比所有发达国家人口的总和都多。

印度怎么样呢？印度的人口占世界人口的 17%，因此印度的人口也比发达国家的人口总和多。它甚至比美国拥有更多的优等生。我们再举几个例子，2010 年印度尼西亚有 2.3 亿人口，巴西有 1.9 亿人口，俄罗斯有 1.41 亿人口，越南有 8 700 万人口。这也很可观了。

高盛全球经济研究主管吉姆·奥尼尔在 2001 年创造了"金砖四国"（BRIC）一词，它指四个新兴市场国家巴西、俄罗斯、印度和中国。他之所以对这些国家感兴趣,是因为他认为这些国家不仅能在短期内取得好成绩,而且在未来几十年里,这些国家将成为全球投资者的主导。这四个国家的国土面积占地球陆地面积的1/4,拥有不少于40%的全球人口,它们总共拥有25亿的居民。

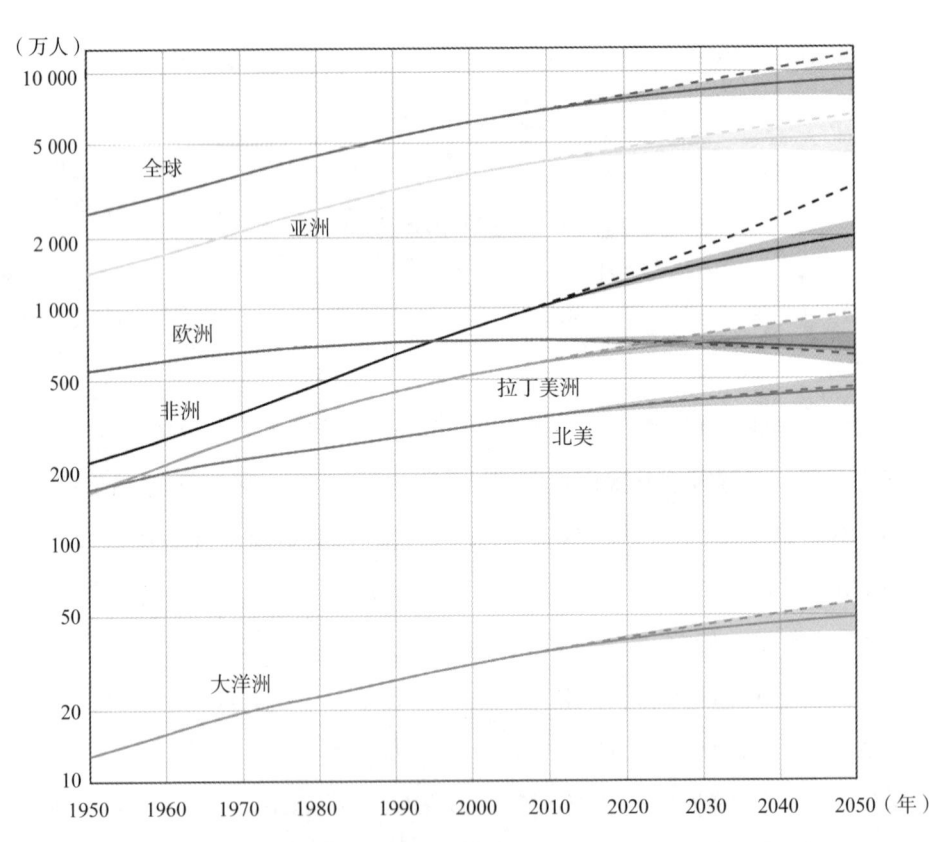

图4.1 根据历史水平和联合国预测全球人口(1950—2050年)

注:纵轴是指数增长趋势的变化。这些预测是一个可能的范围,其中心估计值用实线表示。

资料来源:维基共享资源。

因此,它们是庞大的。但另一个有趣的地方是它们有增长潜力。例如,与非洲大多数国家不同的是,这四个国家都证明,它们可以生产在全球范围内具有竞争力的产品。我们不应该忘记,俄罗斯是全球第一个将卫星送入轨道的国家,它们现在有许多有才华的IT专家和工程师。印度在班加罗尔及其他地方的软件行业都负有盛名。尽管 2010 年印度的经济规模实际上仍未超过意大利，但预计到 2025 年印度的经济规模将超过德国，在此之后，其有利的人口结构将给它带来巨大的比较优势。我们将在本章后面讨论这个问题。

巴西在圣保罗郊外的坎皮纳斯，有着它自己的"硅谷"，它制造的飞机具有全球竞争力，甚至在私人豪华飞机领域也不例外。它拥有除德国和日本之外最大的由德国人和日本人组成的团队之一，我们都知道这在工程人才方面意味着什么。而日本人只占巴西人口的 1%，他们约占学生入学人数的 15%。巴西最大的公司巴西国家石油公司是深海钻探方面的世界领导者。圣保罗和里约热内卢的城市艺术很新潮，很酷，每个人都知道巴西桑巴、巴萨诺瓦和巴西摇滚。

那么中国呢？我还记得在我的职业生涯中，有人说中国的经济规模比比利时还小，人们对中国的潜力视而不见。20 世纪 70 年代初，中国的平均收入与索马里差不多，这在今天简直是难以置信的。然而，从那以后，中国在经济上已经超越了比利时与荷兰。之后，它超越了意大利，然后又在短期内超越了英国和德国。当时有人曾预测，中国会在 2016 年左右超越日本，成为世界第二大经济体（事实上，中国 GDP 在 2010 年就已超越日本）。

中国的能力清单似乎很长，但也许最能说明中国潜力的是所有生活在国外的中国人。截至 2009 年年底，这一群体有 6 000 多万人，如果他们组成一个国家，那将是世界第三大经济体。无论中国人生活在何种市场经济中，他们普遍表现得都非常出色，无论是在中国台湾地区、中国香港，还是新加坡、马来西亚或者美国。例如，这一群体还构成了马来西亚约 25% 的人口，尽管马来西亚政府为了保护马来人的权利采取了积极的行动政策，但在中、高收入阶层中占主导地位的却是华裔人口。至于新加坡，78% 是华裔人口。据我们了解，新加坡在短短几代人的基础上，令人震惊地从原始丛林社区转变为地球上最富有的四个国家之一。如果你考虑到几乎所有的海外华人都是难民，他们背井离乡，两手空空，甚至可能还处于饥寒交迫之中，这一切就显得更加不寻常了。

说到食物，1995年，我在香港一家高档餐馆吃了一顿商务晚餐。有一次，我喝完了酒，环顾房间，发现了一个侍者，于是我发出了一个非常谨慎的信号，希望他能过来。然后他跑着来到我们的桌子旁。虽然我很欣赏他的奉献精神，但我认为跑步有点儿夸张，但这不是我要说的，我要说的重点是他跑步过来了！

截至2009年年底，金砖四国有25亿人拥有劳动力和知识，它们可以走得更远。此外，它们还控制着相当可观的自然资源，尤其是俄罗斯和巴西。然而，世界上还有"下一个10亿"，包括孟加拉国、埃及、印度尼西亚、伊朗、韩国、墨西哥、尼日利亚、巴基斯坦、菲律宾、土耳其和越南（高盛称这些国家为新钻十一国，简称N–11）。

重要的不仅是这些经济体规模有多大，而是它们对全球经济增长的贡献有多大。高盛公司绘制的表格（见表4.1），给出了2010—2030年金砖四国和六大成熟经济体预期增长之间的比较。

我认为这一表格值得仔细研究，因为它展示了一些值得注意的信息。看一下表格底部的两个数字：18 994和11 008。这两个数字显示：根据高盛的模型，金砖四国的经济增长在这20年间将达到近19万亿美元（18 994亿美元），而六大经济体在同一时期只增长了11万亿美元（11 008亿美元）。

如果我们展望未来（正如高盛所做的那样），就会发现已经有迹象表明，中国将在2040年左右超越美国。需要说明的是，这里指的不是人均GDP，而是GDP总量。再10年之后，也就是2050年，其经济总量将比美国多大约25%。从2010年到2050年，G6（法国、德国、美国、日本、英国、意大利）国家的增长将达到29万亿美元，而金砖四国将达到78万亿美元。再加上新钻十一国可能会使新兴市场的经济增长达到约100万亿美元，这意味着，全球经济将在40年内翻两番。再强调一遍，世界经济在未来40年将翻两番。

结论是什么呢？我们将迎来下一波巨大的繁荣，它首先得益于中国发展的推动，其次是俄罗斯，然后是印度和巴西，以及墨西哥、印度尼西亚和越

第二部分　超级趋势

表 4.1　选定经济体（2010—2030 年）预计 GDP 增长（亿美元）

	巴西	中国	印度	俄罗斯	金砖国家总和	法国	德国	意大利	日本	英国	美国	G6 国家总和
2010 年	668	2 998	929	847	7 452	1 622	2 212	1 337	4 601	1 876	13 271	24 919
2015 年	952	4 754	1 411	1 232	9 364	1 767	2 386	1 447	4 858	2 089	14 786	27 333
2020 年	1 333	7 070	2 104	1 741	14 268	1 930	2 524	1 553	5 221	2 285	16 415	29 928
2025 年	1 695	10 213	3 174	2 264	19 371	2 095	2 604	1 625	2 267	2 456	18 340	29 387
2030 年	2 189	14 312	4 935	2 980	26 446	2 267	2 697	1 671	5 810	2 649	20 833	35 927
2010—2030 年的增额	1 521	11 324	4 006	2 133	18 994	645	485	334	1 209	773	7 562	11 008

资料来源：2003 年高盛全球经济报告第 99 号，《与金砖四国一起梦想：通往 2050 年的道路》。

南等国家。我认为现在投资中国有点像20世纪60年代在日本投资，或者20世纪70年代中期在韩国投资。这就像一个新的日本故事，但是它有10倍于日本的人口。这是真的……非常巨大。

> **GDP 数据是真的吗？**
>
> GDP 数据概括了人们购买和支付的价格。这个价格不考虑产品是否有价值，也不反映产品有多么好。你可能会说，如果美国人在互相起诉上花了大量的钱，或者欧洲人在征收税款或避税上花了一大笔钱，那么这只会增加 GDP，但不会增加整体福祉。
>
> 另一方面，GDP 并没有反映出许多产品的性能和质量的提高。我喝的咖啡，或者我今天买的面包和水果，比我早前甚至年轻的时候要好得多，但从实际意义上来说，今天的花费更少。一些 IT 产品的价格一直在下降。每年降价大约 50%，这就相当于减少了 GDP，同时也给我们提供了更好的产品。你随身携带的智能手机可能比 30 年前数百万美元的大型机更强大、更友好，但它只需要花很少的钱。

所有这些新兴市场增长将带来什么影响呢？当经济保持这种增长时，许多人将从贫困中摆脱出来，达到一个可以自由支配支出的收入水平。高盛估计，从 2010 年到 2030 年，全球中产阶层每年将增长 7 000 万~9 000 万人。高盛的这一数字相当于每天新增 22 万人，而 20 年后的影响将是全球中产阶层人数从 2010 年接近 10 亿的水平增长到 2030 年的 25 亿。当然，这将对我们的环境和自然资源，以及产品和服务的需求产生重大影响。稍后我将介绍这一点。

它还有许多其他重要的投资影响，我们将在接下来的章节进一步讨论。

为了更好地理解这些，我们来看看马斯洛需求层次理论。图 4.2 展示了人们不同需求的优先级排列，从最基本的物质如食物和水开始。

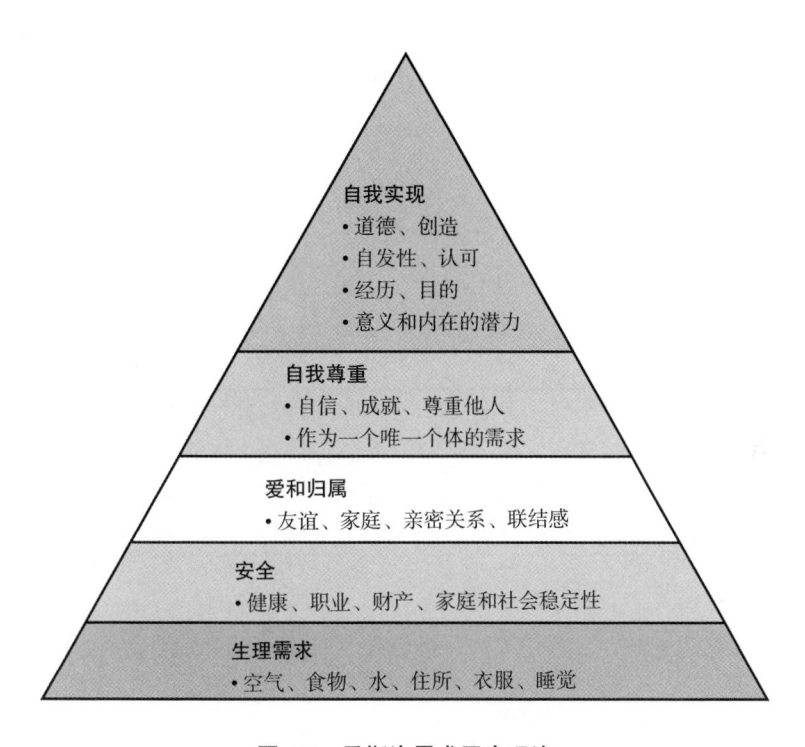

自我实现
- 道德、创造
- 自发性、认可
- 经历、目的
- 意义和内在的潜力

自我尊重
- 自信、成就、尊重他人
- 作为一个唯一个体的需求

爱和归属
- 友谊、家庭、亲密关系、联结感

安全
- 健康、职业、财产、家庭和社会稳定性

生理需求
- 空气、食物、水、住所、衣服、睡觉

图 4.2　马斯洛需求层次理论

资料来源：知识共享。

在某种程度上，我们可以简化金字塔的结构，并将其划分为四个层次，这张图你应该从下往上看：

- 自我实现："我们希望实现我们的梦想……"
- 美感："我们希望能感受到美和艺术性……"
- 情感："我们需要爱和关怀……"
- 生理："我们需要食物和住所……"

对"马斯洛金字塔"的一种常见批评是，事实上，所有人都对各种需求有着强烈的欲望，这听起来似乎是对的。毕竟，在 1.15 万年前的最后一次冰期之后，土耳其人开始在哥贝克力石阵建造巨大的 T 形单柱石柱。这些石柱大多数重达 10~50 吨，人们需要把它们从岩石上切下来，用漂亮的雕刻装饰它们，然后把它们从当地采石场拖出来，对那些石器时代的人来说这一定是难以完成的任务。当然，与金字塔的建造是一样的，第一个金字塔是在 4 600 多年前建造的，还有欧洲的大教堂，这些建筑通常需要几代人来建造。在许多大教堂中，一些最华丽的元素被隐藏在顶部，据说，它们是由"上帝之眼"建造的。有时，它们是由非常贫穷的人完成的美学和自我实现的工作。

然而，我们的意见是，如果低层次的需求没有得到满足，人们满足马斯洛金字塔中更高需求的能力会受到严重阻碍。如果你的孩子正在挨饿，你会怎么看待自尊呢？你会偷东西喂他们吗？

无论如何，这就是我认为会发生的事情：随着人们跃升到中产阶层，他们可以购买房屋，而不是住在贫民窟，可以将钱花在更好的健康、小型摩托车、摩托车或汽车上。这都是基本的物质需求，每年可能有 7 000 万 ~9 000 万人从满足基本的生理需求上升到获得安全保障，他们将购买数以亿计的汽车、房屋和公寓。中国有 3 亿到 5 亿的农村人口将在几十年内搬入城市。这些数字与欧盟的全部人口加上目前申请加入欧盟的国家的人口总和相差不大。

此外，随着许多人从贫困的底层跃升到中产阶层，也有相当多的人从中产阶层较低的层级升到较高的层级，升到一个富有、非常富有的阶层，这意味着那些美感、情感和自我实现的产品和服务将变得更加普遍。我认为这将在下面 12 个私人休闲活动领域引发爆发式增长。

休闲的 12 个基石			
你买的东西	你做的事情	你用的媒体	你去的地方
时尚	旅游	电影和音乐	餐馆
艺术	体育	网络/印刷	酒吧
奢侈品	健康	电子游戏	夜总会

尽管这些现象在世界上最贫穷的国家几乎是不存在的，但它们在较富裕的社会中发挥着巨大的作用。简单来说，关于时尚，我指的是服装/服饰，但它可以是任何经过深思熟虑和精心策划的随时间变化的款式。我这里说的艺术指的是抽象绘画、雕塑、艺术音乐等等。奢侈品是一种具有独特品质和国际声誉的物品，每一件似乎都是独一无二的。旅游、健康、体育、音乐、电影、餐馆、酒吧和夜总会为它们自己代言，而网络我指的是互联网+移动媒体以及网络。

当然，我要补充的是，这些领域经常相互重叠。我稍后会谈到，奢侈品是这12个行业中最赚钱的行业之一。例如，我将展示大型奢侈品品牌如何产生与其收入完全不成比例的利润，以及为什么奢侈品行业的增长速度比全球经济中几乎任何其他行业都要快得多。

当我们谈及新兴市场时，不能不提及未来它们对大宗商品和替代能源的巨大需求。真正了解这些市场的人都不相信我们的资源正在被耗尽，这不是问题（稍后我也会讨论这个问题）。问题是，对一些自然资源的需求可能会在数年内增长，而且它将会比我们传统的增长方式快得多。此外，能源市场将承担减少全球碳排放和巨额财富转移到产油国的压力。因此，我们必须创新，我们必须快速地进行创新，这可能会成为一个制约因素。

还有另外两个巨大的制约因素。一个是财政失衡，另一个是老龄化。让我们先看看老龄化。

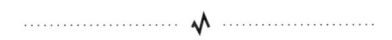

.... ⋏ ....

想要了解老龄化，我们就需要从几个重要的数字开始。从纯生物学的角度看，女性在生育期能生育16~20个孩子（有些甚至更多）。

另一个重要的数字是2.1个，即现代社会中所谓的"替代生育率"。如果平均每个女人有2.1个孩子，那么人口数量就稳定了。（额外的0.1的孩子是因为有些人可能不生育，或在达到生育年龄之前死亡，还有一个原因是自然造成的略高的男孩出生率。）

然而，正如前面提到的，"2.1"这个数字仅在现代社会中是有效的。在发展中国家，"替代生育率"高于2.1是因为死亡率较高，而且在某些地方男女比例可能有所不同。在这些国家，生育率从2.5到3.3不等。第三个重要的数字是，在全球范围内，截至2010年，平均替代生育率是每个妇女生2.3个孩子。

平均替代生育率这一数字已经改变了。200年前欧洲的实际生育率似乎是每个妇女生6.5~8个孩子。当时大多数人都是农民，在中世纪，人们有强烈的经济动机生育孩子，因为他们在很小的时候就可以在农场干活，特别是当你年老的时候，他们会帮你管理农场，总体来说是能照顾你。实际上，你的孩子们不得不照顾你，即使你是一个脾气暴躁的老头或老太太，因为你拥有他们所耕种的土地！当然，抚养孩子最开始是有一些净负担的，但这是相当短暂的，因为他们从十几岁就可以在农场帮忙，甚至可能更早。因为那时使用童工没有任何问题。我读过我曾祖父的回忆录，他在孩提时代就经常整天看管牛群。那时候有很多儿童早夭，如果我们回到几个世纪前，当生育率保持在5.6~8时，人口实际上是相对稳定的。虽然这很残酷，但至少它是稳定的，在这个意义上，生态上是可持续的。

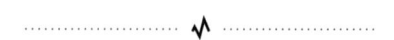

我认为在这里引入一种人口增长分类系统是很有意义的。让我从几百年前西方世界发生的事情开始讲起，这些事情至今甚至仍在一些国家发生着。我将它称为"第一阶段：工业化前稳定阶段人口"。

第一阶段社会：工业化前稳定阶段人口

- 没有避孕措施；较高的儿童死亡率
- 非常有限的医疗技术

- 没有制度化的养老金发放机制
- 儿童抚养是短暂的,孩子们在很小的时候就开始工作
- 通过使用土地的方式,孩子们与父母联系在一起。土地只是退休父母的收入来源
- 生育率:5~8
- 人口:稳定
- 生产力和财富:稳定或缓慢上升
- 失业和就业不足:稳定且很低
- 举例:
  - 大多数的中世纪社会
  - 亚马孙河和婆罗洲丛林的隔离部分

我猜下一阶段的名字是"2a 阶段:知识驱动的人口爆炸"(稍后我将进入"2b"阶段)。这一阶段主要是由工业化推动的。此外,好奇心、技术、商业的独创性和企业家精神造就了工业化的同时也造就了国际贸易和银行业。所有这些都增加了社会收入,改善了卫生和医疗保健,再次降低了死亡率,尤其是儿童死亡率。结果呢?人口开始快速增长,平均收入也开始增长。

2a 阶段社会:知识驱动的人口爆炸

- 没有或有限的避孕;儿童死亡率低
- 适度的医疗技术
- 有限的制度化的养老金
- 孩子们需要越来越多的教育
- 孩子们经常不与父母住在一起,却被期望照顾退休的父母

- 生育率：3~8
- 人口：指数增长
- 生产力和财富：以指数形式增长
- 失业和就业不足：结构稳定
- 案例：
  - 大部分新兴亚洲国家
  - 拉丁美洲部分地区

尽管如此，技术的发展还在继续，社会结构也在不断发展完善。机器开始与人类竞争简单的工作岗位。因此，为了让孩子们为有意义的工作做好准备，他们需要接受教育，需要更多，然后是多得多的教育。因此，生养孩子的初始成本已经上升了。与此同时，农业的重要性减弱，孩子们在任何情况下都可能远离父母并建立自己的生活，他们的父母越来越依赖于公共和私人的养老金计划来支付他们的退休金。此外，避孕措施也得到了广泛的应用。所有这些都意味着孩子们变成了父母仅仅为了爱而付出的高昂的费用。如果你愿意，他们会沿着马斯洛金字塔向上移动。你可能会有 2~3 个孩子，你让他们沐浴在爱中，并让他们接受教育。你不会选择生 8 个孩子，其中 3 个在十几岁之前就夭折了，然后让其他孩子做艰苦的劳动。让我们把这一阶段称为"第三阶段：教育和社会基础设施驱动人口稳定"。

第三阶段社会：教育和社会基础设施驱动人口稳定

- 避孕措施完全可用；儿童死亡率低
- 良好的医疗技术
- 制度化的养老金
- 孩子们需要越来越多的教育

> - 孩子们常常远离父母，而他们中只有一部分，如果有的话，会照顾父母退休之后的生活
> - 生育率：2.1
> - 人口：稳定且走向老龄化
> - 生产力和财富：快速增长
> - 失业和就业不足：结构性低，但稳定
> - 案例：
>   ○ 加拿大
>   ○ 斯堪的纳维亚半岛

在第四阶段，社会基础设施的发展使妇女在经济上更少依赖于她们的丈夫或孩子。例如，现在社区开始提供新的大规模基础服务帮助妇女照顾孩子。与此同时，国家为所有人提供养老金，银行系统为更多养老金提供了补充性储蓄服务，这意味着父母相对于孩子的经济独立性加强了。

另一方面，随着预期寿命的增加，有两个孩子的妇女通常只会受到妊娠晚期以及婴儿护理的限制（也许会受到日托中心的部分影响），这种受限制的时间总共只有8年，只占她一生的10%。这意味着，获得教育和追求一份有趣的事业突然变得可行，既然它可以实现，一场运动便兴起并发展起来。因此，渐渐地，女性获得了平等的权利，这意味着越来越多的女性在理智上选择了更有趣的生活，而不是生育很多孩子。此外，由于育龄妇女不再完全依赖男性，离婚也变得更加平常，这通常也是女性不要更多孩子的原因。

而且，当人们有了孩子以后，作为父母他们不仅希望孩子接受长期扎实的教育，还要学习钢琴、打网球、踢足球、矫正牙齿、在朋友家过夜、在好的公司里庆祝生日、到世界各地旅行、学习多种语言等。换句话说，许多父母只想要一两个孩子，这样他们可以投入更多的时间。我们将这一阶段称为"第四阶段：教育和抱负驱动的人口下降"。

> **第四阶段社会：教育和抱负驱动的人口下降**
>
> - 避孕措施完全可用；儿童死亡率低
> - 良好的医疗技术
> - 制度化的养老金
> - 孩子们需要越来越多的教育，还期望有课外活动
> - 孩子们更多地远离父母而住，如果是这样的话，就只是部分子女会照顾父母退休之后的生活
> - 生育率 < 2.1
> - 人口：迅速下降和老龄化
> - 生产力和财富：人均收入增长，但总体停滞不前
> - 失业和就业不足：在结构上保持低水平和稳定
> - 案例：
>   ○ 东欧
>   ○ 日本
>   ○ 南欧，德国

我必须回到这里，再介绍另一个阶段："2b 阶段：卫生保健驱动的中世纪人口爆炸"。这里的关键词是中世纪。这种情况发生在现代医疗从外部引进到没有任何经济和社会进步的社会的时候。其结果是人口爆炸与生产的增长、社会基础设施的发展完全不匹配。尽管从人道主义的角度来看，医疗保健是可取的，但从长期的社会和环境后果的角度来看，其中却存在很大的问题。

> **2b 阶段社会：卫生保健驱动的中世纪人口爆炸**
>
> - 有限或低效的避孕措施；儿童死亡率低
> - 适当的医疗技术

- 有限的制度化的养老金
- 短暂的儿童抚养阶段，孩子们在很小的时候就开始工作
- 孩子们经常通过使用土地和父母联系在一起，土地只是退休人员的收入来源
- 生育率：3~8
- 人口：指数增长
- 生产和财富：稳定或缓慢上升
- 失业和就业不足：快速增长
- 案例：
  ○ 撒哈拉沙漠以南的非洲
  ○ 中东部分地区

总结一下 4+1 阶段的人口发展，从某种意义上讲，它是为了让每个孩子都能有一个充实的生活；而另一方面，教育成本的增加和有组织的社会保障取代了养儿防老式的主要养老手段。但最重要的是，它可能是关于女性角色的变化。

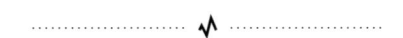

我已经提到了女性在出生率下降中扮演的角色，但我认为这需要进一步阐述。高盛、波士顿咨询集团、世界银行和美国国家经济研究局都是研究女性在全球社会中角色变化的权威机构。它们发现，几乎每个地方都有一个明显的趋势，那就是女性拥有更平等的权利和机会。

其中一部分似乎与电视有关。2007 年，美国国家经济研究局的一个研究小组启动了关于有线电视对印度不同农村社区影响的研究。结果是惊人的，在获得有线电视的短短一两年内，当地的家庭更有可能把孩子送去上学，特

别是女儿。此外，这也降低了女孩辍学的可能性。最后，接触有线电视的女性生育的孩子开始变得越来越少。

女性解放的速度有多快？世界银行对不同教育类别中女性与男性的比例进行了国际研究，发现这种平衡存在一些戏剧性的变化。让我们来看一下表4.2，它显示了"发达"地区的数字。

表4.2 发达地区不同教育程度的入学率中女童与男童的比例，1998—1999年和2006—2007年

	1999年	2007年
初等教育	100	100
中等教育	100	100
高等教育	119	129

资料来源：2009年联合国《千年发展目标报告》。

在这里，初等教育并不令人惊讶，因为在发达国家，男孩和女孩都必须去上学，而且他们的人数基本是相等的。中等教育呈现的数字也是如此。

现在来看看高等教育。这是高中毕业后的情况，包括学院、大学以及国家理工学院。1999年，发达国家接受高等教育的女性比男性多20%。这意味着，女性不仅与男性实现了男女平等，而且在短短8年时间里，她们在高等教育中取得的领先优势从1个男生比1.2个女生，增加到1.3个女生。我发现，女性的成就是非凡的，变化的速度也是惊人的。

表4.3给出了发展中国家的同类数据。它表明，女孩们在初等教育阶段就已经赶上男孩（增加4个百分点），在中等教育阶段提高更多（增加5个百分点）。在高等教育阶段，增加非常多，事实上，在短短8年内增加了18%！

在人口统计中，你所看到的任何在8年内发生18%的变化都是非常罕见的，但事实确实如此，女性解放的趋势是戏剧性的、重要的，也是广泛的。

表 4.3 发展中地区不同教育程度的入学率中女童与男童的比例，1998—1999 年和 2006—2007 年

	1999 年	2007 年
初等教育	91	95
中等教育	89	94
高等教育	78	96

资料来源：2009 年联合国《千年发展目标报告》。

让我给你们举个例子。我想有很多，或者大多数生活在中东地区以外的人都认为很多伊斯兰国家的女性普遍遭受限制，当然，如果她们去上学，塔利班的成员有时会往年轻女孩的脸上泼硫酸，甚至炸毁学校；而在沙特阿拉伯，妇女是不准开车上路的。然而，联合国发布的《2005 年阿拉伯国家人类发展报告》显示，截至 2005 年，妇女在埃及、黎巴嫩、约旦、巴勒斯坦和阿曼等国家的高等教育中接近或实现了性别平等，而海湾国家的女性大学入学率已经超过男性。例如，在卡塔尔，被大学录取的女性约为男性的 3.4 倍。同一份报告还提到，许多男性经常在国外的大学学习，而该地区的许多大学都是单一性别的，女性的选择与男性不同。但这一趋势是显而易见的，它是普遍的，其发展速度远远超过人口增长和老龄化。

有一种说法是，如果你教育一个男孩，那么你只是教育了那个男孩。如果你教育一个女孩，那么你是在教育整个家庭，因为那个女孩会坚持让她的孩子也接受教育。女性解放以及随之而来的一切都预示着一个重要的超级趋势。随着女性接受更多的教育，她们也得到了更多的工作、更高的收入以及在家庭中获得更大的发言权。此外，受过教育的妇女的孩子也接受了更多的教育，而且通常更健康。当女性决定如何使用家庭的钱财时，她们购买烟草和酒精的可能性比男性低，她们更倾向于购买食物、医疗服务、教育、服装和个人护理产品。女性的解放似乎对消除全球人口爆炸具有巨大贡献，同时还能确保我们的孩子有更美好的未来，并增加人均收入。最后，一个拥有更强大女性和更多退休人员的世界可能会变得更加和平。

我之前曾提到，世界人口将会增长约30%，或者从2010年到2050年增加约20亿人口。在这期间，除俄罗斯和东欧外，所有新兴市场的人口都将增长（见表4.4）。

表 4.4　预计 2010 年到 2050 年全球人口变化，按增长率排列

非洲	+93%
西亚（土耳其、中东国家）	+60%
大洋洲（澳大利亚、新西兰和太平洋岛国）	+43%
印度	+33%
北美	+28%
拉丁美洲和加勒比海地区	+24%
中国	+5%
西欧	−2%
东欧，包括俄罗斯	−18%
日本	−20%

资料来源：联合国，《世界人口展望》（2008年修订版）。

如果我们看一下表4.4顶部的名字，我们就会发现，非洲的人口增长对环境而言是很可怕的，但从某种意义上来说，它在经济上是有希望的。然而，在我们对这个经济前景感到兴奋之前，我们应该记得，尽管非洲有巨大的自然资源，但是生活在撒哈拉以南非洲的10亿人所创造的GDP总量比西班牙一个国家的还少。在很大程度上，非洲仍然处于一个不可持续的"2b阶段：卫生保健驱动的中世纪人口爆炸"。我将在下一章讨论这个问题。

不过，对非洲来说，其让人看好的前景是，它对亚洲的出口一直在快速增长，而亚洲人越来越多地从事非洲的农业生产，这应该会带来技术、商业知识和管理知识的转移。此外，日益上涨的商品价格让许多国家减少了外债，而诸如手机等新技术使它们能够一举绕过旧技术，并使用较新的廉价的

系统。事实上，2007年哈佛大学的一项著名研究表明，当印度南部的渔民使用手机时，发生了不可思议的事情。现在，他们甚至在上岸之前就给潜在的买家打电话，结果是他们的利润平均增长了8%，而鱼类的零售价格则下降了4%。伦敦商学院估计，移动电话在人口中的普及率每提高10%，国内生产总值就会增长0.5%。

在人口增长列表中排第二位的是中东地区，那里的人口数量将会激增。在1950年，那里的人口只有1亿，但到了2010年人口增长到约4.3亿。和大多数非洲国家一样，中东地区的人口增长主要处于2b阶段。

令人惊讶的是，在中东地区，只有47%的潜在工作人口在工作，还有25%的人处于完全失业的状态。其中有很多原因，但有一个原因是歧视妇女和教育不足，这阻碍了该地区过渡到2a阶段和最终的第三阶段、第四阶段。没有受过教育的人失业并不特别，奇怪的是，那些有技能和受过教育的人中也有相当大一部分人失业了。那些没有石油的中东国家越来越远地落后于其他新兴市场国家和地区。例如，40年前，埃及的出口与中国台湾地区或韩国旗鼓相当。到2010年，埃及的出口还不到亚洲四小龙的1%。

除了缺少职业女性，中东一些地区似乎还缺少娴熟的企业家精神和科学的好奇心。《2002年阿拉伯国家人类发展报告》总结道：

> 翻译书籍的数目也令人沮丧。阿拉伯世界每年翻译约330本书，这仅是希腊翻译图书数目的1/5。

另一项统计数据显示，阿拉伯国家每年授予的专利数量是巨大的。2006年，摩洛哥获得133项专利，沙特阿拉伯73项，阿尔及利亚79项，阿联酋16项，科威特7项，埃及6项，突尼斯3项，叙利亚3项，卡塔尔2项，黎巴嫩2项，约旦1项，利比亚0项，阿曼0项，苏丹0项，索马里0项，吉布提0项，伊拉克0项。如果我们把伊朗的45项作为额外数字添加上去（伊朗人口中波斯人占大部分，而非阿拉伯人），那么，在2006年，总共有近4

亿的人口得到了370项专利。同年，人口不足1 600万的荷兰获得了超过其30倍的专利，或者准确地说是9 949项。荷兰人申请专利的可能性几乎是阿拉伯/波斯人的1 000倍。

然而，这种美好的希望并没有完全消失，特别是沙特阿拉伯和（甚至更多的）海湾国家，以及一些北非国家已经采取措施改善教育，创造新的商业，并在某些情况下鼓励妇女就业。阿联酋的现代化进程实际上是非常快的。

在北美地区，尽管经济成熟，但美国的人口增长前景相当强劲。除了移民原因，另一个原因是美国经济有一定程度上的新兴市场心态。这个国家的收入分配存在不均，还有大量来自墨西哥等新兴市场的第二代移民，他们平均每个家庭的孩子数量可能仍高于美国其他地区的平均水平。

印度的生育率是中国的两倍（每个妇女生育3个孩子）。目前，由于印度人有比较多的孩子，他们的抚养比率自然相当高（人数取决于其他人的收入），但是孩子的抚养费用只有赡养老人费用的1/4到1/3。此外，到2025年左右，印度的生育率才会下降，印度将享受巨大的人口红利：较少的孩子，老年人也不多。然而，印度的一个担忧是，它被划分为富裕、成熟的南部地区，那里人口较多且老龄化严重；而北部地区人口较多，但受教育程度较低，那里的生育率也较高。为了从整体人口增长中获益，印度需要普及教育，或者转移人口。

中国的生育率较低，而且很快就会出现老龄化问题，劳动力数量将从2020年开始下降。此外，它的抚养比率在2010年左右触底，已经低于50%（意味着少于50%的人年龄在0~14岁或65岁以上）。到2050年，这一比例将增长到80%。中国现在已经开始遭遇人口结构方面的阻力。

如果我们顺着增长名单往下看，到达那些人口增长缓慢或收缩的地区，那么我们就会发现，到2025年，欧洲的人口数量预计会增长1 000万。然而，此后其人口增长率将开始下降，这将导致2010年至2050年欧洲总体人口净增长率仅为2%。

日本和东欧的人口正在大幅减少。例如，俄罗斯人口已经在减少。截至 2010 年，俄罗斯约有 1.4 亿人口，到 2050 年可能会下降到 8 000 万~9 000 万人。其生育率在 1999 年仅为 1.17，之后开始小幅回升，在 21 世纪，其人口增长率恢复到稳定人口水平的可能性非常小。俄罗斯的工作人口接近 1 亿人（到 2050 年应该会减少到 6 500 万人），到 2025 年，这一数字将下降 1 500 万左右。

······························· Ⓜ ·······························

我之前描述过的总体人口增长数字（从 2010 年到 2050 年大约增长 20 亿）听起来好像很多，但这一数字实际上掩盖了看起来很不同的另一种趋势：人口增长率正在下降。

发展中国家的自然发展过程是，从"工业化前稳定阶段人口"转向"知识驱动的人口爆炸"，这在经济上是可持续的，但对环境的潜在影响是不可持续的。从那时起，当经济增长达到一个点，即通常当人均 GDP 达到 1.5 万美元时，发展中国家进入"教育和社会基础设施驱动人口稳定"的阶段。最后，随着社会抱负和复杂性的进一步发展，发展中国家很可能会进入"教育和抱负驱动的人口下降"阶段。

中世纪社会的另一种选择是从"工业化前稳定阶段人口"提升到"卫生保健驱动的中世纪人口爆炸"，这在经济和环境上都是不可持续的，因为它们不能发展经济和社会来应对人口的增长。然而，即使是这样的国家，最终也会看到社会化开始起作用，并可能与其他工业化国家采取同样的方式。

无论如何，全球人口增长率正在下降。全球生育率从 1970 年的 4.5 下降至 2000 年的 2.7。到 2050 年，它可能降至 2.05，甚至略低于人口替代率。相应地，截至 2010 年，全球人口增长率接近 1.2%，但在 2050 年之前其增速应该会稳步放缓。20 世纪 50 年代人口增长率曾一度达到顶峰，然后 1963 年出现了增速 2.2% 的新峰值，显然这是最后的峰值。自那以后，它一直在持续下降，预计到 2020 年将跌至 0.7%。换句话说，世界人口的减速增长已经持续了大约 50 年。此外，这种趋势几乎在全球范围内都可以看到。幸运的是，绝大多数人都是自愿选择减少生育数量的，这是有史以来第一次。这确实是件好事，否则我们会被淹死在人海中。

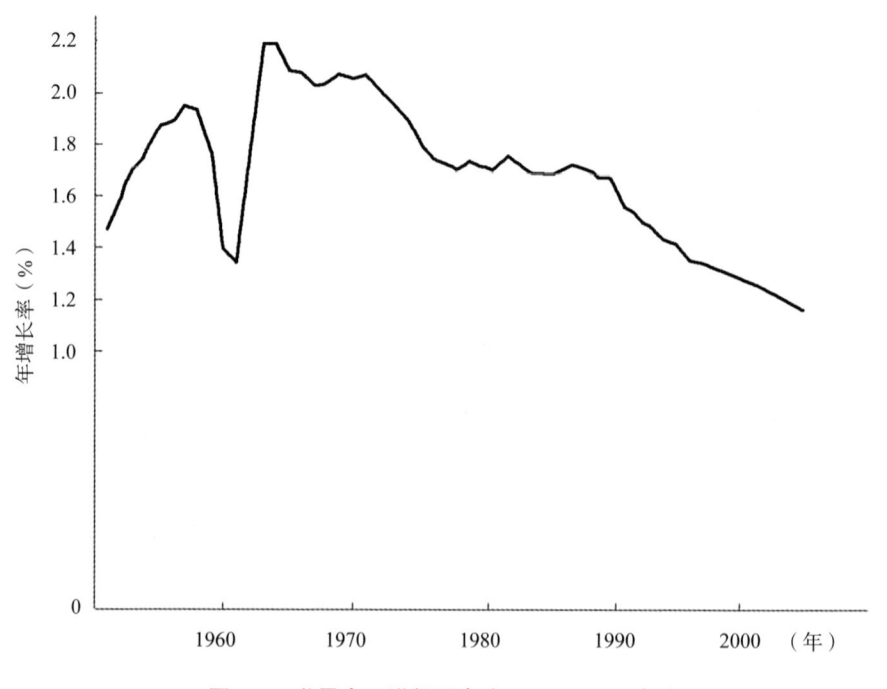

图 4.3　世界人口增长历史（1959—2009 年）

资料来源：维基共享资源。

然而，随着人口增长的减速，老龄化问题出现了。这背后有两个因素：出生率下降和预期寿命延长。1900 年出生在美国的孩子预期寿命在 47 岁左右，而 1950 年，这个数字已经增长到 68 岁。据美国人口普查局估计，2050 年出生的人预期寿命为 84 岁。在日本，届时的预期寿命将是 91 岁。对美国而言，在 150 年的时间里，预期寿命从 47 岁增长到 84 岁，几乎相当于平均每 10 年增长 2.5 年的寿命。然而，从全球来看，从 1850 年到 2010 年，预期寿命的增长几乎是线性的，即每 10 年增加 2.5 岁。在欧洲，人口预期寿命从 2010 年到 2050 年可能会增加 6~7 年，而在亚洲，这个数字是 10 年左右。医疗保健的改善、卫生条件的提高和营养的及时补充都是预期寿命延长的主要原因，但在大多数发达国家，肥胖、吸烟和缺乏锻炼造成的伤害让这种改善减速。然而，通过基因组学和生物技术，人类的寿命可能会大大增加，平均寿命可能达到150年或更长。我想，我们将在2050年之前看到其中的一些进展，这就意味着，我们可能会看到一个过渡时期的开始，即预期寿命每年增长一岁以上。

预计老年人口（60岁以上）数量将从2010年的6.8亿增加到2020年的10亿。10亿的老年人！这相当于目前成熟经济体中的所有人口。而10年里超过3亿的人口增长数量大约相当于2010年美国的人口数量。到2030年，发展中国家的老年人口将是经济合作与发展组织成员国（简称经合组织）现有人口的3倍。

老年人口的数量不会就此止步。到2050年，将有近20亿60岁以上的人口，这相当于世界总人口的22%。日本是一个极端的例子，到那时，其老年人口的比例将会增长到全国人口的38%。事实上，到2050年，世界人口增长量的约80%都是60岁以上的老年人。即使是80岁以上的人口数量也将是巨大的：它将从现在的9 000万增长到4亿。

那么新兴市场的情况呢？尽管大部分新兴市场将在很长一段时间内经历人口的持续增长，但它们根本无法逃避人口老龄化。欠发达国家今天有半数80岁以上的人口，到2050年这一数量将达到70%以上。2005年，亚洲和拉丁美洲65岁以上的老年人仅占人口总数的约6%，而非洲老年人占比只有3%。然而，到2030年，这些比例将翻一番，到2050年将增加3倍。事实上，到2050年，大多数新兴市场国家的年龄结构与今天发达国家所拥有的年龄结构很相似。中国2010年只有不到1.5亿的老年人，但这个数字到2050年将会变为4.38亿。

表4.5和表4.6提供了更全面的观点。表4.5显示了老年人的总数，表4.6显示了变化，两个表格都以百万为计数单位。表4.5表明老年人口将从2006年的7.28亿增长到2030年的14亿，以及2050年的24亿。

表 4.5　60 岁以上的人口总数（单位：百万）

	2006 年	2030 年	2050 年
发达经济体	248	363	400
发展中经济体	480	1 014	1 968
总数	728	1 377	2 368

资料来源：2006 年联合国人口司，《人口老龄化》。

然而，表 4.6 显示了这些数字的增长，并在最右边一列指出发达国家和发展中国家之间的增长是如何划分的。不少于 90% 的增长将会出现在新兴市场中。

表 4.6　60 岁以上人口总数的增长（单位：百万）

	2006—2030 年	2030—2050 年	总数	增长率（%）
发达经济体	125	37	162	10
发展中经济体	531	954	1 485	90
总增长数	656	991	1 647	100

资料来源：2006 年联合国人口司，《人口老龄化》。

如果你的脑海中有一个数字，那么也许应该是 40 多年来，全球退休年龄人口将比现在所有发达国家的人口总数还多。如果你在医疗行业，这是一个巨大的市场。让我们看看与其他人群相比，65 岁以上的人在某些商品和服务上的平均支出与其他人群的比例：

- 护理：　　　　　　30 倍
- 家庭医疗保健：　　10 倍
- 医院服务：　　　　4 倍
- 处方药：　　　　　3 倍
- 医生服务：　　　　2.5 倍

然而，这对整个社会来说是一个巨大的经济负担。据经合组织和国际货币基金组织估计，从 2010 年到 2050 年，发达国家与老年人相关的支出增长预计达到 GDP 的 7%，从 2010 年占 GDP 的 20% 左右，增长到 2050 年占 GDP 的 27% 左右。表 4.7 显示了不同国家从中期和长期预期老年人支出的变化。我根据问题的严重性对它们进行了排序。

表 4.7 从中期和长期看，不同国家预期老年人支出的变化

国家/地区	与老年人相关的支出占 GDP 的百分比的总变化，2005—2025 年（%）	与老年人相关的支出占 GDP 的百分比的总变化，2005—2050 年（%）
西班牙	4.5	13.5
新西兰	5.7	12
澳大利亚	3.3	7.9
加拿大	3.3	7.9
德国	2.2	7.5
法国	3.1	7.3
英国	2.8	7.2
日本	3.4	7.1
美国	2.9	7
意大利	3.1	7
瑞典	1.8	5.1

资料来源：库尔内德、鲍里斯，《推迟财政整顿的政治经济学》，经济工作文件第 548 号，经合组织，巴黎，2007 年 3 月 9 日。

正如我提到的，这个名单是根据数字所代表的问题进行排序的，因而西班牙排在最前面。根据这些预测，西班牙需要用 13.5% 的 GDP 来支付社会养老金。然而，名单上的数字不是一成不变的。例如，欧盟提出了一些更有利的假设，表明在欧盟地区的老龄化相关支出只增长了 4.3%。那么谁是对的，经合组织还是欧盟？当然，这取决于人们在什么年龄退休，他们的退休金有多少，他们的医疗援助有多昂贵。

美国国会预算办公室进行了一项研究，预测社会保障和医疗支出将从 2005 年占 GDP 的 8.4% 上升到 2050 年的 19%，增幅近 11%。2008 年联邦总收入占 GDP 的 18.5%，因此增长 11% 意味着必要税收将增加 40%。我在美国传统基金会的网页上找到了一个很好的例子（如图 4.4 所示）。

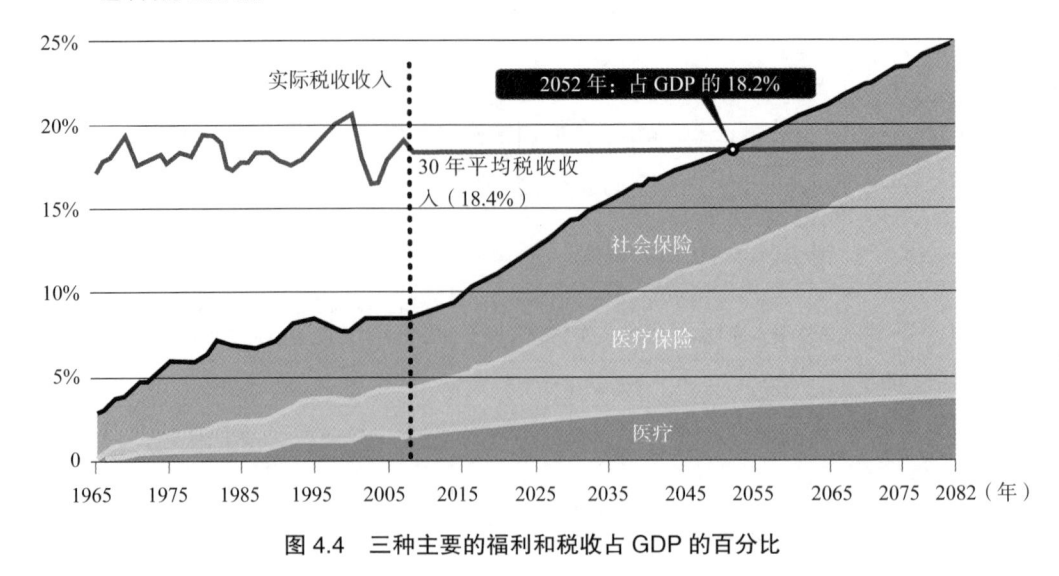

图 4.4　三种主要的福利和税收占 GDP 的百分比

注：图 4.4 表示 1965—2082 年（美国东部时间），美国社会支出福利与历史和预计的税收总额。该图表明，除非进行彻底的改革，否则仅这些福利就可以在 2052 年之前抵消所有的税收收入。该图不包括利息支付、基础设施、教育、军队等方面的开支。

资料来源：美国传统基金会，《2009 年联邦收入和开支图表》。

重要的是你要正确地阅读图 4.4。它显示的是社会/医疗保险支出与联邦收入的比较，但它并没有显示联邦其他开支，如军事、交通基础设施和环境等。事实上，2009 年联邦政府为此支付的总成本已经超过了 GDP 的 10%，因此，它并不是努力地为即将到来的老龄化存钱。不，在面对未来的问题时，它反而增加了国家债务，我稍后会讲到（我应该补充一点，美国国会预算办公室引用的 "11%" 是一个中值估计，它实际上给出了一个从 7% 到惊人的 22% 的增长范围，这取决于采取什么行动）。奇怪的是，考虑到美国的抚养比率不像欧洲和日本那么高，其中值估计却如此之高。我们应该记得，到 2050 年之前，美国的劳动力将以每年 0.5% 的增长率稳步增长。之所以可以这样，一个很重要的原因是，美国人均医疗成本比其他国家高。

有一件事我们可以肯定：全球抚养比率将会爆炸式增长。问题是，应对人口老龄化将会有多困难。答案是，这一切都取决于那些必须付出代价的人的经济能力。经济学家首先要看的是需要抚养的孩子的数量。与照顾老人相比，护理/教育孩子的费用要小得多。说到这一点，许多国家，包括东欧和南欧的民众，现在正享受着孩子抚养费用降低的好处，因为他们没有那么多孩子。

经济学家也会观察到底有多少处于工作年龄的人确实在工作（即所谓的"劳动参与"），他们的生产力增长了多少（"单位劳动力成本"），作为单位劳动力增长的一个指标，每个人的工作配置多少资本，因为人+机器显然比单纯的人力有更高的生产效率。

让我们先看看潜在的劳动力。大多数国家的劳动力前景都有些糟糕。对美国而言，在过去的两代人中，劳动力的快速增长在一定程度上是由妇女参与劳动力市场和增加工作时间驱动的。这两种力量现在已基本耗尽，但情况并不太令人担忧。正如前面提到的，到2050年，美国的工作人口数应该会以每年接近0.5%的速度稳步增长。此外，有明显的迹象表明，许多美国人打算在他们正常的退休年龄之后继续工作。根据美国劳工统计局的数据，在2008年年初，约有30%介于65岁至69岁的人，他们要么在工作，要么在找工作。这一数字比2000年的24%有所上升。60岁至64岁的工作人口的数量也从47%增长到54%。第一批所谓的"婴儿潮一代"大约出生在1945年至1965年之间，并已经接近正式的退休年龄，但许多人选择继续工作。

然而，大约有2/3的美国人没有为退休准备好足够的资金，大约有1/4的人在民意调查中说他们倾向于永远不会退休。至于是否是因为他们喜欢工作或需要工作则属于另一回事。另一方面，应该说的是，由于"二战"以来女性参与劳动力市场的增加，有更多的双养老金家庭，这些家庭实际上可能做得相当不错。

日本的劳动力情况非常不同，其劳动人口的数量在1999年左右开始下降，到2050年之前将以每年1%~1.5%的速度下降，甚至可能超过1.5%。

在新兴市场，俄罗斯的表现尤为突出。中国将成为下一个下降的国家，中国在很长一段时间内都实行独生子女政策，到现在为止，该政策有效调节了4亿人口的增长，因此很有可能避免了经济和生态上的灾难。然而，该政策带来了一个经济上痛苦的人口转型阶段。正如前面提到的，中国的劳动力将持续增长到2020年左右，然后开始下降，尽管在2030年之前会表现得很温和。但接下来下降的速度会更快。目前，中国每6.5个工作者中就有一个退休人员，到2050年，这一数字将降至不到2人。

我在上面提到的数据是关于劳动力人数的。但是劳动生产率呢？根据一组国际劳工组织令人印象深刻的数字，从1996年到2006年，全球范围内，仅用10年这一数字就增长了25%。

年均生产率预期增长约2%，美国略高于欧洲（如表4.8所示）。按照这样的速度，经过通货膨胀率修正的人均收入每10年就会增长20%以上。事实上，对于一个在年生产力增长率为2%的社会中生活80年的女性来说，她死亡时的人均生产率将是她出生那天的4.8倍。真的加起来，当她去世的时候，人们会比她出生的时候要富有得多。以我们的标准来看，下一代的世界将非常富有。

表4.8 过去和预测的实际经济增长，欧元区和美国

	年生产率增长，欧元区（%）	年生产率增长，美国（%）
1960—1980年	4.8	2.1
1981—2000年	2.1	1.5
2001—2005年	0.8	2.5
2006—2010年	1.1	1.5
2011—2030年	1.8	2.2
2031—2050年	1.7	2.2

资料来源：《欧元区人口发展对宏观经济的影响》，第51号临时文件，欧洲中央银行，2006年8月；马格努斯、乔治：《老龄化时代》，约翰·威利父子出版公司，2009年。

显然，大多数新兴市场的生产率要高于每年2%的增长速度，因为它们赶上并适应了新技术，它们已经以极具竞争力的价格而存在。此外，新兴市场国家有大量的劳动力储备，例如，有6亿人生活在亚洲的贫民区，他们通常很少从事生产活动。还有数以亿计从事非常传统的农业劳动的人将要搬到城市。我们已经看到这种城市化在中国和其他地方的影响。

对于劳动力不断减少的发达国家来说，显然还有另一种解决方案，那就是鼓励移民。然而，现实情况是，移民的平均工作意愿只是比当地居民略高一些，而且他们往往会在一段时间后把自己的家人（也许是非常广泛的）也移民至此，而这些家庭可能会增加社会负担。尤其是来自分裂社会的移民可能缺乏对现代社会工作方式的基本理解和接受，例如，反对民主、宽容和多元主义。此外，移民数量的增多增加了交通拥堵，他们往往比当地人生育更多的孩子。甚至在许多情况下，这些孩子在社会上不像他们的父母那样被同化，反而成为无业人员，甚至走上犯罪道路。德国和其他国家则遇到另一个问题：移民子女在教育体系中的表现要比当地居民差一些。虽然移民在短期内对劳动力的增加可能会有帮助，但由于我刚才提到的原因，移民的长期影响可能会使抚养比率飙升，并不成比例地增加公共支出。

这个问题有一个例外：高收入者。这些人通常都接受了高等教育或拥有高超的创业技能。这样的人不仅可以填补职位空缺，还能经常创造新的产品和服务，也许还会带来新的公司，从而带来经济增长、收入和税收。他们的目标是那些拥有低税收和较多商业机会的国家。例如，在美国不少于40%的博士是移民。此外，来自美国的研究表明，移民比本地人更有可能创办自己的公司。根据哈佛大学法学院维韦克·瓦德瓦的说法，1995年至2005年，在美国创建的工程和技术公司中，有1/4的公司有移民创始人。对此，我发现有三个原因。首先，移民要采取一些行动，这意味着移民可能不是普通人群的典型代表。第二，移民在他们所到达的社会中有些孤立，因此，他们有更强烈的需求创造自己的未来。第三，可能的解释是，他们移民是因为他们相信自己有很高的潜力，相信自己在目的地国家会得到更好的回报。

我已经提到了老龄化将带来的经济负担问题。现在我想再来回顾一下，从以下问题开始：下列陈述是对还是错？

成熟且领先的公司通常会产生大量的自由现金。换句话说，它们拥有巨额盈余。人们将其中一部分资金投资于新成立的公司。

这句话是正确的。现在我们看看另一个例子：

经合组织国家通常会有大量的资金结余，它们将这些资金投资于令人兴奋的新兴市场。此外，它们拨出大量资金用于支付老年人的养老金和医疗保险。

这一说法看似正确，但事实并非如此。实际上是贫穷的新兴市场国家向富人注入资金，当退休成本接近爆炸式增长时，大多数受影响的发达国家几乎没有多少积蓄。

这看起来很奇怪，但我能想到为什么会是这样。第一，从1980年到2007年，成熟的市场有了很大的扩张，在这样的环境中，人们有一种自然的倾向，他们会变得得意忘形，并假定在没有重大破坏的情况下经济会继续发展，所以为什么还要储蓄呢？另一个原因可能是，发达经济体中的大多数人从未见过战争或经济萧条，他们认为，如果经济出了问题，那么政府会支持他们，这意味着他们认为自己不需要储蓄。然而，最重要的原因可能是资产价格，尤其是房地产价格的快速上涨，这意味着许多人在没有真正储蓄的情况下变得更加富有。他们认为自己在存钱。此外，新兴市场的居民由于缺乏社会保障制度以及对最近的危机记忆犹新而感到不那么安全，因此他们存了很多钱。

第二部分 超级趋势

对发达国家来说，居民缺乏储蓄是一个非常大的威胁。到底有多大呢？有时我会读一本叫作《金融分析师》的杂志。其2007年3/4月号（第63卷，2007年第2期）刊登了一个令人震惊的故事。以下是官方的摘要：

如果美国联邦政府正确地解释了它所明确和承诺的债务，那么可以得出，2006年记录的国家债务是64万亿美元，国家赤字2.4万亿美元。尽管资本市场似乎关心的是官方公布的预算赤字指标，但这一指标看起来很落后，而且相当具有误导性，市场在联邦政府庞大的、不断增长的、前瞻性的预算失衡中所能做的只是打个哈欠。投资者不了解吗？他们应该记住，资本市场不能失败的共同信念正是他们能够成功的原因。

我重申一次：如果你认为美国现在真的应该筹钱来支付每年增加的债务，那么每年的预算赤字就会接近2006年GDP的20%（另外，在2009年，这一比例甚至高达30%）。截至2006年，美国的总负债是63.7万亿美元，相当于美国所有土地、所有建筑、所有道路、所有汽车、所有工厂、所有金融资产以及美国所有女性的珠宝的价值。按这个标准衡量，这个国家已经完全破产了，那是在2007—2009年的危机之前。所以，有一天美国真的会崩溃，长期国债也将归零。全世界几乎都将面临至少是经济上的下滑。或者，人们应该这么想。

这是严肃的事情，但也许不像上面说的那样严重，毕竟，如果他们拿着现在的资产与未来40年的负债相比，那么谁还能不破产呢？让大多数人、大多数公司和大多数国家继续前进的，是未来的收入。即使美国并没有像它应该做的那样去储蓄，但它也没有破产。

然而，大多数发达国家确实存在储蓄问题。英国的消费债务在2008年4月达到每5分钟增长100万英镑。以下是其网站描述的英国在那一年一天内的国家统计数据：

- 今天，消费者将再增加 3.04 亿英镑借款。
- 今天，消费者将支付 2.59 亿英镑的利息。
- 今天，家庭平均负债水平将会超过 12.22 英镑。
- 今天，将有 74 处房产被收回。
- 今天，将有 292 人宣布破产或已经破产。
- 今天，将有 388 宗收回抵押贷款申索被发出，并有 272 宗收回抵押贷款令被发出。
- 今天，404 宗业主被收回房屋的申索被发出，并新增 306 宗业主收楼令。

这一问题存在一个有趣的现象：当 18~24 岁的年轻人被问到"ISA"（个人免税储蓄账户）是什么时，大约有 15% 的人认为它是一个 iPod（苹果公司便携式多功能数字媒体播放器）配件，而 10% 的人认为它是"能量饮料"。

曾经有一段时间，大多数人在退休后不久就去世了。现在很多人生活在黄金时代，他们的生活中有很大一部分是幸福而长久的退休岁月。这很好，但人们和政府需要为此准备足够的储蓄，而他们并没有这么做。虽然美国的储蓄率多年来一直都在 8% 左右，这一水平过低，但从 2005 年春季开始，美国的储蓄率开始下降，直到实际为负。

日本的情况怎么样呢？我想大多数人都把日本人看作储蓄者，他们真的储蓄很多年了。"二战"后，他们的储蓄平均约占 GDP 的 15%，随后在 20 世纪 70 年代增加到占 GDP 的 20% 左右。但当它到达峰值后，又大幅下滑到 2005—2006 年占 GDP 的 3%。截至 2010 年，年龄在 30~40 岁的日本人将收入的 6%~7% 用于储蓄。形象地说，他们的父母在那个年龄，存储了收入的 25%~28%。日本的储蓄还有另一个问题，大部分资金都以现金和存款的形式存在，回报率几乎为零，大约有 15% 的资金被用于股票投资。这意味着日本的储蓄不会像其他地方那样能积累到一定程度。

在欧洲，英国和西班牙的储蓄率是最低的，正如我提到的，这可能与房地产市场的繁荣有关。另一方面，德国、法国、意大利等欧洲大陆国家储蓄率更加合理，稳定在 8%~11% 这一更安全的区间。然而，一般来说，在欧洲越往南走，储蓄者就越不可能投资那些能带来长期良好回报的项目。尽管大多数北欧居民会选择投资股票和基金，但南欧居民更倾向于持有债券、第二套房产或现金，这类储蓄的平均回报率较低。

老龄化和劳动力减少是否带来了一线希望？对于这个问题，我能想到一些。一个老龄化的社会，分享遗产的后代将会减少。在许多情况下，两个人的劳动成果将给予一个孩子。同时，技术工作和大学入学的竞争也会减少。此外，住房价格最终会变得更便宜。

有解决这些问题的方法吗？事实上，有。这些问题可以通过提高退休年龄、降低养老金、提高税收和推行强制个人养老金储蓄计划来解决。然而，这并不容易。高所得税会导致人才流失、偷税漏税以及工作机会不断减少，因此从长远来看将会失败，而更高的增值税会鼓励兼职工作。较低的养老金很难执行，因为老年人代表着许多选票，因此也代表着政治权力。最现实的方法可能是一系列与消费相关的税收（房地产、汽车、能源等），强制性储蓄账户以及更高、更灵活的退休年龄（毕竟，人们已经变得更健康了）。

问题是这样的解决方案能否在一定程度上实现，并在一定时间内防止经济崩溃。我的猜测是，它们将在大多数国家发生，但可能会有一些国家最终跌落悬崖。当国家债务超过 GDP 的 60% 时，经济发展就会感到不适，而当利息支付超过 GDP 的名义增长率时，人们离恐慌区可能就不远了。截至 2010 年，负债最多的发达国家是意大利和希腊，其负债水平约为 120%。日本似乎更高，达到 180%，但其中超过一半债务由政府机构持有。拥有中等水平债务的国家包括美国、加拿大、德国、法国、瑞典、荷兰和葡萄牙，负债较少的国家包括挪威、澳大利亚、新西兰、爱尔兰、丹麦、西班牙、英国和芬兰。

关于老龄化还有一件事：有一种理论普遍认为，当人们变老的时候，他们将减少储蓄，进而出售他们的债券和股票，这将促使经济市场滑坡。然而，这并不是必然的。表 4.9 展示了人们如何在不同的生活阶段进行储蓄。

表 4.9 在不同年龄的人群中，储蓄占收入的百分比

年龄（岁）	英国	加拿大	日本	德国	意大利	美国
25~34	6	2	11	11	13	9
35~44	9	4	20	14	17	14
45~54	12	7	18	16	18	15
55~64	8	10	20	10	18	11
65~74	11	6	20	8	17	5
75 岁及以上	20	8	26	10	16	7

资料来源：斯蒂芬·A.尼斯、西尔韦特·J.施赖伯，《老龄化社会的经济影响：永远幸福生活的代价》，纽约：剑桥大学出版社，2006 年。

事实上，美国人在年老的时候减少了很多储蓄，而德国人的储蓄减少了一些。但话说回来，随着年龄的增长，日本人和英国人的储蓄越来越多，而意大利人则停留在这一过程中。换句话说，没有强烈的迹象表明，老龄化将导致金融市场的抛售现象。

同时，也没有经验和证据能够表明这在以前发生过。在 20 世纪 20 年代和 30 年代，美国的劳动年龄人口相对增加，而在 1929 年，股票价格却强劲上涨，但在随后的危机中，股票价格下跌了 85%，并在随后的几年里一直萎靡不振。相反，从"二战"结束到 20 世纪 70 年代，劳动年龄群体占总人口的比例有所下降，但股票价格却稳步上升。

第 5 章 全球化、城镇化和财富爆炸
自由经济的奇迹

经济的影响是巨大的。国际统计数据显示，1945 年至 1975 年，各国之间的全球资本流动大约占全球 GDP 的 1%。然而，资本一旦可以自由流动了，就好像一座大坝被破坏了一样。在 1975—2000 年，全球资本占全球 GDP 的比重刚刚超过 5%，而这一数字在此期间曾大幅上升。

它并没有止步于此：到 2005 年，全球资本市场的份额达到了不少于全球 GDP 的 16%，而经济自由的趋势显然已经变得更加明显，这已然是全球化的一个超级趋势。新兴经济体的快速发展涉及各民族、文化、公司和国家之间前所未有的合作。一切都变得国际化。你可以开车到美国的一家汉堡餐厅，然后借助车窗外的扬声器实现订餐。你可能不知道，那个接待你并把订单输入餐厅电脑里的人并未出现在大楼里。她当时正在印度的一家服务公司工作。

我不知道你是否看过电影《独立日》，如果你看过，那么你肯定记得一

个巨大的外星飞船的镜头，它大约有月亮 1/4 大小，它进入绕地球运行的轨道并部署几十个小飞船，每个飞船都有 15 英里[①]或 24 公里宽。这给人留下非常深刻的印象。

现在，想象一下这样的事情真的发生了，在这些宇宙飞船里有"人类"的存在——一个产生了与美国、德国、日本、英国、法国和意大利的 GDP 总和一样多的文明。那将是什么？它们对各种产品的需求将是巨大的。它们的产品也是如此，对世界经济而言，这将是一个巨大的冲击，无论它们是好是坏。

然而，这与我们将要面对的事实相差并不遥远。人们曾预计 2010 年 G6 的 GDP 总和略低于 25 万亿美元，而四个主要新兴市场的 GDP 略高于 5 万亿美元。因此，2010 年的全球经济仍然由旧世界主导。让我们快进到 2030 年，经通货膨胀调整后，金砖四国将产生约 25 万亿美元的 GDP。因此，到那时它们将会和今天的六个旧经济体一样庞大。

这一变化将在短短 20 年内发生。然而，金砖四国仍将继续前进，仅仅两三年之后就可能达到当时 G6 的体量，并非它们的规模，而是自 2010 年以来经济的增长，将相当于美国、德国、日本、英国、法国和意大利 2010 年经济总量之和。这艘巨大的宇宙飞船将会着陆。实际上，如果我们将新钻十一国包括在内，新兴市场的增长将在不到 20 年的时间内超过 G6 的产出。新兴市场所增加的将是 G6 所生产的（如图 5.1 所示）。

所以，这就是我们面临的问题：如果你乘坐一架飞机在美国各地来回飞行，那么另一架飞机就会在英国、德国、法国和意大利上空巡航，然后第三架在日本与它们交错飞行，你在下面所看到的一切以及这些国家的其他一切都将与新兴市场在不到 20 年时间内建立的新文明的规模相当。房子、道路、汽车，所有的一切，新兴市场都将在 20 年内做到这一点。20 年后，它们会再做一次，而且速度更快。

---

① 1 英里 ≈ 1.61 千米。——编者注

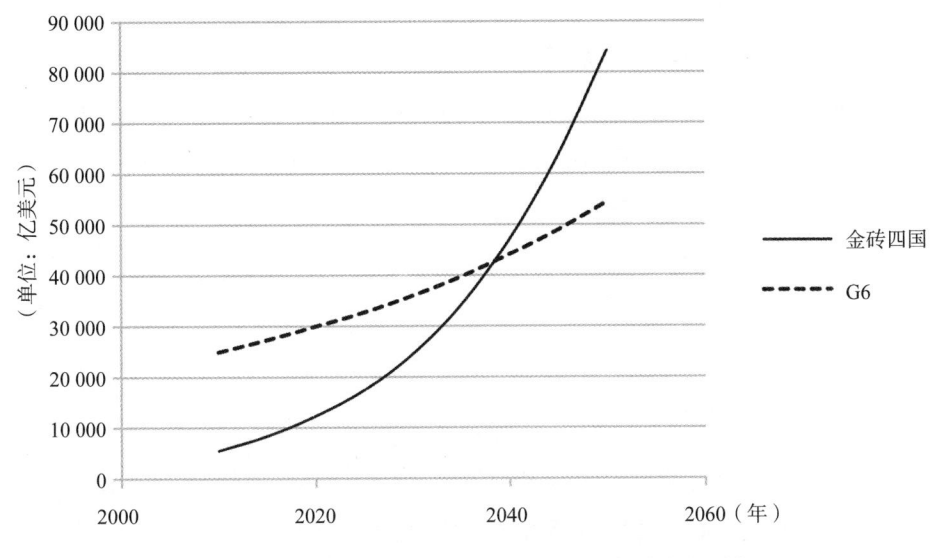

图 5.1　金砖四国和 G6 在 2010—2050 年经济增长预期。

注：上图显示了与 G6 相比，金砖四国市场的财富增加情况。下面的实线是金砖四国。该图显示，到 2040 年，金砖四国的经济增长对世界经济的贡献将超过 G6。我们已经可以感觉到来自这些新兴市场的大量资金，但随着时间的推移，它们将进一步加强。

资料来源：《与金砖四国一起梦想：通往 2050 年的道路》，高盛，2003 年。

在商业和投资方面，有些数字是重要的，但有些是令人难以置信的，而这正是你真正需要理解的。新兴市场的增长令人难以置信。

当然，人们可能会问，如果所有这些都是真实的，如果高盛和其他所有预测者都是错的，那该怎么办？预测者中的许多人（但不是高盛）完全被次贷危机蒙骗了，因此，这些人有多聪明呢？

我的回答是，新兴市场不需要胡迪尼式的奇迹就能做到我所描述的事情。日本、新加坡、中国香港、韩国以及其他国家和地区已经展示了它们的做法，而这并不是什么秘密：自由市场、教育、储蓄和低税收。西方世界也这么做了，但新兴市场正在迎头赶上，比目前发达国家拥有更大的优势。它们可以超越，可以跳过整整一代的技术，直接进入最新的、最有效率的领域。它们的第一列火车不是像我们那样的蒸汽机。它们的第一批手机不会重达 25 公斤。它们会效仿富裕国家的做法，这比走在前面要容易得多。再加上世界上 85% 的人口都生活在这些国家，我们的 GDP 就会爆发式增长。

然而，我上面提到的高盛数据是 2003 年的一个案例。2009 年年末，高盛发布了一份新报告，报告指出，它可能做出了很多错误估计。自 2003 年以来，新兴市场的增长速度远远超过它最初的想象，而发达市场的增长则较少。这个故事确实真实可信。

新兴市场预期收入的增长将与生活方式的彻底改变携手并进，那就是城市化。在 1800 年，世界上只有 3% 的人口居住在城市。到 1950 年，这一比例已增长到大约 30%。看一下图 5.2，你会清楚地看到为什么这是一个重要的

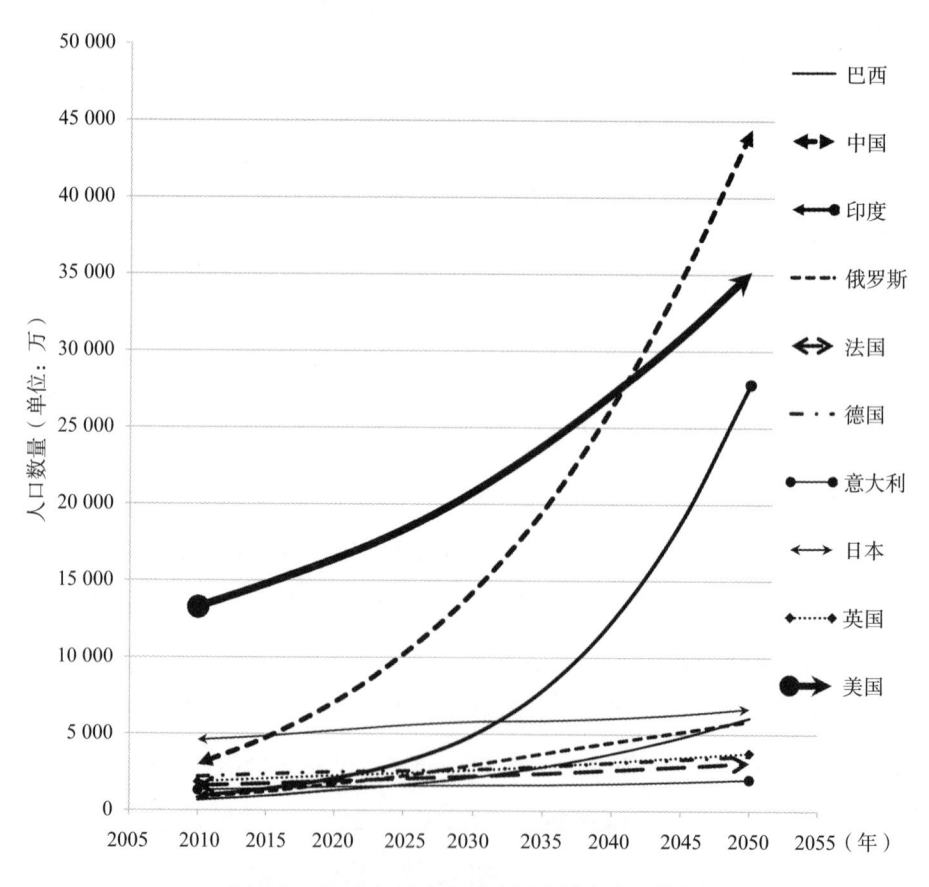

图 5.2 1950 年以来全球农村和城市人口的发展

变化。图 5.2 显示了 1950 年以来全球农村和城市人口的发展，当时世界上 1/3 的人口生活在城市，根据预测，到 2050 年，将有 2/3 的人口生活在城市。

如图 5.3 所示，城市人口的数量将在 40 年内增长 30 亿，相当于每年增长近 7 500 万。城市化是一种超级趋势，这意味着很多人会突然接触到所有与城市生活相关的东西——汽车、公寓、商店、媒体和品牌。关于城市化，也有很多负面的影响，包括城市是嘈杂的，在某些情况下环境被污染，对儿童成长来说，环境甚至可能是恶劣的。然而，它也有它的优点。居住在城市中的人，人均能源消耗量要比郊区或农村地区的人低得多。此外，在新兴市场国家，城市中的人更有可能获得干净的水、卫生保健和儿童教育，他们将会接触到新的想法和新的知识。他们不太可能生育很多孩子，孩子们也不可能在农场里帮忙，因为那里没有农场，孩子们是无论如何都要去上学的。最后，随着城市化速度超过全球经济增长速度，我们将看到一些农村地区人口在减少。

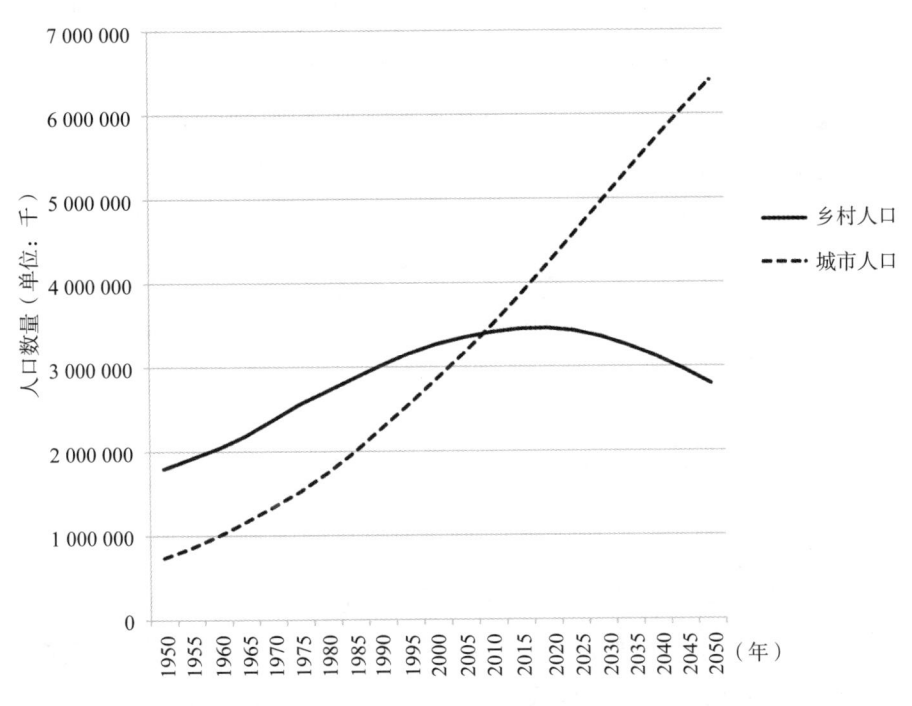

图 5.3 1950—2050 年全球城乡人口变化

新兴市场经济增长的一种方式是我所称的全球的"巨额资金"。新兴市场经济快速增长与货币升值相结合，将导致新兴市场整体消费者的国际购买力大幅上升。在某些地方，当所有北欧人都出现在西班牙的一些地区时，他们感觉自己就住在西班牙，甚至还买了很多土地（一个当地人经常经营得很糟糕的地方），并在上面建满房子和公寓。一些欧洲人也经历过富裕的俄罗斯人突然从天而降，并高价购买欧洲的房地产、游艇、飞机和收藏品的情况。

说到富人，美林证券和凯捷咨询公司多年来对所谓的高净值人士（"HNWIs"）的数量进行了研究。高净值人士指的是拥有超过100万美元净资产的人，但不包括他们的主要住所和消费品。换句话说，这是一项可供投资的财富研究（凯捷咨询公司现在独自撰写这份报告）。

报告显示，富人数量大幅增长，2006年达到950万，这些人管理着37万亿美元的社会财富，人均财产为380万美元。要注意的是，这并不包括他们的房产或其他固定资产，也不包括那些不那么富有的人的资产。截至2008年，高净值人士的资产已经升至40.7万亿美元，人均财富首次超过400万美元。此外，拥有超过3 000万美元的可支配私人财富（即所谓的"超级富豪"）的人数增加到1 010万，增长最快的是印度、中国和巴西。

危机随之而来。2009年年初，全球高净值人士人口数量同比减少14.9%，与此同时，他们的财富值下降了19.5%。

未来几十年，全球的资金量将会有多大？让我们从以下假设开始：2010年至2030年，金砖四国加上"第三个10亿"或"下一个新十一国"的经济总量将达到25万亿美元（尽管现在看来，这似乎还有些保守）。如果我们加上经合组织国家，那么这个总量将达到大约40万亿美元。

我们已经看到，可变价格资产通常是GDP的4~5倍。创造储蓄和资产需要时间，这意味着资产增长是缓慢的，但另一方面，大多数新兴市场积累了很多储蓄，这就意味着其资产的快速增长。简单地说，让我们假设新兴市场资产的增长与 GDP 的增长成正比。这意味着，从 2010 年到 2030 年的 20 年间，新兴市场资产增长的数量级将达到 160 万亿到 200 万亿美元。1 万亿有 12 个 0，因此这个数字是 160 000 000 000 000~200 000 000 000 000 美元。我现在所说的不是很严谨，但是我找到了一个网站（http：//87billion.com/），它说明了不同数量的 100 美元的钞票堆在一起到底有多么庞大。其中最大的一堆是 3 150 亿美元。有人声称，那堆美元将会是"125 英尺①宽，200 英尺高，450 英尺长"。这是美国曼哈顿一幢大型摩天大楼的体积，因此 160 万亿到 200 万亿美元如果用 100 美元钞票来堆放，能堆出 450~500 个这样的摩天大楼。一个金钱堆成的曼哈顿，真的。

如果我们把目光放在更远的地方——到 2050 年，关注世界上真实的 GDP 和财富，那么这个数字将会变得更加有趣。普华永道国际会计师事务所在 2006 年发表了一项研究，题目是"主要的新兴市场经济体将会有多大，经济合作与发展组织如何与之竞争？"我在表 5.1 中展示了其中的一些数据。

表 5.1　2005—2050 年主要经济体 GDP 发展预期

	按市场汇率计算的人均 GDP（美元）		按购买力平价计算的人均 GDP（美元）	
	2005 年	2050 年	2005 年	2050 年
美国	40 339	88 443	40 339	88 443
加拿大	31 466	75 425	31 874	75 425
英国	36 675	75 855	31 489	75 855
澳大利亚	32 364	74 000	31 109	74 000
日本	36 686	70 646	30 081	70 646
法国	33 978	74 685	29 674	74 685
德国	33 457	68 261	28 770	68 261
意大利	29 455	66 165	28 576	66 165
西班牙	23 982	66 552	25 283	66 552

① 1 英尺 =30.48 厘米。——编者注

(续表)

	按市场汇率计算的人均 GDP（美元）		按购买力平价计算的人均 GDP（美元）	
	2005 年	2050 年	2005 年	2050 年
韩国	15 154	66 489	21 434	66 489
俄罗斯	4 383	41 876	10 358	43 586
墨西哥	6 673	42 879	9 939	42 879
巴西	3 415	26 924	8 311	34 448
土耳其	4 369	35 861	7 920	35 861
中国	1 664	23 534	6 949	35 851
印度尼西亚	1 249	23 097	3 702	23 686
印度	674	12 773	3 224	21 872

资料来源：《主要的新兴市场经济体将会有多大，经济合作与发展组织如何与之竞争？》普华永道国际会计师事务所，2006 年。

我认为这里最有价值的信息是右边的两列，它比较了 2005 年和 2050 年人均 GDP，并根据通货膨胀因素进行修正。如果你关注一下表格顶部美国的数据，你会发现，美国的实际人均收入将会增加一倍以上。大多数其他发达国家的平均收入也将增长 2~3 倍。至于表格最后的 7 个国家，多数都是发展中国家，它们的表现将会更好。典型的模式是，这些发展中国家的人口总和目前接近 40 亿，其平均个人购买力将增长 400%~600%。

表中还有一些其他的细节我觉得很有趣。首先，人均 GDP 名义上的增长要远远高于新兴市场的购买力平价。也就是说，它们的货币会随着收入的增加而升值。如果你生活在一个经合组织国家，并在这些国家进行长期投资（比如股票和房地产），那么你将能从中获益。

我还想强调，到 2050 年时新兴市场的生活水平将会是什么样子？如果你注意到了 2005 年的人均 GDP，例如，德国的人均 GDP 是 28 770 美元，而法国是 29 674 美元。现在，来到 2050 年的新兴市场，你会发现俄罗斯和墨西哥的人均 GDP 将超过 4 万美元，而在巴西、土耳其和中国，人均 GDP 在 3.5 万美元左右。在许多新兴市场，包括最大的 5 个国家，人们在 2050 年的生活水平将比2005年德国、法国或意大利的生活水平更高。在今天看来，未来的世界将会非常富有。另外，到2050年，全球各国之间的收入分配将远比现在更加平均。

这份报告直到2050年才开始关注财富的发展，我想用它的数字来做个猜测。报告暗示，从2010年到2050年，以购买力计算，全球GDP大约增长400%，这意味着从大约60万亿美元增长到240万亿美元，或者说大约增长了180万亿美元。2010年是资产刚刚遭受危机打击的一年，但如果我们处理的是标准化的可变价格资产，其价值是GDP的4~5倍，那么可变价格资产的增长总计将达到800万亿美元。一些资本市场将会很容易地扩张以吸收这些资产。例如，肯定会有更多的股票、公司债券和房地产可以购买。但也有一些其他的资产供应无法增加，比如优良的海滨土地，或者大多数拍卖级或博物馆级的收藏品。有一些可能会变得愚蠢，就像在泡沫里一样愚蠢。

……………… ⋏ ………………

我已经在本章的前面回答了劳动人口的老龄化和高峰/衰退的问题，然后描述了一个坚实的经济增长的场景。你明白了吗？在这样的背景下，世界真的能在40年内富裕4倍吗？或者，在人口增长的情况下，欧洲的财富是否可以实现成倍增长？

让我们来关注一下下面关于欧元区的表5.2，它解决了以下变化：工作年龄人口、年生产率的增长、每个工人工作时间的变化和实际GDP的年度变化。

右侧一栏显示了经通货膨胀调整后的GDP变化，它在1960年到1980年迅速增长，然后就放缓了。预计2010—2030年的年度增长率为1.7%，2031—2050年的经济增长率每年只有1.2%，这是非常低的。稍后我将在本书中指出，由于IT和基因组学的创新，生产力表现得非常强劲，而在表中的第二列（即"年度生产率增长"）实际上也是这样假设的。因此，简单地说，老龄化将使欧元区的经济增长最初减少 0.3%，然后每年减少 0.6%。与过去几年相比，从 1980 年到 2000 年的增长几乎被这种下降削减了一半。

表 5.2　欧元区历史及预测的实际经济增长

	年度劳动人口变化（%）	年度生产率增长（%）	每个工人年度工作总时长变化（%）	通货膨胀调整后的年度GDP变化（%）
1960—1980 年	0.7	4.8	−1.2	4.3
1981—2000 年	1	2	−0.3	2.3
2001—2005 年	0.4	0.8	0.1	1.3
2006—2010 年	0.2	1.1	0.8	2.1
2011—2030 年	−0.3	1.8	0.2	1.7
2031—2050 年	−0.6	1.7	0.1	1.2

资料来源：《欧元区人口发展对宏观经济的影响》，第 51 号临时文件，欧洲中央银行，2006 年 8 月；马格努斯、乔治：《老龄化时代》，约翰·威利父子出版公司，2009 年。

表 5.3 显示了关于美国的相同的计算方法，这里的结果更令人鼓舞。美国真正的经济增长速度在 2.5% 左右，这就是我不相信人们经常听到的关于美国经济崩溃的原因之一。如果我在我的电子表格中将平均增长率设为 2.55%，让它运行 40 年，经通货膨胀调整后，2050 年的美国经济总量将是 2010 年的 2.6 倍。美国需要解决通货膨胀与经济增长间的平衡问题，但它仍将是强大的。

我对日本没有进行同样的计算，因为考虑到以下几个因素：（1）它的劳动人口处于强弩之末；（2）它的国家债务处于临界水平；（3）它的生产率增长很低，预测未来也不会太好。就像美国的汽车制造商一样，随着它们业务的缩减，其社会责任重得越来越难以承担。如果你能摆脱债务问题，那么你也可以缩减债务。日本是近代以来第一个进入长期名义 GDP 下降的主要经济体。因此，这里可以得出一个重要的结论：美国经济将会向好，欧洲将会放缓，而日本将会迅速地相对下降。

表 5.3 美国历史及预测的实际经济增长

	年度劳动人口变化（%）	年度生产率增长（%）	每个工人年度工作总时长变化（%）	通货膨胀调整后的年度GDP变化（%）
1960—1980 年	1.6	2.1	–0.1	3.6
1981—2000 年	1.1	1.5	0.6	3.2
2001—2005 年	1.1	2.5	–1.1	2.5
2006—2010 年	0.7	1.5	–0.5	1.7
2011—2030 年	0.3	2.2	0	2.5
2031—2050 年	0.2	2.2	0.2	2.6

资料来源：《欧元区人口发展对宏观经济的影响》，第51号临时文件，欧洲中央银行，2006年8月；马格努斯、乔治：《老龄化时代》，约翰·威利父子出版公司，2009年。

现在，对于新兴市场来说，经济的情况是非常不同的。以下是大多数新兴市场常见的一些特征：

（1）处在自由化的进程中；

（2）经济高速增长；

（3）高储蓄率；

（4）健全的政府财政；

（5）经常账户有盈余；

（6）货币价值被低估；

（7）处于信用文化的早期阶段；

（8）高水平的期望；

（9）较低的平均年龄；

（10）低税收。

并非所有新兴市场都表现完美，但有一些国家确实做到了，而且已接近完美。它们的经济总量将在全球范围内迅速增长，这样的效果将抵消全球老龄化的影响。

我已经简要提到了一个有趣的方面，那就是随着新兴市场的经济扩张，它们的货币也应该升值。就我个人而言，我相信这种情况将会发生，直到它们的生活成本接近或高于大多数经合组织国家的生活水平。不妨想想西班牙的情况。当我 19 岁的时候（1976 年），我和我的一个朋友在冰岛的两家日报工作了 4 个月。在我们完成工作之后，我们去了西班牙，在那里我们用 4 个月挣的钱作为首付在太阳海岸买了一栋房子，它在山顶上，占地 3 万平方米。该房产的总价约为 1.2 万美元。它没有自来水，没有厨房，也没有浴室，我们为了改造它已经花了近 6 000 美元。我们当时只是大学生，只是短期做了一些兼职工作，但在那里我们几乎是富人了。西班牙是一个新兴市场，而且那时的物价真的很便宜。

2007 年——也就是 21 年后，我和我的（西班牙）妻子来到西班牙马略卡岛，买了一套避暑别墅，而这一次，我还期待我们能承受这极其奢侈的生活。但不久我们便感到很惊讶。那里的房价与瑞士最贵的房子不相上下，远高于德国。有人给我们提供了一套 600 平方米的房子，有 1 万平方米的土地，一直延伸到大海。确实很不错，但要价是 2 200 万欧元（我们买了一个更便宜的）。

问题是，资本将流向经济增长的地方以及人们愿意居住的地方。由于未来大部分的经济增长来自新兴市场，所以它们的货币将会升值。升值多快、多少都很难说，正如我写的，我是一家软件公司的股东，公司在瑞士楚格市、美国纽约、中国香港和深圳设有办事处。我知道公司内部的成本结构，可以看到熟练的软件开发人员的工资，知道中国的办公室的租金是楚格或纽约市成本的 1/7。因此，中国的物价水平必须上涨 700% 才能达到平价，无论是通过通货膨胀还是货币升值。

也许当你读到这一章时，你会有一种挥之不去的想法，认为这都是经济学家的预测，谁都没有提到真正推动财富和收入增长的是什么。"我们怎么能如此肯定全球经济会如此扩张？"你也许会问。"哪些技术可以使之成为可能？"你可能还会有其他问题："增长没有达到地球母亲所允许的限度吗？环境压力和资源短缺是否会迫使经济增长停止，甚至倒退到更可持续的水平？"

我将在接下来的一章讨论第一个问题，第二个问题将在后面的章节讨论。

第 6 章　创新力社会
元思想的传播与聚变

人类（智人）大约出现在 20 万年前，在几乎所有的时间里，我们都是作为猎人和采集者生活的。过了数千年，人们才产生这样一种想法，那就是把石头的一边磨得更锋利，把它们当作工具来使用。又过了数千年，有人才想到从两边打磨石头。然后，又过了数千年，人们开始把石头连接到木柄上，创造了斧头。

然而，在最后一个冰期，大约是在 1.15 万年前，我们有了农业。接着几百年前步入工业社会。然后出现火车、汽车、飞机、化工行业和电力。发展的速度越来越快，从人们第一次发明铁路到它实际覆盖美国 80% 的人口，花了 120 年的时间，电话的普及只花了 100 年的时间，而无线电广播花了 70 年的时间。后来，电视在它出现 60 年后覆盖了 80% 的人口。

IBM（美国国际商用机器公司）个人电脑在 1981 年问世，随后互联网出现了，在 20 年内，互联网在美国的普及率已经达到 80%。下一个创新是移动电话，只用了 15 年就实现了 80% 的覆盖率。在 iPhone（苹果手机）推出后，所谓的"应用商店"就开张了。在这个市场，独立软件公司可以销售基于苹果移动技术的软件和服务。在最初的 12 个月里，大约有 3.5 万个不同的软件包被推出，它们从用户那里获得了超过 10 亿的软件下载量。在这一年，每天大约有 100 个新的基于 iPhone 的软件程序被发布，每天被下载将近 300 万次。这意味着每小时就有 12.5 万次软件下载，每分钟 2 000 次，每秒大约 33 次。这就是"应用商店"被推出第一年发生的事情，而且它只是众多移动平台中的一个。这种创造力的爆发应该被载入《吉尼斯世界纪录大全》。不仅新发明的速度在加快，而且新产品进入市场的速度也在加快。

我们的知识积累也在加速。根据美国加州大学伯克利分校 2005 年的一项研究，全球的数字信息数量在前一年（也就是 2004 年）增长了 60%，这意味着它仅仅一年内信息量的增长就相当于美国国会图书馆现有信息的 5.7 万倍（为什么这让我觉得图书馆的未来很渺茫？）。每年大约有 100 万本新书出版，大约有 8 万种大众市场期刊，4 万份学术期刊，4 万份时事通讯以及 2.5 万份报纸。它们传递的知识量是巨大的。我们的创新和知识似乎在以指数级增长。

怎么可能是这样的研究结果呢？其中一个原因是我们所谓的"元思想"的扩散——即激发、发展、测试、捕捉、传播和利用思想的新方法。例如，第一台印刷机是一个元概念，它能够快速且有效地传播任何观点。1450 年，古腾堡的印刷机开始运转，这一时期标志着欧洲开始在全球崛起。像西班牙帆船这样的远洋船只也起到了同样的作用。当西班牙人到达美洲大陆时，他们把自己的想法传递给印第安人。他们也带回了从印第安人那里获得的东西——种植土豆、西红柿、玉米、可可豆、香草、烟草和许多其他农作物。

还有许多其他的元概念，如引发对真理的追求的复杂思想体系：逻辑、科学方法、数学、统计学、同行评议的科学出版物、言论自由、自由媒体等等。一些更新的内容包括大学、专利和版权法、卫星电视、国际银行、风险投资业和互联网。元创意产生了巨大的网络效应，是一切事物发展的助推器。

在这些想法完善之前，人们生活在与世隔绝的状态中，并服从于迷信和强大的集体思维。他们会想到周围的事件，如雷暴仅仅由神圣的生物控制，而不是将雷暴与任何逻辑和自然事件的序列联系在一起。人们还会假设有神秘的醚类、液体或精神，而不是存在有形的力量，遵守数学的、物理的、化学的规律。如果他们发现了新的东西，就会把它保存起来，并设法在私底下出售。如果他们发现了新的数据，就会深挖这些数据（或者是那些发现它们的人），直到他们承认自己的观点。

15 个伟大的元思想

没有伟大的元思想，新的想法可能很快就会消失，或者找不到有用的应用场景。以下所列的是 15 个伟大的元思想。

（1）逻辑。开发系统化的工具，并通过连贯的思考区分真假。

（2）写作和印刷。在文本、代码、音乐符号或绘画中捕捉想法，从而使它们能够超越时间和空间。

（3）观察自然。有系统地记录自然界发生了什么。

（4）基本的科学方法。知识的获取是一种累积的、无私的事业。采用合理的假说来解释可观察的现象，描述可能的方法来证明它们是错误的还是正确的，并对这两种可能性进行系统的测试。

（5）控制数据复制。将现象从复杂的环境中分离出来，并在受控的环境中进行测试。

（6）奥卡姆剃刀。把科学的解释简化为最简单、最真实的形式。

（7）正式评论。将正式的科学论文交由有能力的同行审阅，并通过媒体完成非正式的同行评审，维护新闻自由。

（8）自然的数学结构。从统计概率、关联性分析和/或数学方程的角度描述所有可能的情况（这并不排除其他形式的描述）。使用提供数学/统计证明或推翻假设。

（9）通过出版指定信用。认识到第一个在被认可的同行评审的出版物上用科学术语来描述新的观察或理论的人可以宣称自己是它的发现者。

> （10）保留的权利。能够获得专利和保留版权和商标的能力。
>
> （11）旅行和迁移。人们通过迁移来实现交流思想并进行新的观察。
>
> （12）银行和风险投资。基础设施将资金分配到拥有最好想法的地方。
>
> （13）电信。支持快速的一对多或交互的思想传播。
>
> （14）以科学为基础的教育。学校或大学等教育场所，它们提供科学的技能，并对它们进行测试和记录，这样其他人就可以依赖它们了。
>
> （15）私营企业和产权。个人的财务动机将想法转化成为他人服务的产品和服务。

基于科学的教育是伟大的元思想之一。全世界接受高等教育的人数似乎每15年就会翻一番，这意味着越来越多的人开始思考、传播知识并实施创新。更重要的是，这些人变得越来越聪明。新西兰的詹姆斯·R.弗林发现了所谓的"弗林效应"，即世界上几乎所有地区的人们的IQ（智商）在持续不断地增长。在这一现象被发现之前，科学家试图通过简单地比较不同年龄群体智力的方式来评估我们的智商是如何随着年龄的增长而下降的，并得出结论，随着年龄的增长，智商确实会下降，而且智商的下降幅度很大。但弗林同时还发现，一些测量出现的年龄差异实际上是基准误差，因为每代新人的平均智商都在增长。

为什么智商会上升呢？自然的假设是，这完全是由更好的教育驱动的。然而，IQ测试中最受教育影响的部分，如词汇、算术和常识，实际上并没有得到真正的改善。相反，我们发现，有改进的地方是我们称为"原始"智力或单纯的精神部分。这是通过所谓的"通用智力因素"（g-loaded）测试显示的，如所谓的"瑞文推理测验"。一般智力的概念，即"g"基于非常普遍的观察，如果你在一个领域表现得聪明，那么你很可能在其他许多方面表现得也很聪明。

所以，是的，在很大程度上，我们正变得越来越聪明，但是仅从教育方面还不能很好地解释其原因。一个可能的因素是越来越多的杂交优势，在这种情况下，来自不同地方和种族的人的通婚意味着基因的混合。这可以创造出一种叫作"杂交优势"或"远缘繁殖"的效果，这意味着基因混合反过来强化了基因（相反，近亲繁殖导致了退化）。而近亲繁殖会导致基因迅速退化，杂交优势（作为旅行和移民增加的结果）可以强化几代人的基因构成。然而，遗传学并不能解释人类智力增长的所有原因，因为自然的遗传学进化几乎没有那么快。环境因素，如更好的营养，更小的家庭以及更好的成长环境可能也很重要。这些因素也能解释为什么人们会长得更高、活得更久，如果更健康、更高、营养更好的人也没有表现出更高的智力水平就会让人感到惊讶。因为人们潜意识里认为，对身体有益的东西应该对大脑也有好处。

全球的智商增长速度为每 10 年增长大约 3%，但有很大的地区差异。在一些地方，这是非常激进的。弗林使用了瑞文推理测验的平均分数，数据来自 1952 年荷兰的一些测试，并对数据进行校准，以保证 1952 年的平均得分为 100。此后，他对随后进行的相同测试结果进行了研究，发现 1982 年的平均水平上升到了 121.1，在 30 年里增长了 21 分，也就是说，每 10 年就会增长 7 个百分点。他研究了来自其他十几个国家的数据，这些数据显示了相似的趋势。21 分的增长显然是令人印象深刻的，但人们可能会认为每 10 年才增长 3%。但是全球的标准并没有那么多，实际上，我认为这个比例是有欺骗性的。例如，人们可能会凭直觉想象，一个智商为 140 的人做算术运算的速度是智商为 70 的人的两倍，但实际上可能会更多。表 6.1 是一个把复杂的数字翻译成通俗语言的表述。

正如每个智商等级的描述所显示的，这些差异会产生巨大的影响。智商 140 的人可能是顶级科学家或年收入数百万美元的商人，而智商 70 的人最有可能在一个他几乎不了解的社会边缘挣扎。

据《吉尼斯世界纪录大全》记载，2010 年之前全球智商最高的纪录属于一个名叫金雄镕的韩国年轻人，他的智商为 210。金雄镕 4 岁时就能阅读（阅读！）日文、韩文、德文和英文。从3岁到6岁，他在汉阳大学学习物理，4岁的时候就能解高阶随机微分方程。不知为什么，我可以想象，在上课的时候，其他学生坐在一个蹒跚学步的孩子旁边是一种什么感觉。我想知道那时他是不是在吮吸奶嘴。7岁时，金雄镕被美国国家航空航天局邀请到美国，15岁时他在美国科罗拉多州立大学获得物理学博士学位。所以，一个智商为金雄镕一半的人（也就是105）其能力确实要比金雄镕小得多。这并不是说你的智商是105（而不是210），你只能在4岁时说2种语言而不是4种，或者你在6岁时开始学习大学物理，而不是在3岁的时候。不，人类智力的差距要比这大得多。

表6.1 人类智力评级

智商范围	等级
140以上	天才或接近天才
120~140	智力超群
110~120	高级智力
90~110	正常或平均智力
80~90	迟钝
70~80	智力有缺陷
70以下	有明显的智力缺陷

资料来源：韦克斯勒、D.，《对成人智力的测量》，威廉斯·威尔金斯出版公司，巴尔的摩，1944年。

1995年，美国心理学协会召集了一个由乌尔里克·奈瑟尔领导的工作组，对所有智力研究的状态进行了全面的评估——这是一项所谓的"元研究"。报告得出的结论非常惊人：如果1932年的美国孩子能在1997年接受一个智商测试，他们的平均智商只有80（在1997年为100）。我的发现如此重要的原因是，用现代标准衡量，如果1932年的平均智商是80，那么大多数人实际上处于"迟钝"或"智力缺陷边缘"的水平。我认为，心理能力的提高一定在人类知识创造和创新的加速过程中发挥着重要作用。

让我总结一下，人类的知识和创新呈指数级增长，原因如下：
- 接受高等教育的人数每三年翻一番；
- 元思想的持续发展和传播；
- 平均智商大约每年增长 0.3%。

我认为所有这些都增加了智商对全球网络的影响。它会自我强化。那么，我们的知识实际增长有多快呢？如果你在互联网上查找这个问题，你会发现很多建议，而且这些建议几乎都没有任何引用来源，而它们从每年翻一番到每 15 年翻一番不等，其中很多都被引用了 5 年。不过，我找到了一个很有趣的来源。2007 年，托马斯·福勒发表了一份关于人类知识增长的排行榜，提出了测量人类知识增长的 25 种方法，见表 6.2。

表 6.2 人类知识指标的增长率和加倍率

领域	年度增长率（%）	知识倍增时间（年）
纳米技术专利	44.91	1.87
纳米技术期刊	42.03	1.98
全球变暖的专利	38.62	2.12
朊病毒专利	33.76	2.38
编程的专利	33.53	2.4
干细胞专利	26.47	2.95
朊病毒期刊	25.57	3.04
全球变暖的期刊	24.71	3.14
流行病学的专利	17.37	4.33
干细胞期刊	16.63	4.51
编程期刊	12.55	5.86
阿尔茨海默病专利	11.26	6.5
肿瘤专利	10.02	7.26
阿尔茨海默病期刊	9.65	7.52

（续表）

领域	年度增长率（%）	知识倍增时间（年）
肿瘤期刊	9.23	7.85
德索拉世界文学增长的价格估计	7	10.24
流行病学期刊	6.22	11.49
火星期刊	5.78	12.34
页岩油期刊	5.53	12.88
美国专利授予	5.21	13.65
世界范围内的大学入学人数	4.85	14.64
美国专利申请	3.88	18.21
美国图书出版	3.65	19.33
页岩油的专利	2.58	27.21
自1970年以来，天体物理学的所有出版物	4.01	17.67

资料来源：托马斯·福勒，http: //newsfan.typepad.co.uk/does_human_knowledge_doub/2007/05/league_tables_a.html。

基于这一点，福勒提出翻一番所需的时间比一些人宣称的5年还要长一倍。我想提出自己的大胆猜测，并以我自己的经历为例来说明这个猜测。1983年，我还在一所大学教经济学，我为我的学生写了一篇关于食品工业的业务规划纲要。纲要是手写的，然后我的一个秘书用打字机打出来，这花了很长时间，当我带着一堆新的手稿进入办公室时，秘书给了我一个邪恶的眼神。后来，在我们把复印和装订好的材料发给学生之前，我们用胶水把插图粘上去。这是很大的工作量。

几年之后，我写了一本关于出版商国际市场研究的书，为了完成写作，我需要去各个图书馆，在那里我预订了书和影印本，这样我就可以在第二天随时拿到。然后我会阅读它们，获得新的想法，并在此基础上获得更多想法。我在新的奥利维蒂电脑上输入全部内容，不幸的是，它每周都要崩溃几次。这又是一项大工程，但现在比以前的手写和胶粘要容易得多。

今天，有了现代计算机、互联网、谷歌以及所有其他搜索工具，我工作的速度比那时要快得多。如果我有什么问题，几分钟内就能找到答案。当然，用于阅读和思考的时间跟以前完全相同，如果我看到一本有趣的书，我把它从亚马逊网站下载到 Kindle（电子阅读器）上并马上开始阅读。我的电脑不会崩溃，拼写检查器更是帮了大忙。如果我想不起来我在书中提到了什么，我就做一个快速单词搜索。如果我想不起来我在哪里存储了一个文件，我就快速地搜索我的电脑和服务器。如果我想知道我在网上找到的一个大篇幅文件是否与我所寻找的内容有关，我就在文件中输入几个字进行搜索。当手稿完成后，我在山上的一个小木屋里把它发给出版商。如果出版商有问题，我就在我的手机上阅读那些问题，然后直接回答，不管是哪一天或者什么时候。

因此，作为一名知识工作者，假设我的生产率从 1985 年到 2010 年增长了 10 倍，其复合年增长率在 10% 左右。我想，人类知识收集的部分内容涉及现实世界的经验，例如人员面试或化学品混合，其平均生产率增长较慢——假设是每年 5%。或许我们可以这样估计，在知识创造方面的个人生产率每年增长 6%~7%。

摩尔定律：其中之一

雷·库兹韦尔是美国领军的技术专家之一。他拥有不少于 16 个荣誉博士学位，并得到三位美国总统的嘉奖。库兹韦尔是一位连续创业者，他开发了传感器平板扫描仪、文本语音合成器以及能够准确复制真实乐器声音的音乐合成器。

在职业生涯早期，他已经意识到，在那些拥有好的想法和团队的初创公司中，少数人最终获得了成功，主要是因为他们抓住了正确的时机。他认为，为了在高技术领域实现这一目标，你必须在商业推广的必要核心技术出现之前就开始研发，以便在技术上可行的时候做好准备。

受这一结论的启发，他开始关注各种技术的发展，如时钟速度、成

> 本、性能、密度特性和微处理器的销量、超级计算机的能力、DNA 测序成本、基因图谱绘制、单位字节的随机存储成本的下降、无线技术的价格/性能、主机、流量和互联网带宽、专利、脑部 3D（三维）扫描的分辨率等等。他发现，任何形式的智力发展都是以指数级变化的，这意味着它将不断加速，就像计算机摩尔定律一样。
>
> 对人类而言，指数级增长是很难理解的。我们倾向于以静态或线性方式进行思考，因此我们经常会大大低估智能产品在 20~30 年后所能做到的事情。

如果知识工作者的人数在 1985 年到 2010 年增长了两倍多（每 15 年翻一番），如果这些人的人均生产率在同一时间几乎提高了 3 倍（每年提高 6%~7%），那么 2010 年的知识输出将比 1985 年快 12 倍，人类知识综合年增长率将提高到 10% 左右，而知识倍增的用时为 8~9 年。如果我们相信人类的知识将以这一速度继续扩张（我将回到这一点），那么到 2030 年，我们所了解的知识总量将比 2010 年多 6~7 倍，到 2050 年，我们所了解的知识总量将接近 2010 年的 45 倍。因此，既然我在上一章已经谈到财富增长，我想在这里提出一个观点：未来我们所要面对的"知识潮"是公平的。据预测，全球 GDP 将在未来 40 年增长 400%，如果我们认为人类知识将在同一时期增长 4 500%，那看起来就更合理了。

但人类的知识是什么呢？哪些知识增长最快，哪些会对未来产生最大影响？为了回答这个问题，我想回顾一下基础自然科学的状况。在我看来，它们是数学、统计学、经典物理学、化学、量子力学、遗传学。可能有人会持不同意见，比如，有人认为天文学或地质学也有资格，但天文学在很大程度上依赖于数学和物理学，而地质学依赖于化学和古典物理学。我认为我所提到的这六个自然科学确实是最基本的。

现在，如果你对它们进行认真考量，会发现似乎前四个是相当成熟的。数学最初的重大突破来自希腊人在2 300~2 500年前所做的贡献，而我们今天所使用的部分统计模型早在18世纪和19世纪就已经发展起来。我并不认为这些学科已经停止了发展，因为它们确实是在进步，只是可能不会加速发展了。我认为，现在这些学科的最重要发现已经完成了。经典物理学也已发展成熟很长一段时间了，化学在很大程度上基于我们对周期系统的理解，它在1869年第一次被描述出来。尽管我不得不强调，在支持新一代计算机芯片等领域，这一学科仍然面临着巨大的挑战。

我们在这四个学科上所取得的进步已经完全改变了我们的生活。离开这四种科学的部分或全部应用，今天我们所购买的大部分产品，从牙膏到汽车、肥皂、杂志、飞机、食物到房子，都将不可想象，而且也不可能是目前的质量和价格。因此，至少从这个角度来看，如果人们在未来的几十年不再期盼大规模的创新，这是可以理解的。

然而，谈到量子力学会更有趣，它是与原子和亚原子系统相关的学科。量子力学和爱因斯坦的相对论（以及某些类型的现代艺术）的共同特征是，它们几乎不可能被解释清楚，甚至是难以理解的。然而，证明量子力学理论是很容易的。量子力学是化学和经典物理学许多部分的深层基础，包括量子化学、粒子物理学、核物理学、凝聚态物理学、固体物理学、原子物理学、分子物理和计算化学。它已经取得了长足的发展，但远未成熟。研究量子力学的科学家实际上正在努力回答一些重大而基础的问题。例如："宇宙有多少个维度？"（肯定不止3个。）或者是如下的问题：

- 哪个是最小的粒子？
- 到底什么是暗物质，哪个是计算显示必须存在但我们却找不到的？
- 暗能量也存在吗？
- 大爆炸之前是什么样的？

这些都是非常重要的问题，答案还不得而知，尽管我相信我们能在2030年左右完成对暗物质和宇宙中最小的粒子的积极识别。事实上，我猜测物理学家在那时已经形成了一个关于"大统一理论"的共识。但目前还没有。

在未来的几十年，量子物理学的研究将带来哪些新的创新？最令人期待的是一个在商业上可行的聚变反应堆技术，它可将粒子加热到1.2亿K。如果我们能让它发挥作用，我们就能获得无限的清洁能源，这些能源可供我们使用几百万年。这是重大的变革，科学家已经研究了几十年。最乐观的情况可能是在2030年左右进行商业推广，但尚有很大的不确定性，很可能需要50年到100年的时间来确定并推广。2009年12月，卡勒姆聚变能源中心的网站包含以下的构想：

> 实验核聚变机器现在已经产生了超过10兆瓦的聚变能力。正在建设的新机器叫作ITER，将能够产生500兆瓦的核聚变能量。虽然它是一个发电站所需的规模，但仍有一些技术问题需要解决，以产生稳定、可靠的电力，因此预计在ITER之后将需要建一个原型发电站。预计在30~40年实现发电，当然，能否实现取决于相关研究和资金决策的集中度。

因此，最可能的结果是，它将在2050年之前开始运行，并在接下来的几十年里得到推广。应该提到的是，已经有了在没有高温的情况下产生核聚变能量的方法，比如在气泡破裂的情况下。然而，到目前为止，结果并不令人鼓舞。

另一个例子：量子计算机使用电子的自旋状态来表示比特信息（每一个电子可以有四个间歇阶段）。如果科学家能让这一切运转起来，那么单台计算机可能比今天地球上所有的计算机拥有的处理能力都强。科学家也在研究量子计算机。

也有人尝试在常温下制造超导体。我不知道这是否可行，如果可行，那么它将从经济和地理上根本改变能源运输方式，使我们能够制造比人类大脑更快、更紧凑的3D计算机芯片。这可能听起来像科幻故事，但是科学家正在研究它。

然而，未来几十年，生物技术和信息技术可能是两个更可预测、更有希望的创新领域。为什么是生物技术？因为我们刚刚完成了一系列突破性的发现，这些发现将彻底改变我们在生活中所能做的事情的范围。为了使生物技术达到与传统化学相同的水平，我们需要做化学家所做的事情：充分理解在最低层次上发生的事情。在生物技术中，这一过程始于绘制精确的生命编码——基因组。我们一生都需要这样做，我们需要找出生物体中每个基因实际上在做什么，然后继续研究蛋白质是如何产生的，以及它们是如何相互作用的。因为其复杂性，所有这一切直到最近都几乎是不可能的。（举例来说，人类拥有13亿组碱基对，想要计算三维空间中单个蛋白质折叠的方式，就需要一台大型计算机花费一年的时间。）

但是，这个世界的大门已经敞开。现在，生物技术更像一种实验技术，与其他旧的经济产业一样，它的生产率也在直线上升。然而，它已经成为一种信息技术，因为我们开始了解生命的软件。人类基因组计划开始于1990年，预算为30亿美元，用了13年的时间绘制人类DNA（脱氧核糖核酸）（使用4个样本）。现在它可以在两周内以6万美元的价格被绘制完成，也可能以1 000美元或更少的价格在几天甚至几小时内被绘制完成。这相当于每16个月翻一番，这使得它很容易与我们所看到的计算机芯片媲美，甚至有可能比计算机芯片更快一点。

干态和湿态纳米技术

纳米技术是一种制造过程，此过程一次控制一个原子或分子。它可以用来制造微芯片中的超导体成分，具有特殊品质的材料，或者比自然给予我们的血红细胞效率高100倍的人造血液（这样你就可以在不使用

> 潜水压缩空气瓶的情况下潜水 30 分钟）。纳米技术设备和材料的工业生产有时被称为"干纳米技术"。另一种选择是"湿纳米技术"，或者叫生物工程。它与干态纳米技术相比有着巨大的优势，因为大自然已经给我们提供了一个巨大的有用代码库，加上快速和指数级的自复制设计能力。
>
> 湿纳米技术已经取得成功，而在 2030 年之前，干纳米技术可能不会成为一项特别大的业务。

这个影响很大。我们可以用这项技术制造更便宜、更环保的食物。尽管全球人口增长正在减速，但由于有了基因组学，农业产量将会加速增长，因此我们最终将能够用更少的耕地养活不断增长的人口。非洲的平均产量仅为全球的 1/3，由于有了基因技术，全球产量会大幅增加，非洲的产量在技术上可以翻两番甚至更多。医疗保健也将得到改善，考虑到未来老年人口的增加，这将是非常必要的。我们甚至也可以重新创造出已经灭绝的物种，比如猛犸象（我不是开玩笑的）。我在接下来的一章专门讲基因组学和生物技术。

另一个引人注目的创新领域是信息技术。在 2000—2003 年的 IT 泡沫破裂之后，很多人相信信息技术的狂欢时代已经结束了。随后，云计算、移动宽带、谷歌、网络电话（Skype）、亚马逊和苹果等公司取得了巨大的成功。很明显，信息技术的创新根本就没有停止。这场危机只是投资界暂时的消化不良。因此，它还在继续，但对信息技术而言，未来的几十年将会是伟大的吗？

会的。1965 年，英特尔创始人之一戈登·摩尔写了一篇文章，描述了芯片（或集成电路）可以廉价放置的晶体管数量大约每两年翻一番。此外，他还预测，这种翻番速度会持续一段时间。很快，其他人就开始把这种现象称为"摩尔定律"。现在，我们有理由相信，在当前的技术概念基础上，摩尔定律可以在一段时间内继续发挥作用（可能要持续到 2020 年之后）。最终，我们需要基于 3D 芯片设计、光学计算、超导体或量子计算进行一些彻底的改变，以保持或加快性能改进的步伐，否则倍增的时间将可能增加至以年为单位。但是，在现有的开发管道中，我们将看到计算机在数据处理能力方面相当迅速地接近人脑。事实上，有几个通过计算机模仿大脑的工作方式的主要项目正在进行中。例如，美国国防部高级研究计划局（DARPA）和IBM正在研究它。它们都是非常可靠的参与者。美国国防部高级研究计划局在早期版本的互联网开发中扮演了很重要的角色，而IBM开发了击败国际象棋世界冠军加里·卡斯帕罗夫的计算机；它们都是正经做事的聪明人。在未来20~40年，我们所能期望的信息技术的清单很长，就此我还专门写了另一章。

追踪我们集体智慧的发展方式和方向的一种方法是对专利的申请或授予进行研究。世界知识产权组织追踪了所有的专利侵权行为，并发现这些专利在1991年到2006年间迅速增长，正如图6.1所显示的那样，在1985—2006年，专利申请量几乎翻了一番。

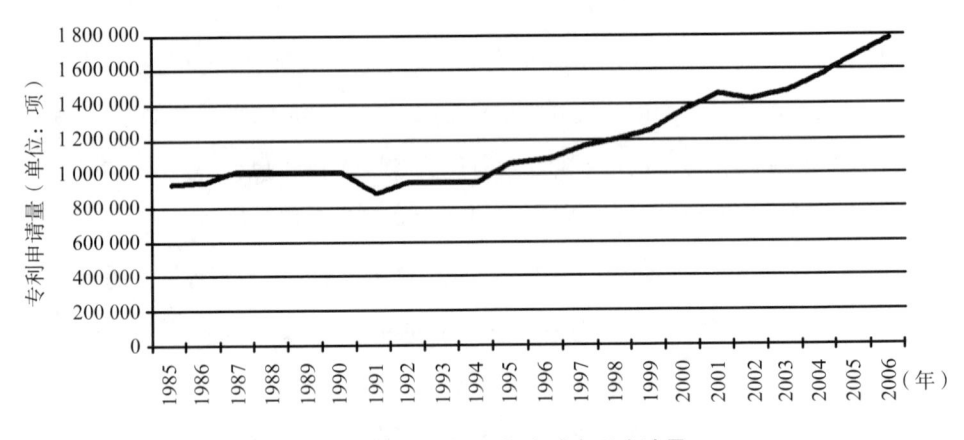

图 6.1　1985—2006 年全球专利申请量

注：专利申请量并不是人类知识增长的直接指标，因为这一数字无法对创新、业绩、质量或生产率增长进行量化。计算机技术的一项新专利可能代表着10倍的性能飞跃，而其他专利没有那么重要，甚至与商业无关。

资料来源：《世界专利报告：统计评论》（2008），世界知识产权组织。

第二部分　超级趋势

核心科学、发现和创新

在未来几十年里，科学技术的发现和创新将会飞速发展。

发现	创新
• 数学	• 计算机硬件
• 统计学	• 软件
• 经典物理学 →	• 远程通信
• 化学	• 电子传媒
• 量子物理学	• 化学产品
• 基因组学	• 核聚变能源
	• 生物工程学
	• 人脑模拟
	• 纳米技术
	• 新能源

"二战"刚刚结束，西方在创造领域的主导地位就已经形成。然而，随着日本和韩国的崛起，它们在国际专利统计中表现强劲。统计数据显示，截至2006年，绝大部分专利都被日本、美国、欧洲、韩国和中国持有，也可以说东西方国家平分秋色。在2000年至2006年间，中国居民/企业的专利申请量占全球专利申请量的比重从1.8%上升至7.3%。由于中国专利申请数量的快速增长，亚洲在未来几十年会领导专利申请。

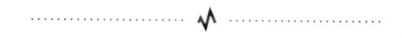

这一章的主题是智力、知识和创新，我认为最重要的结论是：
• 人类的平均智力将继续上升，每年增长0.3%；
• 知识工作者的数量将继续以每年5%的速度增长；

109 /

• 计算机芯片和基因测序的性能将会在未来数年里每年增长 50%；

• 在上述两个因素的推动下，加上元思想的持续发展，科学和技术知识的总量将会以每年近 10% 的速度增长。

所有这些都是我们集体智慧的惊人发展。我早些时候问过，我们的经济未来的发展速度能否做到与预期一样快，这些数字给出了答案。

现在我们反转这个问题：如果思想的创造过程如此迅速，那么为什么我们的经济增长速度不能比它们更快？首先，许多思想不会带来产出的增长，而仅仅是为了节省成本或者提高质量，这在 GDP 统计中没有显示出来。其次，我们所做的大部分工作几乎不受创新的影响。我能想到的最好的例子是斯特拉迪瓦里小提琴，最好的小提琴是在 1698 年到 1720 年间制作的，现在每天都产生几百万美元的销售额。在盲测中，它们没有比今天最好的小提琴更好，但也不会更糟。最后，我们的工作时间比以前少了。

这就是欧洲和美国的单位劳动生产率在 10 年里只增长了 25% 左右的原因，即使我们掌握的知识在同一时间内可能会增加一倍以上。未来财富和知识的巨大增长都将创造新的产品和服务，如果我们今天能看到这些产品和服务，那么我们会觉得它们很神奇。

关于它们的名单可能很长。能收集太阳能的马路，出现裂缝时自动粘在一起的铺路材料，全息电视和互联网，你的花园里的消音系统，或者你能想象到的其他事物。

• 手机能让你通过透明的屏幕看到真实的世界，让世界在你面前被解释/概念化。

• 整个墙壁或墙壁的大部分都可以变成显示器或"媒体墙"，显示视频、图像，或者只是一种氛围。

• 能够轻松地将任何智能设备的内容投射到你身边的任何屏幕上（从智能手机到媒体墙）。

• 针对哮喘、多发性硬化、白血病、关节炎、疟疾、高血压、风湿性关节炎、沙门氏菌感染、药物成瘾等疾病的疫苗。

- 通过计算机在网上搜索关于某一主题的信息并撰写科学共识摘要。
- 后排座位和副驾驶座位的在线娱乐与电影、电视和互联网等。
- 人造血液能让你在不需要呼吸的情况下潜水 30 分钟。
- 具有人类智力水平的计算机成为儿童的私人教师。
- 一种软的、可弯曲的电子阅读器，可以下载和显示任何媒体。
- 从大气中吸收二氧化碳并将其转化为喷气燃料的细菌。
- 智能周边控制，入侵检测和访问控制。
- 由光伏电池组成的整个屋顶和墙壁。
- 根据你个人基因构成量身定制的饮食。
- 遥控机器人／货运飞机。
- 无噪声园艺技术。
- 植物生长速度加快 10 倍。
- 具有人脸识别功能的门。
- 自动驾驶的汽车。
- 更多不可思议的东西。

第7章　环境和资源的压力
从"繁荣的尽头"到"惊人的胜利"

到目前为止，我提到的所有新人和新资金都将对世界资源和环境构成严峻的挑战，这一点儿都不奇怪。简单地说，以下是我们在接下来的40年里要处理的问题。

- 世界人口将会增加大约20亿人。
- 世界城市人口将增加约30亿人。
- 世界真正的购买力和财富将增长400%。

我想在这些问题中，第三个是最重要的。文明以及与之相关的一切将在40年内翻两番。现在我们思考一下，其实我们在许多地方都能感受到随经济发展而来的污染以及日益严重的缺水问题。此外，还有鱼类资源的枯竭、生物多样性的丧失、全球变暖等问题。除此之外还有一个大问题：我们如何在40年内使农业产量增加一倍，以满足人们对更多、更优质的食物、肉类和生物燃料的需求？我们究竟该如何处理呢？怎么办……

还有更多问题。越来越多的人以年轻人、未婚的单身人士或退休人员的状态生活，而不是生活在主要的大家庭中。独自生活意味着享有不承担责任的自由，它可能会使很多人更加以自我为中心或更加孤僻，有些人甚至会把自己与外界完全隔离开来,他们只是玩电脑游戏、看电视或者整天上网。然而,对于另一些人来说,这意味着比结婚后更丰富的社交夜生活,而且许多人会选择住在市中心,而不是郊区。事实上,以前的趋势已经逆转,那些负担得起高昂生活费用的人从市中心搬到了郊区。对于未来的人口来说,这不仅意味着我们目前的基础设施太薄弱,在很大程度上是无用的。更重要的是,农村的大型家庭住宅对于生活在城市中的雅皮士来说毫无用处。因此,我们需要建造,建造,再建造。再加上旅游、第二居所和汽车的爆发式使用。人们想要的所有东西,我们都能解决吗?

当一个国家推进工业化时,它会使用大量的工业商品,比如金属,一旦人们变得富裕,他们就会消耗越来越多的能源。事实上,很难想出一种没有直接或间接地涉及能源使用的花钱方式,还有一些人用这个简单的指标来衡量一个社会的复杂程度——它消耗了多少能源。一个富裕的文明将多消耗1/4 的能源。

2010 年,全球石油产量约为每天 8 500 万桶,一桶大约有 165 升。如果你想要每天在海上运输所消耗的石油,那么你需要 50 艘超级油轮,每艘都有 3 个足球场那么大。这仅仅是我们的石油消费——我们的全球能源基础设施是健全的,除了石油之外,还包括煤炭、天然气等等。

让我给出一些关于能量的数字来说明我们将要面对的一些问题。2010 年中国只有 5 600 万辆汽车,其人均石油消费量仅为美国的 1/10。多类分析人士估计,中国的汽车保有量在 2030 年将增至近 4 亿辆,到 2050 年将达到 5 亿辆。印度的起点要低得多,但在 2050 年其汽车数量也将达到大约 8 亿辆。到 2050 年,俄罗斯和巴西的汽车加起来应该会超过 2 亿辆。综上,在未来 40 年里,上述这四个国家的汽车普及量将达到 15 亿辆。加上其他新兴市场,以及发达市场所增加的财富,全球汽车保有量很容易增长 20 亿到 25 亿辆。我们假设,每辆汽车每年使用 6 桶石油(目前的典型数量是 9 桶,因此燃油效率需要提高很多才能达到 6 桶),如果取较低的数——20 亿辆新增汽车,那么我们每年需要为这些新增的车辆提供 120 亿桶石油,或者说每天接近

3 300万桶，或者我们需要用完全不同的东西来给它们提供能源。

这是个需要很多非常聪明的人才能解决的问题。不仅仅是发明家，还有商人、项目经理、工人、技术人员和金融家。

幸运的是，"很多人都很聪明"这个观点我在这一章的开头提到过，从2010年到2050年的40年间，全球人口将会增加大约20亿，这听起来很庞大。然而，我们应该考虑到，在大约25年的时间里，人类刚刚经历了相似的人口扩张。现实情况是，我们经历了20世纪60年代的增长速度峰值和80年代绝对数字增长峰值。我们已经通过了最艰难的考试。

这是怎么做到的呢？尽管有一连串的警告，如我们接近"增长的极限"，现在是"11点55分"，"决定性时刻"，或者我们将到达"繁荣的尽头"，实际数字令人惊讶。

- 在新兴市场，人均卡路里摄入量迅速增长。从1970年的大约2 430卡路里到2010年的2 730卡路里（20世纪80年代晚期，发达国家的肥胖率达到顶峰，因为肥胖问题，这竟然成了好事）。
- 全球饥饿人口比例从1970年的35%下降到2010年的15%以下——不仅减少了百分比，而且减少了绝对数量。
- 1970年，世界上只有30%的人口能够获得干净的水，到了2010年，这个数字已经上升到接近80%。
- 世界上几乎所有地区的人均寿命都在增长，在亚洲尤为迅速，唯一的例外是一些艾滋病猖獗、受到其困扰的非洲国家。
- 文盲数量急剧下降。

在经济上，我们可以回顾一个惊人的胜利。在过去的50年里，贫困人口数量比前500年减少的人数还要多，而且这一现象在绝大多数贫穷国家一直在持续。此外，由于大多数发展中国家的经济增长率远远高于发达国家，富裕国家与贫穷国家之间的经济差距明显缩小。这并不意味着一切都很好，也不是说没有哪个国家正在衰退，但它表明，全球人口可能在 25 年内增加 20 亿，同时平均生活水平大大改善。

平均而言，人们的工作时间已经在减少，而假期在增加。在不到 100 年前，欧洲人平均每周花费 6 个小时在自己的房子里运煤，从地毯上清除煤尘，从炉子上清除灰尘，等等。他们花了几乎同样多的时间来运送洗衣服的水，而洗衣服是在洗衣板上靠手工完成的。他们每天都要清扫厕所，购买新鲜的食物（因为他们没有冰箱）。他们的牙齿很差，龋齿经常伴随着持续的疼痛。因为缺乏抗生素，人们一直生活在害怕病毒感染的恐惧中。今天我们拥有更短的工作时间，更长的假期，以及更长的退休时间。事实上，在过去，能够活到退休年龄就是一个相当了不起的成就。

活得更久

到目前为止，人类总能找到新的方法创造更多的财富，并将一种原材料替换成另一种。在上个冰期之后，地球上只有 100 万~1 000 万人。人们经常以小股的狩猎－采集者形成群居，而一个 20~30 人的狩猎－采集群体需要几千平方千米的猎场以维持生计。如今，我们的人口数量达到 700~7 000 倍之多。

我们通过研究人骨化石发现，生活在北非石器时代的人的平均寿命只有 21 岁。在罗马帝国，人的寿命大致为 22 岁。在 16 世纪中期到 19 世纪中期的英国，寿命在 30 岁到 40 岁。然后它开始急剧上升。1930 年，中国人均寿命是 24 岁。

我们在对抗疾病方面也表现得越来越好。疟疾仍然是世界上仅次于艾滋病的第二大致命疾病，它 17 世纪晚期在欧洲流行，直到最近仍然存在。荷兰上一次疟疾流行发生在第二次世界大战期间。20 世纪 20 年代，每年几乎有 2% 的美国人感染疟疾。20 世纪 30 年代中期，这个国家每年仍有超过 40 万的病例,而在 1933 年,田纳西河谷几乎 1/3 的居民被这种疾病感染过。现在这种疾病几乎消失了。

什么原因呢?钱。研究表明,当一个国家的人均年收入超过 3 000 美元时,疟疾就会减少甚至被根除。

那么环境的退化呢?人们在街谈巷议中经常提到的一些话题是我们正在砍伐森林——这当然是真的。据预测,在最高峰的时候,森林曾覆盖了 37%的地球陆地,而今天它只覆盖了 30%。换言之,在过去的 1 万年里,人类已经砍伐了 1/5 的森林,主要是为了给农业腾出空间,而且这一进程直到 20 世纪上半叶还在加速发展,尽管当时没有人能够准确地测量它。

然而,现在我们确实能测量它了。粮农组织是联合国设立的一个机构,它在定期检查世界上的森林数量方面做了大量工作。据统计,全球森林覆盖率在 1985 年至 2000 年下降了 3%,相当于每年下降 0.2%。然而,在 2005 年的《全球森林评估》报告中,研究人员发现,在全球森林覆盖率最高的 50 个国家中,有 22 个国家的森林资源在过去 15 年里实际上是增加了,从 2000 年到 2005 年,总体下降速度已降至 0.18%,即每年 0.036%。史密森学会随后的研究表明,随着人们迁往城市并放弃贫瘠的农田,现在一些地方的雨林的增加量可能会超过其他地方的森林破坏量。其实,这些事情很难衡量,但我认为,整体状况不是加速破坏,而是趋于稳定。此外,如果我们看看发生这些事情的地方,可以看出,大多数富裕国家的森林覆盖率正在增加,这还是有希望的,因为有更多的国家将会变得富有。

中国是一个很好的例子。尽管目前它还不是最富裕的国家,但它拥有世界上最宏大的植树计划,平均来看,年龄在 11~60 岁的大多数人每年至少种植 3 棵树。2008 年,共有 5.4 亿人参加了这个活动,人们在山区、城市公园、校园以及高速公路和铁路沿线种植了 23.1 亿棵树。中国的森林覆盖面积从 2000 年开始增长。

关于空气污染的长期趋势也令人鼓舞。其中一个研究得最好的地方是英国的城市,那里的空气污染已经大量减少。早前的报告说,从住宅燃煤到燃煤工厂，空气中弥漫着大量烟雾和煤烟，人们几乎不能呼吸。据我们所知，英国女王在1257年访问诺丁汉时，发现烧煤的烟味太难闻了，她担心自己的健康，于是离开了。在那些年里，人类的排泄物经常被丢弃在大街上，任其腐烂，老鼠可高兴坏了。然而，尽管近年来人口和汽车的数量大幅增加，尽管消费和住房数量也大幅增加，但是自1930年以来，英国伦敦的空气污染已经下降了90%以上。我们不知道自从早期的工业革命以来，它已经减少了多少，可能会更多。

对于水质来说，情况也是一样。在此之前，污水直接排放到泰晤士河，它散发出如此难闻的臭气，这使得议会大厦的窗帘必须浸泡在石灰中，以阻止异味影响政府继续运转。1855年，迈克尔·法拉第在伦敦《泰晤士报》上撰文，他以乘船旅行观察的角度描述泰晤士河：

> 整条河都是不透明的浅棕色液体……当然，流经伦敦长达数公里的河流不应该被允许变成一个发酵的下水道。尽管气味难闻，人们还是继续在河里洗漱、洗澡并且喝水。

他至少应该庆幸他的船没有在那次旅行中倾覆。在1878年，轮船爱丽丝公主号在泰晤士河倾覆了，而且死于那次事故的大约600名乘客并非被淹死，而是死于河水污染。事实上，从1830年到1860年，由于泰晤士河的污染，成千上万人死于霍乱。今天，这是一个完全不同的世界。2009年7月14日，《伦敦标准晚报》(*The London Evening Standard*)报道了一则新闻：

> 渔业专家说："泰晤士河上满是鱼，而且比过去200年都要干净。目前，超过125种鱼类，包括野生三文鱼、鳟鱼、多佛比目鱼、鲽鱼、黑线鳕和鲈鱼，现在生活在1957年宣布生物死亡的215英里的水道中。这些鱼类吸引了捕食者，包括钝吻海豚、海豹和海豚，它们远在伦敦桥上游被发现。"

1999年，世界领先的两所大学，美国耶鲁大学和康奈尔大学，加上世界经济论坛和欧洲委员会共同决定建立一个统一的标准来衡量不同国家的环境责任。科学家共同开发了一种统计测量方法，称为"环境可持续性指数"（the Environmental Sustainability Index）。多年来，经过进一步完善，现在被称为"环境绩效指数"（the Environmental Performance Index，EPI），并以世界各国的 25 个不同指标为基础。这些指标主要涉及六个方面：环境卫生、空气污染、水资源、生物多样性和栖息地、可再生自然资源和气候变化，它们包括从水质、水压力到室内外空气污染、杀虫剂监管等方方面面。科学家发现，当我们的收入达到一定水平后，污染开始减少。根据 EPI 网站，这个水平是人均年收入 1 万美元左右。

不足为奇的是，人均 GDP 与 EPI 的良好表现相关。特别是在人均 GDP 为 1 万美元或更高的国家，EPI 的整体得分会更高。

通过对环境指数与国家/人均 GDP 数值进行比较，科学家得出以下结论。由于通货膨胀和美元汇率的下降，我想合适的数值大概在 1.5 万美元。无论如何，这种"富裕即清洁"的趋势也反映在 2010 年世界 15 个最清洁的国家的排名中。

世界上最清洁的 15 个国家

1. 冰岛	6. 毛里求斯	11. 马耳他
2. 瑞士	7. 法国	12. 芬兰
3. 哥斯达黎加	8. 奥地利	13. 斯洛伐克
4. 瑞典	9. 古巴	14. 英国
5. 挪威	10. 哥伦比亚	15. 新西兰

资料来源：《2010 年环境绩效指数》，耶鲁环境法律与政策中心，哥伦比亚大学国际地球科学信息网络中心。

在这 15 个国家中，有 14 个是世界上最富有的国家之一。那么，哪些是清洁指数排名最后的 15 个国家——是排名在 135 位和 149 位之间的国家吗？

世界上最不清洁的 15 个国家

149. 博茨瓦纳	154. 贝宁	159. 多哥
150. 伊拉克	155. 海地	160. 安哥拉
151. 乍得	156. 马里	161. 毛里塔尼亚
152. 阿联酋	157. 土库曼斯坦	162. 中非共和国
153. 尼日利亚	158. 尼日尔	163. 塞拉利昂

资料来源：《2008 年环境绩效指数》，耶鲁环境法律与政策中心，哥伦比亚大学国际地球科学信息网络中心。

如果你认同这个说法，除了阿联酋，那么世界上污染越严重的国家越贫穷。应该在这里说明的是，该排名没有考虑到富裕国家经常性地外包生产，这导致发展中国家的污染，这些国家随后承担了不成比例的责任。然而，这很可能被一个事实抵消，即发展中国家的人口增长没有被考虑在内，尽管这显然是缺乏可持续性的一个极其重要的驱动因素。正如我们之前了解的，人口快速增长与贫穷密切相关，而许多最富有的国家已经或即将面临人口减少的问题。

所以，总的来说，我认为，从环境问题研究中得到的最深刻的印象体现在以下几方面。

• 当一国的平均收入达到高水平时，它的人口数量就会停止增长或下降。这显然比其他任何事情更能减轻环境和资源问题的压力。

• 此外，随着该国变得更加富有，可以更高效率地为它的人民提供资源，污染也随之减少。它使用更清洁的技术，开始回收利用，保护景观，开展植树计划，等等。此外，它开始清理以前被破坏的东西，开始向那些没有自主开发能力的贫穷国家出口清洁技术。

这实际上是 1992 年世界银行发表的一份名为《发展与环境》的国际研究报告所阐明的。研究表明，收入与空气中的二氧化硫、颗粒物或清洁水中的污染物之间存在非常明显的负相关关系。平均收入越高，环境就越干净。

然而，同样的研究表明，收入和二氧化碳排放之间存在着一种相反的正相关关系，这让我想到了全球变暖的话题。这是一个复杂的故事，在最近几年里发生了很大的变化，除了恐怖主义之外，几乎没有其他话题能更吸引人们，激发他们的热情了。

........................ⵜ........................

在我们深入讨论全球变暖问题之前，让我先列举一些大多数科学家都同意的事实。首先，大气中的空气大致包含以下成分：

- 氮（78.08%）
- 氧（20.95%）
- 氩（0.93%）
- 二氧化碳（0.038%）
- 其他气体（0.002%）

悬浮在空气中的是极少数量的粒子加上水蒸气，平均来说，它们约占大气质量的 1%。

在大气的组成成分中，氮和氧几乎没有温室效应，但是其他成分，包括二氧化碳都有温室效应。但是二氧化碳并不是一种污染物。因为人类、动物和许多细菌依赖氧气获取能量，而植物依赖二氧化碳获取营养（它们通常从阳光中获取能量，用碳来构建它们的生物体）。

地球通过太阳光接收外部能量，其中约 30% 在到达地面前会被云层反射回太空。太阳照射到地球的部分光线波长范围很广，从紫外线到红外线。紫外线较为强烈，会导致皮肤癌，其波长在 100 纳米至 280 纳米之间。在不同的时间和地点，有 93%~99% 的来自太阳的紫外线被我们的臭氧层阻挡。你看不到大气层中的臭氧层，因为臭氧的数量非常稀少，如果将它集中在大气层的底部，那么它只有几毫米厚。

在光谱排列中，接下来是紫外线 B（280~315 纳米），紫外线 A（315~400 纳米），然后是可见光（400~700 纳米）。可见光的下面是红外线，从 700 纳米到 1 毫米不等。红外线我们也看不出来，但我们用它来加热，它使人感觉温暖。

与吸收的能量相比，从地球发出的能量可见光较少，更多的是红外线，这就意味着向外辐射和向内辐射的大气其过滤效果有所不同。具体而言，它会吸收一些试图逃跑的红外光，从而产生温室效应。然而，当水蒸气形成云层时，白天的阳光在到达地面之前就会反射回到太空，而它在夜间的净效应则是使天气变暖。温室效应本身并不是消极的，如果没有它，地球就会变成一团冰。因而，我们讨论的是人为改变二氧化碳浓度以及这种改变对我们的气候有何影响。

我们将大气中产生温室效应的成分列在下面，我在每个组成成分后面标出它们对潜在的气候变暖可能会造成多大影响。我给出的是一个很宽泛的数字范围，因为它们可能是第一个科学分歧（这并不小）的开始。

• 水蒸气、液滴和冰晶在温室效应中占 36%~70%，但是随着其百分比的增加，温室效应明显有很大的变化。

• 二氧化碳占 9%~26%。每年有 7.5%~10% 的二氧化碳在植物和海洋中循环，如果我们停止排放，大约有一半将在 30 年内被海洋和植物重新吸收。

• 甲烷贡献 4%~9%（有些人说很多）。超过一半的甲烷来自农业，其余的来自化石能源的生产过程以及垃圾填埋场、废物处理和燃料燃烧。当我说"嗯"时，我不是在开玩笑。来自奶牛的气体是重要的贡献者，也确实是这样的。甲烷在大气中的浓度很小，但它是一种非常强的温室气体。幸运的是，甲烷与大气中的其他化学物质相互作用，并在平均10年的时间里被分解。结果是有效减少了二氧化碳和水蒸气的含量，这些水蒸气很快就会随着雨滴落回地球。

- 黑碳可能贡献了5%~10%的温室效应。它是从旧的或坏的发动机以及森林火灾（人为的或自然的）不完全燃烧过程中产生的可见烟雾。这是一种异常强大的温室气体，幸运的是，它会在几天或几周内从大气中被冲洗掉。
- 氧化亚氮、臭氧和氯氟烃（在被禁用之前，我们在悬浮微粒中加入的物质），总含量为3%~7%。

如果你思考一下这个温室效应贡献列表，可以看到，如果我们在未来将火烧森林砍伐减少到最低限度，如果我们使用更好的发动机，那么黑碳的排放及其影响可以很快减少，这两种情况听起来都是合理的。甲烷在大气中停留的时间很长，直到它被分解成水和相当有限的二氧化碳，但是如果我们减少排放，它很快会回到以前的水平。更严重的问题是二氧化碳，它只是部分被吸收。而在接下来的篇幅里，我将重点讨论二氧化碳。

我们很清楚地知道（通过测量冰芯和其他来源的气泡），在人类发展农业前不久，二氧化碳的浓度大约是0.028%。自那以后，由于土地清理（破坏了20%的森林，燃烧化石燃料，生产水泥，清除泥炭地，以及土壤耕作，这些都减少了土壤中的碳含量），这一数字有所增加。到2050年，二氧化碳的排放量将达到0.045%到0.055%之间，除非采取激进的方法阻止二氧化碳排放。在我们的讨论中，我相信这是唯一几乎所有人都同意的一部分。

关于二氧化碳是一种温室气体，人类正在使大气变暖的理论已经相当古老了，但是从1940年到1970年的全球变冷现象（这导致了我之前提到的冰期的恐慌）逆转之后，它开始引起人们的兴趣。我们可以通过多种方式估计历史气候的波动，包括以下研究：

- 困在冰芯中的空气成分；
- 冰川中季节性冰层的厚度；

- 湖泊和海洋季节性沉积物的厚度和组成；
- 在季节冰和地球/岩层中的花粉和种子的浓度；
- 树木年轮的大小，甚至是石化的树木；
- 古人在书籍和绘画中关于天气和生活方式的描述。

很明显，过去的气候变化非常大。对个别冰川的研究表明，许多冰川地区过去一直是无冰的，而现在无冰的地区以前也曾被冰川覆盖过。美国阿拉斯加的平均气温似乎比现在高出3℃至5℃。在罗马帝国时代，有一个明显的变暖时期，考古证据表明，人们曾在大不列颠酿造葡萄酒。此外，随着高山冰川的消融，考古学家发现了许多罗马文物，这表明罗马人经常走过或经过的地方现在已被冰雪覆盖。还有一些迹象表明，当维京人在格陵兰岛定居并在兰塞奥兹牧草地附近的纽芬兰岛短暂定居时，北方的气候变暖了。

从公元800年到1300年，北大西洋地区似乎也有所谓的中世纪暖期，最近一次气候变暖甚至是在20世纪30年代。然而，自上个冰期以来，那里也有过冷却期。从16世纪到19世纪中叶所谓的小冰河期（"Little Ice Age"），气温明显地冷却下来，令人惊讶的是，我们有6个因纽特人皮划艇在苏格兰登陆的记录，这表明从格陵兰岛到苏格兰附近都覆盖着冰层。在这个寒冷的时期，泰晤士河经常结冰，人们在上面举办展览，荷兰画家在这里发扬了冰雪风景画的绘画传统。再往前追溯，全球突然降温约2.3℃，因为北美被冰雪困住的大量融水突破阻碍，并一度扰乱了墨西哥湾暖流。

较长期的统计数据是通过组合各种代理数据（如冰芯数据）得出的，它们是通过直接测量而获取的。通常认为最可靠的长期统计数据来自美国，数据显示，20世纪30年代，世界气候表现出明显的变暖，随后在1950年和1970年出现了适度的冷却（冰期的恐慌），然后又变暖了。所有的迹象都表明，自上一个冰期结束之后，已经有50~60个变暖和冷却时期（见图7.1）。

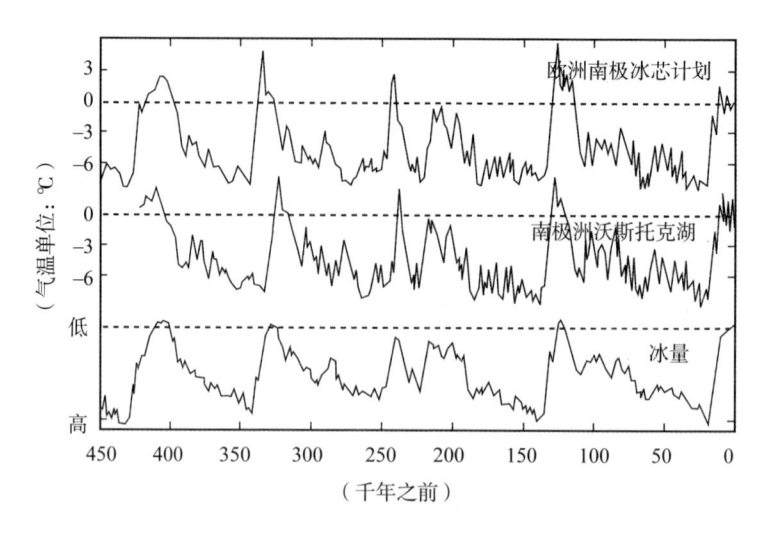

图 7.1 冰期的温度变化

注：这张图显示了对最后几次冰期/间冰期的南极温度变化的估计，及其与全球冰量变化的比较。图的右端显示的是目前的状况，水平线显示了现在的水平。最后一次急剧的温度上升发生在大约 1.2 万年前的最后一个冰期结束时，最右边的小起伏包括小冰川期和许多温和变暖的时期等。

资料来源：维基共享资源。

......................∧......................

在这里我要先说几句题外话，因为我上面写的大部分都是传统的智慧，直到所谓的曲棍球杆现象进入画面，并埋下了恐慌的种子。这成了争论的核心，我必须花一点篇幅来解释这个事件，当然，也是因为这个曲棍球杆现象我写这本书的时候会经常使用。

我们开始吧。曲棍球杆现象，或者很快为人们所知的"MBH98"，1998年由迈克尔·曼恩和他的两位同事发表在《自然》杂志上，它是世界上最著名的两大科学期刊之一。一张与传统观点相反的图表明，全球气候实际上是非常稳定的，从公元 1000 年到 20 世纪中叶气温有所下降。1970 年前后，气温回升非常明显，到 20 世纪末，气温几乎直线上升。该图通过使用"主成分分析"的所谓的"多代理技术",结合各种代理数据(如冰芯测量、树木年轮等)进行分析,这是一种很好很正常但非常复杂的方法,它将大量的代理数据合并成一个单一的估计值。

这张图很快引起了轰动,并出现在成千上万的网站上。在政府间气候变化专门委员会(IPCC)2001年的《第三次评估报告》中,它以非常大的版面出现。曲棍球杆图是唯一在报告中显示的长期气候重建图,也是唯一多次展示的图,而且是彩色的。

在那次展示之后,曲棍球杆现象成了迄今为止最广泛使用的关于全球变暖问题的例证。例如,它出现在英国政府2003年的能源白皮书中。

然而,在同一年,两名加拿大人斯蒂芬·麦金太尔和罗斯·麦基特里克问迈克尔·曼恩,他们能否获得该模型及其背后的数据。这两名加拿大人不是气候专家,但他们在统计模型评估方面有丰富的经验。在经历了一些困难之后,他们成功地掌握了这些材料,并且首先用统计模型数据做了一些验证,我也喜欢这么做:看看这些原始数据。在他们的验证过程中,他们注意到似乎并没有出现曲棍球杆现象。斯蒂芬·麦金太尔决定在这件事情上花更多的时间,并让罗斯·麦基特里克——一名加拿大经济学家加入他的行列,专门从事环境经济学和政策分析。这两个人试图用曼恩模型来复制这个图,但没有成功。2003年,他们在《环境与能源》杂志上发表了这些令人不安的发现。曼恩回应说,他所提供的政府间气候变化专门委员会2001年的《第三次评估报告》第28页和第29页的数据实际上是不正确的,并让他们访问另一个数据库。然而,在测试这些数据时,这两名加拿大人得出了几乎相同的结论。他们向《自然》杂志提供了一份清单,包含他们所发现的错误,他们并没有选择将这份清单公之于众,而是要求曼恩去更正。

这就是有趣的地方,因为这两名加拿大人做了一些科学家经常做的事情:通过曼恩模型以及标准的主成分分析,运行随机数据或所谓的"红噪声"("red noise")进行"零点测试"("null test")。当他们在这个测试中做了1万次不同的重复实验后,他们发现,就像预期的那样,标准模型几乎从来没有出现过曲棍球杆现象。然而，曼恩的模型显示在超过99%的时间里，曲棍球杆现象存在于随机数据中。从字面意义上讲，他的模型是一种曲棍球杆模型。你可以从你的本地通讯录中随机输入电话号码，它很可能会显示一个曲棍球杆。

这是怎么发生的呢？加拿大人发现了这个秘密：曼恩引入了一项不寻常的规则，极大地放大了20世纪特别不稳定的时间序列的权重。这意味着，与过去100年那些更平缓的其他数据相比，这些数据被赋予几百倍的权重。因此，麦金太尔和麦基特里克利用这条规则放大了某些数据，直到足以创造曲棍球杆现象。

它是加利福尼亚加斯佩雪松的年轮。曼恩从一项研究中获取了这些数据，这项研究通过树木年轮来检测大气中的二氧化碳浓度的大气施肥效应，这一数据可以追溯到1404年，当时数据只包含一棵树。曼恩在1403年、1402年、1401年和1400年增加了一些虚构的观察结果，以便他的时间序列可以从这一年开始。从1421年到1447年，最初的研究包含两棵树。最初开展研究的两位科学家在他们的结论报告中忽略了这些早期的观察结果，因为你通常不会仅仅根据一两棵树来发表统计数据（更不用说虚构的了）。事实上，他们只研究了从1600年开始的数字。

麦金太尔和麦基特里克现在决定检查一下曲棍球杆现象发生了什么，如果他们只是简单地忽略了1450年之前可疑的树木年轮的观察结果，那么基本上就是删除了如下数据：（1）首先是一棵虚构的树；（2）然后是单棵树；（3）然后是两棵树。这产生了戏剧性的效果：曲棍球杆现象消失了。然而，即使把这些树的年轮数据留在里面也根本不确定，因为最初研究这些树的年轮的作者说，它们不能与当地的温度波动联系起来。树木年轮所对应的是二氧化碳在空气中产生的所谓的"施肥效应"，正如最初的树木年轮研究的名称所暗示的那样。众所周知，大气中增加的二氧化碳浓度会增加植物的生长，而这种情况有时会在温室中使用。因此，加州山脉的树木在20世纪生长得更快可能仅仅因为二氧化碳浓度的增加，并因此受到了地区施肥效应的影响。如果你问我，这真的很难说。

在麦金太尔和麦基特里克的批评之后，国际气候科学家展开了一场激烈的辩论。我们对这个问题有了一个有趣的见解，因为一些黑客窃取了账号并匿名发布了大约3 000封电子邮件，以及包含英国诺维奇的东安格利亚大学（UEA）气候研究中心（CRU）13年的研究成果的其他文件。看来一些科学家在评论中发现了一些有价值的东西，其他人则讨论了如何确保相关数据不会被公布出来。以下的邮件似乎是后者的一个例子。

> 不要把资料放在ftp（文件传输协议）站点上，你永远不知道谁在搜索它们。这两种多媒体短信服务多年来一直在追踪气候研究中心气象站的数据。

我讲这么多关于曲棍球杆现象和树木年轮案例的细节有两方面的原因。首先，它显示了深入事情的本质有多么困难，特别是如果参与其中的科学家（包括辩论双方）都有超越无私追求真理的动机的时候。其次，它之所以重要，仅仅是因为它改变了历史。正是曲棍球杆现象把不断上升的担忧变成了对怀疑论者彻底的恐慌和愤怒。《格里斯特杂志》的一位作家在他的博客上写道：

> 当我们终于认真对待全球变暖的问题时，当这些影响真的在打击我们，我们在全球范围内努力将损失降到最低时，我们应该对这些混蛋进行战争罪审判——某种程度上的纽伦堡气候大审判。

在曲棍球杆现象之后，政治家一个接一个地冲了出来，发表声明称全球变暖不再是我们未来应该担心的，我们应该担心现在正在发生的一场灾难。

持不同观点的科学家被忽视、被嘲笑，并且经常缺乏资金。持不同意见的人被称为"否认者"，就像"大屠杀否认者"一样。换句话说，事情变得很粗暴。尽管如此，争论仍在继续，在我写这本书的时候，似乎存在四个主要的阵营（名字是我自己起的）。

• 阿尔·戈尔的观点：全球变暖是人类面临的最大威胁，也是地球的最大威胁，我们应该做出所有的努力阻止它。如果我们不做，后果将是灾难性的。

• 亨里克·史文斯马克的观点：事实上，我们最近以及在遥远的过去看到的所有的气温波动，都可以通过宇宙射线和其他自然现象的波动来解释。全球变暖（和冷却）频繁发生，但它是自然的。

• 比昂·隆伯格的观点：人为的全球变暖是真实的，但地球上一直存在着相当大的气温波动，我们已经加以应对了。试图通过快速行动来阻止全球变暖是对金钱的巨大浪费。利用新兴市场的经济增长，缓解全球变暖带来的负面影响，并进行替代能源的研究，这样做可能要好得多。

• 雷·库兹韦尔的观点：太阳能发电能力的部署每隔几年就会增加一倍，本质上已经成为一种信息技术。以这个加倍速度增长，到2030年，它将为我们提供几乎所有的能源。

第一个阵营是迄今为止最强大的，并且得到了众多的环境组织和几乎所有的政府的支持（口头上，而非行动上）。阿尔·戈尔有资金、电影、书籍和诺贝尔奖支持他，他的观点是主流，并且是基于政府间气候变化专门委员会的报告（尽管相当大一部分内容有些夸大）。

2007年的政府间气候变化专门委员会的报告提供了另一种情况，显示2090年至2099年的全球平均气温将比1980年到1999年的气温高出1.1℃至6.4℃。至于全球海平面，有科学记录以来它一直在上升。在20世纪的前半叶，平均每年上升2毫米，在20世纪后半叶，平均每年上升1.5毫米，因为我们还处在小冰期，也可能是人为变暖造成的。据政府间气候变化专门委员会估计，在上述时间间隔内，海平面将上升18厘米到59厘米。这里应该补充的是，如果世界上所有的冰川和冰盖都融化了，那么只会使海平面上升大约30厘米。海平面上升的巨大潜力来自格陵兰岛和南极洲的陆地冰的融化，还有一些来自水受热时的轻微膨胀。如果南极所有的陆地冰都融化了，海平面将上升57米（186英尺）。然而，气温上升很可能会增加降水的数量，但不足以达到融化冰的程度。这样只会导致冰盖边缘融化，而中间的厚度却增加了，这样的预测实际上已经发生了。

全球变暖也会对世界经济的成本产生影响。政府间气候变化专门委员会已经提出六种方案。如果你以最悲观的假设为基础，假设全球气温提升3.4℃，同时世界人口增长到150亿（比大多数估计值高出50%以上），那么你就可以计算出全球变暖的代价，在发达国家占GDP的3%，而在贫困地区则是10%。

阿尔·戈尔的观点是，我们需要减少超过70%的排放以阻止全球变暖，而且即使我们真的这样去做，减排的作用也会有延迟，这意味着我们需要迅速行动。具体可以通过更有效地使用能源、使用新能源、提高能源税/碳排放税或碳封存（填埋）来实现。

他指出，许多通过更有效的技术来节约能源的举措，将会在非常短的时间产生效益，因此，这将是一桩好买卖，同时也有利于环境。至于新能源，他列出一个长长的单子，我将在后面的一章谈到新能源。例如，他提到太阳能输入量接近我们能源消耗量的7 000倍。举例计算，仅覆盖撒哈拉沙漠面积2.6%的太阳能电池板就足以满足全球能源消耗，大约1%的就可以提供与世界所有发电厂相同的电力，而不到0.15%的就可以满足欧洲所有的电力需求。

阿尔·戈尔认为，如果我们把太阳能、地热、风能、第二代和第三代生物燃料和其他新能源结合起来，把它们连接到智能电网，在那里每个人都可以买卖电力，我们就能在合理的时间内，让能源摆脱对化石燃料的依赖。他说，随着时间的推移、技术的发展，新能源将变得越来越便宜，它们开始享受规模经济效应。另一方面，以碳为基础的能源将会变得越来越昂贵，因为更多的边际资源将被投入使用。

至于碳封存，他指出，由于耕作或翻耕，农民减少了土壤中的碳含量。这不仅对全球变暖造成了影响，而且降低了土壤的可耕作性，甚至导致水土流失。美国20世纪30年代的沙尘暴或许是最明显的例子。他建议农业应完全转变为免耕农业，如果再加上基因工程除草剂（我将在后面介绍这些）的配合，这就有可能实现。世界上只有一小部分农业建立在北美和南美洲几乎完全免耕的土地上。

另一种解决办法是制造生物炭。这是通过在厌氧条件下燃烧生物质来实现的，因此只有气体和油脂燃烧，而固体物质不会燃烧。然后，炭灰可以混合到土壤中，这样就明显提高了其质量。这么做最显著的方法就是在退化的土地上种植快速生长的植物或树木，然后燃烧它们来制造生物炭。在土壤中固定二氧化碳的另一种方法是将根瘤菌和菌根真菌混合在一起，这两种菌都可以自然地进行这种处理，尽管速度较慢。作物的轮作之所以是一种有效的再生土壤的方式，是因为这些有机体，并且它们也许可以通过基因工程得到增强。

对阿尔·戈尔的观点最直接的反对来自科学家，科学家认为全球变暖是一种自然现象，与人类活动的相关性很小。有一位科学家，丹麦国家太空研究所太阳与气候研究中心的主任亨里克·史文斯马克，他对这个问题的想法已经取得了进展。史文斯马克在20世纪90年代初就发现，历史上的太阳活动（太阳黑子）和地球上的平均气温之间存在着不可思议的相关性，但他最初无法解释原因。然而，他很快就意识到活跃的太阳活动产生了一个磁场，能够在一定程度上保护地球免受所谓的宇宙射线的损害。

尽管它的名字叫作宇宙射线，但它实际上并不是射线，而是带电的粒子——大约90%是质子，不到10%是氦原子核，只有不到1%的重元素和电子。宇宙射线有两种类型，即原生的和次生的。最初的宇宙射线由大爆炸遗留下来的残余物质、爆炸的恒星喷射而出的粒子以及来自太阳和其他恒星的粒子组成。当这些粒子在银河系的某个地方出现时，它们会为数十亿颗恒星的引力所困，在撞击地球这样的固体物体之前，它们平均要在 1 000 万到 2 000 万年的时间里四处撞击。它们充满能量，有的甚至高达 10^{20} 电子伏特。它们通常以接近光速的速度进入大气层，它们会产生一簇次生粒子，这些粒子由介子、正电子、电子、中微子等组成。

因此，让我们想象一下，比如，当这样一个粒子以每秒 20 万千米的速度接近地球时，会发生什么呢？为了找到答案，史文斯马克使用了所谓的弗劳恩霍夫模型（该模型是由德国弗劳恩霍夫的其他科学家开发的）。这个模型说，这样的粒子通常会产生一个接近 10 亿次亚原子化学链式反应，而且这种反应大部分发生在 3 千米左右的高空。其结果是，大气中产生了大量的带电粒子。这很有趣，因为水分子具有很强的偶极特性——它们形成一个角度，氢原子在末端，而氧原子在顶端。因为氧的电负性比氢高，所以就会有很高的偶极电荷，就像一个小磁铁。正因为如此，水会被带电粒子吸引，就像磁铁吸引另一个磁铁一样。由于宇宙射线的进入，空气中大量带电粒子会导致水形成水滴，然后水滴会变成云。

所以，换句话说，进入大气层的宇宙射线越多，云层越多，气候就越冷。当天气由晴转阴时，我们都知道那是云的影响。此外，带电粒子对云层的影响可以通过将干净、潮湿的空气暴露于 X 射线中完成测试。水滴会立即形成，并且会变得模糊。

到目前为止没有出现问题。但这如何解释长期的气候变化呢？史文斯马克的解释是，我们受制于与宇宙射线有关的三种外部压力。

• 太阳系的位置位于银河系的四只主要"手臂"中。当我们穿过其中的一只手臂时，会有更多的恒星靠近我们。这也意味着有更多的宇宙射线，从而形成更多的云层。

• 太阳系相对于银河系的上下振荡。这种情况大约每公转一圈发生 2.7 次。当我们经过银河系中心时，附近有更多的星星，所以就会有更多的云层覆盖。

• 太阳的磁场，随太阳黑子活动的波动而变化。这使得地球免受宇宙射线的影响，因此，更多的太阳黑子意味着更少的云层覆盖。

这可以解释我们一直以来经历的自然气候变化，包括冰期。特别有趣的是，20世纪的大部分时间都有不同寻常的太阳黑子活动，这就可以解释气候变暖的两个阶段。最后，到20世纪末，太阳黑子活动显著减少，1998年之后，平均气温也出现了下降。

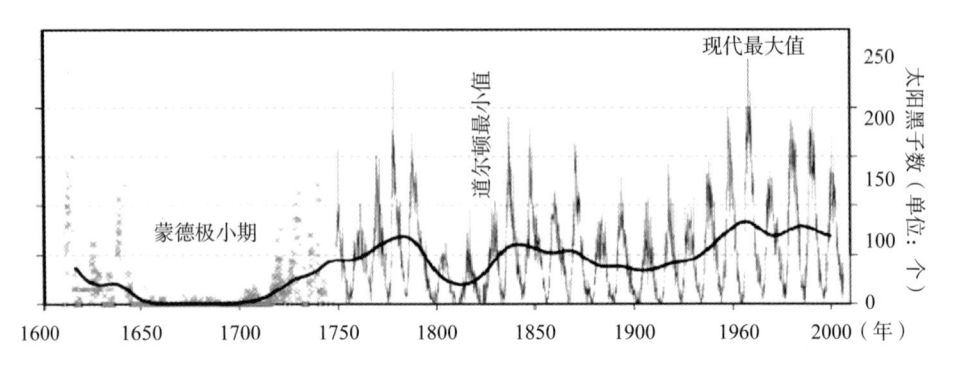

图7.2　从1600年到2000年的太阳黑子活动，实际观测加上连续月平均太阳黑子活动

注：这些数据是根据世界各地许多天文台的平均测量值得出的。在1749年之前，观测是零散的，而且不太可靠。

资料来源：维基共享资源。

然而，许多人认为全球变暖是人为的，是一种威胁。还有一些人则认为它是自然发生的，因此也不那么令人担忧。第三种观点是由比昂·隆伯格倡导的，他以他的书《可疑的环保主义者》(The Skeptical Environmentalist)而闻名。隆伯格是绿色和平组织的成员，是一个活跃的环保主义者，也是一个统计学教授，他通过自己的工作意识到，环境的演变似乎比许多环保主义者以及媒体所显示的要好得多。从那时起，他成为丹麦哥本哈根环境评估研究所的主任，并成立了哥本哈根共识中心，一个为政府和慈善家提供最好的援助和发展资金使用方法的智库。

隆伯格接受了政府间气候变化专门委员会对可能的气候变化的估计，他还补充说，政府间气候变化专门委员会和其他许多人并没有公平地描述这一结果。例如，政府间气候变化专门委员会提到，将会有更多的与气候变暖相关的死亡,但是我们忽略了一个事实,即每年死于寒冷的人比死于炎热的人多,那么政府间气候变化专门委员会为什么不这样写呢?在欧洲,每年大约有20万人死于过度炎热,还有150万人死于过度寒冷。这意味着气候变暖会导致与温度有关的死亡减少。事实上,至少在2200年以前,一个更温暖的世界每年都能拯救世界上数百万人的生命。另一个例子,阿尔·戈尔指出,在全球变暖的情况下,中非地区将有2 800万人面临缺水的威胁,南非和北非地区将有1 500万人面临用水压力。但他没有提到西非的2 300万人口以及整个非洲的4 400万人口,他们的用水压力将会有所缓解。总的结果是,在全球变暖的影响下,处于用水压力下的人数将会减少,而不是上升。

此外,许多负面影响被夸大了。在政府间气候变化专门委员会最悲观的预测中,到2100年,由于潜在的全球变暖,农产品产量预计下降1.4%,低于过去30年1.7%的年增长率。因此,这一下降意味着,我们将在2101年而不是2100年达到预期的产量水平。他的其他观点还包括以下几种。

• 人类习惯了巨大的温度变化。我们可以很容易地处理昼夜温差、夏天和冬天的差异,并且我们已经建立了从北极圈以北到接近赤道的繁荣的社会。此外,我们在过去的自然气候的变化中幸存下来,甚至还得以蓬勃发展。

• 在气候变暖的情况下,在最冷的地方温度会上升最多,而且,夜间温度会比白天上升得更多。

• 当权衡与全球变暖对抗的社会成本和收益时,应考虑到随着经济增长速度的放缓,会有更多的贫困人口,更高的人口增长以及更多的冲突。此外,它的经济效益也很糟糕。如果我们试图稳定排放,要到2250年才能收回经济回报,所以回报期是250年。

• 当谈到忽视全球变暖的替代成本时(或者极大地限制了阻止全球变暖的努力),应该记住的是,所有这一切意味着,在90年的时间里,富裕国家人们的富裕程度将仅仅为现在的2.6倍,而不是2.7倍,而贫穷国家人们的富裕程度将仅仅为现在的8.5倍,而不是9.5倍。现在,要求人们特别是贫穷国家的人民做出巨大的经济牺牲以避免在未来90年内财富的轻微下降，将会类似于让90年前的穷人牺牲自己，这样我们就能过上比现在更奢侈的生活。

除了指出环境的争论通常是基于太消极的假设，隆伯格还提出一个鲜明的观点，在决定为一件事情花钱之前，你应该考虑一下替代性的项目是否有更有利的结果——我们应该做一系列的比较成本–收益研究。换句话说，他认为，在这种联系中，营养不良和饥饿人口的数量将与人口增长和经济增长联系得更加紧密，而非全球变暖。在隆伯格看来，如果我们将大笔资金用在改善全球变暖的问题上，而不是用于促进经济增长和对新兴市场的援助上，那么饥饿人口的数量会进一步上升，这将是一个恶劣的后果。我们在气候稳定方面的每一次投资都可能使一个人免于饥饿，他认为，你可以通过直接投资于饥饿预防政策同时拯救5 000人，这比间接地让穷人为富人的恐慌买单要好得多，正如他们之前用滴滴涕（DDT）所做的事情一样。在贫穷国家，有300万人死于艾滋病毒/艾滋病，250万人死于室内和室外的空气污染，200多万人死于营养不良，还有将近200万人死于缺乏干净的饮用水。疟疾每年还杀死100多万人。

想象一下，你有500亿美元可以捐给有价值的事业。你会怎么做，你会从哪里开始？

以下是经济学家列出的优先顺序：

（1）儿童微量营养素补充剂（维生素A和锌）

（2）多哈发展议程

（3）微量营养素强化（铁和加碘盐）

（4）扩大儿童免疫覆盖率

（5）生物强化

（6）驱虫和学校营养计划

（7）降低学校教育的费用

（8）增加和改善女孩的学校教育

（9）以社区为基础的营养改善

（10）为妇女的生育角色提供支持

（11）心脏病急性期治疗

（12）疟疾的预防和治疗

（13）肺结核病例的发现和治疗

（14）低碳能源技术的研发

（15）家庭用水处理的生物过滤器

（16）农村供水

（17）有条件的现金转移

（18）冲突后局势下的维和行动

（19）艾滋病综合防治

（20）总体环境卫生运动

为了跟进自己对优先事项的看法，隆伯格甚至创建了哥本哈根共识中心，该中心寻求解决以下问题："想象一下，你有 500 亿美元可以捐给有价值的事业。你会怎么做，你会从哪里开始？"

哥本哈根共识中心于 2004 年建立，并于 2008 年再次启动。在为 2008 年的会议做准备的过程中，有超过 50 位不同专业知识领域的经济学家花了 2 年时间寻找应对各种全球性挑战的最佳方案。之后，一个由 8 位卓越的经济学家组成的专家小组成立，包括 5 位诺贝尔奖得主，他们坐下来对这项研究进行了评估。有趣的是，他们发现，为缓解全球变暖而进行的大量投资并不属于排名前 20 位的优先项，这种投资也没有什么意义。而且他们提出，在替代能源研究领域的投资可能会有很高的回报。

为了测试他们的观点是否与获得同样信息的其他人的观点有所不同，哥本哈根共识中心的研究小组询问了 80 名学生同样的问题，其中 70% 的学生来自新兴市场国家。在制订优先顺序之前，学生们可以接触世界级的专家。同样，在2006年，他们问了一些联合国大使同样的问题，这些大使来自美国、中国、印度、安哥拉、澳大利亚、阿塞拜疆、加拿大、智利、埃及、伊拉克、墨西哥、尼日利亚、波兰、索马里、韩国、坦桑尼亚、越南、津巴布韦和其他许多国家。有趣的是，学生和联合国大使最终列出的优先名单与经济学家所列的非常相似。他们都没有把减缓全球变暖的问题视为值得优先考虑的事情。

关于全球变暖的最后一个主要观点认为，我们已经很好地通过创新解决了该问题，很快化石燃料将失去竞争力。这一观点的主要支持者是雷·库兹韦尔，我在上文提到过。库兹韦尔指出，我们所获得的阳光远远超过了我们所有的能源需求，他认为收集和储存能源的技术发展得如此之快，以至该技术可以在2030年左右满足世界上所有的能源需求。他认为，太阳能光伏技术是可以与信息技术和基因组学相媲美的技术。它们的装机容量每两年翻一番，这意味着在短短20年内，它的规模将扩大1 000倍。除了太阳能电池板（光伏或光伏太阳能）之外，他还相信太阳能聚光器的销售量会大幅增长，它由抛物面反射镜组成，能将大量的太阳光集中在小型集热器或小型高效的蒸汽涡轮机上。这些来自太阳能聚光器和光伏太阳能的能量可以用纳米工程的燃料电池来储存。

······························

在我看来，这四种观点都有价值——阿尔·戈尔、比昂·隆伯格、亨里克·史文斯马克以及雷·库兹韦尔的思想。如果史文斯马克是完全正确的，那么全球变暖的运动将会是有史以来最大的恐慌。史文斯马克的观点有其价值，它可以解释在遥远的过去和最近所发生的气候剧烈波动。

至于隆伯格的观点，很少有人愿意公开表示支持它，但最有可能的结果是，我们会粗略地执行他所建议的事情（事情也并不多）。想想到目前为止我们所看到的情况。1992年在巴西里约热内卢举行的地球峰会上，各国领导人承诺到2000年将排放量减少到1990年的水平。平均而言，经合组织成员国超出了这一目标12%。如果所有国家都签署了《京都议定书》，那么到2100年，全球气候变暖只会推迟5年。然而，唯一达到《京都议定书》目标的是俄罗斯。原因在于，俄罗斯的重工业效率较低，尤其是国防工业，因为无法竞争而被缩减。俄罗斯通过出售排放权获得了数十亿美元（在排放权交易行业被称作"热空气"）。由于其他国家没有遵守《京都议定书》的承诺，这个协议可能只给世界带来了一点点的好处，仅仅是将2001年以前的气候变暖推迟了一个星期，却为此付出了巨大的代价。更有意思的是，作为没有批准该协议的国家，美国实际上在《京都议定书》的期限内比欧盟更加严格地限制了其排放量的增长。

以下是整个讨论得出的一些可能的结论，至少在我看来是这样的。

- 一个明显的可能性，20世纪后半叶的气候变暖是由人为活动和太阳黑子活动的混合作用造成的。在这种情况下，可能有一个人为的全球变暖问题，但可能并不像之前想象的那么夸张。鉴于气候如此复杂，我们可能要花上几代人的时间才能将复杂晦涩的变量影响分开。

- 在任何情况下，我们都有充分的理由开发和部署新能源，包括能源需求的爆炸性增长，对石油生产国的过度依赖，以及二氧化碳真的会给我们带来大麻烦的风险。

- 的确，一些新能源形式会变得更便宜，但它们只是部分信息技术。这涉及很多有形的旧经济的内容——比如安装光伏太阳能电池板，制造输电网络，安装风车，建造生物燃料农场，等等。因此，对新能源形式的重大改变可能需要30~50年的时间。

- 如果发达国家征收高额的碳排放税，并实施排放交易计划，它们只需要将重工业出口到新兴市场，而新兴市场对环境的关注就更少了。然而，将税收负担从工作转移到能源消费可以激发创造力并增加储蓄。

环境保护主义已经变得非常强大，它为地球做了很多好事，偶尔也会造成一些破坏。今天的环境保护主义似乎有三种基本形式，美国的未来学家亚历克斯·斯特芬分别以著名的"轻绿"、"暗绿"和"亮绿"来命名。

"轻绿"环保人士关注环境，并把保护它作为一项首要的个人责任。他们试图为一个更美好的世界做出贡献，例如，当他们坐飞机或驾驶混合动力汽车时会购买碳补偿，他们会为自己的房子做好隔热，他们认为这是一种生活方式的选择。对此的一种批评是，许多公司会用"漂绿"（"greenwashing"）来宣称它们的产品是绿色的，而事实上这种产品的污染只是比以前少了一点点（例如，无铅汽油通常带有很强的环保标志，似乎表明燃烧它对环境有好处）。

"暗绿"环保人士认为，环境问题主要是由资本主义和经济增长引起的，而解决方案是彻底的政权更迭，并放弃像基因组学这样的技术。主要的批评是，富裕的资本主义国家实际上是最干净的，而贫困国家污染严重。

"亮绿"环保主义者认为，环境问题可以并且必须通过应用新技术来解决，如清洁能源系统、转基因植物等等，个人购物限制、抗议或极权控制都不会对环境有很大帮助。

如果"轻绿"被理解为"不那么"，"暗绿"被理解为在"黑暗时代"，"亮绿"被理解为"聪明的头脑"，那么我不认为这一整体的区别很离谱。

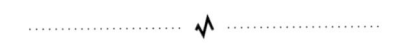

现在，让我们从环境破坏的问题转移到资源问题上。我们能不能提供所有的食物、能源和金属等市场需要的东西？

对资源枯竭的恐惧并不新鲜。1939年，美国内政部预测，美国的石油将在13年内被耗尽。虽然它并未发生，但是1951年还是出现了同样的预测：13年左右石油将被耗尽！

现在没有人愿意重复这个预测，因为人们知道，除了相当大的常规石油储备，美国尚未开发的页岩油储量超过世界上所有常规石油储量，可以单独供应超过一个世纪，如果美国决定走这条路。此外，事实证明，在页岩油的开采中，页岩气储量也相当巨大。美国的规划者在 2007—2009 年意识到，这个国家拥有如此巨大的天然气供应。事实上，它最终可能会成为一个天然气净出口国，而不是从中东和其他地方进口天然气。到目前为止，美国相信有足够的储量满足 90 年的国内供应。至于美国以外的资源，剑桥能源研究协会的一项研究计算出，北美以外地区的可采页岩气可能相当于美国目前每年天然气消耗量的 211~690 倍。这个数量相当于世界已知天然气储量的 50%~160%。

这些只是例子，但它们是我们寻找新能源的加速能力的典型例子。迄今为止，人类成功地找到了创造更多财富的新方法，用一种原材料取代另一种原材料，或者找到更多的原材料。最近，我们也开始使用基于信息技术的虚拟技术来消除人们对越来越多的物质产品的需求。例如，我们可以下载音乐，而不是去商店或者在实体设备上购买。

至于水，世界上许多地方都缺水，尽管这种状况在过去几代人中已经大大减轻了，但由于人口爆炸式增长，居住在所谓的缺水地区的人口数量将会增加，因此，在转向滴灌、减少管道渗漏、修建水坝、管道和雨水收集系统等方面将会有很多工作要做。但同样，我们也不会耗尽这些资源。毕竟，地球表面的 71% 被水覆盖，总计 1 360 万立方千米。虽然水资源中只有 1% 是淡水，但仍远远超过 100 万立方千米。有了太阳能海水淡化厂，原则上我们可以将任何数量的海水转化为淡水，并通过水泵将其输送到任何需要的地方。而与石油不同的是，水不会因其使用而发生化学变化，因此它不会消失。

我们也可能认为，我们正在砍伐森林制作木材和纸。然而，在任何时间框架内，木材和纸张的全球消费量只相当于同期树木实际增长量的 5%。森林覆盖的主要问题是我们砍伐森林用于农业耕种，而不是森林不能连续生产我们需要的木材。

那么铜呢？这种金属占地球地壳物质的 0.0058%，这实际上意味着，如果我们能找到开采的方法（当然，我们不能），其储量足够我们消耗 8 300 万年。一个奇异的方法是用机器人开采海底矿床。那里星星点点地分布着直径 5~10 厘米的金属核，由铜、锰、铁、镍、钴、锌等金属组成。

农业作物产量呢？稍后我将详细讨论这个问题，但是有一个迹象很有趣。由于基因改造和活性种子选择，类似孟山都这样的公司几十年来一直设法提高玉米产量，每年大约提高 1%。这相当于每 10 年能够提高 10% 多一点。从 1970 年到 1980 年，世界人口增长了 20%，是这些作物产量的两倍。在接下来的 10 年里，世界人口增长了 19%，具体来说，是从 1990 年到 2000 年增长了 15%，直到 2010 年才达到 14%。在接下来的几十年，经济增长率将分别达到 11%、8%、6% 和 4%，这意味着将低于历史上玉米产量的增长率。然而，这并不是故事的全部。孟山都公司现在预计，由于基因组学革命，玉米产量的年增长率将显著提高到 3.5% 以上，这意味着每 10 年提高 40% 以上——比 2010—2020 年的人口增长速度快了 4 倍，如果这种增长速度能够保持下去，到 21 世纪中叶，将提高 10 倍。

从某种意义上来说，资源的问题在于，虽然我们对某些资源的需求可能每 20~25 年翻一番，但知识的增长速度要比这个速度快得多（每 8~9 年翻一番，如果我在前一章的估计是正确的）。换句话说，在经济增长驱动的需求和知识增长驱动的供给之间存在一场竞赛，而知识正在赢得这场竞赛。

然而，尽管我们可能不会耗尽资源，而且随着我们变得越来越聪明，可用资源将继续增长，但在接下来的几十年里，我们可能会面临暂时的困难。原因在于，新兴市场的工业化速度和规模都是前所未见的。最好的情况是，如果政府对一定数量的商品价格进行最低限价——就像它们在欧洲为石油和天然气定价那样，并保证通过增加税收来抵消批发价格下跌的影响。这不仅是一种比所得税更有效的征税方法，而且它可能会在几年后通过刺激新投资

的大幅增加来摆脱混乱的局面。此外，欧洲应该允许生物工程食品，并进一步向新兴市场的食品进口开放市场。

然而，这一切都不可能在短期内实现，我认为最可能的是，大宗商品价格将走高，这在一定程度上是由投资狂热驱动的，从而在新能源行业引发二次狂热，如生物燃料和太阳能。

迅速取代化石燃料是否有可能？

以下是经济学家列出的优先顺序。

在大约持续了5年之久的第二次世界大战期间，交战国家共生产了570万挺机关枪、370万辆卡车、90万架飞机和1 700艘潜艇。此外，它们使用了近4 000万吨钢材和其他材料建造新的舰艇，包括169艘新的航空母舰，而且仅仅用于建造跑道，就用了大约1 000万吨水泥。

当时的人口还不到现在人口的三分之一，而且工作条件很差：持续的轰炸、破坏，以及运输船只被击沉。如果我们把这个数字调整为现在的世界人口，它将相当于在5年内生产270万架飞机和500多艘航空母舰。如果我们对真实的GDP增长进行调整，那么"二战"期间所发生的事情就会变得很离奇。所以，是的，如果有意义的话，我们可能很快就能改变世界的能源基础设施。

第三部分

超级帝国

部落是一个由共同的民族、宗教、生活方式或其他纽带所维系的群体。纵观历史,总有一些部落不断繁荣,它们的影响力远远超出其人口数量,而另一些部落却表现得不尽如人意,逐渐衰退下去。这一部分讲述的就是这些超级部落和超级帝国的故事,也和其他部落失败时出现的问题相关。

- 世界已经有大约 10 亿人生活在富裕和成功的国家,还有 50 亿人拥有快速或爆炸性的经济增长,将会变得富有。
- 目前大约有 55 个国家的 10 亿人口错过了全球化的进程,甚至其中一些国家在未来几十年内仍无法进入全球化的进程。
- 将会有大约 100 场新的战争,几乎都源于或发生在那些失败的国家。
- 到 2050 年之前,同样的国家将会发生大约 5 000 起恐怖、绑架和海盗行为。
- 机器人战争将会变得普遍。

- 任何两支穿制服的军队之间的战争都会消失。
- 美国将以相当大的优势继续保持世界军事强国的地位。
- 大国将资助独裁者以获取资源。
- 将为恐怖主义分子设立国际法庭，就像为侵犯人权、犯罪和战争设立法庭一样。
- 2050年的伟大帝国将不会为明确的国家边界所界定，因为它们将是虚拟的，它们将有机地成长——不是通过军事对抗，而是通过部落的自愿合并。
- 2050年将出现两个这样的虚拟帝国：一个是中国人，另外一个是拉丁人/德国人/盎格鲁－撒克逊人。许多人都会对这两者产生依恋感。

第8章　部落与帝国
虚拟帝国的诞生

描述世界历史的方法不计其数，但我一直着迷于那些小型部落如何扩张势力从而建立帝国的故事。这并不是因为我认为帝国的建立清一色都是善举（其中当然有好有坏），而是因为帝国是文明的代表。创建和维护一个帝国难乎其难，因此至少从某些方面来说，任何一个能够在长时间内维系帝国体制的文明，都要强过其他的文明。那么，问题就来了，这些文明是如何做到这一点的呢？如果我们能理解这一点，或许我们就能预测哪些文明将会成为未来的帝国。

让我们先看一些实例和定义。对我来说，一个超部落就是一个对其他人有着巨大影响力的人群。当遍布于广阔地理区域的不同民族、部落或国家统一于一个单一的统治之下时，一个帝国便形成了。帝国最令我着迷的地方在于，它能将不同人群团结在一起，要知道，这并不容易做到。比如，欧盟估计会被未来的历史学家定义为一个伟大的帝国，因为欧盟代替了一批民族主义的民族国家，而这些民族国家中的部落，在欧盟形成之前经常处于混战状态。

按照定义方式的不同来划分，历史上的帝国共有200~250个。

在表 8.1 中，我将一部分最为重要的帝国及其重大事件罗列出来。从存在时长来看，古埃及帝国是历史上第一个存在了 300 年以上的帝国。实际上，这个帝国持续了 500 年之久。早在古埃及帝国建立前，埃及就在科技和艺术技能方面成了迄今为止世界上最成熟的文明。比如，在公元前 2737 年到公元前 2717 年的所谓埃及第三王朝时期，法老左塞尔便开发了一个高效的官僚体系，并采用石块取代传统的泥砖用于建筑施工。左塞尔去世之后，他被埋在了金字塔里，这是一个 62 米高的建筑，至今仍然矗立在那里。

表 8.1 世界上一些伟大的帝国（以时间为序）

名称	时代	存续时间（年）	陆地幅员最大值（平方千米）	人口峰值（占世界人口的比重）(%)
埃及帝国	公元前 1570—前 1070 年	500	1.0	4
阿契美尼德帝国或波斯帝国	公元前 550—前 330 年	220	8.0	44[1]
中华/秦帝国	公元前 221—1912 年	2 133	14.7	37[2]
罗马帝国	公元前 27—1453 年	1 480	6.5	36[3]
拜占庭帝国	330—1453 年	1 123	1.35	5[4]
倭马亚王朝	622—750 年	138	13.0	30[5]
蒙古帝国	1206—1260 年	54	33.0	26[6]
奥斯曼帝国	1299—1922 年	623	5.2	7[7]
葡萄牙帝国	1415—1999 年	584	10.4	1[8]
西班牙帝国	1492—1975 年	483	20.0	12[9]
英帝国	1583—1997 年	414	33.7	23[10]
莫卧儿帝国	1526—1857 年	341	4.6	29[11]
俄罗斯帝国	1721—1917 年	196	23.7	10[12]
法兰西第二帝国	1830—1960 年	130	13.3	5[13]

资料来源：维基共享资源。

注：1. 在公元前 5 世纪的 11 240 万人口中，有 4 940 万人。
2. 在 1820 年的 10.41 亿人口中，有 3.81 亿人。
3. 在公元 2 世纪的 2.23 亿人口中，有 8 000 万人。
4. 在 1025 年的 1.8 亿中，有 1 200 万人。

5. 在 7 世纪的 2.1 亿人口中有 6 200 万人。
6. 在 13 世纪的 4.29 亿人口中，有 1.1 亿人。
7. 在 17 世纪的 5.56 亿人口中，有 3 950 万人。
8. 9.85 亿人口中，有 700 万人。
9. 5.56 亿人口中，有 6 820 万人。
10. 在 1938 年的 22.95 亿人口中，有 5.313 亿人。
11. 在 1700 年的 6 亿人口中，有 1.75 亿人。
12. 在 1913 年的 17.91 亿人口中，有 1.764 亿人。
13. 在 1938 年的 22.95 亿人口中，有 1.129 亿人。

他的继任者推动了国际贸易和采矿领域的进程，并开始建造今天举世闻名的巨型金字塔。想象一下，吉萨大金字塔由大约 230 万块切割石块建造而成，它们的平均重量约为 2.6 吨。每一块石头都在很远的地方制作完成，再运送到建筑工地。在这个基础建筑的顶部，铺着 11.5 万块抛光的石头，每块重约 10 吨。这意味着，埃及人（以及他们的奴隶）对 700 多万吨的石头（重 70 亿公斤）进行切割、运输，在许多情况下还要进行打磨，这简直令人难以置信。这一切他们都做得非常精准。大金字塔的每一面的基座都有大约 2.5 个足球场那么长，但最长的那面和最短那面的长度相差小于 2 厘米。同样，也许更令人印象深刻的是，整个基础的水平高度的误差不到 2 厘米，而建筑的四个角落与指南针的基本方位（北、东、南、西）一致，误差甚至在 0.02% 之内。

显然，要实现这一点需要令人难以置信的技巧，因此，这是一个非常复杂的文明。然而，金字塔远非古埃及人取得的唯一成就。事实上，他们还是天文学、航海、雕塑、绘画、生理学、工业艺术和科学的领导者。

埃及可以说是地球上两千多年来最伟大的国家，统治帝国长达 500 年。此外还有中国，世界上持续时间最长的帝国（2 133 年），也可能是世界上人口最多的帝国（占世界人口的 37%）。宋朝从公元 960 年持续到公元 1279 年。杭州作为宋朝的国都，自然成为世界上最先进的城市。在这里，你可以找到几百家餐馆、酒店和剧院。在一些茶馆里，我们可以看到园林、大型的彩色灯笼、精致的瓷器，还有著名艺术家的书法和绘画。在宋朝，夜生活丰富多彩，有专业的木偶戏演员、吞剑者、戏剧演员、杂技演员、音乐家、耍蛇人、说书人等等。有特殊兴趣的人可以加入异国情调的美食俱乐部、古董收藏家和艺术收藏家俱乐部、音乐俱乐部、爱马俱乐部和诗歌俱乐部。这些都发生在大约 1 000 年前。

中国人开创了许多我们今天习以为常的现象。中国在世界上第一次发明了纸、纸币和银行券、活字印刷术、火药和指南针。研究了生物学、植物学、动物学、地质学、矿物学、天文学、医药学、考古学、数学、制图学和光学，同时还维持了社会福利项目，包括养老院、公共诊所和墓地。中国拥有高效的邮政服务和公共卫生、建设和维修系统。此外，中国人还开发了一套复杂的国家公路系统，并有成千上万的船只在河流和海岸线上穿梭，其中包括一些充当水上浮动餐厅的船只。

他们是伟大的探险家。举个例子，我们知道克里斯托弗·哥伦布的故事，他于1492年航行到美洲，带着3艘大约20米长的船和90名船员。我在西班牙看到过船只的复制品，它们真的非常小，这恰恰说明了水手们的勇气，但也许不是因为当时造船工人的技艺或资源的匮乏。但是有多少人知道在这之前的很多年，也就是在1405年至1433年之间，中国皇帝派出一个名叫郑和的人带领大家进行了7次国际探险，为此，郑和募集了大约3万人并装备了300艘船只。

根据当时的记录，其中有些船只长达150米，有9个桅杆（一些科学家认为这些船可能只有60米长，这仍然是哥伦布船只的三倍长。当船只的长度达到3倍长时，通常意味着其大小可达到9倍之大）。郑和航海归来，带着黄金、白银、铜和丝绸等大量奢侈品，这已经是600年前的事了。事实上，从基督诞生前的几百年到公元1900年前后，中国产生了一个上层阶层，他们培育并欣赏着如珐琅彩瓷器、金、华丽的珠宝、精制的书写纸和笔、书法、绘画、珍珠、银和象牙等具有非凡美感和品质的产品，当然还有举世闻名的明代花瓶。在艺术专家的指导下，那里有大量的艺术收藏品，还有艺术评论和艺术目录。好一个泱泱帝国！

据估计，中国在鼎盛时期控制了世界37%的人口，而罗马帝国（控制的人口）与此非常接近（36%）。事实上，我们可能永远不知道两个数字之中哪一个更大。但罗马和中国一样令人惊叹。在安东尼·庇护统治的鼎盛时期，罗马有超过25个公共图书馆，人们可以在家里阅读借阅的书籍，实际上，大多数人甚至有自己的私人图书馆。许多家庭都有自来水、艺术品和藏书，地板上装饰着精美的镶嵌图案，墙壁上还有壁画。与中国一样，罗马也发展建立了一套复杂的公路系统，这些公路通常包括许多笔直的绵延数公里的公路，除此之外，还有沿着公路开凿的隧道穿过小山，或修建的高架桥和桥梁横跨山谷或关隘。罗马人收藏酒品并倾心于公元前121年酿造的酒，此后人们将其收藏了数百年。罗马的军队、官僚制度、贸易、建筑等都比邻国先进得多，今天，我们仍然钦佩他们的艺术。挖掘出土的罗马庞贝古城，简直令人叹为观止。

当你看到我在上面所列出的帝国时，你会发现，在公元前221年到公元1299年建立的前6个国家，它们分别是中东、亚洲和欧洲的混合体。然而，在公元1400年左右，绝大多数欧洲人建立了伟大的帝国。

西班牙扮演了特殊的角色。创造西班牙帝国的第一粒种子萌芽于1492年，当时西班牙从阿拉伯人手中收回了格拉纳达，这与哥伦布第一次远征西方的时间正好吻合。在接下来的300年里，西班牙在北美、南美、非洲、欧洲和亚洲都建立了殖民地。

然而，最伟大的欧洲帝国是英国，它在公元1922年的巅峰时期，拥有世界上超过1/4的人口，并且在每个大洲、每个气候带和时区都拥有殖民地。英国拥有繁荣而多元的文化，就像埃及、中国和罗马一样。公元1785年，伦敦有650家企业从事图书的生产或销售，伦敦的艺术博览会、戏剧演出和音乐会吸引了大批观众。此外，英国是达尔文、牛顿、卢瑟福、瓦特、莎士比亚、珀塞尔，以及无数其他科学、视觉艺术、文学、音乐领域，尤其是技术革新领域的领袖人物的故乡。

尽管现在基本上已经瓦解了，但俄罗斯帝国也对近代史产生了巨大影响。它是沙皇时代的继承者，从1721年一直延续到1917年革命，之后成为苏联。就疆域而言，它是继英国和蒙古之后的第三大帝国。

地理上的巨人

就陆地幅员而言，面积最大的帝国是英国，其次是蒙古、俄罗斯和西班牙，其他所有帝国控制的陆地面积都比它们要小得多。

大英帝国在不同的时期由印度、美国、加拿大、澳大利亚、新西兰的一部分地区、非洲的大部分地区以及许多其他地区组成。到1922年，它统治了世界上大约四分之一的人口，据说在大英帝国的版图上"太阳永不落山"，因为它的国土分布在各个地方，总有一个地方处于白昼，所以说太阳永远不会落山。

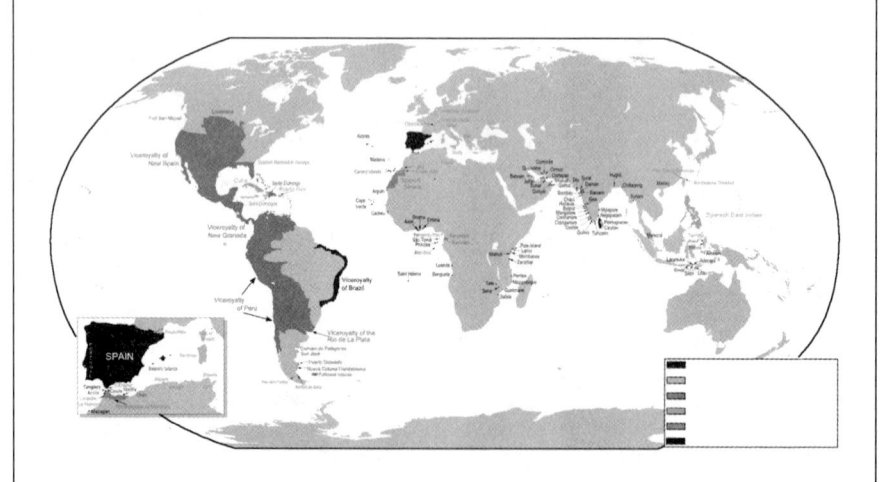

西班牙帝国。它始于1492年，在300年之后达到顶峰。由于伊比利亚联盟（1580—1640年）的存在，这张地图包含了一些葡萄牙人的殖民地。

是什么造就了一个帝国？很明显，当愤怒的年轻人以压倒性力量攻击较为弱势的群体并颠覆他们的时候，帝国就会发展形成。然而，这很有误导性。早期的帝国确实大多是通过战争和征服逐步形成的。然而，绝大多数战争的结果都是回到过去的状态或者使帝国以某种形式解体。例如，维京人发动了无数的战争，并多次攻城略地，但很少长期占领他们征服的地区，也许他们对此并没有多少兴趣，因为在社会的组织过程中，他们并不能拿出什么新的东西。另一方面，当征服者拥有一套远远优于被征服者所处地区的技术、文化成就或组织原则的时候，帝国就能获得发展。换句话说，思想的力量和复杂技术使帝国成为可能。例如：

- 在国际贸易和海军力量方面具有领导地位；
- 卓越的管理系统；
- 令人钦佩的文化/艺术成就；
- 新技术（船舶、武器、通信技术）。

让我们在欧洲帝国的背景下研究这个问题。美国学者查尔斯·默里在2003年出版了一本书，名为《文明的解析：人类的艺术与科学成就（公元前800—1950年）》。这本书包含了一系列煞费苦心的尝试，对人类在天文学、生物学、化学、物理、数学、医学、技术、哲学、艺术和文学等学科上的成就予以量化，这种量化是以个人名字为人类的成就命名开始的。

查尔斯·默里的方法

对人类成就进行客观量化的考量（甚至不惜一切）似乎是不可能完成的，但在这个案例中，默里使用了所谓的历史计量方法，对150多部领先的国际参考著作进行了研究，比如阿西莫夫的《科学与发现年表》、《日本艺术的遗产》以及《西方音乐史》。在这一过程中，他可以通过历史找到19 794个对人类进步有重要贡献的因素。为了消除更多肤浅的或者具有家庭偏见的信息来源，他从数据上选择了那些对身份重要的人物

> 有广泛覆盖的参考文献。
>
> 然后他把这些编入索引。比如,在"西方音乐"中,关于该词汇在与这个主题相关的所有参考书中的使用数量方面,肖邦平均占了全部参考文献描述的1.06%。这将是他的"原始分数"。然后,默里会把每个类别的原始分数改为"索引分数",这样分数最低的人得分为"1",而得分最高的人则是"100"。通过这种方式,所有的东西都可以轻松地在各个类别之间进行比较。此外,虽然默里没有预先设定起点,但他故意将1950年设为终点,以避免对那些在世时受欢迎,但禁不起时间考验的人产生偏见。最后,他决定只将那些在他检查的所有参考资料中至少有50%被提及的人进行分类。之后便列出了4 002个重要人物,从孔子到亚里士多德、达尔文、牛顿、贝多芬等等。

整个研究很有趣,但我认为有三种观察结果。第一,直到1450年左右,在新的人类成就进步的过程中,有很多阶段社会发展进程是放缓的。例如,埃及人取得了巨大的领先优势,但从公元前2300年左右就进入了一个稳定的衰落时期,当罗马人在公元前30年最终征服了埃及的时候,埃及人只剩下昔日荣耀的影子。看起来,衰落与进步一样势不可当。

第二种也是最引人注目的观察结果是,在所有的成就中,至少有97%是在欧洲和其他西方国家(主要是北美地区)取得的。请记住,这并不是默里的主观判断,而是客观的统计结果,隐含着源于广泛的领先的国际参考著作所形成的共识。在默里的研究中,正如人们猜测的那样,第三种清晰的观察结果是,人类成就的增长速度从1450年起开始突飞猛进。

我想这些观察提出了两个好问题:第一,为什么衰落会发生?第二,为什么在1450年后欧洲甚至整个西方成了完全占主导地位的帝国建造者,以及科学和艺术等的成就者?

让我从衰退开始分析。关于一个社会分崩离析的原因很奇怪,因为为了做到这一点，其居民需要做的事情越来越少。这看起来很奇怪，原因在于追求卓越是非常愉快的。那么，为什么呢？如果你已经学会了追求卓越，社会有可能停止前进的步伐吗？试想一下，无论是工匠、艺术家、科学家、护士，还是从事其他任何职业的人，人们在生活中最大的乐趣之一就是创造他们所能创造的最好的产品。当人们在描述他们如何成功地完成困难的任务时，他们常常会提到"流动"这个概念。所以，再说一遍：一个帝国怎么可能拥有这么多的传统，而在50或500年后，它实际上已经消失了呢？

我认为，为了追求个人的卓越，必须有一个可接受的环境——一个听众、一个市场和一个更进一步的鼓励。之所以这么说，是有原因的。毕竟，虽然获得成就很有趣，但这一过程常常伴随着难以置信的艰辛，还可能充满风险。在以下四种情况下这些环境可能会消失。

- 实现目标的需求消失了。当西班牙征服了拉丁美洲的大部分地区并带回了200吨黄金后，它变得非常富有，因此很少有人对正常的商业活动有兴趣了。事实上，这一问题在那些享受不劳而获横财的国家中很普遍。石油生产国就可能面临这种危险。

- 实现目标的意愿消失了。过度自信往往是其中一个原因。它也可能仅仅源于长时间没有重大的危机感，这导致与日俱增的超支和人们的冷漠，并且缺乏保卫一切的意志——一种文化和军事上的和平主义。欧洲跃进了我的脑海。

- 实现目标的机会消失了。缺乏机会可能仅仅来自对父母、大家庭和整个社区的强烈责任感，这意味着冒险和移民都是遭到强烈反对的。此外，这也是集权主义政权不可避免的结果。这些国家通常会经历最初的热情，它们会在短时间内取得惊人的成就。无论我们说的是纳粹德国还是强大的宗教帝国，这种模式都很明确。然而，同样清楚的是，当这样一个帝国在更长的时间内原地踏步时，它就会发生衰退，因为集权主义制度压制了个人的主动性和多样性。可能是伊朗吗？

- 实现目标的动力消失了。如果冒险和努力没有得到回报，人们就不会去做。另一个阻碍激励的因素是获得压倒性的共识取向，即那些具有原创性和不同观点的人会被怀疑并受到歧视。

总结这些失败的原因，它们可以被描述为缺乏"需求""意愿""机会""激励"，但更深层次的原因可以简单地描述为：意外横财、颓废、抑制、嫉妒。

至于"颓废"和"抑制"，宗教可以发挥作用。道教在这里可以作为例证。道教是美丽而有吸引力的，但也有一个小问题。它描述了宇宙是如何和谐运转的，以及为什么对任何已经存在的事物进行改变是错误的。这并不意味着人们应该完全被动，但是让事情保持原貌被认为是同样重要的。这就是《道德经》中提到的："为道日损。损之又损，以至于无为。"佛教中也有这种失败主义和不作为的概念，有些人今天仍会选择离开自己的家庭自谋生路，同时，他们通过一种苦行僧的生活来寻求真理。这并不是帝国的产生方式。同样，许多宗教认为一切的发生都是上天的安排，地球上的生命只不过是永恒的来世，这样一个简短的前奏，可能会导致无所作为和漠不关心。如果你什么也负责不了，如果生活不重要，那么为什么还要庸人自扰呢？

暴政的10条黄金法则

（1）建立不可置疑的禁忌观点。

（2）对每个人离经叛道的观点进行诋毁。

（3）切断任何其他情感和信息来源。

（4）警察、司法、军队、中央银行、教会和立法权处于单一中央权威的控制之下。

（5）创建一个不受法律约束的超级忠诚阶层。用这种力量压制另类思维。

（6）制造一个敌人，并可以用任何借口去指责它。

（7）利用阶段性事件来获得支持，并强化对想象中的敌人的仇恨。

（8）通过发放救济品、食品和燃料补贴等方式，让人们增加对国家的依赖。

（9）使政治正确成为社会进步的主要决定因素。

（10）将犯罪与对自由的呼吁混为一谈，并对两者进行打击，就好像它们是一样的。

因此，这些都可能是帝国衰退的原因，这对于我们理解欧洲为什么会在罗马帝国终结后到1400—1450年期间衰退可能有帮助。公元285年，罗马已经分裂为东罗马和西罗马两部分，东罗马后来成为拜占庭帝国。而在公元378年的阿德里安堡战役中败给哥特人之后，西罗马帝国逐渐衰落，直到最终瓦解。

接下来是我们今天所说的中世纪。那时西欧在很大程度上处于封建制度统治之下，在那里，相当弱小的君主通过与强大的地方领导人达成协议来实现统治。它通常结合了富有侵略性、压迫性和军事化的教会所拥有的非常强大的影响力，十字军东征和对异教徒的迫害得到了证明，例如西班牙宗教法庭。尽管在某些方面取得了进展，但在中世纪早期，欧洲在科学方面落后于伊斯兰世界。从全球视角来看，这段时期正是欧洲相对衰落的时期。与罗马帝国的成就相比，在某些方面它甚至是绝对衰落的时期。

那么，欧洲是如何从废墟中崛起的，在科学、艺术、工程、贸易和许多其他学科获得世界领先地位，并成为主要帝国的唯一缔造者的？我认为主要可以通过以下四个方面的新发展来解释：

- 文艺复兴；
- 宗教改革；
- 启蒙运动；
- 妇女解放。

从 13 世纪末到公元 1600 年前后的文艺复兴，是一个与先前完全占统治地位的教会相分离的过程。顾名思义，"文艺复兴"是对罗马人及其之前的希腊人所创造的早期艺术和人文价值的重新发现。这一运动最重要的灵感也许来自托马斯·阿奎那修士，他生活在公元 1225 年到 1274 年。阿奎那声称，在没有神指引的情况下，人类也具有发现事物的天赋，他们应该利用这种天赋。他对希腊哲学家亚里士多德印象深刻，亚里士多德是经验主义（从实践经验中获取知识）的支持者。

阿奎那是意大利人，文艺复兴开始于此，在这里它催生了对诸如柏拉图和亚里士多德等作家著作的重新翻译和出版。他们对伦理、逻辑、科学观察、政治和生活本质的深刻思考取得了进展。所有这些最终都演变成大众出版的袖珍书，人们可以随身携带。它甚至引发了一场名副其实的图书收藏热潮。此外，艺术家们开始模仿古老的艺术风格，从许多方面来说，其艺术风格相比于中世纪更为复杂。这一运动促进了人文主义者和艺术家们的大量出现，他们激发了一种前所未有的个人主义和创造力，同时也让人觉得人类可以塑造自己的命运。在意大利北部城市，如佛罗伦萨、锡耶纳和卢卡点燃星星之火后，文艺复兴运动在意大利和欧洲其他地区迅速蔓延开来。

导致欧洲 1/3 人口死亡的黑死病可能是造成这一进程的原因有三：第一，教会在处理鼠疫问题上无能为力，这削弱了它的权威；第二，劳动力短缺，使个人相比机构有了更大的权力；第三，人口的大量减少使幸存者更加富有，并使他们有更多的资源用于艺术和文学投资。

宗教改革是对天主教会的反抗，人们认为天主教会越来越腐败，而且过分强调宗教仪式和金钱。例如，不仅可以在教堂买到教职，甚至可以买来救赎。所有这些都导致教会的资本和财富急剧积累。当然，人们逐渐发现一些神职人员同时拥有几个教职，并凭借这些总收入过着优越的生活，就没有什么帮助了。随着越来越多的人搬到城市，他们可能首先会看到教会的财富和腐败，而且他们有能力与许多人建立联系，从而促成了人们对教会的集体怨恨。在这方面，文艺复兴对创造个人思想倾向的贡献是显而易见的。于是人们开始质疑神职人员不比他们自己更能判断是非和道德。

宗教改革的目标最初是改变天主教会，但它很快促进了新教教会的诞生，新教教会再次分裂为路德教、加尔文派、改革宗和长老会。人们现在被迫选择了一个教派，他们的决定可能会对未来产生巨大的影响，甚至可能会让他们付出生命的代价。所有这些都再次助长了个人思想的倾向。此外，天主教徒向神父忏悔，在神父的引导下赎罪，新教徒则直接实践他们的信仰——他们自己读《圣经》，私下祈祷，并直接从上帝那里得到他们的赦免。正因如此，他们可以发展自己对宗教的解释。这是对个人思想的另一种刺激。

天主教会最终对宗教改革做出了回应，发起了一场反宗教改革运动，包括对教士进行更好的培训，对教堂进行更好的装饰，以及以更吸引人、更容易理解的方式进行布道，等等。他们还决定对旧日历进行更新，因为它与季节的变化有10天左右的时间差。在这个项目中，天主教会邀请了天文学家尼古拉斯·哥白尼，他在1543年发表的《天体运行论》成为一系列科学突破的第一枪，而17世纪末的牛顿定律则达到了科学的顶峰。所有这一切都成为启蒙运动的一部分，自由、民主、科学、宗教宽容、法治和理性成为社会的基本价值。

欧洲转型的最后一步是妇女解放。从1718年到1771年，在瑞典所谓的"自由时代"，妇女获得有条件的选举权，这也是瑞典向妇女解放迈出的第一步。然而，妇女解放真正开始于19世纪40年代，美国和英国议会开始通过所谓的《已婚妇女财产法案》，保护妇女的财产免受其丈夫和丈夫的债权人的侵犯。1893年，新西兰成为第一个在全国选举中赋予妇女投票权的国家，澳大利亚在1902年紧随其后，而美国、英国和加拿大则是在第一次世界大战之后赋予妇女投票权。这带来了女性更大的影响力，劳动力因此受到更好的教育，并为孩子们提供了更大的激励，使他们能够在教育方面出类拔萃。

我说过，建立帝国的不是一群愤怒的年轻人，而是伟大的思想。在我的心目中，温斯顿·丘吉尔是世界上最伟大的政治思想家之一，在第二次世界大战结束时他就看到了这一点，正如他断言的："未来的帝国是思想的帝国。"埃及、中国、罗马或大英帝国都把行政制度、艺术、科学和发现带给它们的人民,正是出于这个原因,它们得以有效管理自己的帝国。当你研究帝国的历史时,你应该完全不会为此感到惊讶,往往是一群拥有远见卓识的小团体控制着较为庞大的群体。以葡萄牙为例,当葡萄牙建立第一个全球性帝国时,它仅仅是一个小国家——几乎微不足道,只有几十万居民。葡萄牙的海员在当时是最好的,他们知道如何建造快帆船,以及如何使用制图学和其他海事技术进行导航。

葡萄牙建立的帝国持续了近6个世纪,从1415年占领休达到1999年澳门回归中国。图8.1说明了葡萄牙在其鼎盛时期帝国所拥有的所有财产。

你将在地图上看到,葡萄牙人在南美洲、非洲、印度、中东和远东的海岸线上有无数的小殖民地。那么,这个小小的国家建立这样一个庞大的全球帝国用了多少人呢?据英国历史学家查尔斯·鲍克瑟估计,到16世纪末,在海外工作的葡萄牙人数量不会超过1万人。我不知道你是否能够想象到一个只有1万居民的地方,那不过是一个小村庄或一个小郊区的人口数量。然而,这样一支特遣队把一个全球帝国联结在一起。所以,再次强调,并不是一群愤怒的年轻人创造了世界。无论是在武器、船只、商业技巧、艺术还是其他力量方面,帝国都是由思想和偶然的优势带来的。

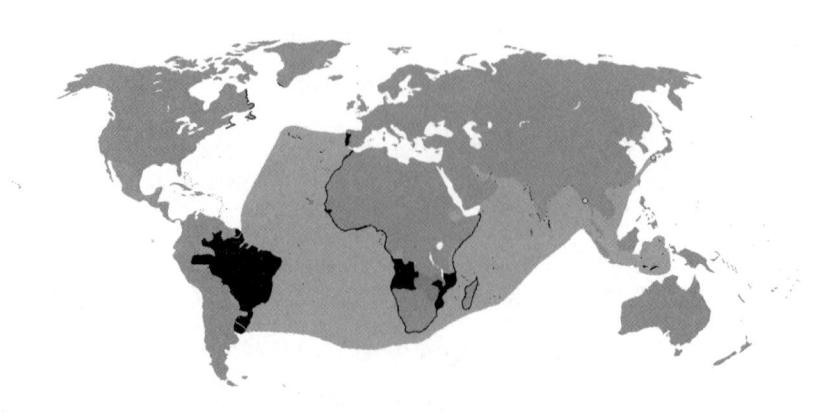

图 8.1 葡萄牙帝国(用黑色表示,灰色表示它的海域)

注:它由一小部分人组成,跨越了大陆,在大部分海洋中占据统治地位。
资料来源:维基共享资源。

欧洲优势的创造

1400—1450 年后,欧洲的统治地位在很大程度上可以由四个过程来解释。

• 文艺复兴(1200—1600 年)培育了艺术活动、人本主义思想、个人主义和创造力。

• 宗教改革(1517—1648 年)打破了教会作为一个强大的经济和政治集团的统治地位。此外,教会分裂为相互竞争的分支,这迫使人们思考每个人实际上代表什么,并形成一种想法,即在灵性的判断方面个人能做得和神职人员一样好。

• 启蒙运动(主要是 1543—1800 年)将自由、民主、科学、宗教宽容、法治和理性作为社会的基本价值观念。

• 妇女解放(主要是 1840—1920 年)给妇女带来了教育和政治影响力。

这些过程接踵发生,环环相扣,但它们可能都受到了城市化的刺激,这促使启蒙运动发生。在劳动力短缺时期,工人获得了一种相比于地主、国家和教会更强大的力量。还有,航海的传统减少了父母和子女之间的联系。总体的结果是,科学、技术、社会制度和文化成就的迅速发展给欧洲带来了军事、经济、文化和社会上的优势,所有这些都可以用于全球性帝国的发展。

1400 年之后创立帝国的欧洲国家包括英国、西班牙、俄罗斯、葡萄牙、法国、荷兰、德国、瑞典、丹麦、奥匈帝国和意大利。这些国家最终控制了全球大部分的土地、人口和经济。

还有很多其他的例子。例如,威尼斯并没有出现在前面所述的较大帝国的名单上,因为它还没有那么大,但它确实控制了大部分希腊岛屿,加上克罗地亚和意大利北部的部分地区,尽管威尼斯是一个你可以在 30 分钟或更少的时间里轻易步行穿越的地方。罗马帝国可能是有史以来最伟大的帝国（鉴于它的持久性和复杂程度），尽管最初它只是一个小村庄。西班牙征服者皮萨罗在卡哈马卡这个地方仅以168人的军队击败了大约7 000名印加勇士，而埃尔南·科尔特斯以1 000名士兵征服了拥有500多万人的阿兹特克，这意味着他的军队在敌我人数比超过1∶5 000的情况下赢得了胜利。

在本章中，我以绘制历史上疆域庞大的一些帝国的地图开始。今天，你可以通过购买书籍和阅读文章的方式，了解人们关于未来帝国边界的预测，但我个人认为，这在很大程度上是无关紧要的。随着盟军在美国南北战争（1861—1865年）末期投降，北美大陆上通过土地征服建立帝国的时代结束了。在西欧和日本，"二战"的结束和柏林墙的倒塌标志着野蛮的土地征服时代已经终结。在东欧，希望南斯拉夫战争是我们在那里看到的最后一场主要的陆地战役。在中东和非洲，仍有许多掠夺土地的尝试正在进行中，但似乎不太可能有人能成功地通过征服来建立新的帝国，现有的超级大国不会让这种情况发生。

资本主义与社会主义竞争的时代也已经结束。在大多数国家已经发生的事情是，已经拥有一个基于自由市场中心地位的社会网络。虽然这在本质上是一件好事，但也很无聊，并且在全国选举中参与投票的人会更少。相反，可能出现的情况是向瑞士模式转变，这是一个令人极其厌烦的全国联盟，它几乎从未改变过，但是瑞士模式在单一问题上所增加的直接民主投票令人兴奋不已，这些问题可以由政党或少数选民来投票。此外，鉴于重大问题已基本得到解决，我们可能会看到非政府组织的设立，并提出如何管理一个国家的全球最佳实践。换句话说，谁将拥有世界上最好的健康系统、交通规则、税收系统、环境系统、隐私法、移民系统？我想这会实现的。也许一家大银行或咨询公司可以赞助它，或者它可以成为维基共享资源一类的东西。

我相信，未来的帝国在地理上是虚拟的，但在其他意义上却是真实的。它们将通过下面的力量被创造出来。

• 经济力量；

- 社会的魅力。

这可能是一个微不足道的观察，但实际上，在世界上的大多数地方，土地现在可以在自由市场上被合法、和平地购买。公司、矿山、耕种权利、贵金属、品牌、股票、债券等皆如此。一个生产能力持续超过消费能力的国家，能够将盈余投资于国外的资产收购；这样，它就悄悄地扩张了自己的帝国。

这种财富的转移以及由此产生的经济帝国，以外汇储备、私人持股和主权财富基金的形式展现。后者是国有投资基金，经常使用复杂的投资工具，包括私募股权和对冲基金投资组合。例如，在次贷危机期间，许多新兴市场公司和主权财富基金以最低价整体接管了西方公司或者收购了主要银行的大量股份。尽管真正的投资银行家永远不会泄露他们的客户，但如果我问那些知道主权财富基金如何操作的人，他们往往会把投资银行家描述为"精明"或"聪明"的人。这些基金有长远眼光，不同于私人投资者在股价低、经济低迷时卖出的做法，主权财富基金在这种情况下往往会是强劲的买家。

截至 2010 年，中国内地和香港总计拥有 4 只主权财富基金，总额接近 1 万亿美元，还有大约 2 万亿美元的外汇储备。其他非常庞大的外国净资产持有者包括沙特阿拉伯、挪威、俄罗斯、新加坡、海湾国家，以及中欧的瑞士和德国。最大的输家是美国，尽管一些主要数据掩盖了这样一个事实，即美国在海外的资产似乎要优于在美国的外国控股资产。

保持一国收支平衡的一种方法是让本国货币贬值，然而，虽然这对每年的资本流动有积极的影响，但它同时也会降低资产的价格，并使外国资产变得更加昂贵。要想成为一个经济帝国的缔造者，最有效的方法或许是将增长导向的政策与非常高的国内消费税（如增值税和能源税）结合起来。在净资产积累方面，这可能是中欧比美国做得更好的一个原因。

至于作为虚拟帝国的驱动力的社会魅力，事情当然会有一些变化。请允许我举个例子来说明我的意思："二战"后，美国国务院举办了一系列的国际爵士乐音乐会，其中包括戴夫·布鲁贝克、路易斯·阿姆斯特朗、本尼·古德曼和艾灵顿公爵等美国出色的音乐家。他们很快就被非正式地称为"真正的大使",因为他们创造了奇迹。例如,当希腊学生在美国驻希腊大使馆投掷石块时,拥有令人难以置信的魅力和天赋的迪兹·吉莱斯皮出现了,他举办了一场爆笑的音乐会。在此之后,这场袭击逐渐平息了。与此同时,诺曼·格兰兹组织了所谓的"爵士乐走进爱乐乐团"(JATP),其中也包括美国最优秀的爵士乐音乐家。《J.A.T.P——东京1953年》是一个很棒的音乐专辑,日本观众显然非常喜欢。这一事件之所以如此特别,是因为它发生在美日之间的那场极其残酷的战争刚刚结束7年之后。

魅力是当你听到触动心灵的音乐,看到以其美丽或魅力打动你的建筑,品尝到只有艺术家才能做出来的食物,或者使用散发着奢侈气息的产品时,你感受到的惊奇。它可能来自一个豪华的法国餐厅、意大利超级跑车、中国体育代表团令人惊讶的表演,或者越南或泰国精致的酒店服务。财富和魅力的结合可以创造一个非常强大的概念,即所谓的"社会结构"。这个结构在以下情况下发挥作用:

• 人们本质上认为社会是公平的;
• 有不同生活方式和观点的人在那里享受相同的权利,只要他们不伤害别人;
• 人们认为,绝大多数人尽其所能地做出贡献;
• 人们认为税款是合理的;
• 人们认为公务员是诚实的、善意的,而不是腐败的;
• 社会创造了产品、服务和活动,使人们产生归属感和自豪感;
• 幽默和手势被普遍理解和接受;
• 人们相互尊重,礼尚往来;
• 人们常常在艺术、科学、体育和哲学方面表现出色;
• 社会显然是在进步;
• 环境是受人尊敬的;
• 政府决策源于人民,服务于人民。

当社会结构发挥作用的时候，绝大多数的社会成员认为他们所属的社区是伟大的、有价值的、公正的，因此他们中的每个人都会为它的进步做出贡献，并且每一个人都会保护它免遭滥用。我相信，未来的帝国不会由枪杆子建立，而是通过一连串的乐趣建立，不是建立边境哨所，而是拆除它们。一旦两个社区的社会结构已经足够接近并开始融合，你就可以拆除边境哨所，那么，一个帝国就形成了。一旦人们彼此喜欢并相互接受，枪支就没有意义了。

欧盟（首先是欧洲的煤钢共同体，接下来是欧洲的经济共同体）在很大程度上是为了防止民族主义，事实上，欧盟取得了巨大的成功。日耳曼人、盎格鲁－撒克逊人、西班牙人、凯尔特人、高卢人和其他部落今天的融合和联系是前所未有的，人们普遍有一种共同的价值观和归属感，这种价值观和归属感不属于作为一个机构的欧盟，而存在于人民之间。爱尔兰人讲的一个笑话对意大利人来说可能也很有趣，德国人的手势也能被瑞典人理解。比利时人生产的产品可以被丹麦人免税购买，一个好的英语电视节目将会在整个欧洲大陆赢得观众。任何人都可以在任何其他国家工作，越来越多的不同国籍的人结婚并生下混血儿童。我们正在见证一个新的帝国的诞生。

然而，虽然建立在宽容和接受而非武力之上的虚拟帝国可能非常强大，但它们不可能仓促建成。这种结构可以延展到一定的限度，而且还可以发挥作用。人们可能会认为"我不喜欢这些人的穿着方式"，但他们仍然会接受这种穿着方式，宽容的心态弥合了这一差异。或者说，他们可能会认为："如果钱都花在寄生虫身上了，为什么还要缴税？"但如果绝大多数人都清楚地遵守并执行法律，那么大多数人将会接受整个体系。可以说，是宽容再次弥合了差距。

然而，任何社会结构都是有限制的，当有许多不宽容或未能像其他人一样做出贡献的人进入一个社会或在社会中得到发展时，国家、社区和税收的普遍接受度将会大打折扣。接下来的事情就像一种社会过敏反应，在这个问题上，社会要么通过缩减容忍度进入防御状态，直到问题被逆转或解决，要么社会本身就此消失了。

⋯⋯⋯⋯⋯⋯ 〽️ ⋯⋯⋯⋯⋯⋯

我想，未来几十年可能出现的总体格局是，大宗商品生产国和东北亚国家将雄心勃勃地扩大它们的虚拟经济帝国。然而，当谈到虚拟社会帝国时，西方关于个性、创造力和宽容的主导思想会继续发挥作用。在很长一段时间内，知识将是最大的可再生资源和迅速增长的行业，最有能力激发知识的国家将继续繁荣。这代表了欧洲和其他"西方"国家，如美国、澳大利亚、加拿大等。

第9章 冲突陷阱
战争、恐怖主义和底层10亿人

人类总是喜欢互相攻击。其中部分原因可能很简单，害怕——两个群体中的每个人都害怕对方，因此每个人都想要在对方发动攻击之前先下手为强。许多人认为，第一次世界大战就是以这种方式开始的。

人类学家劳伦斯·基利撰写了一本重要的书《文明之前的战争》，他预测，在文明出现之前，世界上大约有25%的人在战争或类似战争的事件中被杀害。早期的狩猎-采集者和部落社会，如亚马孙的雅诺马马人和新几内亚的恩加人，经常会对他们的邻居发动袭击并造成非常高的伤亡。战争和国家支持的种族灭绝在20世纪上半叶显然也很普遍，大约1.9亿人因此丧生，它的高潮是第二次世界大战。

人类心理学上的共同缺陷确实是发动攻击甚至战争的一个因素。精神病理学家估计，有3%~5%的普通人具有反社会人格障碍（即所谓的"精神病患者"），大约15%的人有暴虐倾向。前者缺乏对人类的同情心，把人当作玩物或玩具，后者则通过伤害他人来获得性刺激。由于许多精神病患者往往聪明而有魅力，并且经常会成为领导者，这使得这些人格障碍（可能会相互重叠）造成的问题变得愈发严重。最后，精神病患者和暴虐狂经常倾向于寻找那种可能给予他们最大权力的工作，比如成为法官、教师、政客、牧师，或在军队中获得较高的军衔，这样他们就可以更容易地滥用和操纵权力。阿兹特克人经常用成千上万的活人进行祭祀，他们甚至常常用燧石刀将活着的受害者的腹部切开，取出仍然跳动的心脏。难以想象这些暴虐行为或参与其中的人能从中获得性快感。换句话说，很难想象正常人会做这样的事情。

然而，尽管我们认为具有反社会和暴虐人格的人是不正常的，在严重的情况下，也有临床症状，但正常的人类思维也有可能导致暴力行为。人类是天生的战士和捕食者，就像猫或狼一样，如果我们不需要为生存去捕食猎物，那么我们的本能（或者至少是很多年轻人的本能）就会是寻求替代这些战斗的东西。例如，我们可能会沉迷于暴力电影和电脑游戏，或许还会沉迷于带有攻击性的体育运动，以满足我们的攻击性本能。暴力冲动显然存在于我们的基因之中。

我来自斯堪的纳维亚半岛，我认为它是地球上最和平的地方之一，但如果你回顾历史就会知道，其实它不总是这样。曾经在很长一段时间里，我自己的祖先丹麦人几乎每年都会攻击英格兰和其他邻国。他们进行掠夺、强奸、勒索和偷窃。这一点被宗教强化了，它说，如果你在战斗中死去，你将去往维京人的瓦尔哈拉天堂。

在1276年到1658年之间，也就是在维京时代结束后不久，居住在"斯卡尼亚"("Scania")的一小块飞地上，具有丹麦人意识的人被瑞典军队攻击了不下34次，直到他们最终签订了《罗斯基勒条约》(the Treaty of Roskilde)，将该地割让给瑞典，现在它是瑞典南部的一部分。从这个角度来看，这34起袭击事件相当于每11年发生一次，历时近400年。此外，在同一时期，瑞典和丹麦正式参与了一系列的战争。

事实是，欧洲的大部分历史是一系列无休止的战争史，这样的战争在第二次世界大战中达到顶峰，还造成超过6 000万人被杀。丹麦和瑞典之间的最后一场战争于1721年结束，第二次世界大战结束后，北欧和西欧享有了历史上最长的和平时期。

最后，我认为平均智力（或缺乏智力）也很重要。在任何国家或国家之间似乎有一种相当强烈的倾向，那就是不那么聪明的人更容易发生暴力。这个观察实际上是有依据的，原因是我之前提到的弗林效应。智商量表在不同的国家会定期重置，以弥补逐渐上升的智力分数。例如，今天美国居民的平均智商在 100 左右，因为量表已经校准到 100。然而，如果我们研究 20 世纪 30 年代美国的类似智商测试，并根据现代标准对其进行校正，那么当时的平均智商水平似乎只有 80 左右。这是 80 多年的发展带来的巨大差异。这使我猜测，在 1861 年到 1865 年美国内战爆发时，美国居民的平均智商可能接近 70。我认为，这可能是导致那毫无意义的事件发生的原因之一。毕竟，智商 70~75 的人在今天通常会被认为是弱智者；70 是完成基础学校教育所必需的最低智商水平，这种智商的人在教育过程中几乎不会遇到多大的困难。

第二次世界大战基本上结束了大英帝国的统治，给世界留下了两个权力中心：美国和苏联，这两个权力中心都与多个盟国联系在一起。苏联在土地和对人民的控制与统治方面更为强大，而美国在确保当地的民主制度已经建立后，实际上很快就从它所征服的地区撤出了。然而，当苏联和华沙条约组织解体后，美国成了当时唯一的超级大国。

美国曾经（而且现在也是）被描述为一个超级大国，但由于其全球影响力，美国也可能被形象地称为"帝国"。战争结束时，在军事和经济实力方面，美国实际上就是最具统治力的帝国。1945 年，它控制了全球 GDP 的 35%，超过了世界历史上其他任何一个帝国。回顾一下，1820 年中国的大清帝国是世界历史上第二大最具经济统治力的帝国，其全球 GDP 占比接近 33%，但那已经是 120 多年前的事了。英国在 1870 年控制了全球 GDP 的 24%。

历史上经济最强大的 5 个帝国

（1）1945 年的美国帝国：GDP 占世界的 35%（占全球 46 990 亿美元中的 16 448 亿美元）

（2）1820 年的清帝国：GDP 占世界的 33%（占全球 6 944 亿美元中的 2 286 亿美元）

（3）1700 年的莫卧儿帝国：GDP 占世界的 25%（占全球 3 710 亿美元中的 908 亿美元）

（4）1870 年的大英帝国：GDP 占世界的 24%（占全球 11 110 亿美元中的 2 650 亿美元）

（5）1913 年的俄罗斯帝国：GDP 占世界的 9%（占全球 27 330 亿美元中的 2 577 亿美元）

自第二次世界大战结束以来，美国始终保持着军事优势，特别是自柏林墙倒塌以来，美国的军事政策主要出于人道主义和防御两方面考虑。

美国第二部分军事活动的主要思想灵感来自意大利政治思想家马基雅弗利，他撰写了一本名为《君主论》的短篇政治论文，该书发表于 1513 年（马基雅弗利去世后 5 年）。我们永远不知道这本书是否意味着一个愤世嫉俗的政界人士的讽刺文学或手册，但它已被广泛地认为是后者。它描述了一个领导者（他想象中的君主），为了有效地统治，在公众面前他必须被视为善良而有道德，但他必须做的一些事实际上是不道德的。对于这种不道德的行为，马基雅弗利总结说，它必须是果断的、迅速的、有效的且短暂的。

源于马基雅弗利思想灵感的那部分美国外交政策使得美国获得了大量的朋友，也得到很多敌人，它还带来无数意想不到的连锁反应。

第三部分　超级帝国

让我们以阿富汗、伊朗和伊拉克为例。我保证尽量简短说明，但是地缘政治和美国干预故事的复杂程度，用一个形象的说法：它可以让精密的瑞士手表相形见绌。

由于（你猜到了）在石油收入分配方面存在分歧，美国在1953年选择支持让伊朗民选首相穆罕默德·摩萨台下台，就让我们从这一案例谈起。这一行动是果断、迅速、有效的，就像马基雅弗利所做的那样。然而，问题是，尽管大多数美国人可能无法回忆起那次事件，但大多数伊朗人却对此记忆犹新，连许多细节都记得非常清楚。无论如何，在政变之后，这个国家由伊朗国王巴列维管理。巴列维推进国家的现代化并扩展妇女选举权，在其他方面，他似乎对其他国家很友好，但他对自己的内部敌人很残忍。然而，巴列维在1979年的伊斯兰革命中被赶下台，伊朗学生还袭击了美国大使馆，并将其使馆人员绑架了444天。

这里有一个重要的事实：伊朗是一个什叶派国家。邻国伊拉克也主要是什叶派，但在伊朗革命时期，在萨达姆·侯赛因的领导下，伊拉克几乎完全被逊尼少数派统治着。侯赛因非常担心伊朗的什叶派革命会蔓延到自己的国家。因此，他攻击了伊朗。随后的战争持续了8年，造成了大约50万人死亡。美国支持萨达姆·侯赛因。

一个新的重要事实：沙特阿拉伯是一个逊尼派国家，沙特阿拉伯可能喜欢伊拉克逊尼派统治者的想法。然而，沙特阿拉伯、科威特和阿联酋是这个地球上最受军队欢迎的目标，因为那里石油和天然气储量丰富，加上地理上很难防御：平坦的沙漠。因此，它们与美国结成了防御联盟。萨达姆和他的儿子们注意到海湾国家具有明显的军事脆弱性。因此，伊拉克袭击了科威特，同时还向以色列发射了几枚导弹，它希望以色列反击，从而为整件事找到借口。美国及其盟友很快就把萨达姆·侯赛因赶了出去，但在此之前，萨达姆把科威特的油井点燃，并向大海里注入4.5亿升石油，以表示他的不满。

169

一些伊斯兰极端主义者想要在沙特阿拉伯制造政权更迭，同时美国与沙特阿拉伯家族的合作也让他们感到不安（沙特阿拉伯为海湾战争贡献了11.8万名士兵）。因此，他们在阿富汗建立了训练营，在那里组织了全球范围内的恐怖袭击，最终在美国纽约发动了"9·11"恐怖袭击事件。美国及其盟国袭击了阿富汗，以阻止恐怖主义活动并抓捕本·拉登，本·拉登疏远了普什图部落的成员，他们生活在阿富汗和巴基斯坦的部分地区。普什图人开始在上述这两个国家组织恐怖主义活动。

不久之后，美国攻击了曾经的盟友伊拉克。在进攻之前，美国要求土耳其允许其从土耳其边境进攻，土耳其人担心库尔德人会采取行动，因而拒绝了。我之前是否提到过库尔德人？他们生活在伊朗、伊拉克、叙利亚和土耳其，并且想要建立自己的国家。

这将继续下去，不管别人怎么做，都会有不断升级的意想不到的后果。而且，如果没有采取任何措施，情况可能会更糟。

.... ⋀ ....

尽管情况一团糟。美国将依然非常强大。伯林墙倒塌后，美国取得世界霸主地位，其军事预算超过了其后20个国家的预算总和。1980年之后，没有任何一个国家曾接近美国的军事统治地位。

美国在各种军事行动中都有丰富的经验，这是至关重要的，因为大规模军事力量的投放涉及非常大量的训练，加上人类活动中最复杂的逻辑运算。军事规划人员使用一个令人不愉快的术语，叫"杀伤率"（即战斗中双方伤亡的比例）。在第二次世界大战期间，苏联损失了900万到1 100万士兵，德国约为550万，而日本约为210万。令人难以置信的是，美国同时侵入了非洲、欧洲和日本，然而，美国的伤亡人数远远少于其他主要参战国，美国仅仅损失了40多万士兵。在随后的战争中，美国的杀伤率却很高。第一次海湾战争中，美国的伤亡人数为148人，而当时36个盟国总计损失了77人。另一边，粗略计算伊拉克的伤亡人数在 3 万到 10 万人之间。

另一种理解美国主导地位的方法是观察其联合战争机器的一小部分，即所谓的"航母战斗群"（CSGs）。一个这样的战斗群通常有 1 艘航空母舰，航空母舰就像一个戒备严密的水上移动机场，外加 2 艘导弹巡洋舰，2 艘防空军舰，1 艘或 2 艘反潜驱逐舰或护卫舰。在世界历史上，航母战斗群之间唯一一次直接交战发生于第二次世界大战期间，尤其是在珊瑚海战役，以及一个月之后打响的著名的中途岛战役中，美国在 7 分钟内摧毁了日本全部 4 艘航母中的 3 艘，不久之后又摧毁了最后一艘航母。

一个现代的美国战斗群携带隐形战机、巡航导弹、掩体炸弹以及更多其他武器，其中任何一种都可能装备战术或战略核武器。从本质上说，航母战斗群可以用无与伦比的精确度来传送炸弹，可以随意穿过窗户或者在几分钟内摧毁一座超大城市。美国有近万枚核弹以及 11 个这样的航母战斗群。

美国力量的另一个特点是，美国的东、西两面被大洋包围着，因而都有强大的海军巡逻，而且由于它有两个友好的邻居分别在南部和北部，因此不可能遭受任何军事上的入侵。它也不可能被饿死，因为美国是世界第三大传统石油生产国，以页岩油的形式坐拥世界上最大的石油储量。它人口稀少（人口密度是每平方公里 34 名居民，德国为 230 名，日本为 338 名），同时，美国还是农产品净出口国。

最后，美国在军用机器人的开发方面取得了长足进步，这可能会进一步减少其潜在的战争损失。这些智能机器包括：

- 无人驾驶飞行器，它可以拍摄监视照片，并发射精确制导导弹。
- 无人驾驶的战斗飞行器，也就是遥控战斗机。这些战斗机可能比普通飞机具有更高的速度、可操作性和飞行范围，同时消除了飞行员损失的风险。
- 自动旋翼狙击系统。这些是小型的、远程操作的狙击手，它可以快速地向空中发射，以攻击在建筑物或景观防护下的地面部队。

• 武装机器人车载轻型攻击机器人。从本质上来说，机器人拥有机枪、火箭炮和步枪，可以控制一个区域，几乎可以立即回击狙击手的火力，而且比任何士兵都要精确。

美国的机器人战争技术正在飞速发展。尽管美国在第二次海湾战争中启用了一些无人机，但仅仅几年后，它就有了数千架无人机。类似的项目还可以增强对战区态势的感知能力，包括"智能微尘"：非常小的、伪装的传感器（可能看起来像鹅卵石或沙粒），它们可以监听对话，跟踪运动，自组织进行虚拟通信和网络跟踪，并将数据传送到中央拦截器。最终，超级计算机能够追踪所有这些数据，并对可能需要人类注意的数据进行标记。

此外，美国通过将所谓的"PMFs"（私人军事企业）用于设施的保护、训练、审讯等，开创了一种非常有效的"私有化"战争模式。

综上所述，美国很强大，随着武力战争日益变成信息技术领域的战争，美国将保留甚至进一步加强其领导能力。到2050年之前，甚至更遥远的将来，美国很可能仍然是世界上最强大的军事力量。

然而，在可预见的未来，美国将不再是世界上唯一强大的军事力量。中国最终也将成为强大的军事力量，由于这两大军事力量的存在，西方甚至还预测，人们很可能会看到冷战期间美国经历的一些事情，即关于自然资源的代理战争。尽管这些问题令人沮丧，但国家似乎很可能不会参与争夺水、能源、金属等的直接军事斗争。

我认为，我们将会看到不择手段的权谋政治，在那里，超级大国将会在军事和经济上支持独裁者，以换取长期的大宗商品购买协议或土地利用权。也就是说，如果你愿意的话，它将以各种保护费方案的形式出现。此外，大宗商品价格波动本身可能会导致一些国家经济动荡。例如，油价升高可能会导致尼泊尔、老挝、中非共和国和刚果（金）等实力较弱的石油进口国破产。

第三部分　超级帝国

然而，也会有许多战争、内战和恐怖主义，而它们大部分都来自那些停滞不前、衰落、解体或失败的贫穷国家。在前几章，我描述了富裕国家和新兴国家的经济前景，但没有对那些陷入困境的少数群体给予任何关注。世界上大约有 55 个较小的国家，其人口总数约为 10 亿，简单地说，这意味着世界上有 10 亿的富人，50 亿人口处于快速增长中，还有这较小国家的 10 亿人处于贫困中。

最底层的 10 亿人生活的环境让人联想到 1450 年前的欧洲。他们中的大多数人生活在非洲和中东地区。

在这些社会内部以及社会之间产生的大量暴力似乎与宗教有关。世界上最大的宗教是基督教，它有大约 21 亿信徒，紧随其后的是伊斯兰教（大约 15 亿信徒），世俗主义 / 无宗教信仰 / 不可知论者 / 无神论（约 11 亿），印度教（9 亿），中国民间宗教（4 亿）以及佛教（4 亿）。

很明显，许多战士都把宗教争端作为他们的战争动机。但我认为，典型的、真正的驱动因素是其他因素——最贫穷国家的绝望和衰落。

保罗·科利尔是牛津大学经济学教授，也是世界银行（实际上不是一家银行，而是一个援助组织）的前发展研究主任，他的整个职业生涯都在与不同的同事一起研究这些国家停滞不前的原因。底层 10 亿人口，正如他在一本同名的书《最底层的 10 亿人》中宣称的那样，20 世纪 70 年代，他们的经济每年只增长 0.5%，80 年代每年下降 0.4%，90 年代又下降了 0.5%。这与发展中国家（处于快速增长的 50 亿人）形成鲜明对比，后者的经济在 20 世纪 70 年代平均增长了 2.5%，而在 80 年代和 90 年代则增长了 4%。显然，贫穷本身并不是一个陷阱，因为所有国家都贫穷过，而现在大多数国家要么富有，要么正在变得富有。

科利尔指出，那些没有参与全球化的国家可能只是错失了良机，并将被迫再等上几十年，然后才会出现新的机会。保罗·克鲁格曼和安东尼·维纳布尔斯在 2000 年的研究中指出，全球化和国家的不平等是很简单的。想象一下，你是 1980 年时的一家软件公司，你想把你的一些开发工作转移到工资低 90% 的印度。这听起来是一个不错的商业决定，但如果你是第一个这样做的人，你就会非常关注人才的质量、当地的法律环境和文化差异等等。这样做的结果可能很棒，但风险也非常高。20 年后，工资差距缩小了一半，但还可能，成千上万的公司把其开发业务也外包给了印度，印度的基础设施和陷阱都是众所周知的，人才基础在增长等情况也常常被谈及。印度现在正享受着巨大的网络效应，它本身就可以自给自足。现在，生物技术、汽车制造、IT 服务等都被外包给发展中国家，它们享受着这样的网络效应，因此其他贫穷的国家也不再被视为替代者。只有当印度这样的国家和底层 10 亿人口的国家之间的收入差距变得非常大的时候——比如说 1∶10，这一情况才会发生变化。然而，这是终极的恐怖场景：当我们发展到这一阶段时，机器人将远远比这些贫穷国家的工人更有效率和更为可靠。机器人可能只是因为其优势而被关在外面。

那么，为什么这些贫穷的国家最初会错失全球化的良机呢？科利尔将造成 10 亿人痛苦的解释范围缩小到 5 个主要问题：

（1）是内陆国家；

（2）有坏邻居；

（3）以自然资源开采为主导的经济；

（4）糟糕的社会治理；

（5）有频繁的冲突，比如内战。

如果一个国家是内陆国家，它需要使用卡车或火车并经过邻国的领土运输货物，或者只能专注于向其邻国出售商品。这两种情况都可能阻碍经济增长，特别是如果邻国较为贫穷，且基础设施比较糟糕。如果你观察一幅世界地图，你会发现几乎没有内陆国家。拉丁美洲 20 个国家只有 2 个内陆国家（玻利维亚和巴拉圭），东欧有一些，亚洲很少。事实上，在非洲以外，只有 1% 的人口生活在内陆国家。非洲是另一个问题，因为 30% 的非洲人口生活在内陆国家。

坏邻居的问题不言自明,而由自然资源开采所主导的经济则显示出传统的暴利问题,这些问题对工作和创造力造成了阻碍。至于糟糕的治理,它可能包括从盗贼统治(政府腐败)到普遍腐败、心理变态或无能的领导或宗教暴政等一切事情。许多这样的政权管理完全混乱。世界银行于2004年对乍得公共卫生部向其地方政府和281家初级卫生保健中心发放资金的情况进行调查。虽然地方行政部门名义上获得了该国公共卫生部60%的非工资经常性支出分配额,但地方政府实际收到的份额只有18%。健康中心,作为一线的供给机构和人口的支持机构,接受公共卫生部的非工资经常性支出还不足1%。

所有这些问题都可能破坏社会结构,导致人才外流和资金外流。例如,科利尔和他的同事估算,非洲大约有38%的财富流到国外,虽然非洲本身资本匮乏,需要投资。随着时间的推移,这些国家的资金和人才的流失往往会加速。一旦你把钱取出来(通常是非法的),那么移民就容易多了,如果你的朋友或家人已经在你要移民的国家等着你了,那么你到达时就更容易安顿下来。

科利尔关于底层10亿人的第五个问题是冲突。典型的低收入国家有61%的时间处于和平中,有24%的时间处于战争中,还有15%的时间处于战后冲突中。后者的特点是社会气氛紧张,军费开支高涨,谋杀率也很高。而平均跨境冲突持续的时间接近6个月,典型的内战将持续5~6年。它们将导致死亡、资本和人才流失、疾病、恐惧、军事开支增加、外国投资者撤资等等。典型的内战花费了640亿美元,削减了GDP的15%,其中很大一部分是由战争的后遗症引起的。因为在贫穷国家,平均每年新打响的内战大约有两场,战争总成本大约是每年1 000亿美元。这具有非常长期的影响。这些处于内战之中的国家或地区对罪犯分子和恐怖主义分子非常有吸引力,因为那里没有任何法律或警察。这就是本·拉登能够在阿富汗立足,以及95%的毒品生产都来自内战频发地区的原因了。

科利尔还发现,对内战与政治压迫、殖民历史、收入不平等,或由于任何其他意识形态原因导致一个群体攻击另一个群体的行为的研究，都没有关注它们之间的联系。民族多样性也不是一个普遍的原因。索马里是世界上民族最单一的国家之一，却也是内战最频繁的国家之一。相反，对内战而言，真正重要的原因是贫困和较低的收入增长水平。计算战争风险的方法很简单：如果一个贫穷国家的收入是富国的一半，在相同的增长率的条件下，贫穷国家就有富国两倍的内战风险。经济缓慢增长或负增长增加了战争的风险。在任何一个5年的时间间隔里，最底层10亿人所在的国家发生内战的风险是14%。如果它的年度经济增长率为3%，那么它的内战风险就会降低到12%。如果它的经济增长率是10%，那么5年内发生内战的风险就会下降到3%。如果经济增长率是3%，风险就会增加到17%。

内战的领导者和煽动者总是通过宣扬一些特定的不满或意识形态来证明暴力的合理性，他们可能在某些情况下也相信这些内容。然而，一个叛乱运动总是能吸引虐待狂、毒品贩子、普通罪犯和赏金杀手等，而且在一段时间后，意识形态的意义就微乎其微了。它变成了一个金融保护的骗局，有组织的盗窃，贩毒集团，死亡崇拜，有自己独有的生活方式，或者上述所有可能性的结合。如果他们获得黄金或钻石等可供出口的大宗商品，就可能增加内战的诱因，并通过被提供的资金延长内战持续的时间。

自1990年以来，拉丁美洲的内战数量大幅减少，但在撒哈拉以南的非洲地区内战次数却有所上升，而且在中东地区和亚洲部分地区，内战长期以来一直处于上升趋势。科利尔于2003年发表了一篇著名的报告，《冲出冲突陷阱：内战与发展政策》。它包括一个统计模型，用来预测从2003年到2050年世界范围内的冲突的发生率。据该报告预测，内战的数量将从20世纪80年代末的峰值17个降至2020年的15个，进而在2050年降至13个。此外，大多数失败的国家将会在很长一段时间内陷入绝望。其平均持续时间为59年。

因此，总结一下，看来我们将在2010年至2050年看到大约14场正在进行的内战，每场内战平均持续时间为5~6年，这意味着我们每年将目睹两场新的内战，而在这40年间将有大约100场新的战争。

暴力的另一个常见原因是青年人口的膨胀。历史告诉我们，如果一个社会存在"男性青年人口膨胀"现象（即处于15~29岁这一典型的好战年龄的年轻男性人口过剩），除非经济真的繁荣或者文化生活非常丰富，否则很可能会遇到一个大麻烦。对于生活在农村的人来说，长子将可能继承农场或小型家族企业，但对于拥有3~4个儿子的家庭而言，随之而来的将可能是前几章提到的2b型社会，年轻人在家可能无所事事，年幼的儿子可能会嫉妒他们的哥哥。因此，他们选择了四种不同的方式来赢得声望并获得使命：

- 移民；
- 在帮派战争或部落战争中互相残杀；
- 开始一场内战；
- 攻击邻近的国家和文明。

在15世纪黑死病爆发之后，欧洲进入人口快速增长的时代，并持续了几百年。随后发生了大量的局部战争，但幸运的是，有大量新发现的土地可供战后存活的人定居下来，正如我之前描述的，因此他们移民到南北美洲、澳大利亚、新西兰、南非、罗得西亚（今津巴布韦）和许多其他国家。欧洲的青年生逢其时，尽管移民确实导致他们与美洲印第安人等世居民族发生了战争，但这也使得大规模的过剩人口得以重新定居。所有这一切都发挥了作用，因为欧洲已经发展出了法治（尽管形式上还较为质朴）、教育体系、货币和银行基础设施、文化的多样性。最重要的是，技术创新的传统。移民人口创造了新的事业，它们随着时间的推移逐步繁荣起来。事实上，有很多新殖民地甚至比它们的母国更为繁荣，现在仍然是世界上最富有的国家之一，美国、加拿大、澳大利亚和新西兰就是最好的例子。

如果年龄在15岁到29岁之间的年轻人口能够占人口总数的30%以上，那么青年群体就会变得很重要。当这种情况发生并且无法通过移民来解决时，大规模屠杀的风险似乎在90%左右。现代最糟糕的例子是卢旺达，1994

年，短短几个月之内，全国大约 800 万的居民中，有 50 万到 100 万的人在内部冲突中丧生。

还有其他一些例子：巴勒斯坦的失业率已经接近 25%。当阿里埃勒·沙龙继续修建隔离墙，切断巴勒斯坦恐怖分子对以色列目标的攻击时，巴勒斯坦人几乎立刻就开始用他们对付犹太人的残忍方式予以还击，甚至故意将对方的孩子作为目标。或者，当苏联决定撤出阿富汗时，阿富汗士兵则从与俄罗斯的战斗转变为无休止的内战。这些斗争是那些没有获得有意义的工作、收入、荣誉的愤怒的年轻人发动的。因此，他们转向了军事英雄主义，当有人为战争或杀戮付钱时，这甚至可能转变为一种商业行为，情况常常如此。当然，官方解释总是存在的，但正如我们在阿富汗和其他地方看到的那样，一个军阀经常愿意为了钱而改变立场。在那里，战争主要是为了复仇、为荣誉而战的一项事业或者一种生活方式。

根据《2009 年阿拉伯国家人类发展报告》，阿拉伯国家的青年整体失业率在 2005 年和 2006 年达到令人难以置信的 30%，其中伊拉克、索马里、阿尔及利亚和苏丹都是形势最严峻的国家。这些国家的青年失业率都超过了 40%。索马里在 2002 年的失业率高达 47%。

总部位于华盛顿的民间组织国际人口行动组织的一项研究显示，在 1970 年至 1999 年间，世界上 80% 的内战发生在那些至少 60% 的人口年龄在 30 岁以下的国家。

当一个国家的人口从非常高的人口增长率过渡到较低的生育率时，当大量的年轻人达到工作或战斗的年龄时，或者当失业率居高不下时，这个问题似乎最为严重。1928 年 9 月，也就是在 1929 年经济大危机的前一年，德国有 65 万失业人口。两年后，这一数字达到了 300 万，那个时候，德国制造业已经比 1927 年的水平下降了 17%。1932 年的失业率达到劳动人口的 30%，在当年 9 月达到了 510.2 万人，而当希特勒 1933 年上台时，这个数字已经上升到 600 多万，这为仇恨、寻找替罪羊和侵略提供了非常肥沃的土壤。希特勒的竞选承诺之一就是消除失业，他采用的一个方法就是增加武器生产，将军队从 1933 年的 10 万人扩大到 1939 年的 140 万人。在随后的战争中，德国人的阵亡人数大致相当于希特勒掌权时的失业人数。

将失业人员转移到暴力中不仅会直接影响这些人和他们的敌人，还会在整个社会创造一种无处不在的侵略文化。这种现象正在非洲和中东的大部分地区发生着。

在阿富汗作战的北约国家对青年人口扩张的症状有亲身体验。来自美国或波兰的许多士兵是家中的独子，但是在和他们作战的这些人中，很多人也许是庞大家族里众多的儿子之一，他们对生命的价值并不十分重视。虽然几乎所有的父母都爱他们的孩子，但是当家庭有很多孩子的时候，愿意牺牲一个儿子的意愿可能会略有增加。尽管北约部队在直接冲突中拥有巨大的军事优势，但敌人的数量却在不断增长。每年大约有 50 万阿富汗男孩达到战斗年龄，其中至少有 20 万人没有工作。

世界各地不同国家的青年人口数量都在增长——那些肤色最深的人中年轻人比例最高。在北非大多数国家、伊朗、巴基斯坦和其他许多国家，青年人口的数量很可能在 2025 年或更早的时候开始回落，而位于当前冲突地区的那些国家，如阿富汗、伊拉克、也门、索马里和苏丹，仍将继续产生巨额的年轻人。不同于几百年前欧洲的青年人口扩张，这些人移民的机会非常有限，所以他们中的很多人很可能会诉诸暴力。这反过来将阻止社会发展，从而使他们陷入痛苦中。

除青年人口膨胀问题的可预测影响以及极高的失业率外，许多阿拉伯国家还与其内部所谓的"世俗"之间的冲突做斗争，这些力量支持了欧洲几个世纪以来经历的一些转变（文艺复兴、宗教改革、启蒙运动和妇女解放），以及其他强烈反对这些力量的人（或许更重要的是妇女解放的增加）。此外，可能还有社会层面的问题。穷人为统治阶级的财富所困扰，对以色列占领阿拉伯土地以及西方国家保护以色列的行为感到憎恶，更不用说入侵伊拉克和阿富汗等国家了。此外，在这些地方，人们不允许年轻人听音乐、跳舞、看电影、交女朋友，或者在公共场所与他们直系亲属之外的女孩聚集在一起。

所以，除了没有工作，没有收入来源，没有自豪感，青年人可能没有多少事情可以做。再加上青年人口大规模增长，几乎可以肯定，我们将会在未来几十年看到更多的暴力。

在非洲和中东地区，战争和恐怖主义事件的数量是非常可怕的。下面的清单绝不是完整的，但它说明了这两个地区在短短10年间（2000—2010年）所经历的残酷无情的暴力：

- 南黎巴嫩冲突
- 阿克萨起义
- 中非共和国内战
- 阿富汗战争
- 科特迪瓦内战
- 马格里布的伊斯兰叛乱
- 非洲之角持久自由军事行动
- 达尔富尔战争
- 伊拉克战争
- 法国与科特迪瓦的冲突
- 尼日尔河三角洲冲突
- 基伍冲突
- 乍得内战
- 埃尔贡山叛乱
- 黎巴嫩战争
- 伊斯兰法庭联盟的兴起
- 法塔赫伊斯兰教和黎巴嫩军队的冲突
- 埃塞俄比亚索马里战争
- 撒哈拉沙漠持久自由军事行动
- 第二次图阿雷格之乱
- 肯尼亚危机

- 入侵昂儒昂
- 以色列–加沙冲突
- 吉布提–厄立特里亚边境冲突
- 索马里的伊斯兰内战
- 尼日利亚塔利班叛乱
- 以色列轰炸苏丹

在这10年里，中东和北非地区除了以上列举的这28个较大的冲突，还发生了几次军事政变，以及1 000多起恐怖袭击、绑架和海盗行为。问题在于每4个月就有一场较大的新的冲突，每周就有几次针对无辜平民的袭击。

当然，这里应该说明的是，作为概念的恐怖主义并不新鲜，尽管目前世界范围内全都是。19世纪80年代，美国经历了一波无政府主义的恐怖浪潮，这一浪潮一直持续到1920年左右。正是在那个时候，国际舞台上萌发了反殖民恐怖主义，直到1960年左右它才逐渐消失。概括而言，恐怖活动有三个共同点：

- 它们通常遭受严重的内部冲突（其成员经常互相残杀）；
- 它们几乎越来越多地被职业犯罪分子、精神病患者和暴虐狂者主导；
- 它们的平均延续时间约为40年。

当然，这一切都不应被视为一种预测，考虑到青年人口扩张问题的重要性以及潜在问题的复杂性，当前的恐怖主义浪潮可能会持续更长时间。就像普通的恐怖活动一样，每一次恐怖活动都是独立的，每一个都有着自己的命运和时间表。从技术上讲，恐怖分子似乎不可能从他们的行动中取得任何成就，短期而言，只要它是由青年人口的扩张滋生的，政府就不可能阻止这一进程。任何一方都不可能获胜，唯一能让它结束的方式似乎就是让它随着时间的推移而逐渐消失。

除了考虑暴力可能发生的原因外，考虑和平的条件也是很有趣的（见表

9.1所示）。举个例子，鉴于以往内战频繁的历史情况，为什么自1945年以来，欧洲大部分地区都是和平的？关于这一转变我认为有以下几个原因。

表9.1 战争与和平的推动因素

战争	和平
缺乏创业精神，高失业率	健康的商业环境，低失业率
年轻人口膨胀	人口老龄化，没有青年人口膨胀
女性地位低	妇女解放
男性过剩	自然的男女比例失衡
低平均智商	高平均智商
孤立的心态，有限的国际旅游	增加了海外旅行和财产所有权
有限的休闲生活	多样化的休闲生活机会
贸易保护主义/民族主义的商业政策	商业全球化
极权统治	民主
低收入和/或低增长	高收入和/高增长
高度依赖于商品经济	经济依赖于创意部门、服务或制造业

首先，最基本的变化是，由于人口结构的变化以及拥有一个健康的、富有创造力的商业环境，欧洲青年人口膨胀以及大量年轻人失业的现象已经消失了。同时，社会为青年男子能量的释放提供了丰富的渠道，无论是在从事与时尚、艺术、奢侈品、旅游、运动、健康、电影、音乐、网络/平面媒体、酒吧、餐馆或夜总会有关的工作，还是从事教育、政治、公益项目或职业发展等方面的工作都有无穷无尽的机会。

相比之下，现在开始出现一个老年人人口膨胀的趋势，但是老年人很少会成为"战争贩子"，他们不想打仗，大多数女人也不愿意。此外，人们经常旅行，通常在周边国家有朋友甚至拥有度假屋，而且由于全球化，他们也会在经济、商业和个人事务上与国外产生联系。跨国婚姻和具有多国籍子女的数量正在迅速增长。由于存在这些原因，邻国的人口不再是一成不变的，这就消除了人们对发动战争的欲望。人们不想打仗的第三个原因可能是智商的提高，人们现在的平均智商比两次世界大战期间的平均智商可能有明显的提高。最后，随着社会变得更加多元化和多样化，动员一大群人去追求一个单一的、带有侵略性的事业几乎是不可能的。

此外，欧洲国家都已成为民主国家。这意味着，如果一个精神错乱的政治家呼吁人们采取攻击性的侵略行为，人们可以不选他或者干脆重新选举。这可能是很重要的，因为过去的许多战争可能就是由国内那些妄自尊大的、心理变态的、残酷成性的、弱智的或无能的领导人发动的，他们希望从自己的政治失败中转移人们的注意力或者寻求个人荣誉。

然而，在可预见的未来，一些伊斯兰国家实际上可能正在成为更加和平的国家。大多数北非国家人口统计学意义上的特征与"亚洲四小虎"国家在经济腾飞前的情况相似。伊朗是世界上生育率下降最快的地区之一，这将导致人口特征的变化，这些特征通常与更多的和平行为相关。事实上，这些国家的发展可能很大程度上与欧洲南部和东欧国家的表现一样。不应该忘记，在不久前，希腊、意大利、西班牙、南斯拉夫、罗马尼亚、保加利亚、阿尔巴尼亚等国家都处于极权统治之下，现在看起来好像是很遥远的事情。

尽管所有的暴力事件我们都经历过，并且可以预料，但现实情况是，与以往任何一个历史时期相比，"二战"后的几十年都是和平的。其中一个主要原因可能是，民主国家的数量从1945年的20个增加到现在的80多个。在过去的200年里，几乎没有发生过任何两个民主国家相互争斗的例子。财富增加、妇女教育和全球化可能是促成这种相对和平的其他因素。

这似乎意味着，两支全副武装的由国家支持的军队参与战争的时代已经结束了。我认为，一种可能出现的情况是，战争由势均力敌转为几乎完全不对称的战争。一方面是恐怖主义、叛乱、出于政治动机的绑架、海盗行为和其他暴力行为，在这些行为中，没有任何一项国际战争公约被尊重。妇女、儿童、使馆工作人员、援助工作人员、记者和宗教场所将成为蓄意攻击的目标。

另一方面将会是机器人和遥控部队，它们将寻求尊重人权公约，在不对士兵造成危险的情况下进行战斗。换句话说，战争和恐怖将会变得双重不对称，而且只要青年人口膨胀问题增多，许多国家被排除在全球化之外，暴力就不会消失。

我相信，在某个时点，遭受恐怖主义袭击的国家将商定一套规则，使恐怖分子可以得到依法规范处理。到目前为止，我们的法律体系已经为处理以下三个不正当行为的概念做好准备：反人类罪、普通罪、战争。恐怖主义的主要问题是，它是唯一一种以对尽可能多的无辜平民造成最大伤害为目标的犯罪。这意味着受到恐怖主义威胁的国家有巨大的动机在恐怖主义分子实施行为计划前逮捕他们，这与普通刑法的惯例相违背。此外，因为恐怖分子既没有宣战，也不会像军队一样投降，所以你根本谈不上释放他们，相信他们不会再次尝试攻击。事实上，他们对攻击是乐此不疲的。因此，战争规则在这里行不通。至于制定有关阻止危害人类的国际法规，首先，恐怖主义不符合某些定义，比如被政府或事实上的国家纵容或指挥；其次，法律体系的速度太慢，无法阻止任何事情的发生。因此，我相信许多国家将同意建立第四种体系来规范这一问题。

未来几十年可能出现的地缘政治事件

• 每年将有100~150起恐怖主义、绑架和海盗事件，在2010年至2050年间可能会有5 000起左右。最有可能的来源将是巴基斯坦、阿富汗、也门和索马里这样的青年人口膨胀/冲突循环的国家。

• 全球权力政治将变得更加愤世嫉俗，因为几个权力中心为冷酷的独裁者提供了资金，以换取商品/土地使用权交易。

• 如果油价走高，包括尼泊尔、老挝、中非共和国和刚果（金）在内的一些最贫困的国家可能会破产。

• 包括古巴、苏丹、津巴布韦、白俄罗斯、缅甸、土库曼斯坦和北非国家等几个国家可能会更多地融入国际社会。

> • 每年会发生 2 到 3 次新的内战，从 2010 年到 2050 年，可能会发生 100 次内战，而在同一时期，持续的内战数量可能达到平均每年 14 次。

我可以想象到一个积极的场景，在这一场景中，青年人口膨胀会消失，新兴市场的收入会增加，女性将得到解放，全球人口的平均寿命将延长，所有这些都将带来一个更加和平的地球。

然而，这里有一个更加令人不安的情景，一些最底层的国家仍然停留在暴力的循环中，它们已经被排除在全球化之外，因为在它们的收入差距对国际企业产生吸引力之前，机器人会超越它们，正如我稍后还会解释的，富裕国家的人们开始修改他们的基因以创造超级智能，从而使落后者不仅在文化、经济和政治发展上受到阻碍，甚至在生物学上也会远远落后。在这种情况下，这些国家将错失千载难逢的发展机遇，且这种机会不会再来。

我想我们会看到这两种情况的。

第四部分

超级行业

这个部分总结了经济周期与发展趋势的影响，并总结了2020—2050年处于超级风口的七大行业的表现，以及投资策略：

- 金融是一个信息产业，将从新兴市场的信贷和贸易文化的发展以及经济增长中获益。此外，它还将参与大规模建设热潮的资金投入，同时还要为基因组学、信息技术和替代能源领域的无数高科技创业公司提供融资。
- 从2010年到2050年，房地产行业将平均每年为1亿人建造新的住房，并将建设必要的商业基础设施，使全球收入翻两番。由于全球财富也增加了4倍，而土地供应是静态的，一些土地价格将会大幅上涨。
- 资源行业（尤其是工业金属的开采）将难以跟上需求的步伐，这将导致偶尔出现的价格飙升的情况。化石能源将转向页岩气和石油以及焦油。
- 新能源将是一个令人兴奋的创新增长行业，其发展动力是能源需求的爆炸式增长，渴望实现能源独立以及对于全球变暖的恐惧。第三代核能，第

二、第三、第四代生物燃料和太阳能光伏发电将成为令人兴奋的技术。
- 基因组学和生物技术将会以指数级的方式发展，并将在医疗保健（由于全球老龄化，这将是非常必要的）、农业和生物燃料方面产生巨大的优势。同时还会获得一些有争议的进展，比如试图创造超级人类和重新创造已经灭绝的物种。
- 最好的计算机将在 2020 年左右与人类大脑展开竞争。我们将模拟人类的新大脑皮质（分析和直觉的智能，而不是情感）。它的产品和服务将是令人惊叹的，它将包括机器人、创造性的计算机和软件，它们可以在很短的时间内为几乎所有的问题提供科学的答案。
- 奢侈品市场将迅速发展，并将为其领先的参与者带来巨大的利润。其需求将得到人类财富整体增长的推动，尤其是来自新兴市场快速增长的中产阶层和上层阶层的消费。

人们会越来越自由地定义自己的身份、精神和生活方式。就生活方式而言，将会有一种趋向于创造性、个性和真实魅力的趋势。这种"一次性"的文化将会让位于那些经久耐用、年代更老的事物。包浆将会更有价值。

此外，体验和讲故事的市场将会迅速增长，大公司将雇用媒体专业人员来创造和讲述它们的故事。这在体育、金融、奢侈品和食品/健康方面尤其受欢迎。

就业市场增长最快的将是具有创造性的工作，加上服务工作，在那里人类的接触价值将得到重视。

第 10 章 未来的世界

可预测的周期、趋势和未来

现在我想总结一下关于可预测的周期和趋势的描述，我认为从指数曲线开始考虑发展曲线及其形状是一个很好的角度。

当人们看到指数曲线时，往往会被其中的一些特征影响。例如，看看图 10.1 右边的最后一部分通常会呈直线上升，这几乎就好像它会向后倾倒一样。

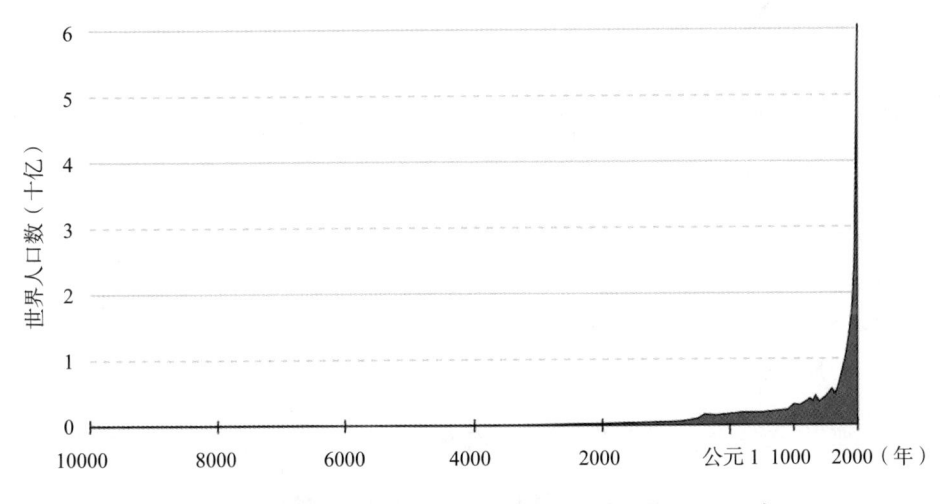

图 10.1　世界人口（预计）公元前 10000 年—公元 2000 年

资料来源：维基共享资源。

························ ⋀ ························

这条曲线的最后一部分确实是极端的，整个事情呈现压倒性的增长趋势。或者，比较一下关于计算机性能发展、平均收入曲线或者大量产品消费的曲线，也许会发现它们看起来非常相似；就像所有的东西多年来一直很乏味，但之后它们就高歌猛进了，现在我们就正处于这样一个高峰阶段。然而，如果你在早些时候切断了相同的曲线，并且像计算机自动做出的那样，对图形空间进行优化，那么可以预测它们看起来是一样的。1980年的人口增长表明，现在我们正处于人口数量的高峰阶段！

关于指数曲线还有另一个问题令人着迷：如果曲线像它们在视觉上看起来的那样继续延伸，那么曲线中的数字就变得非常不真实，以至于你无法理解它们。真可怕！

然而，现实是事情不能无限期地继续下去，事实上也是不会的。有时它们会变弱，曲线变成 S 形，在其他时候它们会崩溃，使曲线飙升，但是现实中的指数过程并不能维持很久。例如，上面的人口曲线已经（如前面所述）开始减速，尽管在图中很难看出来。如前所述，世界人口数应该在2050年左右接近90亿的峰值。接下来的事情将变得很难说，但是如果富裕国家最近生育率或人口数的下降可以被看作一个影响因素的话，那么当越来越多的国家变得富有时，它实际上就应该是开始下降的。在2050年之后，我们在图10.1中所看到的尖峰将会呈现一个平稳的增长阶段，也就是说，人口的尖峰式增长可能被稳定的或者是逐渐下降的趋势所取代。

························ ⋀ ························

那么，到目前为止我所讨论的所有不同现象是如何形成的呢？让我们从最明显的现象开始谈起：包含下面三种经济周期。当然，这些本质上也是周期性的，而且我相信，在可预见的将来，它们将继续存在。锁定模式的趋势将持续存在，这意味着我们每隔18~20年就会迎来一次大的危机，每隔9~10年就会有一次更重大的危机。

我认为泡沫、崩溃和恐慌可以被称为"半周期"。泡沫的条件在很大程度上是由经济繁荣造成的，这使得它们在一定程度上受到经济周期的影响。在经历了一场危机之后，离人们愚蠢地制造一个新的泡沫还需要一点儿时间，但这个时间显然不会太久。至于恐慌，当我们害怕的事件被发现时，是没有什么周期性的，但似乎也有一些对恐慌的本能欲望，这意味着如果在一段时间内没有产生恐慌，我们甚至会自己制造一个。

其他现象包括S形增长曲线。我们可以从最确定的事情开始谈起。我已经提到了第一个问题：简单地说，全球人口增长是从公元前1000年起开始加速的。在之后的大约2000年里它增加了动能，或者说到了大约公元1000年，这种增长仍在持续，直到1963年才开始减速。由于我们已经有70亿人口，峰值应该是90亿，因此我们显然正处于S形的2/3左右的位置。

下一个S形是全球老龄化，这显然落后于全球人口的减速和随后的停滞状态。我们还处于这个进程的早期阶段。

那么女性解放呢？我相信，虽然我们已经进入成熟社会的后期阶段，但对于许多新兴市场国家而言，还有很长的路要走。在全球范围内，我们可能处于S形的中点。一旦女性达到与男性同等的水平，或者在诸如高等教育这样的一些领域超过男性，女性解放就必须稳定下来了。

至于人类智力，它变得更有趣了。也许我们正在慢慢接近最发达国家的自然均衡阶段，因为有迹象表明，丹麦和英国人口的智商增长基本停滞了。然而，如果我们开始编辑我们自己的基因以达到更高的智力水平，那么也许从2050年开始，我们将会进入一个新的更快的智商增长阶段。后文还会谈到人类的智力，在这里举一个例子，有记录显示，一些人的智商将超过200，这可能帮助他们得以在3岁或4岁时阅读和书写大量的文字，并在10岁时上大学。因此，从生物学角度来说，极端高超的智能显然是可能的——虽然这仍然是罕见的。

人类的知识和文化多样性都应该在 S 形曲线中继续上升，虽然事实上，它们离任何水准都很远。

我认为城市化也将遵循 S 形曲线，这也是很明显的，因为并非地球上的每个人都需要或想要住在城市里。城市化甚至有可能在全球人口达到峰值后逆转。促进这种逆转的一个因素是对它进行的持续改进，这使得远程办公不仅可以使脑力工作更加方便，而且通过远程管理的机器人，体力工作也将变得更加容易。军用无人机也是通过全球卫星进行操控的，这是一个极端的例子。

财富会怎么样呢？只要世界人口持续增长，我们不断创新，新兴市场就会不断追赶，我认为财富增长也将是强劲的，即便人口增长减速，新兴市场的财富创造也不会放缓。我认为未来 20~30 年将是创造财富 S 形曲线的最快增长阶段，之后它会有所减速。话虽如此，即使世界人口在 2050 年后开始下降，人均收入也能继续上升，即便不是永远增长，也至少还能持续几个世纪，因为人们仍然会不断创新。

全球化？全球化正在向前发展，但随着社会开放度的提高，加上人员、资金和思想的自由流动，以及利用汇率、知识、劳动力成本差异进行的套利机会，全球化进程将开始减速。因为减速可能只是由新兴市场的货币升值引发，所以我认为，在 2020 年到 2040 年，全球化程度将到达顶峰。

通货膨胀还会回来吗？

1980 年以后，具有结构性繁荣的通货紧缩力量就是由创新和全球化推动的。然而，随着中国等新兴市场的储蓄率开始下降，及其工资和币值的上涨，通货紧缩的全球化力量将会被消耗。如果这些不能完全通过增加机器人的使用来得到补偿，我们就可能会看到繁荣后期的通货膨胀压力将变得越来越大。

当我们看到信息产业的创新时，一切都变得更加复杂了。我们需要多长

时间才能提供运算速度更快的计算机硬件？我们能成功使用量子计算机吗？我认为在这里可能发生的事情是人们在任何特定的行业都能经常看到的：一个 S 形的增长周期，接着是某个平稳阶段，直到一个新的范式被发明，并开启下一个 S 形进程。经历了这些，最终可能会发现我们仍然处在我们宣称将要实现的早期阶段。

至于生物技术，很明显，我认为我们正处于这一领域早期阶段，到 2050 年左右，可能会有非常大的飞跃。

我们将如何应对环境压力和资源短缺的问题，这个问题可能是最具政治意味的问题。关于污染问题，我们知道以下几点：

• 原始人通常通过砍伐森林来实现农业目的，同时也破坏了他们身处的环境。然而，这种情况通常只会在其人口增长失控的情况下出现。

• 我们也知道，工业化早期的人口总是带来巨大的环境污染。

• 我们知道，一旦各国的人均国内生产总值达到 1 万 ~1.5 万美元，国家将开始减少人均污染，同时该国的人口也将趋于稳定。

• 我们知道，当国家变得更加富有的时候，它们的环境将会进一步改善，它们的人口也会开始减少。

我认为由此可以得出的结论是，一个国家的环境压力走向往往整体上呈现钟形，而且环境压力的增长阶段比经济增长落后几十年。然而，这并不意味着环境每个方面的运行都是同步并行的。一些环境破坏可能只是在一开始时没有被人理解，因此与那些更明显的问题相比，它们被置之不理的时间要更长。臭氧层的消耗就是这方面的典型例子，这个问题一直持续，直到它被发现，之后一些国家开始对有害的氯氟化碳的生产进行监管。这导致了 1987 年氯氟化碳的大幅减排以及截至 1996 年总排放量的减少，最终臭氧问题随着时间的推移而得以解决。二氧化碳的潜在问题在很长一段时间内都没能得到解决，而且这种趋势可能还会持续几十年。

资源会怎样呢？人类对资源的使用通常呈指数级上升。尽管世界人口高峰将达到大约 90 亿左右，但在此之后，其财富增长也可能同时持续很长时间。因此，我们对资源的需求似乎将继续增长。但资源的供应能永远满足人类的需求吗？

关于能源，我认为未来需求会更多，但我们将经历一系列技术转变，而技术的转变将使我们远离化石燃料，之后转向可再生能源和聚变能源。在此过程中，这些所谓"新能源"的价格可能会在一定时期内暴涨。然而最终，能源将是无限的，而且会非常非常便宜。

最后，让我们来看看金属。我们没有办法继续以指数形式增加产量。地球是一个富含矿产品的巨大的球，当然，我们只是通过表面开采来获得它们。因此，是的，从某种意义上说资源最终实际是无限的。然而，从实际的角度来看，当提取金属的成本变得越来越高时（尽管能源成本可能会降到最低，机器人也会被大规模使用），结果将导致我们越来越多地使用合成材料（如碳、塑料等）来取代金属。除此之外，我们还会更好地回收已经提取出来的东西，在遥远的未来的某个时点，我们将开始在彗星和其他行星上进行开采。但与此同时，可能会出现一些真正的供应紧张状况，从而推高被采集的资源的价格。

所有这一切都意味着这个世界将以表 10.1 中所展示的 20 个文明驱动力为特征：

表 10.1　未来 30 年内 20 个主要的文明驱动力

	驱动力	描述	模型
1	存货周期	小经济周期	周期性，平均 4~5 年达到高峰
2	资本支出周期	由机器、设备等投资驱动的更大的经济周期	周期性，平均 9~10 年达到高峰
3	房地产周期	非常长的经济周期 以房地产建设投资为动力 并可能导致银行危机	周期性，平均 18~20 年达到高峰
4	泡沫和崩溃	金融泡沫及随后的崩溃，平均每 3 年发生一次	半周期性，平均每 3 年一次
5	恐慌	与环境、技术和健康有关的过度恐慌浪潮	半周期性，平均每 3 年一次

第四部分　超级行业

（续表）

	驱动力	描述	模型
6	人口增长	到2050年，世界人口还将增长20亿，增长率接近30%	部分呈现钟形或S形曲线，在2050年左右达到峰值
7	老龄化	从2020年到2050年，老年人口将增长16亿	钟形曲线，在2050年以后的几十年达到顶峰
8	女性解放	女性接受高等教育的人数将进一步提高，并且希望拥有更好的事业、生育更少的孩子	S形曲线过后将呈现水平线，可能是在2030年到2040年
9	人类智力	随着社会的发展，人类平均智力水平每年提高0.3%	S形曲线，随后是水平线，然后达到自然高峰，然而，当人类基因工程技术得以普及时，新的和更快增长的周期将取而代之
10	人类知识	大概每8~9年增长一倍	随着计算机变得有创造力，倍增速度可能会加快。倍增时间可能随后增加，但基本上是在2050年之后
11	文化多样性	世界各地文化和观念的不断融合	S形曲线，但可能被战争破坏
12	城市化	居住在城市中的人数将在2010年至2050年增长30亿	S形曲线，随后是水平线，峰值大概出现在2050年
13	新兴市场财富增长	从2010年到2050年，新兴市场的GDP将增长超过10万亿美元，新兴市场的财富将增长4~5倍	S形曲线，2040年以后增长将不再明显
14	全球化	国家间和国家内部货币、人员、思想和产品流动性的持续增加	S形曲线，随后是水平线或周期性波动，也许在2020年到2040年到达高峰
15	信息产业创新	芯片性能以指数增长，计算机约在2020年超过人脑	可能是一系列的S形曲线，被水平线打断
16	生物技术创新	生物技术、知识和产品的指数增长	S形曲线，然后是水平线，大约在2050年左右出现
17	环境压力	大多数发达经济体的环境改善问题被许多新兴市场国家的环境恶化所掩盖	钟形曲线，不同的整体峰值取决于不同的相关问题
18	资源短缺	对资源的供应限制导致价格暴涨，食物和水资源短缺问题最终得到了解决并有可能获得几乎无限的廉价清洁能源	供应是一系列的几乎无限延伸的S形曲线

（续表）

	驱动力	描述	模型
19	战争和恐怖主义	每年发生的恐怖袭击、绑架和海盗案件在100~150起之间，从2010年到2050年总共可能有5 000起；此外，每年都有2~3场新的内战爆发，从2010年到2050年共有大约100次新的战争，持续进行的平均内战数量约为每年14次	很长的钟形曲线
20	政府对商品生产者的保护	政府支持那些用武器和金钱来控制自然资源的独裁者以保证政府能够获得足够资源	钟形曲线

值得注意的是，对于每一个驱动力来说都存在一个反趋势。当金融市场陷入危机时，一些看跌的对冲基金通过逆市运作而实现盈利。当恐慌处于最极端的时候，秃鹫基金就会买入，而那时几乎所有人都在卖出。同样，当电信业似乎渗透社会的每个角落时，会有越来越多的人出去度假，而把手机留在家里。当城市由混凝土、钢铁和玻璃建成时，用木头和石头建造的乡村度假房屋的价格就会上涨。当人类财富暴增的时候，越来越多的人就会选择不花钱的嬉皮士生活。当构建控制系统变得越来越复杂，有时甚至会触发连锁故障时，有些人就会回归那些除了开关按钮以外，什么都没有的、简单独立的东西。

另一个如影随形的方面是，新的选择通常不会取代旧的选择。大多数情况是它变成了一个额外的选择，这意味着它增加了多样性。

然而，通过所有这些分析，似乎可以看清楚一件事，那就是人类正走向一个极为紧张的发展阶段，将不得不接受巨大的挑战，而且其中大部分将是可怕的。另一方面，世界的主要驱动力又是（而且一直都是）完全正常的人每天都在做的事情。这可能不会在历史书或新闻广播中结束，却又真实地显示在统计数据中，为我们讲述一个完全不同于新闻的故事。

第四部分 超级行业

未来将会有许多为这些普通人做事的机会。企业家、商人和投资者将迎来重大的商业机遇。那些具有创造性而且有趣的工作岗位也会大量增加。

问题是,这种机会会出现在哪些行业?如果你是一个考虑学习科学、商业或金融专业的学生,你应该关注哪些方面?如果你是一名熟练的企业家,在哪里你可以用很少的钱启动创业,并有机会让你的企业成为一个伟大的公司,甚至在相对较少的几年内,就得到初始投资1 000倍的回报?

或者,如果你是一个投资者,在未来的几十年里,哪些资产和哪些行业将是最有利可图的?如果你的时机和选择都很好,你完全可能在10年内获得10倍的回报。

我认为总有两个因素需要注意:快速增长和高盈利模式。至于快速增长,主要的驱动因素将是人口增长、城市化、老龄化、全球中产阶层和上层社会的扩张,以及信息技术、基因组、生物技术和新能源领域的创新。至于高盈利模式,我认为有40项是经常被采用的,可以把它们分为8个主要类别:

- 基于资产。发明、创造,或获得理想的资产。
- 基于网络。让周围的商业生态系统推动你的事业向前发展。
- 基于速度。做事情通常比竞争对手更快,或者先尝试新事物,或者在时机恰到好处的时候买进或卖出。
- 基于客户关系。考虑客户需求,而不是销售产品,并将客户真正需要的东西卖给他们——解决方案。
- 基于成本。找到一种比竞争对手更便宜的方法。
- 基于金融时机。基于经济周期、情绪波动等做出积极的时间投资。
- 基于金融套利。利用两个投资对象或资产类别的价值或收益率的差异(进行套利)。
- 基于积极金融。当你在投资的时候,要积极地参与对潜在资产的投资并提高其价值。

我已经在下面的表格中列出了所有以上提到的 40 个项目，并在 www.supersectors.com 网站对每一个项目都做出了进一步解释。

表 10.2　世界上 40 个主要的盈利模式

总体策略类别	具体策略	总体策略类别	具体策略
以资产为基础	• 工业和农业 • 品牌建设 • 颠覆性的发明 • 生产即销售 • 大片效应 • 资产增值 • 利润乘数 • 向奢华转型	以客户关系为基础	• 批发零售 • 次级市场交易 • 大规模定制 • 中央聚合器 • 方案提供者 • 利基市场支配者 • 价格差异化 • 转型为服务 • 转型为分享 • 转型为数据
以成本控制为基础	• 临界标度指数 • 低成本业务 • 地点套利	以速度为基础	• 先发优势 • 组织速度
以金融时机为基础	• 经济周期的时机 • 技术时机 • 秃鹫投资	以网络为基础	• 社区建设 • 平台和标准创建 • 数字交换
以金融套利为基础	• 套利交易 • 优质资产收集 • 相对价值套利 • 事件驱动的交易 • 流动性套利	以积极金融为基础	• 风险投资 • 重振资本 • 收购 • 激进的投资 • 平均风险 • 整合策略

人们脑海中浮现的市场之一是房地产，房地产将受益于新兴市场加上城市化、人口增长、年龄结构变化等带来的资金流。当然，建造所有这些新的物产将会产生机会，但在土地投资方面，或许会有更多的机会。由于有吸引力的土地数量几乎是静态的，某些地区的价格因此可能会非常高。一些常见的房地产盈利模式主要依靠：把握积极的经济周期时机、收集优质资产和资产本身的升值。对于开发商来说，他们还将涉及批发零售。

第四部分 超级行业

当人们大规模地建造房地产时,当每年有 7 000 万~9 000 万人进入中产阶层时,当我们需要为新能源基础设施融资时,就会需要资金,这就为全球金融开辟了一个巨大的增长市场——特别是对新兴市场而言。在这些增长的市场中,有很多市场还没有形成一种信贷文化,它们的银行也可能从自己所做的事情中受益。此外,金融可以说是一个整体有能力执行上述 40 个项目的财务战略。在某种程度上,金融是一个在未来所有主要发展事项中都能发挥广泛作用的行业。

新兴市场的增长也将推动人类对大宗商品的需求。这个故事相当简单:很可能是供给不能迅速增长,在这种情况下,价格和生产者利润可能会很高,这使经济周期内时机的选择和策略挖掘变得非常有趣。此外,在基因组学和先进的恢复技术等颠覆式创新领域也将有巨大的机会。

对替代能源的需求将由新兴市场的需求、减少二氧化碳排放量的要求以及减少或停止向激进国家转移财富的愿望所驱动。这里最重要的商业模式将是颠覆式创新,先发优势、生产即销售和风险投资。随着市场的成熟,也将产生巨大的整合机会。

信息技术之所以有趣,是因为它具有惊人的创新速度,创造了越来越多新的、引人入胜的产品。它为颠覆性的创新提供了丰富的机会,并为初创企业提供了生产即销售的产品。这里一个非常重要的方面是,通过创建在线社区或作为中心聚合器的形式来创建网络效果的可能性。

基因组学和生物技术面临的创新速度可能和信息技术一样快,甚至比信息技术更快:它和信息技术有许多相同的特性,尽管网络效应在这里并不常见。还有这三种商业模式在这里特别有效,它们是颠覆式创新、大片效应和临界标度指数。在财务上,将会出现许多追求生产即销售以及大量整合的小公司,由于巨大的单一产品风险和巨额的开销,生物技术往往在大型公司中表现得最好。

我之前把休闲定义为 12 个不同的商业领域(旅游、时尚、健康、奢侈品、体育、餐馆等)。我认为其中有一个是很突出的——奢侈品行业。奢侈品行业将从即将到来的财富爆炸中获益。借助品牌效应，它能保证非常高的利润率。奢侈品的相关价值策略包括：资产增值、社区建设、临界标度指数、整合策略和优质资产收集。

在之后的 7 章中，我将专门讨论表 10.3 中列出的 7 个行业，并努力解释其发展情况和原因。如果你用交易量来衡量的话，我会从世界上交易规模最大的行业开始：金融。

表 10.3 七大超级行业

行业	核心驱动力	利润驱动
金融	在新兴市场扩张、创新和能源基础设施转型中发挥关键作用	• 经济周期时机 • 技术时机 • 秃鹫投资 • 套利交易 • 优质资产收集 • 相对价值套利 • 事件驱动的交易 • 流动性套利
房地产	适应全球城市化、年龄结构转型、人口增长和财富增长	• 经济周期时机 • 优质资产收集 • 资产增值 • 批发零售
大宗商品	满足新兴市场扩张的巨大需求	• 经济周期时机 • 工业和农业策略 • 颠覆式创新 • 整合策略
新能源	满足新兴市场需求，减少碳排放量，减少向激进国家的财富转移	• 颠覆式创新 • 先发优势 • 生产即销售 • 风险资本 • 整合策略
基因组和生物技术	令人难以置信的创新使第二次绿色革命、医疗保健突破、第三代和第四代生物燃料等成为可能	• 颠覆式创新 • 大片效应 • 临界标度指数 • 生产即销售 • 整合策略

（续表）

行业	核心驱动力	利润驱动
信息技术	电脑很快就可以匹敌并超越人类智慧；带宽、存储、移动电池等继续变得越来越好，越来越便宜；大量的新应用将成为可能	• 组织速度 • 颠覆性的发明 • 生产即销售 • 社区建设 • 平台和标准创建 • 数字交换
奢侈品	受益于新兴市场的财富爆炸和极端需求所带来的好处	• 资产增值 • 向奢华转型 • 社区建设 • 临界标度指数 • 整合策略 • 优质资产收集

第 11 章　金融

角色增加与再次扩张

年轻的时候，我被丹麦的一所大学录取，攻读工程学硕士学位，当时我感到很兴奋。不久之后，我又订阅了各种商业报纸和杂志，这样我就可以让自己在走进现实商业世界之前熟悉它的运作方式。然而，通过每天阅读这些文章，我逐渐形成了这样的印象：这个世界似乎不是由工程师来管理的。工程师，似乎是一个穿着天鹅绒牛仔裤和沃尔沃服装的典型好人，他对自己的技术及其所能达到的目标充满激情。然而，这位工程师通常会有一个老板，这个老板是个营销人员，穿着西装，打上紧绷绷的丝质领带，也许还开着一辆宝马车。他决定着工程师应该做什么或者工程师是否真的应该做某件事。

但营销人员最终还是会向一位财务人员汇报，他每天刮两次胡子，并且赚很多的钱。正是这个家伙决定了哪些公司应该被出售、合并、扩张，甚至关闭。因此，没有钱，就没有营销人员。没有营销人员，就没有工程师。金融界人士掌管着世界。

我知道这是一种简化的表达，但它给我留下了足够深刻的印象，让我决定开始攻读 MBA。今天，作为一名有着 30 多年工作经历的工程师、营销人员和金融从业者，我仍然持这种观点：金融界的人（或女孩）通常是国王。

第四部分　超级行业

金融行业体量庞大，2004年，衍生品/外汇交易总额（我将在后面解释）几乎是全球GDP的30倍，2007年，它已增长到大约全球GDP的46倍。如果我们加上债券和股票的交易，它就会达到大约GDP的50倍。这就是我所谓的"庞大"。实际上，衍生品交易每隔3天就能达到相当于美国年度GDP的水平，这也就是这类市场流动性如此之强的原因。如果你想在外汇市场上进行10亿美元的交易，它的耗时甚至不会超过两分钟，而且你可能会发现价格不会因为你刚刚所做的交易而有任何变化。在这些市场上，10亿美元只是沧海一粟。更准确地说，它比10秒内全球金融市场的平均波动还要小。

在2007—2009年股市崩盘之前的几年里，仅银行业就创造了全球所有上市公司20%左右的利润。根据机构投资者阿尔法的统计，美国薪酬最高的25位对冲基金经理在2006年的平均收入为5.4亿美元，相当于全年每人每天收入近150万美元。任何商业企业的经理都远远未能接近这一水平。事实上，这顶尖的25位对冲基金经理的收入加在一起，似乎比标准普尔500强所有的CEO加起来赚的还多。这个数字也相当庞大。

所以，显而易见，如果你经营着一只对冲基金，你可以赚很多钱，但金融行业作为一个整体，在条件合适的时候也能获得巨大的利润。这样的情况很快就会再次出现。我在前一章中提到，未来40年世界可变价格资产增长的总额，如果按实际价值计算，将可能达到800万亿美元。这大约是2010年全球GDP的12倍——作为新资产进入。这些资金将通过银行和其他金融机构进入这些资产。事实上，这些资金的大部分随时都会快速地翻进翻出（进行炒作）。不管怎么说，这些资金是非常巨大的，非常非常巨大。

我之前也写过，除了商业地产的扩张，现有房地产的升级，我们还需要为30亿新城市居民建造住房。这是关于房地产的，当然，也要谈到金融，因为房地产意味着抵押贷款。许多新兴国家甚至连信贷文化都没有成熟甚至没有建立，因此，随着信贷文化的发展，它们的金融部门将比整体经济增长更快。

我还提出，社会将出现更激烈的创新，并主要发生在信息技术、生物技术和新能源领域。这需要来自风险投资基金的风险融资。我再补充一句，新兴市场货币将为对冲基金带来巨大的套利机会。我将继续阐述，我认为问题的核心是无论在任何时间、任何地点以及任何领域发生了什么，风险融资都会创造金融机会。以下是该行业的主要参与者：

• 保险和再保险公司。为个人、家庭和公司提供保险，同时也经营大型投资基金。

• 商业银行。它们开展正常的银行业务，比如保管、消费、抵押、商业贷款、信用卡业务和金融交易支持等。

• 投资银行。通过发行债券或股票，或者通过IPO（首次公开募股）来帮助企业筹集资金。它们还可能帮助企业进行合并和收购，甚至帮助上市公司保护自己免遭恶意收购。

• 私人银行。帮助富人管理他们的资产。

• 对冲基金。它们是那些在众多金融市场进行交易并根据它们的业绩获得回报的公司（而不是像许多银行那样通过交易赚钱）。

• 私募股权基金。投资于诸如创业公司等非流动资产的合伙企业，或者通过控制私人公司或上市公司的控制权，对其进行私有化和重组。

作为一个谋求从未来机会中获益的人，您可以在金融机构工作，也可以投资金融机构，或者通过它们进行投资。后者是最常见的，因此让我们来看看金融机构是如何发挥作用的。

我认为关于投资的第一条规则很简单，就是去做。美国大学教授兼作家杰里米·西格尔在1991年发表了一篇具有里程碑意义的论文，他假设有人在

第四部分 超级行业

1800年时对不同资产类别各投资了1美元，并持有到1990年，然后对其长期投资回报进行比较。西格尔惊讶地发现，在此期间，消费者价格指数增长得如此之多，以下是1800年的1美元投资在1990年的价值：

- 如果投资黄金： 19美元
- 如果投资短期政府债券： 3 570美元
- 如果投资政府债券： 6 070美元
- 如果投资股票： 1 030 000美元

黄金竟然没有人们想象中那么热，而债券的表现却很好，股票的表现则更加出色。1990年，你用100万美元可以买到比你在1800年用1美元买到的多得多的东西，但仅仅通过1800年1美元的投资增值，你就可以在1990年买到很好的地段的一幢很不错的别墅。

过去的表现不能保证未来的结果，从1990年——杰里米·西格尔所描述的时期结束——到我写这篇文章时，美国股市已经崩溃了至少三次：分别是1991年、2000—2003年，以及2007—2009年。真是大灾难啊！

嗯，让我再看看我的屏幕。连续轻击键盘……好吧，标普500目前的交易价格刚刚超过1 000点……它在1990年的最后一天的交易价格是——连续轻击键盘——刚好低于330点。

我希望你能明白：从长远来看，比方说30年甚至更长时间，投资的确是值得的，即使你必须在你需要用钱之前经历无数的战争、恐慌、衰退和崩盘。此外，投资于波动性大、风险大的项目尤其值得。因此，进行投资是第一条重要规则。

另一个规则是，在不同国家和不同的资产类别之间进行多样化投资会大幅降低波动性。其中最重要的资产包括：货币市场工具、债券、股票、房地产、黄金、大宗商品、收藏品、贵金属——如果你真的有异国风情——也许还有林地。其中有一些在通货膨胀上升时表现良好（大宗商品、贵金属、房地产、收藏品），另一些在通货膨胀下降或降低时表现良好（股票、公司债券），而另一些则在危机中表现良好（政府债券）。一个谨慎的投资者应该做

的是在这些资产之间定义一个特定的资产配置,并永远坚持下去。举例来说,它们可能是:

- 货币市场: 5%
- 政府债券: 15%
- 公司债券: 10%
- 股票: 50%
- 房地产: 10%
- 黄金、大宗商品、收藏品和贵金属: 10%

当然,为了做到这一点,你需要定时地重新平衡,比如说一年四次。这意味着,当股市大幅下跌时,人们就会将更多的资金投入股市,而在通常情况下,政府债券的价格将会走高。换言之,这时进行平衡将迫使你把股票贱买贵卖。作为这一策略的一个补充,每年可将同样数量的资金投入到该投资组合中,这意味着当你的资产很便宜时,你会自动购买更多的单位。对于那些支付零售交易佣金的小投资者来说,再平衡可能会变得太昂贵,因此,最好是通过新的投资资金来重新平衡。然而,机构投资者可以很容易地进行再平衡。最后,是组合的全球化,而不是地方化。这本身就可能带来一些自动的再平衡。

这种简单策略的结合还不错。但让我们更仔细地研究一下这些资产类别,并考虑一下该如何投资它们?

我们可以从最简单的方法开始,那就是直接投资货币市场账户、债券或股票。货币市场是巨大的,因为商业公司、金融机构、国家财富基金、中央银行和富有的个人会不断利用它来管理流动性。债券市场也是如此,它们主要用于为政府债务、抵押贷款和企业债务融资。持有股票,你将拥有公司的一部分股权,但公司没有义务向你偿还任何债务(但很明显,它通常会很努力,因为股东选出了董事会,董事会选出了管理层)。

第四部分　超级行业

流动性最强的金融市场是所谓的"衍生品"市场，它们主要是期货、期权和掉期交易。期货是在未来某一天买卖某一资产的合约。它们既是一套保值工具，也是投机工具，不仅可以在物价上涨时赚钱，而且可以在价格下跌时赚钱（如果你卖出期货，价格随后下跌，你将赚钱）。任何"流动性"商品，如铜、石油或大豆，以及债券、股票指数等更多类别，也都有期货。

期权就像有损失限制的期货。看涨期权给你的是权利，而不是义务——以给定的价格在未来的某一特定日期买入某一特定资产，而看跌期权赋予你以同样的方式转让权利。由于风险是有限的，所以期权是有期权费的，投机者可能会卖出（或"写"）期权来收取期权费（但这将使他们的风险变高）。

掉期交易是指根据货币/汇率、利率、债券、商品、股票或其他标的资产的价值，在指定的未来的某一天或之前交换现金（流量）的合同。到目前为止，最大的掉期市场是外汇市场。

货币市场工具、债券和股票的主要类别

货币市场工具

- 定期存款是将钱存在银行账户，并在令人兴奋的到期日获得溢价利息
- 国库券是政府发行的"债券"，期限为3~12个月
- 货币基金是购买货币市场证券的集合投资

债券

- 政府和机构债券，机构债券由政府支持的抵押机构发行
- 公司债券是由公司发行的，如果这些债券被认为是有风险的，它们就会被称为"垃圾债券"，并且会有更高的收益率
- 市政债券由市政当局发行

> • 抵押贷款、资产担保和债务抵押债券都是由特定资产支持的债券
>
> **股票**
>
> • 金融类：它们是银行业、消费金融、投资银行和经纪业、资产管理、保险和投资以及房地产业
>
> • 非必需消费品：包括汽车和零部件、耐用消费品和服装、旅馆、餐馆和休闲以及媒体和零售
>
> • 信息技术：软件、硬件、信息技术服务和电信
>
> • 工业品：资本货物、商业服务和供应品以及运输
>
> • 资源：化学品、建筑材料、容器和包装、金属和采矿、纸张和森林产品
>
> • 消费必需品：食物、药物、饮料、烟草以及家庭和个人产品
>
> • 公用事业：煤气、电和水

许多基金不是直接投资于货币市场、债券和股票，而是投资于共同基金（或"管理基金"），这些基金使用主动型基金经理人来挑选特定的投资，可能会增加或减少风险敞口。投资者需要为此支付管理费，这样一来，就可以看出买卖交易费用显然也是存在的。这些费用多年来一直困扰着投资者，因为大多数这些基金的业绩表现总是低于它们的基准指数。出于这个原因，已经衍生出了种类繁多的另类基金，比如 ETF，它代表着交易所交易基金。你购买一个 ETF，就相当于参与了一个给定的投资组合，它不会随时间而改变。由于 ETF 多数是被动的，因此它们的管理成本也很低。此外，它们也可以卖空，这给了经验丰富的投资者从下跌的市场中获利的机会。

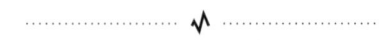

我们已经看到，房地产一般只占社会上所有可变价格财富的 50% 多一点

儿。投资房地产主要有 5 种方法。第一个是投资直接所有权，这是人们在投资自用型房地产时经常做的，无论是出于私人还是商业利用。为了纯粹的投资目的而直接拥有房地产可能是个好主意，也可能不是，但这样做的任何人都应该考虑随之而来的巨大的管理任务。几年前，我与朋友投资购买了柏林市中心大约 45 000 平方米的房地产。它发展得很好，但更重要的（除了相当好的时机）是我们还购买了当地一家房地产管理公司的控股权，这家公司可以处理任何事情，从日常事务到装修以及所谓的"私有化"，即把公寓从出租变成待售状态。

房地产的第二个主要投资形式是开放式房地产基金。这些基金允许其投资者以基于评估的净资产值进行交易。这确保了一个公允价值，但也将迫使基金维持流动性储备，以便它们能够应对赎回。

第三种方法是 REITs（房地产投资信托）。它有着和普通股票一样的封闭结构，这意味着它们可以交易，但不能赎回。因为它们是另一个纳税投资阶层的金融工具，只要承诺支付大部分（通常是 85%~100%）的收益作为股息，往往就可以在公司层面免税。REITs 通常被称为 affo（经营调整资金估值），这与自由现金流相似。如果进行资产减记，报告的收益可能会比 affo 低，但如果预期房产长期增值，就可以避免投资者的担心。

第四种是上市房地产公司，我将它们分为开发商、交易公司和控股公司。开发商显然是建造和销售房地产的公司。交易公司整体购买物业，但随后提升其价值，再以区块或个人私有化的方式将它们出售。最后，控股公司将主要管理一个相对静态的房地产投资组合。上市房地产公司和房地产投资信托基金的一个有趣的方面是，就像 ETF 一样，它们可以卖空，这也使得从房地产价格下跌中获得收益成为可能。

第五，也是最后一类重要的房地产投资工具是私人房地产基金。它们大多是以私人合伙企业形式进行经营的机会主义基金。其核心是购买陷入困境的项目，或者其认为有可能通过增值方式获得巨大收益的项目。一些大型投资银行往往会与它们最大的客户合伙经营这类基金。

私募股权基金与对冲基金都属于金融市场流动性最差的部分。可以说，私募股权基金就是没有上市的投资基金，只面向那些资金雄厚和特别专业的投资者。这类基金可以分为两种主要的类别："风险投资"，即对初创公司的股权投资；以及"并购基金"，其中包括收购更成熟的公司，有时是上市公司。不太常见的私募股权形式包括以下几个：

• 增加资本，通常针对那些需要投资的成熟公司。

• 接管一个在中途耗尽资金的建设项目，或者购买由一家它认为将要破产的公司（债转股）发行的债券。它随后将注入更多资金以完成建设项目或重组公司。

• 夹层资本（mezzanine capital），有点儿类似于垃圾债券，经常针对那些没有资格发行垃圾债券的高风险公司。作为风险补偿，私募股权基金将要求高收益和（或）以优惠价格收购股权。这在2007—2009年的危机中被广泛用于对金融机构的救助。

• 最后，还有其他的变化，如基础设施、银行、能源，甚至是作为私募股权运营的艺术基金。

如何投资私募股权基金？为什么只有声誉良好的专业投资者才能进入这一领域？让我们从技术性细节开始探讨。当你注册成为私募股权基金的投资者时，你最初什么也不会支付。签约是一种承诺，在未来支付一定数额的费用。这就是为什么你需要成为一个有良好声誉的专业人士：基金需要绝对确定，当它有需要的时候，你有足够的钱。如果你没有，基金经理很可能就会起诉你，最后可能会达成一项协议，你可以通过支付一部分承诺的费用来摆脱困境，同时放弃部分你已经投资的内容。

当投资者签署私募股权协议时，一般来说，我们推荐的和正常的策略是在接近8年的时间里逐步建立风险敞口，然后在以后的时间里或多或少地尽力进行均匀分配。当基金经理试图自己做这件事的时候，选择投资的时机并没有太多的意义。基金募款结束后，通常会在 3 年的时间内完成其所承诺的资金投资。然后平均每项投资需要 7~8 年的时间，这意味着通常需要 11~12 年该基金才能完全结束。在此期间，该基金将可能多次要求其投资者提供更多资金（出资请求），因为它想继续投资，而另一些基金则因为已经出售了一笔投资而获得了现金"分配"的回报。

应该对私募基金投入多少资金？

任何私募股权基金的投资者都需要知道以下三个关键条款：

- 承诺资本是你注册的最大投资金额
- 资本分配是你实际想要投资的金额
- 动用资金是认购额与分配额的区别

因为每只基金在其存续期间都将不断地返还资金，因此一只特定基金的动用资金很少会超过所承诺资金的 60%。此外，如果你有多个年份的基金投资组合，动用资金的总额很可能会更低。这意味着大多数投资者选择承诺的投资将多于他们希望分配的资金。

这并不是一本关于商业道德的书，但有很多关于私募股权——尤其是有关收购基金的不好的事情，我想对其中的一些做一下简单介绍。一种常见的说法是他们所做的只是：（1）收购一家公司；（2）负债累累；（3）解雇很多人；（4）在逃税的同时通过出售获利。

这是可能发生的，但一般来说，这是不正确的。至于增加目标公司债务负担的说法，在很大程度上存在误解。情况通常是这样的：他们借钱买公司，然后做一个"向下转嫁"，让被收购的公司承担债务。然而，私募股权的典型目标公司是杠杆率非常低的公司，而私募股权公司的通常做法是将杠杆率提高到市场标准。这些债务是用来支付给公司的卖方的。然而，在交易完成后，如果出现较为急迫的需求，收购基金将需要更多的现金储备。

债务会对公司造成伤害吗？可能会，但也可以将管理层的注意力集中在盈利能力上，因为他们必须支付投资资本的利息，这是正常的。私募股权业务的另一个方面是，管理层通常会用自己的资金进行共同投资，这样他们就能在进展顺利的情况下获得收益，同样，当事情不顺利时，他们也可能会陷入更深的麻烦中。这当然也会将管理层的注意力集中在这一任务上。

私募股权公司作为就业破坏者的形象也是错误的。来自美国的研究表明，与拥有其他所有权结构的类似公司相比，私募股权基金控制的公司，其就业收入、利润和生产率都有更高的增长。

最后一种常见的批评是，这些基金试图逃税。然而，那些将自己的公司卖给私募股权基金的人必须对他们的收益进行纳税，他们投资的公司，以及为他们提供资金的投资者也要缴税。

对冲基金是具有非常灵活策略的基金，包括从价格下跌中做空以获利的可能性。对冲基金的主要策略是：

• CTA，即商品交易顾问服务，对冲基金通常是交易衍生品的全球宏观基金。商品交易顾问是基于计算机交易的策略，而全球宏观基金主要是由人来管理的。

• "股票对冲"基金通常会交易可比价值的成对股票，他们会买入相对便宜的股票，并卖空贵的股票。或者可能长期持有特定的股票，并对指数进行整体做空。有些人专注于"价值"股票，而另一些人则专注于"成长"股票。还有一种混合体叫 GARP（合理价格成长策略）。

• "相对价值"对冲基金通过低息短期贷款购买长期债券或高收益货币，这些被称为"套利交易"。

• "事件驱动型"对冲基金通常会投资陷入困境的公司所发行的债券，它们类似于秃鹫基金。养老基金通常不允许持有此类债券，而且可能以异常低廉的价格被出售，因为它们从投资级被降至垃圾级。此外，对冲基金可能会买进这些债券，它们希望公司能够扭亏为盈，如果公司不能做到这一点，对冲基金就会接管这些公司，并制造一个转机。另一种事件驱动的策略是进行收购尝试。一家对冲基金可能会聘请律师，试图弄清这样一笔交易是否真的在法律上是可行的，如果真的可行，又该以什么价格交易合适。然后，他们就可以在收购公司的股票和收购目标之间进行相对价值交易。

> **对冲基金与私募股权基金的费用结构与人才比较**
>
> 　　对冲基金和私募股权基金的收费结构通常被称为"2∶20"。他们每年收取2%的管理费，外加20%的净利润，即所谓的"绩效费"。在私募股权中，业绩是按照基金存续期计算的，而在对冲基金中，通常是每季度计算一次，但要附有"水印"，这意味着，如果基金的价值下降，那么绩效费用的支付就会随之停止，直到基金超过历史最高水平，也就是所谓的"水印"。
>
> 　　这些费用可能会达到惊人的极高数字，这也许就是为什么许多金融界真正有才能的人最终都在对冲基金或私募基金工作的原因。然而，这些潜在的费用也吸引了那些没有那么聪明的人来投资。投资这类基金的简单规则是，就历史表现而言，它们应该属于排行前25的基金。除此之外，随着时间的推移，我们应该广泛地接触各种不同的基金，并适应不同的经理人和投资风格，然后产生更好的现金流，以弥补其流动性的下降。

　　金融行业的特殊之处在于，它几乎涉及消费者、政府和商业公司的方方面面。你在金融业所做的许多事情，并不涉及你在商业领域所经历的摩擦。然而，举例来说，在购买一所房子的过程中，有大量的文书工作需要处理，而金融交易员可以在几分钟内通过几通电话就能赚到数亿美元。由于交易成本很低，如果你很优秀，很容易就能赚到钱（虽然大多数人做不到这一点）。

　　但交易成本低也诱使许多人在事情（当然是一段时间）进展较为顺利的

时候愿意承担更多的风险。特别是当人们用 OPMs 进行交易时，即用"别人的钱"进行交易时。正如我们在次贷危机中看到的那样，许多银行都承担了完全不计后果的风险，我认为，银行作为金融机构很少会用自己的钱来承担这些责任，来为这些风险买单。集体思维加上股票期权和奖金只是这一驱动力量的一种方式：它们奖励成功，但没有惩罚失败。许多人预测，对冲基金中有相当一部分将在崩盘中亏损，但事实上并没有发生，原因很简单，大多数对冲基金经理都不以自有资金投资这些高风险项目。因为他们非常关心损失，他们知道损失将由他们个人承担，而不是由一个大机构承担，这是因为在大机构中，很难在事后确定谁做了什么事情。

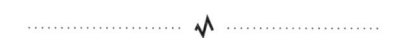

那么，让我们看看最强大的金融中心在哪里。就交易量而言，外汇市场是目前规模最大的市场。一项国际清算银行（即中央银行的中央银行）所做的调查显示，大约 24% 的全球外汇市场是通过英国的金融机构完成的。排名第二的是美国，占 17%，紧随其后的瑞士、日本和新加坡各占 6%。只有超过 4% 是通过香港和澳大利亚完成的。印度只占全球外汇交易量的 0.9%，而中国大陆仅占 0.2%。

让我们来看一下股票市场（上市的工具）的市值和交易量，世界上 4 个主要的板块分别是美国、欧洲、中国和日本。表 11.1 概述了截至 2009 年第 1 季度这些地区主要交易所的市场资本总额和交易量。这表明，美国拥有迄今为止最大的市值而纳斯达克又是其中最大的交易市场。

我发现其中有几个方面很突出。首先，在编制这些数字时，中国的外汇交易量仍然很小（中国有严格的货币管制），但在更传统的贸易中，其货币交易量却非常大，实际上与欧洲相差不远。此外，中国上海的股市市值几乎与英国伦敦证券交易所（LSE）的市值一样大（在这些数据公布几个月后，它实际上超过了伦敦）。这里还要提一点，伦敦证券交易所自 17 世纪以来就已经存在，已有 300 多年的历史。而上海证券交易所于 1990 年才开业。

表 11.1 截至 2009 年 5 月底，主要交易所的市值和年度交易量

	市场价值 （万亿美元）	股票交易总量 （万亿美元）
美国	12 348	20 246
欧洲	8 757	4 850
中国	4 406	3 086
日本	3 102	1 561

资料来源：维基共享资源"股票交易"条目。

至于更有创意的金融领域——对冲基金和私募股权基金——占主导地位的是西方国家。2009 年，专注于企业家和风险资本的组织红鲱鱼向其认证的世界上 100 位最好的风险资本家颁了奖（见红鲱鱼网站）。

到目前为止，最大的障碍是盎格鲁 – 撒克逊地区（除了印度外的英语国家），其拥有世界上 2/3 的主要的风险投资基金。有趣的还有一点，中国已有 8 只顶级基金，数量与法国和德国的总和相当，几乎是日本的 3 倍。

世界经济论坛每年都会发布《金融发展报告》（*Financial Development Report*），该报告在 120 多个变量的基础上，对全球 55 个领先的金融体系和资本市场进行排名。这些排名涉及体制和商业环境、金融稳定性、金融服务、金融市场和准入等方面，它不以规模尺度来衡量，而是以质量尺度来衡量。

至于金融中比较复杂的部分——对冲基金和私募股权，主要的分布地点位于"前大英帝国"。法国，特别是德国已经做出了正式且严格的尝试，在欧洲金融界挑战了伦敦，但收效甚微。英国伦敦一直保持着非常明显的领先优势。我相信，在未来的几十年里，全球金融将有两个国际权力中心：大中华区和前大英帝国区。有趣的是，印度属于后者，它应该在几十年后开始发挥其影响力。第三大权力中心将是瑞士（财富管理）和海湾国家。

总之，我认为金融业将开始再次扩张，并最终取得很大的发展。然而，在 2007—2009 年的大危机之后，该行业可能会在许多方面发生变化。管理型基金行业将越来越多地被 ETF 和其他简单的、低交易成本的普通金融产品取代，人们可以用它们来构建稳健的资产配置投资组合。对冲基金将会复苏，并继续在识别和利用错误定价方面发挥作用，而私募股权将会再次繁荣起来，因为它在帮助初创公司的过程中发挥了作用，并为需要它的成熟公司增加了专业知识和常识。银行将更专注于为客户服务，并提供客户能理解的简单产品。与此同时，他们会减少"为自己的交易"（即所谓的"自营交易"，prop–trading），因为他们的客户和整个社会都不能与那些不安全的银行共存，他们会缩减非常复杂的产品。最后，作为其客户的金融伙伴，他们将开发在网络和移动设备上运行的专业媒体产品。

从某种意义上说，我认为需要发生并可能发生的事情是将增加的角色划分为三个大类：

• 提供标准服务的金融机构，如存款、转账、电子银行、托管服务等。这些公司主要是事实上的信息技术公司，它们的收费结构通常是所管理资产的 1%，另加每笔交易的服务费。聪明地利用网络是关键；一些纯粹的 IT 公司很有可能会在这个领域取得巨大的成功。

• 金融营销组织从客户的角度出发，帮助客户建立正确的投资组合解决方案，并反对较高的收费。这些产品将基于一个"开放架构"，这意味着它们可能同时服务于其竞争对手制造的产品。例如，为保险顾问、精品银行、企业银行等提供并购咨询。

• 创造性金融根据其市场表现按百分比获得回报（如果有的话）。对冲基金和私募股权基金已浮现在我的脑海中，但也可以想象其他形式的创意金融，比如将财务管理完全外包给大型基金。

就地理位置而言，金融具有很强的、根深蒂固的网络效应，而两个主要的权力中心（如前所述）将会是英语世界和中国。在任何情况下，对于未来从事商业的任何人来说，金融都是至关重要的，因为没有它，任何业务都不可能存在，而且许多最好的业务都是通过它完成的。

第 12 章　房地产
位置、估值和时机

我有一个问题：

"你经历过 1973—1975 年的全球经济危机吗？"

这是石油输出国组织决定在第 4 次中东战争（也称"赎罪日战争"）期间停止向支持以色列的任何国家出口石油，进而引发的一次石油危机。这场危机一直持续到 1974 年 3 月，但许多经济体直到 1995 年仍萎靡不振。其中包括日本，在危机期间，日本房地产市场崩溃了。

现在，让我们想象一下，如果你是一个拥有健康逆向思维的日本投资者并且喜欢在经济衰退期间购买房地产。于是，你拿出 100 万美元的现金，加上 200 万美元的抵押贷款，以总计 300 万美元的价格在日本进行了房地产投资。为了便于理解，假设租金收入完全可以覆盖你的所有支出，包括抵押贷款利息，这样，你就没有偿还抵押贷款的负担了。

很好！受此启发，我们现在可以想象，你决定再投资 10 年。这是个好主意吗？哦，是的！如果你继续持有这些资产 10 年，它们的价值就会再增加 300%，这将使你的投资价值达到 1 800 万美元，也就是扣除抵押贷款后还有 1 600 万美元。也就是说，在 20 年的时间里，你的初始投资将会获得 1 600% 的回报。

越富有越贪婪。假设你决定在未来 10 年里继续持有相同的房产。那么，记住这句谚语：事不过三！

那将是一场灾难。在第 3 个 10 年里，你可能会失去所有的东西，在总共 30 年的时间里，你只得到了最少的回报。图 12.1 是日本市场近 30 年的表现。

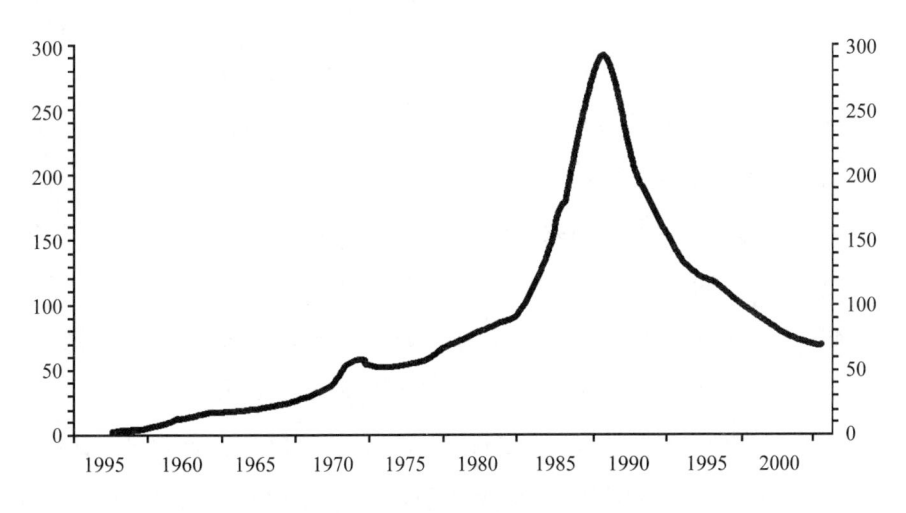

图 12.1　日本土地价格指数：六大城市

资料来源：汤姆森 Datastveam。

我用这个故事开始讲述房地产这一章的原因在于，虽然房地产无疑是社会的主要财富创造者之一，但它也是主要的财富破坏者之一。这一切都取决于你在哪里，什么时候，以什么方式买入，以及在什么时候卖出。在这一章里，我将对其中的一些内容进行阐述，当然也包括为什么我认为房地产在未来几十年仍是一个价值风口的原因。

房地产的种类有很多。例如，商业建筑（超市、商场等），还有办公楼和工业建筑，以及酒店、会议建筑、仓库、停车场和多层停车场等。这都是我们所谓的"商业地产"。然而，你在日常生活中看到的房产可能大多是公寓楼和住宅，或者我们所谓的"住宅地产"。正如我在前面的章节中提到的，发达国家房地产的用途分布比例大约是75%的住宅和25%的商业。在一些发展中国家，商业地产的比例可能更高，其中许多人生活在贫民窟廉价的房屋中却在真正的工厂工作，而在拥有许多第二居所或退休人员的地方，住宅所占比例可能会更高。

还有一些房地产有待开发：森林、农田和建设用地。就我个人而言，我认为森林、农田与商品的关联度显然比其他房地产市场高，所以我不会在这里介绍它们，但建设用地显然与其他房地产相关。

我已经提出了为什么说我们正在面临国际房地产建设热潮的一些原因。其中两个明显的原因是大规模人口增长（在40年内新增20亿）和财富爆炸（在40年内，发达市场增长200%~300%；新兴市场增长400%~600%）。此外，还有城市化（新增30亿人口）和老龄化（新增16亿退休人员）。

在第5章中，我展示过一个农村和城市地区预期人口的比较图，现在我将要展示另一个，从而使这一问题更加清晰。图12.2显示了2010年到2050年可能的发展趋势。

当我第一次看到这些数字（并制作这张图）时，我感到很吃惊，因为我意识到，我们不仅需要为地球在2010—2050年期间新增的20亿人建造房屋，我们还需要适应从农村转移到城市的人口净流入。从本质上讲，尽管人口将会增长，但仍会有许多农村房屋被遗弃。因此，我们所需要处理的人口增长数量不是20亿，而是30亿。然而，它并没有止步于此，因为我们的家庭和年龄结构也会发生巨大的变化。由于现代生活方式的影响，加之老龄化以及低生育率的影响，整个社会中单身人士或丁克家庭的比例将变得更高，这意味着我们需要更多的家庭单元，而不是两到三代人的家庭在同一幢楼里养育许多孩子。

"贫民窟的情况怎么样？"有人可能会问，"那些搬到新兴市场大城市的人，是否会在贫民窟里生活？而贫民窟在商业意义上是不能被定义为'建筑'的。"不幸的是，许多人会这样做，就像许多人已经做过的那样。根据联合国人居署统计，2008 年，有不少于 1/3 的全球新兴市场的城市居民（2008 年为 8.1 亿人）生活在贫民窟。然而，如果平均收入按预期增长，居住在贫民窟的人口比例将会下降，这意味着新的城市住房需求将不仅来自我刚刚提到的那些因素，还将来自那些从贫民窟中迁出的人。最后，越来越多的中产阶层和上层社会人士会选择购买第二套住房。我认为现实情况是，我们需要在未来的 40 年里，平均每年为近 1 亿人建造新的住宅。

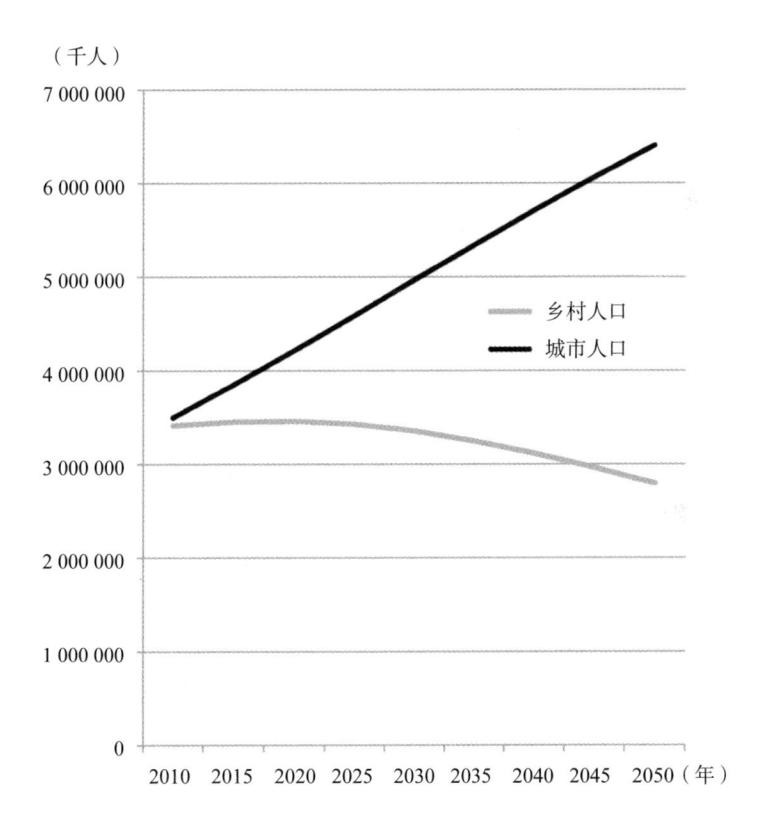

图 12.2　2010—2050 年全球农村和城市人口预测

资料来源：《城市化前景》，2008 年修订版，联合国人口司 2008 年。

除了在房地产周期中出现过一两次短暂的衰退，这一数字在整个时期内应该是相当稳定的，因为人口增长将趋于平稳，从农村到城市的人口迁移将会加速。所以，这里有一个数字我们是需要知道的：在 2010 年到 2050 年，我们平均每年的新建住房可以容纳大约 1 亿新城市居民。

但这只是针对净增加的新租户和业主的住宅建设。我们将会建造更多住宅。首先，这并不是说在人口增长停滞或下降的国家就不会有建筑建设。即使在像俄罗斯和日本这样人口数下降的国家，房地产也依然会被替换、改造或升级。根据《经济学人》2008 年的一篇文章，美国有 78% 的房屋被转售，而在日本，这一数字仅为 13%。原因何在？因为日本人通常每 30 年就会拆毁一次旧建筑，并建设新建筑物。此外，如果世界人口总体上将变得更加富有，那么人们就会想要更大、更好、更多的住房——想想佛罗里达、西班牙、泰国、迪拜或其他地方的许多度假屋吧。

---

10 个新的生活方式

对新住宅地产的需求不仅来自人口增长和财富增长，还来自适应以下新生活方式的需求：

1. 飞行：快乐的青春
2. 雅皮士：年轻的城市职业人士
3. 孔雀鱼：同性恋城市职业人士
4. sinbad/ singad：有收入的单身人士，没有男朋友（没有女朋友），非常的绝望
5. oink：有一份收入，没有孩子
6. 丁克：有双重收入，没有孩子
7. opf：单亲家庭
8. spear：享受富裕退休生活的老年人
9. grampy：成熟的、活跃的、有钱的优秀人士
10. 嬉皮士：年轻、精力充沛、经历丰富的老年人

另外，我们也不应该忽略商业地产。由于新兴市场往往拥有非常高的资本支出，因此，多年以后，额外的商业地产可能会超过所有建筑物建造价值

的 25%。

我们所能预见到的大部分房地产繁荣基本上是低成本的。每年将有 7 000 万~9 000 万人被提升进入中产阶层，也会有更多数量的人从彻底绝望的境地被提升到略低于中产阶层的位置。这些人会利用小额融资，并从宝洁公司购买超小包装的肥皂和牙膏。无论是哪种情况，新兴市场的典型趋势首先都是人们从农村搬到小城镇，之后再搬到更大的城镇或者是将他们的孩子送进城，直到第三阶段，他们才算是真正搬进了大城市。这意味着，许多更成功的房地产开发商会先专攻一些较小的城镇，因为那里的竞争不大。

表 12.3　发展中国家城市贫民窟人口——8 亿人生活在贫困线以下

2008 年，只有 8 亿多人口（世界人口的 12%）生活在贫民窟里。许多贫民窟居民所建房子没有土地产权，他们的财产因此没有多少商业价值。			
发展中国家或地区	贫民窟人口 （单位：百万）	居住在贫民窟的当地城市 人口比例（%）
撒哈拉以南的非洲	166	62
南亚	201	43
东亚	215	37
拉丁美洲和加勒比海地区	117	27
西非	31	24
北非	12	15

资料来源：联合国人居署，《全球城市观测》，2008 年。

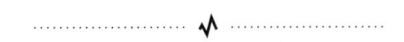

我相信，作为一个房地产投资者，想要长期取得成功，就需要非常清楚地理解三个关键的方面：位置、估值和时机。你不会考虑投资偏远地区的房地产市场，你也不想在价格过高的情况下购买房产，更不会想在逼近房地产周期的价格顶峰时购买房产。

至于地理位置，新兴市场显然将继续繁荣，但我们已经研究了一些人口统计数据，并发现了大多数发达市场房地产建设减速的原因：劳动力减少、人口下降和老龄化。老龄化和人口下降的一个后果是：许多地方准备首次购买房产的年轻人数量随之下降。经合组织调查了其成员国人口的年龄金字塔，由此发现在1980年至2000年，这些青年购房者的数量基本保持稳定，但相较之下，韩国、西班牙、墨西哥和意大利的涨幅更大。在这20年里，14个成员国中唯一下降的国家是日本。然而，如果我们看一下经合组织的预测，就会发现情况似乎大相径庭：经合组织预计这些国家新加入购房群体的人数将逐渐减少，2050年将降至8亿以下，低于1980年的数字。因此，这对许多房地产市场来说显然是个不利因素。受此影响最严重的国家将是韩国和西班牙，随后是许多中欧国家。

其他具有更坚实人口统计基础以及更好的长期增长前景的发达国家包括：美国、加拿大、澳大利亚、新西兰、英国、法国、荷兰、爱尔兰、瑞士和几个斯堪的纳维亚半岛的国家。这些国家在历史上都鼓励接纳有技能的移民，或者善于吸收新居民，又或者拥有相对较高的人口出生率。

全球城市扩张的三大贡献者将是美国、中国和印度。在2010—2025年，城市人口增长最快的国家将会是印度，在此15年内，印度将增加大约2.6亿的城市居民。你在脑海里想象一下这个数字，只需要考虑它并不比截至2010年整个美国的人口数量少多少（大约为3.05亿）就可以。因此，让我重申一下：印度在15年内的城市扩张人口数将几乎和美国的全部人口相当。

城市扩张规模第二大的国家将是中国，据预测，从2010—2025年，中国城镇人口将增长近2亿。在这15年里，中国的城市人口增长数将是德国人口的三倍。

总的来看，这一时期印度和中国将共同贡献全球城市人口增长数量的1/3左右。同时，在接下来的25年里，也就是从2025年到2050年，这两个国家的城市人口扩张数量也将占全球人口总量的1/3，而印度人口增长的贡献量将是中国的两倍。

现在，让我们看一下所谓的"特大城市"：那些居民人口超过1 000万人的城市。1950 年全球只有两个特大城市：纽约和东京。到 2010 年，大约增长到 20 个（当然，这个数字也取决于您如何定义每个城市及其郊区之间的边界）。如果我们将 2010—2025 年预期人口增长率最高的 20 个城市计算在内，那么新增人口总量应该是大约 8 200 万。有趣的是，在这 20 个特大城市中，只有纽约和洛杉矶是经合组织成员国。而这两个城市的人口增长率排名仅分别为第 17 位和第 18 位。在 8 200 万新城镇居民中，有不少于 8 000 万的居民将生活在新兴市场国家。一个奇怪的方面是，在这些庞大的城市中，有些城市对公众来说还相当陌生。（快速测验："加尔各答、金沙萨、拉合尔和拉各斯等特大城市在哪些国家？"……来吧，就现在！）

关于房地产周期的六个重要事实

• 房地产周期特征：存在固有的房地产周期，其平均持续时间为 18~20 年。在房地产周期波动达到峰值后，房地产市场先于经济整体开始衰退。这些事件通常会导致严重的、持久的衰退或萧条，如果再加上银行业和货币危机就更加严重了。

• 房地产周期的驱动因素：就内在驱动力而言，（平均）18~20 年的房地产周期本质上是由滞后和供给的不稳定性驱动的，而资本支出和库存周期中较短期和较小的房地产波动是对总需求和信贷条件变化的简单而被动的反应。

• 房地产周期引人注目的原因：当房地产周期下行时，有三个主要影响。首先，产生财富效应，房价下跌所造成的财富损失将导致国内生产总值下降约 4%。其次，房地产价格下跌和衰退意味着建筑业衰退（建筑业平均只占国内生产总值的 10% 左右）。最后，许多房地产周期的低迷会导致银行危机，在某些情况下甚至会导致汇率危机，从而放大整体的负面影响。

• 处于资本支出和库存周期期间的房地产情况：如果经济周期因存货

> 或资本支出的调整而下行,它通常会给房地产市场带来短暂而有限的影响,房地产价格可能只是停滞或略有下降。这种效应将在经济周期下降几个月后出现。其影响如此有限的一个原因是,与衰退相关的利率下行支撑着房地产市场。
>
> • 住宅地产是一个经济周期的启动器:住宅地产在复兴期间往往可以引领经济。住宅地产的这种行为对于中央银行试图重启经济而言是非常有帮助的,因为不断上涨的房屋开工量往往是他们放松调控的第一个重要反应。
>
> • 商业地产是典型的滞后指标:住宅物业往往会立刻放大中央银行的政策效果,而商业地产市场则要晚一些,以作为对最初货币刺激的一种"回应"。商业地产市场的复苏通常发生在中央银行不希望再看到额外的经济扩张的时候。

大城市都有高楼大厦。麦肯锡全球研究所在2008年进行了预测,预计到2025年,中国将建造2万~5万幢摩天大楼。到那个时候,中国应该至少拥有4个特大城市和大约220个居民人口达到100万的城市。

让我换一个完全不同的角度来看房地产增长——从旅游、酒店和度假屋的视角。旅游业是世界上最大的增长型产业之一,并创造了许多就业机会。尽管很少有旅游公司特别赚钱,而且旅游业的从业人员往往工资较低,但因为对房地产市场的影响,该行业产生了重要的经济驱动力。它不仅可以创造数量可观的建筑业务,也能在土地价格上创造巨大的收益。

旅游业的平均增长率大约比世界经济增长的速度快25%。然而,这是不稳定的。通常情况下,当全球国内生产总值增长率超过4%的时候,国际旅游业的增长速度要比世界经济增速快得多,但当全球国内生产总值增长率低于2%时,国际旅游业的增长速度反而要比世界经济增速慢。世界各地的国际游客人数从1950年的2 500万增长到1980年的2.77亿,又从1990年的4.38

亿增长到2000年的6.84亿，然后在2008年达到9.22亿。世界旅游组织预测，到2020年，这个数字将攀升至16亿。

根据同一个组织（世界旅游组织）曾经的一项预测，在2000年，大约只有3.5%的世界人口出国旅行，而且在这些出国旅行的人中，只有7%的人具备健康和财务条件。旅游新兴国家往往有三个发展阶段。第一个主要是组团旅游，人们想要尽可能多地去看一些著名景点，在它们那里拍张纪念照片，或者在一个他们从未去过的度假胜地放松一下。

旅游的第二阶段包括更聚焦、更有主题的旅行和更多的个人计划。有些人会探访当地文化名胜，有些人寻求冒险或教育，也有些人会去拜访家人和朋友，内部人士将其称之为VRFs团体（即"走亲访友"）。还有一些人会去购物，参加聚会，或者去做更便宜的髋关节置换和心脏移植手术。新兴市场国家的中产阶层在这一出境旅游阶段对零售、旅馆、会议地产施加巨大影响，并在适当的时候对许多国家的第二居所建设产生巨大影响。根据世界旅游组织的统计，中国居民在2010年的出国旅行次数已达到1亿人次。这大约相当于2010年美国、墨西哥和德国的外国游客量的总和。预计到2020年，中国游客的数量将占到世界游客人数的6%，无论中国人走到哪里，影响都会很明显。

上述情况将继续下去。当人们离开他们的农场去城市工作时，他们经常会得到从未有过的东西：假期。当他们从自给自足的状态转化为拥有中产阶层的身份地位的一员时，他们得到了另一种新的东西：可自由支配的收入。我们已经看到，全球城市人口每年将增加大约7 500万，全球中产阶层人数每年将增加7 000万~9 000万。没有理由再否认出境旅游的游客数量每年将以至少与中产阶层人口增长相同的速度增长。

财富增长将吸引越来越多的人步入旅游业的第三阶段，在那里，人们获得了多处住房，并在它们之间来回转移。随着互联网、卫星、无线网络和智能手机的出现，对许多白领来说，一切将变得更加可行。事实上，不仅是对白领，对越来越多的人来说，在哪里工作真的已经不重要了。全球游艇市场从20世纪90年代末开始蓬勃发展的主要原因就是卫星通信技术的改进。这项技术使商人能够在海上有效地交流。

表12.4 截至2025年，20个特大城市的人口和预期的人口增长

2007—2025年增长排名	特大城市	2007年人口数量（百万）	2025年人口预测（百万）	预测增长量（%）
1	达卡，孟加拉国	13.5	22.0	8.5
2	拉各斯，尼日利亚	8.0	15.8	7.8
3	孟买，印度	19.0	26.4	7.4
4	卡拉奇，巴基斯坦	12.1	19.1	7.0
5	金沙萨，刚果	10.1	16.8	6.7
6	德里，印度	15.9	22.5	6.6
7	加尔各答，印度	14.8	20.6	5.8
8	上海，中国	15.0	19.4	4.4
9	雅加达，印度尼西亚	8.6	12.4	3.8
10	马尼拉，菲律宾	11.1	14.8	3.7
11	开罗，埃及	11.9	15.6	3.7
12	广州，中国	8.4	11.8	3.4
13	圣保罗，巴西	18.8	21.4	2.6
14	墨西哥城，墨西哥	19.0	21.0	2.0
15	伊斯坦布尔，土耳其	10.1	12.1	2.0
16	里约热内卢，巴西	11.7	13.4	1.7
17	纽约，美国	19.0	20.6	1.6
18	洛杉矶，美国	12.5	13.7	1.2
19	布宜诺斯艾利斯，阿根廷	12.8	13.8	1.0
20	拉合尔，巴基斯坦	9.8	10.5	0.7

资料来源：联合国人居署，《世界城市化前景》，2008年修订版，维基共享资源。

所有这些都使得度假屋成为一个巨大的增长市场，即使不是一个全新的市场。我曾经读过一本叫作《罗马世界花园》的书，这本书不仅有故事细节，而且还描写了罗马花园的景色，甚至描写了主人公在意大利北部的科莫湖畔以及在其他许多地方的避暑别墅的样子。这些房子都是几千年前建造的。后来，在17世纪和18世纪，富有的荷兰阿姆斯特丹居民在维赫特河岸边建造了避暑别墅，而富有的英国人则为狩猎聚会建造了小屋。

从1865年到1901年，第二居所的建设在美国所谓的"镀金时代"兴起，商业大亨在格林尼治开始建造巨大的避暑豪宅，如大理石山庄（1892年由威廉·K.范德比尔特夫妇完成）以及听涛山庄（一座有70个意大利文艺复兴风格房间的宫殿，1995年由科尼利厄斯·范德比尔特二世建成）。大多较小的避暑住宅都建于20世纪初，坐落在乔治湖、纽约以及新墨西哥州的圣达菲和陶斯附近。随后，菲尼克斯的太阳谷就出现了著名的斯科茨代尔、格兰岱尔、梅萨和坦普社区，这些新建设区不仅吸引了美国当地追随阳光的度假者，还吸引了来自更冷的加拿大的许多中产阶层投资者。科得角紧随太阳谷之后，当然还有佛罗里达、迈阿密、劳德代尔堡、棕榈滩等——在这些开发的居所中，有一些是为极其富有的人准备的，但还有一些是不断壮大的中产阶层就能负担的。一般来说，来自北方各州的人会去南方，而旧金山居民则会选择塔霍湖，波士顿居民则去科得角。然而，随着航空机票价格变得越来越便宜，人们的旅游习惯也发生了改变，他们开始放眼海外，开始前往墨西哥、哥斯达黎加、巴拿马，甚至欧洲和泰国。

欧洲人也遵循了类似的趋势，人们开始在法国南部，然后在西班牙海岸的度假胜地购买住房，包括阳光海岸，短短40年的时间，这里就从被遗弃的状态转为狂热的过度建设。马略卡岛和伊比沙岛紧随其后，尽管与克罗地亚、土耳其差不多，但法国的情况还是要稍微慢一点儿。

不仅美丽的湖区和海滨吸引了数以百万计的人口。在北美和欧洲，滑雪也有很大的魅力。滑雪板已经存在大约5 000年，但第一次已知的民间滑雪比赛于1843年在挪威举行。第一个滑雪俱乐部成立于这场比赛的32年后，也在挪威。我们已知的第一次在阿尔卑斯山地的滑雪旅行，发生在1894年，当时亚瑟·柯南·道尔爵士——《夏洛克·福尔摩斯之书》的作者，与他的两个朋友一起，从瑞士达沃斯旅行到阿罗萨。1929年，美国第一个以度假村为基础的滑雪学校在新罕布什尔州开张，同年，从波士顿出发开往新罕布什尔州怀特山脉的有组织滑雪列车开始运行。然而，直到20世纪60年代，滑雪才演变成大众运动，如今在两大洲都有巨大的市场。由此，欧洲阿尔卑斯山脉脚下坐落的几十个贫穷的山区的村庄在很短的时间摇身一变，成为容量巨大的旅游热点。截至2010年，在格施塔德特、圣莫里茨和维尔比尔，只有一间房屋面积大小的土地价格，已涨至3 000万美元，一些土地能够达到4 000万美元甚至更高。同样，阿斯彭、维尔等地也吸引到大量的美国私人飞机。

如今，大约有300万法国人和75万英国人拥有第二居所。在美国，第二居住的销售比例在2007年达到顶峰，甚至达到40%，其中12%为度假屋（其余为投资购买）。在2008年的经济危机中，度假屋的销售量从12%下滑到9%，在这一年里，交易数量从74万减少到51.2万。

谁会购买度假屋？买家似乎可以分成三类：(1) 主要用于金融多样化和投资的人；(2) 那些孩子离家后，想要拥有更多更舒适假期的人；(3) 越来越多的spears、grampies，以及其他经济富裕的中年人或老年人。全美房地产经纪人协会（NAR）的研究表明，美国购房者的平均年龄为52岁，家庭年收入为82 800美元。

全球旅游业正面临着来自新兴市场参与者的巨大推动——特别是中国。《中国出境旅游手册》刊载了一项调查，调查展示了2000年、2005年和2007年最受中国大陆居民欢迎的旅游目的地（详见表12.5）。

中国旅游业还处于发展初期，所以旅行者们必须在这一发展过程中收集并分享宝贵的经验。举个例子，为什么我对朝鲜在2005年退出这个名单并不感到惊讶？为什么澳大利亚在2005年之后也退出了这个名单，尽管它被认为是一个非常有吸引力的旅游目的地？它的货币在2000—2007年对美元升值了很多，可能是其中一个因素，但无论如何，这两个国家已慢慢被马来西亚

(第 10 位)和越南(第 5 位)取代。越南紧临中国南部,拥有大片的海岸线,这必然成为中国旅游业一个巨大的增长区域。泰国也有很多优惠,但随着时间的推移,它相对于日本的优势有所下降。

表 12.5　在中国大陆最受欢迎的旅游目的地

排名	2000 年	2005 年	2007 年
1/2	中国香港/澳门	中国香港/澳门	中国香港/澳门
3	泰国	日本	日本
4	俄罗斯	越南	韩国
5	日本	韩国	越南
6	韩国	俄罗斯	俄罗斯
7	美国	泰国	泰国
8	新加坡	美国	美国
9	朝鲜	新加坡	新加坡
10	澳大利亚	马来西亚	马来西亚

资料来源:《中国出境旅游手册》。

还有一种方法可以发现中国人喜欢的地方,那就是直接问他们。2007 年 2 月,尼尔森在线进行了一项综合性的研究,并询问了哪些地方被人们视为理想的目的地。最常见的答案是:

第 1 名:欧洲(32%)

第 2 名:中国(23%)

第 3 名:澳大利亚或新西兰(13%)

欧洲、澳大利亚和新西兰离中国很远,而且旅游价格也很贵;然而,它们似乎仍然是中国人理想的海外旅游目的地。如果对欧洲旅行市场进行仔细观察,德国似乎是最受欢迎的,然后是法国、意大利和瑞士。这实际上很有趣,因为这并没有完全反映全球旅游热度的排名,要知道,法国、西班牙、美国、中国、意大利、英国、德国、乌克兰、土耳其和墨西哥都是2007年排在前10位的理想的海外旅游目的地。

这里应该注意的是，中国人对西班牙、美国和英国的兴趣似乎要低于全球游客的平均水平。另一方面我们又不禁要问，为什么德国、法国、意大利和瑞士会成为中国人热衷的目的地呢？我认为这可能与奢侈品文化有关：因为这些地方是宝马、梅赛德斯－奔驰、保时捷、路易威登、香奈儿、法拉利、范思哲和乔治·阿玛尼、劳力士、百达翡丽和宝玑等奢侈品品牌领先生产商的所在地。正如我们所看到的，亚洲人对欧洲奢侈品及其文化有着一定的热衷度。那么，当中国人有能力投资海外度假屋的时候，他们会选择哪里？有可能是越南、泰国或澳大利亚，当然这只是一种猜测。我个人认为，中国人会去欧洲度假，但没有多少人会真的想要在那么远的地方购买度假屋。

中国人也开始重视滑雪了。1995年，中国可能只有不到500人会滑雪，而且这些都是职业运动员。然而，到了2005年，这个数字已经增长到500万，自那以后，每年的增长量大约为100万。如果你想要一个滑雪小屋，趁现在可以买得起，就立刻买下它吧，特别是如果它还离中国的人口中心很近的话。要知道，城市中心很快就没有足够的空间了。

通过观察西方发生的事情，我认为我们可以得出以下非常粗略但有用的结论：当一个国家变得富裕，它的人口开始出现老龄化时，会达到一个临界点，那就是大约有10%的房地产购买，是为了度假，以及有大约5%的人口会拥有度假屋。让我想想……14亿中国人中的5%，那就是70万套的度假屋。然而，如果中国、印度和其他新兴市场都效仿我们在发达国家所看到的模式，那么资金洪流就会开始流入大众旅游和商务旅游行业，包括酒店、会议中心、购物中心等。然而，在随后的阶段，这种资金洪流也将越来越有利于休闲房屋建筑业。我相信，随着未来几年世界财富的爆炸性增长，将会出现许多有限的空间位置，如一流的海岸、滑雪胜地以及拥有丰富的、厚重文化的城市中心地带，这些地方的旅游生意可能会蓬勃发展，土地价格也将随之大幅升值。

第四部分 超级行业

将会有很多人想要去这样的地方享受。我之前提到过一些在全球范围内发展的新的生活方式：首先，没有孩子的年轻人，比如我在前面列出的雅皮士、孔雀鱼、sinbad、singad、oink 和 dinky，他们专注于事业，不想要或者找不到伴侣，又或者只是想要尽可能长地延长自己作为孩子的时间。前面我还提到了 spear、grampiy 和嬉皮士。这些人有钱也有时间来享受，有充分的流动性，并对国外第二居所感兴趣。

.... ⋀ ....

推动经济增长的另一个因素，也是推动房地产市场发展的一个因素，就是具备良好的交通运输条件。在规划者们100年前决定建火车站的地方，或者那些港口、运河、河流或十字路口所在的地方，许多城市如雨后春笋般地涌现出来。事实上，如果你看历史上那一长串最成功的城市名单，就会发现一个规律，那就是它们几乎都接近通航水域。纽约、香港、伦敦、上海、新加坡、巴塞尔等城市或国家都可以便利地到达海岸线或者河流。

经济增长——无论是就国内生产总值还是就财富总量而言——主要发生在税收较低的地方。前几年高税收很罕见，但现在它们很普遍，对于具有巨大盈利潜力的公司或个人而言，生活在低税收区域显然是切合实际的。许多较小的国家或郡（县）基本上都秉持着简单的低税收政策，并最终发展成为全球性的强国。这个想法主要是基于所谓的拉弗曲线（Lafier Curve），如果你想将长期税收收入最大化，那么这就是一个描述什么是最佳的税收压力的通用方法。曲线显示了在给定税收水平下的预期税收总额，对此最好的描述是，如果你的税收水平是0，你将没有收入；如果税收水平是100，你很快也会一无所获，因为每个人都会离开。最佳的税收水平是介于两者之间的。从短期来看，这一最佳税收水平承受的压力可能相当高，但长期高税收的结果将是人才的流失、创业精神和雄心的减弱以及"逃税文化"的盛行。从某种意义上说，过度征税类似于海洋里的过度捕捞，短期内，它会带来更高的产量，但长此以往产量就会降低。人们会想，为什么要冒险呢？如果潜在的负面影响都是我们自己承担，那么即便我们成功了，获得最多收益的也是政府。如果它只是给你带来了惩罚性的税收，那么为什么要加班？

要计算拉弗曲线上最优点的位置是不可能的，因此，所谓"最优"也不过是那些人试图通过自己的意识形态而产生的偏好。一项来自（"左"倾）瑞典的研究表明，税收压力已经超过了70%，而来自（右倾）美国的研究表明，它接近30%。这是一个巨大的差异，但是，多年来一直在税收压力方面排名领先的瑞典和丹麦，却在全球人均GDP排名中缓慢而稳步地下滑。这种下滑已经逐渐侵蚀了它们的税基及其长期收入的增长潜力。

瑞士可能是世界上最具代表性的"税务实验室"，因为这里的大部分税收都是在地方一级进行的——分散在每个州和每个村庄（城市）。每个地区都有不同的税收压力，并且这个差异可能很大。瑞士的实践经验表明，那些很早就选择了低税率策略的地区，其税收压力已经大大超过了其他地区。其结果是提高了它们的税基，使它们能够进一步降低税率，尽管瑞士有一个制度，即较富裕的州会将它们非正常收入的一部分转移给那些收入较低的州。然而，收入只是证据的一部分，因为在几乎永久充分就业的情况下，瑞士的众多生产都外包给了其他国家，因此这种外包对瑞士的国内生产总值没有贡献。因此，其结果是瑞士的国内生产总值增长并不是特别快，而瑞士的财富增长却特别快。至少就瑞士各地而言，包括社会缴款在内的最佳边际税率似乎低于30%，而最佳公司税率甚至低于15%。

实用主义的另一个方面是法治，当然，前提是法律是合理的。长期来看，那些可以随意没收资产或者需要行贿才能把事情办成的地方，远不如那些拥有清晰、廉洁制度的地方成功。我要补充的是，合理法律的一个基本部分是，你可以登记你所拥有的权利，这样它就可以用作信贷担保。世界上较为贫穷的国家，往往很难或根本不可能做到这一点。透明国际这一组织每年对商人和分析人员进行一系列调查，询问他们对所熟悉的国家的腐败现象的看法。该组织随后将所有这些数字汇总成一系列腐败指数。根据这一统计，

2007年"最廉洁"的10个国家分别是丹麦、芬兰、新西兰、新加坡、瑞典、冰岛、荷兰、瑞士和加拿大，前三个国家并列排名第一。仅就指数来看，最腐败的地区是非洲和中东。索马里是世界上最糟糕的国家，缅甸、伊拉克、海地、乌兹别克斯坦、汤加、苏丹、乍得、阿富汗和老挝也都存在较大程度的腐败。

关于创造增长和财富，还有第二种理论：自然资源。毫无疑问，在过去的日子里，世界上许多富有的国家所拥有的大部分财富都来自自然资源，如森林、良田、铁或煤。新兴市场的繁荣正在推动自然资源的价格上涨，许多富有的石油生产国目前的成功仅仅是因为这些炙手可热的自然资源，此外就没什么了。我认为，除非我们能够进一步摆脱对化石燃料的信赖，直到全球人口增长进一步放缓，否则我们将不得不把自然资源视为许多地方的主要增长动力和财富驱动力。然而，如果自然资源是一个国家所能提供的一切，那么在通常情况下，它所创造的财富有相当大一部分就会在本国流失。例如，拉丁美洲创造的财富中就有相当一部分流向了迈阿密，而非洲、中东和俄罗斯的大部分财富最后都流入了欧洲。

还有另一种更具争议性的自然资源：人类智慧。理查德·林恩博士与塔图·万哈宁联合发表了一份综合研究报告，他们对不同国家人的智力和财富水平进行了比较，结果发现人均国内生产总值与所谓的一般智力之间存在着很高的相关性，而这与任何特定的教育都无关，如数学或语言这类特定的教育。平均智商最高的是阿什肯纳兹犹太人，这一犹太人社区形成于莱茵河流域（德国西部）和法国北部的中世纪社会。如果校准全球智商测试将全球平均值设为100分，那么阿什肯纳兹犹太人的平均得分为112~115分。换个方式说，你的智商测试通常需要达到105分才有资格上大学。位列阿什肯纳兹之后的是一批智商在105~108分的亚洲人。北美大部分地区、欧洲、澳大利亚和新西兰等地居民的平均水平在 100 分左右，各地区之间稍有差异。许多发展中国家和贫穷国家处在一个较低的区间——有些国家甚至要比这个区间低得多。

弗林效应（快速上升的智商）似乎表明，经济发展对一般智力有很大的影响，无论是营养、医疗，还是父母的照顾情况，对孩子的智力刺激都很大。然而，有些高智商的亚洲国家比较贫穷，而且在经济上仍然较为落后，但比欧洲的平均水平略高一些，因此，我认为这些亚洲国家仍然有很大的经济增长潜力。

另一个看待未来房地产增长市场的角度是人们想要在哪里工作。创造性思维是世界上最大的可再生资源，但它同时也是完全流动的。试图聚集人才就像放牧猫一样困难，但你可以吸引聪明的人来你的国家。美国科学家理查德·佛罗里达曾研究过"有创造力的人想要住在哪里"这一课题。他的一个发现是：这些人往往先决定住在哪里，再决定去哪里工作。这意味着，找工作的人比工作所需的人要少。此外，由于大多数有创造力的人都希望在一段有限的时间内就能达成某一特定目标，所以他们认为自己家的位置比雇主或者说公司的名字更重要。美国人平均每 3.5 年换一次工作，而且更换的频率一直在稳步增长。理查德·佛罗里达发现，最具吸引力的是多元文化——一个有趣的社会场景、真实的文化以及亲近自然的机会。

随着时间的推移，具有高收入潜力或高财富的创新人才的流动变得越来越国际化，这些人将寻找上述因素的组合，即良好的社会和自然环境、法治、低税率等。然而，如果你已经很富有，情况可能会有些不同。一家有着一个听起来有点儿吓人的名字的咨询公司"天蝎座合伙人"（Scorpio Partnership）创建了一个流动富人定居指数（Mobile Wealthy Residency Index），用来为世界上不断增长的流动富人群体提供最好的居住地建议。该

第四部分　超级行业

项目针对富人所关心的 11 个因素对不同目的地进行了评估，这些因素包括：经济和法律稳定性、当地法律、金融服务的深度、儿童教育机会、与理想位置的距离、文化基础设施、就业和商业机会等。在 2009 年的流动富人定居指数排名中，他们将瑞士排在首位，其次是伦敦、新加坡、纽约、中国香港、泽西岛、开曼群岛、马恩岛、摩纳哥、迪拜和根西岛。还有一些地方仅与符合理查德·佛罗里达标准的地方部分重叠，即对创意工作者有吸引力，包括：旧金山、波士顿、西雅图、洛杉矶、达拉斯、奥斯汀、圣迭哥、纽约、伦敦、米兰、慕尼黑、柏林、哥本哈根、巴黎。

其中一个可能被遗忘的因素是语言。不久前，我注意到，在法国一个国际机场，所有的乘客信息都只使用法语。我喜欢法国的语言、民众、奶酪和酒，但考虑到只有 2% 的世界人口会说法语，我认为这对于国际机场而言，是个奇怪决定。

世界上使用人口最多的语言是中文，其次是英语，而在商业、金融和科学领域，世界上被使用最广的语言是英语，而且它的优势很多，可以在较多的国家中适用。这意味着，世界上许多富有创造力和富有的人都有明显的语言偏好，他们生活在那些以英语为母语的地方，或者至少在大多数专业场合（和机场）使用英语。有趣的是，在中国，会说英语的人似乎比在印度还要多。

从历史上来看，美国吸引到的人才比其他任何国家都多。这实际上归功于其优秀的常春藤盟校、富有创造力的多元文化环境、领先的科技公司、低税收以及惬意的生活方式。瑞士和新加坡等其他一些国家的成功很大程度上可能也要归功于吸引外国人才的能力。日本采取了另一种解决办法，即利用技术而不是移民来解决劳动力短缺问题。例如，日本在工厂和医疗保健领域率先使用了机器人。

这里应该提到的是，有三个新兴市场国家实际上出台了鼓励反向移民的政策，即对外移民——人们离开本土去其他地方工作。这些国家是墨西哥、摩洛哥和菲律宾。这里有两个主要的动机：解决失业问题和得到工人们从国外寄回家的汇款，这些汇款通常要比他们在国内赚的多得多。请注意，希望离开的人显然不是医生和工程师，而是那些收入潜力较低的人。

表 12.6

排行	语言	语言使用者人数（母语加上第二语言，百万）	占世界人口的百分比（%）
1	汉语	1 051	18
2	英语	510	9
3	印地语	490	8
4	西班牙语	420	7
5	俄语	255	4
6	德语	229	4
7	阿拉伯语	230	4
8	孟加拉语	215	4
9	葡萄牙语	213	4
10	法语	130	2

资料来源：《世界语言》，民族语，2005 年。

这些吸引人才失败的国家要么是因为太穷而无法提供良好的教育或就业机会；要么是因为奉行惩罚性税收政策；又或者腐败、犯罪问题严峻；文化多样性低下或存在反商业政策等问题。

尽管新兴市场可能主要受到人才流失的影响，但随着时间的推移，这种表面上的流失可能会给它们带来一些优势。首先，移民们经常寄回大量的汇款。其次，移民也是一个当地的出口连接点。最后，他们可能会在以后的生活中获得宝贵的商业经验。

主要人才流入国家或地区	
• 美国	• 俄罗斯
• 英国	• 波罗的海国家

- 加拿大
- 瑞士
- 澳大利亚
- 挪威
- 法国
- 新西兰
- 以色列
- 新加坡
- 中国香港
- 阿联酋
- 波兰
- 匈牙利
- 印度
- 伊朗
- 伊拉克
- 古巴
- 委内瑞拉
- 巴基斯坦
- 德国
- 津巴布韦

〰

在我上面描述的许多方面都存在着网络效应。专业人士会被吸引到已经有很多人才聚集的地方。例如，如果你是一个生物技术专家，不管你是企业家还是求职者，你肯定会希望在有大批优秀生物技术人才的地方工作。此外，高收入者都喜欢住在有很多其他高收入者的地方。造成这种情况的原因有两个：（1）平均收入高的地区即使税率非常低，但由于它们的税基较高，社会需求较少，因此仍然可以提供良好的公共服务；（2）在这些地方，富人不会太突出。传统和声誉也很重要。正如我们所看到的，一旦一个地区因生产某种一流的奢侈品而赢得了国际声誉，人们就会期待这样的产品能从这个地区源源不断地被生产出来。只有综合所有这些原因，一些地区或国家才有可能发展成为当地的商业巨头，在税率下降的同时增加税基，开始自给自足的模式。

现在让我们把问题从房地产的位置转移到其估值上：房地产的价值在哪

里，你如何评估它？

对房地产的一个重要考虑是认识到哪些部分会随着时间的推移而增值。我认为建筑本身的升值是非常罕见的。事实上，它们的实际价值大多都在下降。想想看，如果你建了一座房子，水龙头和窗户会升值吗？地板、屋顶上的瓦片，也几乎不会升值。如果出现较高的通货膨胀，那么这些项目的替代品的价值确实会上升，但在经历一段时间后，房子里的大部分东西实际上已经被更换；正如我之前提到的，在日本，他们通常平均每 30 年就会把屋内摆设全部更换一次。即使是那些你未更换的部分，其价值的增加（如果有的话）也不太可能超过通货膨胀。

然而，土地是另外一回事。尽管全球人口将增长 30%，其实际收入和财富也可能在未来 30 年内增长 400%，但地球上的土地数量不会改变。我们增加了可用于建设的土地，但往往没有需求的增长那么快，而且许多地方已经没有可用于建设的土地。如果你在西伯利亚盖房子，如果当地人口持续减少，你的土地价值增长速度很可能就跟不上通货膨胀的速度。然而，如果你的房子下面的土地位于德国中部一个人口稳定的地区，那么它就能随着该地区的平均名义收入的增长而升值，如果该地生产率上升，其名义收入增长率甚至可能会超过通胀水平。试想一下，如果它位于亚洲的某个地方，那里有有限的土地、迅速增长的人口，甚至更快的平均收入增长率，那么你的土地就一定会成为良好的结构性投资。如果人们尽可能在所有适宜居住的土地上均匀居住，如果他们都互相憎恨的话，那么土地限制的第一个标准——土地的有限性——就不那么重要了。而事实恰恰相反，他们并没有这样做。

现实是，土地也具有网络效应，这与信息技术世界非常相似。就像一些青少年刚开始使用脸书和 YouTube（视频网站）时一样，他们想做的事情是一样的。对于土地，也有这样的情况，表现在许多人都希望在人口聚集的地方定居，因为那里有更多的工作机会。正如前面提到的，许多富人都想去那些富人扎堆的地方，因为那里的税率也往往更低。许多聪明人都想去聪明人扎堆的地方，因为那里是盛产伟大公司的地方。许多艺术家同样想搬到有更多艺术家聚集的地方，因为在那里他们可以找到灵感，例如，对于艺术交易商而言就是如此。强者恒强，换句话说，土地经济学中有许多自我强化的过程。

.... ∧ ....

我之前提到过，房地产市场有三个关键因素需要被充分理解：位置、估值和时机。你不会希望投资一个偏远地区的房地产，也不会希望以虚高的价格买房子，更不会想在接近房地产周期顶部的时候买房子。

我已经描述了关于房地产位置的一些考虑，但是如何评估房地产价值？房地产业最重要的金融基准被称为"资本化率"。它被定义为预期回报率，通过年度净营业收入除以房产的购买价格获得。换句话说，现金流在融资成本、所得税以及按比例提升的购买价格之前。例如：一所房子以1 000万美元购得，净现金流量为60万美元。那么，它的资本化率就是6%。根据经验得出的法则是：如果资本化率比10年期债券收益率高1%~1.5%，那么这是可以接受的。如果资本化率比10年期债券收益率高出3%，那么你就可以放心买入。但如果它们比债券收益率低，你则需要一个非常有说服力且具体的理由来说服购买，比如"私有化"（出售）出租公寓，通过修缮房产来赚钱，或者看到由于需求异常增加而导致房产价值和租金上涨的可能性。

另一个重要的指标是DCR（债务覆盖比率，由净营业收入除以偿债成本获得，即利息加上本金偿还）。如果营业收入不能达到偿债成本的1.1~1.3倍，将令人担忧。

为了评估被占用的住宅地产是否被低估或被高估，你通常需要关注这三个关键指标：

1. 偿付能力，也就是平均月抵押贷款占可支配收入的比例。
2. 平均房价与雇员薪酬的比率。
3. 房价与国内生产总值的比率（这两个趋势在很长一段时间内应该大致

相同），如果房价开始大幅领先于国内生产总值，就将是一个警告信号。

成功房地产投资的第三个关键问题是时机选择。如果房产在一个周期的顶部周围被买走，必然存在风险，它将变得难以出租，不可能出售，而且与此同时，贷款人会试图收回他们的贷款。要掌握房地产投资的时机，就需要了解经济周期。我认为，房地产周期的典型发展过程可以用下面列出的 30 个步骤来描述，从下面讲述的经济衰退的底部开始。

阶段 1～阶段 4：衰退

阶段 1：货币供应增加，包括短期利率在内的货币利率远低于债券收益率（收益率曲线趋陡）。这通常会在经济衰退前的 14 个月开始发生。

阶段 2：当最睿智的投资者注意到经济衰退"二阶导数"的变化时，股票价格开始上涨，这意味着，尽管经济仍在下降，但衰退已不再加速。通常情况下，这大约发生在经济低谷到来前的 5 个月，或者在债券价格上涨和利率下降之后的 6 个月。

阶段 3：新的私人住房的建造许可，或者通常称为"住房开工率"开始上升。这些指标与利率、债券价格和股票价格一起，成为衡量经济的最佳指标。住房开工率的上升，就像股票价格的上涨一样，通常会在经济低迷期的 5~6 个月前发生。原因之一是低利率对那些想要建设的人是具有吸引力。

阶段 4：其他领先指标，如新订单、供应商表现和初次失业索赔转向，都表明经济拐点即将到来。综合领先指标的指数通常在经济低点前 2 个月出现。然而，在这一阶段，报纸上的头条新闻仍然很糟糕，人们无法弄清楚为什么股票价格会上涨，毕竟情况还很糟糕。

以上这一时期为现有房地产投资提供了最佳机会。当业主出现贷款违约时，该房产会被贷款机构、清收团队或自有房地产业务部门（OREOs）收回。人们应该记住的是，经济衰退的影响之一是人们不再消费或投资而选择了储蓄。这意味着越来越多的货币在货币市场的账户中堆积，而企业的储备金几乎降为零。这为经济复苏创造了条件，然后可能会按照下面所示的方式进行。

阶段 5~阶段 14：复苏

阶段 5：企业发现，它们的库存已经达到了最低限度，因此现在开始恢复正常的生产模式，这足以推动经济复苏，甚至迫使库存增加。

阶段 6：消费者支出回升。

阶段 7：经济衰退结束了，尽管只是在其结束很久以后才能得以证实。这一阶段是股票投资者所谓的"最佳击球点"，因为通货膨胀和利率仍处于低位或下降中，而经济活动和企业盈利迅速增长。此时的股票价格已经比衰退开始的时候更高了。

阶段 8：低利率或正在下降的利率以及房地产价格的降低，极大地提高了住房的可承受性。公寓、独栋住宅、商铺和酒店的价格开始上涨，人们回到了全服务式酒店，在经济衰退期间，这些酒店的价格相当低。

阶段 9：房屋的总租金开始攀升，净租金也上涨得更快，因为开发建设成本超过了收入。

阶段 10：由于开发成本上升，专业开发商对新项目开工建设犹豫不决，因此它们试图通过翻新现有建筑来满足不断增长的房屋需求。

阶段 11：写字楼租赁需求大约在住宅物业需求恢复一年后开始回升。

阶段 12：这一阶段还将鼓励企业（尤其是服务业）寻找良好的办公空间，而价格仍然是合理和可接受的。这种良好同时也意味着市中心的写字楼首先将被租满，进而导致那里的租赁价格上涨。

> 阶段 13：经济稳步增长，欣欣向荣，产能变得紧迫。由于现有的房地产库存售罄，土地价格现在已经开始强劲上涨。
>
> 阶段 14：如今，消费者的表现要好得多，许多人具备了从公寓搬到独栋住宅的经济实力，这使得市场对后者的需求超越了前者。

以上只是描述了阶段 5~阶段 14 的经济奇迹，但遗憾的是它并没有持续多久。人类心理中的某些东西让我们直接进入过度繁荣的阶段。以下内容为我们呈现了经济过热时期的具体表现。

> **阶段 15~阶段 27：过热**
>
> 阶段 15：在这个阶段，消费者往往会开始过度消费，因为事实可能已经证明他们低估了在通货膨胀和利率下降时以更高价格来购物的真实成本。毕竟，利率很低，因为通货膨胀在未来几年预计也会很低。低利率使得最初的抵押贷款也很低，但是房地产抵押贷款（对通货膨胀的修正）不会像通货膨胀那样在处于高位的时候就快速下降。因此，投资者更多地用到了未来的消费能力，甚至比他们可能意识到的更大。
>
> 阶段 16：人们认为，现在对房地产进行投资更安全了，因为房价一直在稳步上涨，同时也因为现有的房地产可以作为更多房地产投资的抵押品，从而拓宽了房地产融资的渠道。
>
> 阶段 17：在这个阶段，汽车销售很活跃，商业停车场也是如此。
>
> 阶段 18：即使消费者现在已经减少了相当一部分的储蓄，却仍然很自信，所以他们还在继续花钱。住宅地产繁荣之后，住宅用地价格就会加速上涨。
>
> 阶段 19：与此同时，工业正在努力跟上需求增长的步伐，它开始建立新的产能，这给经济带来了稍显滞后的提振。产能建设意味着工业地

产（研发和工业仓库）以及工业用地的价格上涨。

阶段20：现在，寻找写字楼的人不得不到主要商业中心以外的区域寻找房源，这样郊区的办公空间就会蓬勃发展，而写字楼的用地也会增加。

阶段21：在这一阶段，通货膨胀可能已经开始上升，酒店和商业停车场可能不断地提高价格。

阶段22：现在有许多细分的地块，投机者开始以投机为目的买入土地。融资变得越来越容易，许多开发人员可以用很少的自有资金启动项目。

阶段23：与此同时，新的建设活动吸收了闲置土地，使土地得到有效利用，这也将给土地所有者带来暴利。作为连锁反应，土地投机开始提升。这是一场投机热潮的开始，在这里，房地产的倡导者们以最乐观的学术研究为基础（更保守的、学术的预测被忽略），发表了对未来增长率的极度乐观的预测。他们还制作营销材料，在荒地上展示未来的定居点。这样积极的销售方法比比皆是。

阶段24：这种繁荣吸引了地方官员的兴趣，他们希望通过重新划分更多土地和建设新的基础设施来支持经济增长。这给细分市场的买家带来了更多的信心，买家会认为未来还有进一步的发展，但是，如果这些预期的城市化进程未能实现，土地也将无法再用于耕种。

阶段25：股票价格停止上涨，进入一个长达数月的疯狂、无趋势波动的阶段。对冲基金和技术投机者等大型专业参与者都是净卖出者，而小投资者则是净买入者。

阶段26：综合领先指标回落。

阶段27：房地产价格依然坚挺，但交易量却大幅下降。

从领先指标下降到经济倾覆的时间，通常是 6~8 个月，因此，经济周期到达顶部之前的警告比到达底部之前的警告要清晰得多。理论上，这段时间可能会有时间让房地产投资者退出，但现实可能有所不同，因为现在已经没有很多买家了。价格坚挺，但交易量很少。然后是下一个时期。

> **阶段 28~阶段 30：崩溃**
>
> 阶段 28：消费者被困住了，工业建设能力已经达到顶峰，而租赁和建设的高昂成本也开始对商业社区造成伤害。
>
> 阶段 29：股市崩溃。几个月后，经济开始衰退。
>
> 阶段 30：随着置换销售超过新增需求，房地产的市场需求开始趋于平缓。尽管在 GDP 达到顶峰的一年之后，建筑活动仍在继续扩张，但是房地产租金下降，房屋空置率上升，其价格也在下降。

我要补充的是，当你在书中读到它的时候，上面所有的这些都要比你在现实生活中的实践看起来简单得多。但对于那些做法基本正确的人来说，就有可能从中获得巨大的收益，而那些犯错的人则会蒙受巨大的损失。

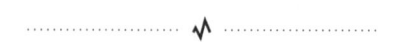

对位置、估值和时机的识别，相当于投资者有时所说的"β 因素"。然而，投资中也有一个"阿尔法系数"，这是更积极的部分。在房地产领域，它可以包括积极开发或重新开发。例如，你可以买一大片土地，对它进行细分，在上面进行房地产建设，然后把它作为单一的单元出售，又或者建造公寓、工厂、写字楼等。如果你在房地产周期中没有太迟出手，这将是一笔丰厚的利润。

它可以包括购买现有的房地产，并对它进行修缮以获取更大的价值。例如，人们可能会购买公寓大楼，在那里，公寓被出租出去。随着人们纷纷搬走（或者获得支付后迁出），公寓大楼一个接一个地被私有化。私有化就意味着一次出售一个单位，通常是在经过翻修之后。

还有一些人会改变建筑用途，甚至是整个社区，以适应不断变化的商业模式和人口结构。典型的例子是将工业产权转换为公寓，或为满足更富裕的买家的需求而对整个社区进行升级。例如，可以增加种满树木和植物的新公园或者公共娱乐设施、当地商店、餐馆、网球场、乡村俱乐部和24小时监控，甚至可以给社区装上大门。许多人还通过更好的隔热方式提高了环境标准，从而大大提高房产价值。

还有一种机会主义的金融策略，在经济危机期间，这是非常有益的。在危机期间，上市的房地产公司股票和房地产投资信托基金通常会以远低于实际的净资产价值进行交易，这使得购买它们比直接购买房产更具吸引力。此外，人们还有很大的机会以较大的折扣购买银行回收屋（"银行回收屋"：已被银行没收的房产）或者在止赎拍卖中购买。相较两者，通常是直接谈判购买银行回收屋的效果最好。

机会主义的第三种金融方法包括投资陷入困境的房地产公司，你可以通过贷款或夹层贷款来拯救公司，而不是得到一个优质公司的大部分。在前一章里，我简要提到了"债转股"的方法：

1. 找一个陷入困境的开发商，在市场（或银行）中以大幅折扣购买其贷款或债券。

2. 如果欠你钱的开发商没有破产，那么你将得到一个非常高的实际收益，你可以为此而感到高兴。比如，假设贷款的利率是6%，但你以半价买了债券，这意味着实际上你得到了12%的利息。

3. 如果开发商破产（考虑到贷款的折现情况，它很可能会这样做），你还有工作要做。通常情况下，股东将在接下来的事情中被清除，债权人（你）最终将拥有该项目或公司。然后你需要拿出额外的资金来完成这个项目，并把它带到盈利的阶段。

在困境中的投资被称为"秃鹫投资"，先不谈它们的名字，我认为当它们运作良好时，通常对社会和投资者都有好处。

我在这一章开始的时候，讲述了日本历史上的泡沫和房地产崩盘，早期的投资者可能在最初的20年里获得了大约1 600%的投资回报。我猜想许多人实际上赚了很多钱，因为人们倾向于抵押他们的账面利润，并不断增加他们在这类市场中的风险敞口。我所知道的是，在随后的经济崩溃中，他们中的许多人失去了一切。

我个人认为，在未来的几十年里，许多新兴的房地产市场将会出现巨大的、基本面合理的牛市，如果其中一些市场演变成我们在日本所看到的经济泡沫，我倒也不会感到意外。避免这种情况的关键在于政策制定者能否从日本经济危机和国际次贷危机中吸取教训。

不管出现泡沫与否，我们可以非常确定的另一个发展趋势是：在未来的几十年里，我们将看到新兴市场的房地产建设热潮，这是世界上以前从未发生过的，而且之后可能也不会再有。这里，我也有关于未来建筑的几点畅想。正如在前一章提到的，房地产建设需要大量的融资，但它也需要别的东西：大量的大宗商品、金属和能源。这可以将我们直接引入下一章的内容：人类对大宗商品的需求。

关于未来建筑的15个想法

1. 将湿度传感器和应力传感器内置于房屋结构中，以尽早发现潜在的问题。

2. 内墙是由智能玻璃制成的，可以通过触摸一个按钮而变成乳白色。其中一些内墙拥有电子区域，它们可以像计算机或媒体显示器一样工作，并通过无触摸手动操作。

3. 带有太阳能发电的窗户。带有某种染料涂层的天窗玻璃，它可以吸收波长与之相匹配的光，并将其反射到玻璃的边缘用于发电。

4. 智能玻璃。当阳光照射强烈时，垂直的窗户所包含的涂层将自动产生反射阴影。

5. 智能壁纸。整个墙壁或大部分墙壁，可以变成显示器进行媒体更新或设置某种氛围。

6. 由光伏电池制成的整个屋顶和墙壁。

7. 用一个遥控器来锁定和保护你的房子，就像你在使用汽车的时候一样。

8. 由智能灯光控制的花园光传感器，走廊和其他通道的红外传感器或定时器。

9. 环境控制。可通过点击，轻松编程控制灯光、智能墙壁和智能壁纸。

10. 无线通信的进一步发展。

11. 设计师车库。老房子的入口大厅一般都是很好看的——这是你看到的第一件事。在现代生活中，第一件事就是车库，它通常与室内直接相连。使之美观。

12. 机器人。自动化的洗衣间、自动吸尘器和割草机的普及。

13. 智能周边控制、入侵检测，以及通过人工智能辅助的访问控制系统与你的智能手机连接。

14. 安全的标准储物柜。

15. 通过网络和智能手机远程控制房屋自动化和监视系统。

第 13 章　大宗商品

人类的选择

1900 年 8 月 1 日,《纽约时报》刊登了下面这则小故事:

> **美国去年的产量为 26 841 755 吨中的 10 702 209 吨**
>
> 华盛顿 7 月 31 日消息。德国开姆尼茨市的副领事蒙诺甘在美国国务院发表了一份关于世界钢铁生产的有趣声明。他说,德国当局估计去年全球钢铁产量为 26 841 755 吨,而 1898 年全球钢铁产量为 23 866 308 吨。铸铁的产量为 4 000 万吨,1898 年为 3 600 万吨。其中有 70% 的铸铁用于钢铁生产。

事实上,这种增长的主要驱动力显然是美国和欧洲的工业化进程。然而,尽管令人印象深刻,但这也是一个令人担忧的原因,因为很难看到美国快速的铁资源消耗还能持续多长时间。于是,1908 年,美国各州州长在白宫召开了一次会议来讨论这个问题。以下是一份报纸关于这次会议内容的报道:

州长们为美国总统罗斯福的谈话欢呼

- 他告诉他们,对所有自然资源的保护都需要一个连贯的计划。
- 选举约翰逊为主席。
- 卡内基要求更加节俭地使用煤和铁,他说,现在这些资源都被浪费了。

根据这篇文章,时任美国总统罗斯福发表了以下令人震惊的声明:

大量的石油和天然气已经消耗殆尽。我们的自然航道并没有消失,但由于疏忽所造成的伤害以及由于责任分工和在这些问题的处理上完全缺乏系统性,我们的土壤变得更加贫瘠,其作物生产能力也不断减弱。

安德鲁·卡内基是当时美国的知名工业企业家(事实上,一直都是这样),他接着说道:

- 到1938年,大约一半的铁矿石供应将会消失,只有较低品位的矿石仍然存在,并将在20世纪末之前使用完。

铁矿石将耗尽

- 多年来,我一直对铁矿石供应的稳定性印象深刻。而让人吃惊的是,我们曾经认为丰富的富矿石供应已经出现波动,所以在20世纪末,剩下了那些品位更低的矿石。

尽管发出了上述警告,但在接下来的5年里,生产热潮仍在持续,并在1913年达到顶峰,当时全球钢铁产量达到了7 800万吨。之后,它下降了,但在趋于平缓后又再次回升,虽然再次增长要比之前的增长缓慢许多。

然而,它并没有被耗竭,全球钢铁产量的扩张也没有结束。下一个大的生产扩张周期是1950—1979年。这是由于"二战"后欧洲重建加上日本经济大幅增长造成的。当它达到顶峰时,钢铁产量再次趋于平稳,疲软状态一直保持到 2000 年。与此同时，大多数商品价格未能跟上通货膨胀的步伐，这意味着生产商的盈利仍然面临巨大压力。甚至还有许多人破产，另一些人开始退出，把钱花在更好的东西上，或者将股权交还股东。例如，铜作为最大的工业金属之一，在 20 世纪 80 年代后，就没有大的新矿开矿。埃克森公司曾投资于智利的第斯皮塔达铜矿（Disputada Copper Mine），并在 2003 年全球经济放缓期间选择将其享有的相关权益转让给英美资源集团。

然而，令人惊讶的事情发生了：全球对所有金属资源的需求激增。2002 年需求量为 6.08 亿吨，2003 年增长到 7.2 亿吨，2004 年为 8.02 亿吨。事实上，仅在 2000 年到 2010 年的 10 年间，全球钢铁消费量就翻了一番，已经接近 12 亿吨；这是它 110 年以来从未达到的。更具体地说，它在 10 年里增长了 6 亿多吨，这个增长量甚至比 1900 年的全球总产量多 20 倍。当时卡内基就表达了他的担忧，但所有其他工业金属都仍在重复同样的模式。

那么，为什么全球对金属的需求突然暴涨呢？首先我们来看看基本的数字。主要的工业金属种类有：铝、铜、锌、铅和镍，大概是这样的排名顺序。世界上普通公民平均每年消费大约 150 千克钢材，4.5 千克铝，2~2.5 千克铜，1.5 千克锌以及略超过 1 千克的铅。当然，这不是说你走进一家商店去购买它们，但是它们与我们所买的很多东西相关。

让我们先从铝谈起。由于铝很轻，世界上大约有 40% 的铝用于交通工具的生产。另外 18% 左右用于建筑施工，还 16% 用于包装（主要是罐装产品），9% 用于电气设备，9% 用于机械设备。至于铅，大约有 76% 用于铅酸电池（尤其是汽车电池）。幸运的是，很大一部分铅是被循环利用的，之所以说幸运，是因为它有毒，需要被循环利用。

我把铝和铅相提并论，是因为它们有一个共同点：都主要用于汽车和运输设备。这使得它们非常依赖资本支出周期，也依赖库存周期，因为汽车构成了世界库存的很大一部分。但这也意味着，对这些金属的需求可能是由汽车产量的爆炸性增长推动的——稍后我将回到这一点。

另外两大工业金属是铜和锌，它们主要与建筑施工有关。铜是一种优质的导体，因此主要用于电气应用，如电线（50%）、普通应用和工业工程应用（20%）以及建筑建造和建筑部件（15%），如屋顶、照明灯具、管道固定装置和管道。还有一小部分用于交通运输领域（11%），是散热器、中间冷却器/换热器等设备的原材料之一。前述的大部分电气应用都是建筑和建造的一部分，但它们并不是所谓的"建筑学"。这意味着，几乎有一半的铜消费都与房地产建设有关。至于锌，大约有57%用于建筑工程，23%用于一般工程，20%用于建筑，15%用于交通，11%用于其他领域。

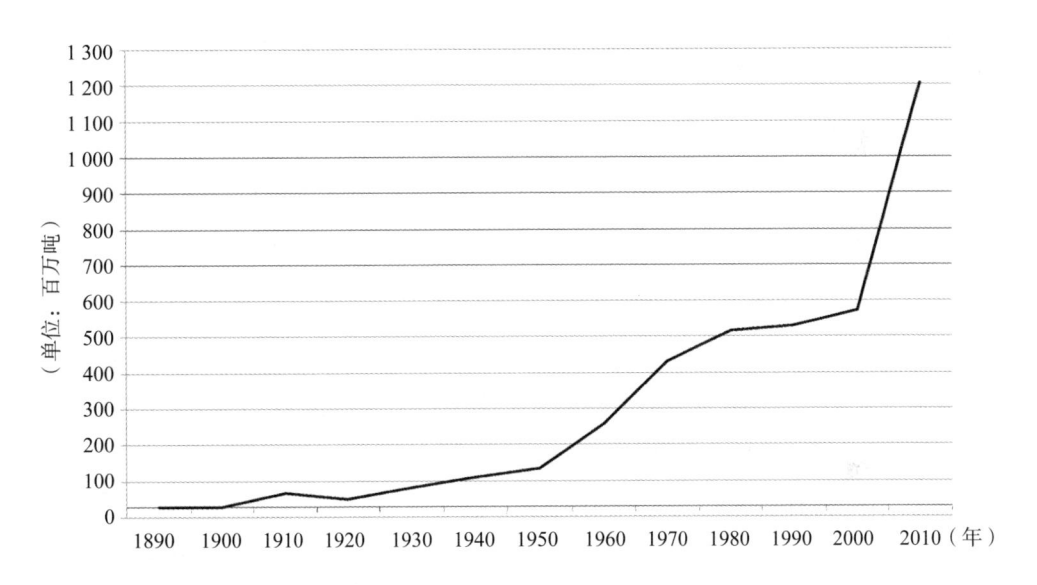

图 13.1　1890—2010 年全球钢铁产量（预测）

资料来源：《钢铁统计》，美国地质调查；载于《纽约时报》，1902 年 1 月 15 日。

我们之前已经看到了这样的预测：在未来的几十年里，每年有 7 000 万~9000 万人将脱离贫困进入中产阶层，还有大约 7 500 万人进入城市居住生活。除非我在本书里的预测有偏差，否则，大宗商品行业对我们将要面对的问题根本没有做好准备，即使它们现在已经完全意识到了这一点。开拓一个新矿需要 5~10 年的时间，而且需要花费数十亿美元。同时还需要与政界人士达成协议，然后与工会达成协议。此外你需要对当地人进行培训，雇用业务娴熟的经理，甚至说服他们搬到沙漠或丛林等恶劣环境中。你需要投入大量的基础设施来运输货物，从货物被发现的地方运输到港口——你甚至可能还需要建造这些港口。提炼大宗商品还需要有水源，但是在很多地方，附近都没有水。

2010年全球铜产量大约为1 600万吨，事实上，将人们从贫困中转移到中产阶层每年可能只需要大约600万吨铜，但将中产阶层转移到越来越高的收入水平则需要一个比600万吨更大的数字。因此，需求应该会继续增加。但一般情况下，采矿业务需要很长的时间才能够完全满足这种需求。所以"物以稀为贵"，我认为工业金属的价格将会上涨，也许会非常非常高，直到对需求的影响得到明显体现。此外，由于供给端最终也会做出反应，所以这笔钱通常来自比过去更昂贵的开采成本。即使这会导致价格飙升，也可能只是对需求的有限反应。毕竟，你会因为其中一小部分（比如，铜的价格增加了两倍）而不去建造一座新房子吗？

除了供给和需求对价格变化缺乏灵活性之外，甚至可能出现价格上涨导致供应减少的情况。当价格快速上涨时，一些政府可能回过头来要求对以前与矿业公司签订的合同重新进行谈判，而劳工部门可能会呼吁罢工。一些矿山可能会被国有化，如果政府这样做，那么矿山里的产量就可能会下降。例如，在赞比亚和刚果，当这些矿被国有化之后，就发生了这样的事情。最终，因为大部分的金属开采可能来自近海，因此必须在水下进行开采，而这个成本并不便宜。

金属并不是唯一需求旺盛的资源。随着世界人口从70亿增长到90亿，随着生活水平的提高，人们对水的需求将迅速增加。缺乏干净的水可能是世界上面临的最大健康问题。据估计，每年约有350万人因用水问题而死亡，其中约43%的人死于腹泻。这实在是太糟糕了，以至不管在任何时候，世界上有一半的医院病床都是被患有与水资源相关疾病的病人所占据的。据估计，人每天大约需要100升的清洁水，用来饮用、清洗和保持个人卫生。但事实上，几乎有9亿人缺乏安全的水供应，研究表明，居住在贫民窟的贫困人口通常为每升水支付的费用比生活在同一城市的富人多5~10倍。

然而，世界用水总量只有8%是生活用水，只有22%被用于工业，剩下高达70%的水都是农业用水。通常需要大约1 000吨的水来生产一吨的食物。在雨量充足或有大流量河流的国家，这可能不成问题，但显然，在水资源匮乏的地区，城市开发商和农民用水之间的冲突可能会加剧。例如，在西班牙的穆尔西亚地区，农民们被剥夺了他们所需要的一些农业用水，因为越来越多的水被转移到沿海的旅游开发项目上，在那里，这些农业用水被用于高尔夫球场和游泳池中。

全球平均降水量为每年30厘米。大多数人类居住区都建在靠近淡水的地方，无论是湖泊还是河流，但随着人口的增长，靠近淡水的区域已经人满为患，所以越来越多的人需要用成本昂贵的技术解决方案来提供水源。水坝可以使河流的淡水流量趋于平衡，因为降雨通常集中在秋季，而冰雪的融化则发生在春天，所以夏季和冬季很可能出现河床干涸。其他的技术解决方案包括抽取地下水、通过长距离管道输送淡水、河流改道、使用屋顶雨水收集系统或者海水淡化等（成本大约为每立方米50美分，可以用太阳能电池板供电）。

可以说，技术提供了许多节约用水和循环用水的方法。鉴于农业用水最多，所以需要在农业领域找到最大节约用水的方法。农业滴灌技术可以使水的消耗量减少30%~70%，而增产量则高达20%~90%。此外，转基因作物所需的水可能比滴灌更少。然而，这些技术有一个共同点，那就是它需要钱，这意味着经济增长需要与人口增长相匹配。

对缺乏淡水的国家来说，解决快速增长的水资源需求的方案是将沿海地区的海水淡化厂和所谓的近海农业（在国外种植）结合起来。海水淡化厂运转良好，却留下了大量的卤水，而这是必须清除的。至于近海农业，在2000—2010年，加纳、埃塞俄比亚、马里、坦桑尼亚、肯尼亚和苏丹价值约

200亿~300亿美元的农田被中国、韩国、沙特阿拉伯、科威特和其他国家购买或长期租赁，这片农田的面积超过了法国所有农业区的面积，这些土地购买或租赁案例，实质都是水的利用，而这可能只是一个长期趋势的开始。非洲缺乏一个横贯非洲大陆的高速公路系统，且只有不到20%的公路硬化率，所以从另一个方面，如果外国希望在那里进行有效的大规模农业生产，就必然会刺激其交通基础设施的改善。

人们吃的食物也越来越多。1970—2000年，世界人口增长了64%，而成人的日均热量摄入量也从1970年的2 411卡路里成功地增加到2000年的2 789卡路里。在这30年内，人均卡路里的摄入量增加了16%。此外，发展中国家的人均食品消费也明显增长，增幅大约为26%，即使饥饿仍然对全球10%的人口存在周期性影响。

就对食物的需求而言，食物摄入量增加的原因是贫困人口减少，中产阶层人数增加，肥胖人数、人类平均身高和肌肉量都在增加。在此期间，大约80%的额外增长得益于农业生产率的提高，只有20%来自新土地的开发。因此，通过增加大约20%的农田，我们几乎可以将食物的产量提高一倍，而更加昂贵和资源密集型食物（人们吃更多的肉）的生产也将越来越多的农田转移到生物燃料的生产上。此外，这是由数量越来越少的农民完成的。丹麦是一个人口密集的小国，只有500多万人，而2010年其生产的农产品却足以养活1 500万人口。要知道，该国从事农业和食品加工工作的人员总数只有15万，这就意味着该行业的每一个工人都养活了100个人。自1970年以来，丹麦食品行业每年的生产率提高了6%。

类似的模式在许多其他国家也出现过。在20世纪70年代，欧洲农民变得非常高效，尽管人口日益增加，但粮食和葡萄酒却大量盈余，它们被储存在巨大的仓库里（例如，欧盟的"黄油山"和"葡萄酒湖"）。于是，欧盟和美国开始向农民支付大量的补贴，以减少他们耕种的土地面积，从而避免进一步的粮食和其他生产过剩。这种不断增长的食品生产效率如此之高，以至实际的食品价格（也就是经通货膨胀调整后的价格）在1900—2000年反而下降了90%。

联合国粮食及农业组织对世界粮食生产进行了深入且频繁的研究和预测。2006年，他们发布了一份修订后的《世界农业：走向2030—2050年》，该组织预测，全球人均卡路里摄入量将继续增长。随着人口的增长，该组织还预测，或者说预测的重点是，从2008年到2030年，全球粮食产量将增长40%，但在此之后，由于人均消费量的小幅增长以及人口增长的持续减速，全球粮食产量的增长速度将会大大减缓。事实上，不仅全球卡路里的摄入情况正经历最猛烈的增长，对不同肉类的消费也越来越高。据不同组织估计，2010—2030年，全球肉类生产量将增加85%，到2050年将增加一倍。

我认为问题的核心是我们已经过了这一时点：全球食品行业被施加了最强烈的压力，却没有导致结构性的价格上涨（扣除物价因素，它们的实际价格是下降的）。同时，我们将有两倍的时间来满足未来世界20亿新增人口的增长需求（就像我们之前所做的那样），因此未来的技术挑战似乎是非常可控的，特别是因为基因革命才刚刚开始。总而言之，世界上某些地方的饥饿和营养不足不完全是因为我们无法生产足够的粮食，也可能是由于当地缺乏资金来购买粮食或者说当地生产粮食的技能还不成熟。这是一个经济问题而不是资源问题。

然而，很明显的是，只有拥有充足天然水源的国家才能够以有竞争力的价格进行生产。预计大量的人口增长将会发生在像中东这样水资源匮乏的地方，对这些国家而言，这可能还会引发严重的收支平衡问题。此外，有些国家可能会感到供给危机。在2007年出现的短暂的大宗商品泡沫期间，食品价格也受到严重冲击，许多食品出口国家对其本国的产品出口征收了出口税，这意味着粮食净进口国将受到挤压。当新兴市场的食品价格大幅上涨时，往往会引发骚乱，并给政府带来压力，这可能会增加粮食进口国的紧迫感，进一步推动了离岸农业的发展。

特别是考虑到从2010年到2050年，中东人口将预计增长75%，达到7.5亿人，因此可以预测，中东地区对外国食品和水的依赖程度将逐渐超过世界其他地区对中东石油和天然气的依赖。

········∧········

这让我想到了世界面临的最后一个巨大的资源问题——能源。宇宙中最主要的能量来源是核聚变，即恒星，包括太阳燃烧的原因。太阳是一个巨大的核反应堆，它给我们阳光，这些阳光可以被太阳能电池板捕获，从而转化为电能或热能。来自太阳的能量也是风和波浪形成的原因，我们可以再次从中获取能量。而地球，也是一个巨大的核反应堆，这也是它的核心非常热的主要原因，因此我们也可以利用地热能。

来自太阳的能量发挥着更多的作用：它能使植物从空气中捕获碳，从地面上吸收矿物质，并将这些捕获物连接成巨大的蛋白质结构以及糖和脂肪。当我们今天开采石油、天然气和煤炭时，我们实际上是在获取古老的能源储备，这一切都是由于太阳的存在，并且由于核聚变的存在而成为可能。

我们今天所使用的大部分煤、石油和天然气都来自石炭纪时期，大约距今3.6亿~2.86亿年。那个时期比现在的气候更温暖，它的名称实际上来源于"碳"。在那段时间里，这片土地上到处都是沼泽，到处都是巨大的树木、蕨类植物和其他大叶植物，海洋里充满了被称为原生浮游生物的单细胞生物。那时有无数的鱼和陆地动物，可现在，它们已经不在我们身边了。

随着时间的推移，生物金字塔上的生物一层一层地灭绝了。许多生物很快就腐烂了，并把分解后大部分的碳排放到空气中，但是还有一些，可能1%左右的生物死于没有足够的氧气或酸性过高的环境，无法支持其完整的腐烂过程。这种环境主要是在沉积盆地，因为那里的水很浅。这些盆地可能是海洋中的大型潟湖，或内陆湖泊，或被陆地包围的沼泽。有时，气候的变化或者土地的变化，都会导致巨大的森林沉没在水下。这些碎片随后会层层堆积，可能会在同一位置上持续数千年或数百万年，有时会被泥土、岩石和沙子覆盖，从而进一步减少与氧气的接触。细菌、藻类和浮游生物的残余将慢慢降解为石油。剩下的植物和树木变成了腐殖酸和一种叫作泥炭的海绵状物质，这些物质看起来像煤，味道闻起来有点儿像苏格兰的单麦芽威士忌（原因很简单，它们实际上是用泥炭沼泽的水做的——例如，尝试一下拉加维林酒就知道了）。现在这里发生了几个替代性的变化：

• 越来越多的岩石和其他材料堆积在泥炭上，泥炭在地里越陷越深。泥炭在这个过程中受到挤压，同时也被地热能量加热。水分从里面被挤了出来，或被蒸发了，有些泥炭进一步分解，这个过程中所产生的石油和天然气也流失了。剩下的物质就是煤。

• 微生物的残余物，也许还有一些大的树木和植物的残存物变成了石油，它慢慢地在地壳上向上运动，最终在地表蒸发，所以在地面上什么也没有留下。

• 有些沉积物从未深入到足以分解成石油的深度。相反，它变成了干酪根（kerogen），这种物质看起来像岩石，但可以燃烧。这在石油行业中被称为油页岩，尽管它既不含石油也不含页岩。在美国的落基山脉，有大量的沉淀物——大约相当于1.5万亿桶石油，这种物质或许比世界上所有常规石油都要多。

• 石油和天然气通过地壳上升，但被一个密闭的地质层阻止，例如花岗岩或大理石。这样的"盖岩"就像瓶子上的软木塞一样封住了它们。因此，它成了我们今天主要使用的那种常规油田。

• 油田是由盖岩封住的。然而，随着时间的推移，这个封闭层逐渐被侵蚀，从而使油田处于地表或接近地表的位置。天然气和石油中挥发性较强的部分开始挥发，但当我们发现时，重量较重的部分仍然存在。它们被称为焦油沙（tar sands）——它们是液体，却很黏稠。委内瑞拉和加拿大有大量的焦油砂储备。

不难想象，这些过程只发生在一些地方。然而，因为它持续了数百万年，而且由于数百万年可能发生的事情很难被现在的我们理解，所以我们也无法掌握以上这些变化的规模。首先，在我们进化前，绝大多数曾经创造出来的石油和天然气都已经蒸发或被腐蚀了。事实上，这可能是一个合理的估计，地球上几乎每一个角落都曾经多次成为油田或气田。除了煤炭，我们今天发现的那些都是非常罕见的现象，由于盖岩直到今天还完好无损，液态或气态的化石燃料自然也就无法蒸发。

可以这样说，这就像我们很难准确掌握烤箱中还有多少东西在烘烤一样。据估计，今天地球上大约有1亿亿吨的干酪根，而且大部分来自死亡的生物。如果我们将干酪根平均分给地球上所有的人，那么你所占的份额将达到1 400万吨，即140亿千克。所有这些干酪根仍然在地层里被挤压和烘烤，它们大部分将变成石墨（我们认为这是岩石）。然而，其中的大约0.1%最终会变成煤，那部分煤是1 500吨。真的，它的大小与一座小山相当，但是在煤形成之前，干酪根早已不复存在。其中的一小部分也会降解为石油和天然气。

现在大约有62%的石油供应来自中东地区，其中沙特阿拉伯大约供应22%，伊朗供应11%，伊拉克供应10%。今天，大约有60%的石油用于运输领域，这些石油大约占所有进入交通领域能源的95%，潜在的石油需求每年的增长接近2%。

未开发的石油资源被划分为P90、P50和P10三个类别。P90意味着有90%的机会开采它，这使得它成为行业术语中的"探明储量"。P50是"很有可能的"的储备，因为它被认为有50%的开采可能性，而P10只是"存在可能性"储备。

在讨论能源储备时，石油和采矿业利用了所谓的"哈伯特顶点"理论，

第四部分　超级行业

哈伯特是壳牌的一名地球物理学家,他开发了一个相当简单的模型,用于预测原材料的提取何时会达到峰值。根据他的说法,石油开采的速度往往遵循一种钟形曲线,当所有商业资源被开采过半时,石油开采量就会达到峰值。当他在1956年第一次发表自己的理论时,他声称,为了应对未来的石油供应紧缩,核能工业的逐步发展是必要的。

在哈伯特发表理论后不久,也就是1963年,全球石油发现率就达到了顶峰。同时,这也是首次警示人们,生产高峰可能已经出现。第二次警示出现在1980年,当时石油消费量首次超过了石油探明储量。

在过去10~20年进行的大部分研究估计,可获得的商业石油资源量大约为2万亿桶。大多数哈伯特顶点模型不包含从页岩油、焦油和其他非常规石油中提取的石油。然而,这些资源的开发需要相当多的天然气或核能。如果把这些石油资源包括在内,我们或许可以将石油生产的高潮推迟到2060年左右。但我们不能推迟不断攀升的生产成本。我应该在这里顺便补充一点,我之前嘲笑过1974年出版的《增长的极限》这本书,其作者最乐观的预测是,我们将在2024年耗尽石油,但现在看,我们肯定不会。

这本书还预言我们将在2021年完全耗尽天然气。但我们相信,我们会发现越来越多的资源,从1980年到2010年,已知的天然气储量实际上增长了两倍,因此,如果以现在的消费水平来计算,我们似乎已经有足够的能源来支持我们,直到2080年左右。这些储量中所含的能源大于我们已知的石油储量。我在这里要提到的是,这些数字不包括可能从煤和页岩油中提取的天然气,所以这将使我们较好地进入下个世纪。

在陆地上,天然气通常通过管道输送。在海外交付时,它被压缩成一种被称为液化天然气的燃料,并通过特殊设计的船舶运送,这些船只将LNG（液化天然气）这三个巨大的字母印在船的一侧,非常容易识别。天然气是一种比石油和煤炭更清洁的燃料,但它也可以转化为一种不需要在压力下保存的液体。这一过程被称为气体液体（GTS）,当我们缺少液体燃料时,天然气可以作为一个权宜之计。事实上,随着最近新发现的天然气储量的激增,这种保存技术的应用可能会迅速增加。然而，这一过程消耗的能源相当于天然气的 45%，因此，如果油价处于低位，这就并不是一个理想的解决方案。

据我们所知，煤炭仍是全球储备量最大的化石燃料。这种能源的已知世界供给量是巨大的，而且按照当前的消费水平计算，它应该能持续到大约 2280 年（《增长的极限》一书预测煤炭储量能用到 2122 年）。我们的曾孙们仍有煤炭可用，尽管我认为他们会觉得这个想法太可笑，就像我们说要不要烧鲸油来给房子照明一样。

世界上大的煤矿多位于美国、俄罗斯和中国，储量也是按照这个顺序排列的。从技术上讲，将煤转化为汽油或煤气是可行的。纳粹德国在第二次世界大战期间曾实现了煤到汽油的转变，而南非在抵制运动期间也开始这么做。煤炭能源利用的最大问题是污染，所以有许多倡议正在进行中，希望创造更清洁的煤炭（或更清洁的煤）。这些技术包括：化学清洗矿物和煤中的杂质、气化、用蒸汽除去硫、从废气中捕获碳等。另一项正在推出的新技术是所谓的"整体煤气化联合循环"（IGCC），它可以将煤转化为所谓的"合成气"。相较而言，后者更不容易实现，因为它可能会因泄漏而无法存储。然而，正如阿尔·戈尔在《我们的选择》一书中所提议的那样，我们不应该把碳排放到地下，而是应该把它变成木炭，并将其与土壤混合。

这些化石燃料就价格而言又是如何进行比较的呢？这一切都取决于燃料在哪里，以及该怎么加以利用。表 13.1 为我们正在讨论的问题提供了一个非常好的思路。它所展示的是所谓的"盈亏平衡价格"，它定义了你在任何活动中开始赚钱的必要销售价格。

常规的石油也是传统的石油，是指你把管子插进地里，然后把石油往上抽（我知道它比这更复杂，但我想你知道我的意思）。在沙特阿拉伯的沙漠地区，开采石油的成本低至约每桶 3 美元；在开采更困难的地区，采油成本升至每桶 40 美元。油砂就更昂贵了，但也没有那么糟糕。虽然它们会造成严重的污染。降低这种污染的有效办法之一就是提高单位开采率。下面说说增强版的采油法，即 EOR，它包含了一系列提高产量的方法，因此通常有

30%~60%的石油被开采,而不是传统方法所能预期的20%~40%。EOR包括:注入气体(二氧化碳等化学物质)或微生物、通过热量刺激石油的流动,甚至用超声波进行刺激。它虽然有效,但也不可避免地增加了成本。接下来的价格区间是深水钻井和超深水钻井,在那里,最昂贵地点的石油生产成本接近每桶70美元。紧随其后的是北极,价格可能高达每桶100美元(或者低至38美元/桶)。

表13.1 不同石油资源的盈亏平衡价格

能量来源	石油的盈亏平衡价格 (美元/每桶)
常规石油	3~40
油砂	30~65
增强版采油方法	35~80
深水钻井和超深水钻井	38~65
北极	38~100
气液转化	40~110
油页岩	50~110
煤液转化	60~110

资料来源:瑞士信贷(Credit Suisse),瑞银(UBS)。

最后的三种方法是气液转化,油页岩以及煤液转化,这些成本都是很昂贵的,但也有巨大的生产潜力——尤其是最后两种,能很好地满足我们下个世纪的能源需求。

我认为,表格上的数字告诉我们,如果油价高于或介于每桶80~90美元,那么利用极其丰富的新能源就会变得有利可图。然而,这张表格没有告诉我们的是,要花多长时间才能生产出足够数量的新能源,或者在不确定油价的情况下,是否会有人冒险在这些资源上投入巨资。

从地理位置上看,除了加拿大、澳大利亚、挪威和其他一些国家,许多新兴市场都对其自然资源非常关注,这可能会在未来几十年产生巨大的利润。说到传统化石能源，主要涉及的是中东地区国家，其次是俄罗斯、美国、中国、印度、加拿大、委内瑞拉、巴西、南非、尼日利亚和其他一些国家。至于非常规石油，加拿大、美国、委内瑞拉仍占主导地位。

我的阐述将从化石能源的供给方面转向需求方面。关于这个问题让我们从这一例子开始：中国的汽车市场在 2000 年左右才刚刚起步，甚至到 2010 年，中国的汽车保有量仍然只有 5 600 万辆。这与同年美国的 2.6 亿辆相比仍有巨大差距。如果中国的汽车保有量与美国相同，那就意味着中国人将拥有超过 11.5 亿辆汽车。但中国没有。当时中国汽车市场的发展还处于初期阶段，其人均石油消费水平也只占美国的 1/10。但据当时预计，中国的汽车市场将在 2030 年左右增长到接近 4 亿辆，2050 年达到 5 亿辆。

要解决化石能源的需求问题，需要非常聪明的人，而他们将在这个过程中赚很多钱。资源是经济增长的制约因素，但它们也是一个绝佳的投资机会。然而，这里存在一个问题：人口与收入的增长速度意味着需求的增长，并与能源供给保持平衡。我们可能有足够的创造力来完成这一任务，因为我们相信能源资源最终可能是无限的，但我们可能也会发现很难迅速地做出调整。

这并不是说我们没有尽一切努力去克服这个难题。今天，我们用世界上最重型的机械从加拿大的油砂中挖掘出厚厚的焦油，我们在看似不可能的地方找到了常规石油。2007 年年底，巴西国家石油公司宣布，他们发现了巨大的石油储量。只有一个障碍：这个油田位于海平面下 8 千米深的地方，那里的岩层大约有 2 千米厚。为了维持这一地区的石油生产，必须在巨大的压强下将天然气从 2 千米深的海水和 6 千米厚的岩层中抽取出来。

有三个主要问题引发了过度关注，它们都与作为能源资源的石油和天然气开采有关：首先是全球变暖的风险，这个我已经讲过了。第二个问题是，民主国家购买石油和天然气，将巨额资金转移，形成独裁政权的潜在危险，在某些情况下，这些国家甚至会对其客户怀有敌意。经验告诉我们，有些国家的可恶行为与石油价格成正比，石油价格越高，其攻击性越强。第三个问题是，要满足发展中国家对能源日益增长的需求是非常困难的，就如我对中国汽车增长前景的估算。

在本章的开始，我讲述了全球钢铁生产在过去是如何演变的。我们研究了欧洲和美国率先实现工业化的增长方式，然后是日本和韩国。它们对该问题的处理非常得当。然而，未来几十年的问题是将会发生什么。在1960—1970年的经济腾飞时期，日本和韩国的人口总数大约是1.25亿。如今，金砖四国的人口总和达到了35亿——几乎是日韩人口总数的30倍。

很明显，这将给各种资源带来压力。于是，在许多高峰会议上，人们开始通过幻灯片展示拯救世界的计划——这一切都很好。还有一些暴徒会焚烧汽车，砸碎商店橱窗以表达他们的不满——而事实并非如此。目前的情况是：谈论解决问题的需要比实际解决问题更受欢迎。

然而，在某种程度上，它们将会被许多在世界各地"机房"里匿名工作的普通民众解决。我想到的是投资者、工程师、技术人员、商业规划师、企业家、工人等，他们每天都在努力扮演自己的小角色，甚至冒着个人财产和个人健康的风险去推动事情的发展。

新能源这一领域需要最大的创造力，而它将带来最巨大的投资和最丰厚的潜在回报。这就是下一章的主题。

第14章 新能源
成本、时间与规模的博弈

如何定义新能源取决于你的提问对象。从生态学的角度看，它包含任何不产生污染的能源（除非是制造它的设备在制造时产生了污染）。从经济学的角度来看，这可能是目前还没有大规模使用或者大规模扩展新能源应用范围的原因。对我来说，新能源市场是这两者的结合。

关于替代能源的讨论和报道有很多，而且其中很多报道似乎忽略了现实。其中的一个现实就是成本。表14.1是一张价目表，通过与石油价格进行对比，它给出了关于所有重要新能源盈亏平衡点的估计。这与我们在上一章中看到的常规能源的盈亏平衡表相似。

我已经按降序对这些能源进行排列，以便那些有可能（仅是可能）是最便宜的能源得以排在顶部。然而，这些价格区间并不都是静态的。由于创新，许多能源的盈亏平衡价格会随着时间的推移而下降。我认为，价格下降的主要原因是太阳能光伏（通过太阳能发电）、太阳能热和生物燃料的应用。

另一种评论是：核能之所以在榜单上名列前茅，部分原因是其最低的盈亏平衡价格仅为每桶10美元。这有点儿不公平，因为它只适用于已经被注销的现有核电站。但是，如果你关闭了这样一个核电站，你可能就要和每桶10美元的不污染空气的盈亏平衡价格说再见了。我不希望这样。

表14.1　不同石油资源的盈亏平衡价格

能量来源	油价的盈亏平衡点（美元/桶）
核	10~125
水电	35~140
海风	35~80
糖基乙醇（巴西）	40~50
纤维素生物燃料	40~70
地热	40~110
陆风	45~125
太阳热能	55~180
潮汐和波浪	60~140
藻类和细菌燃料	90~120
生物柴油	125~140
太阳能光伏	150+

资料来源：瑞士信贷，瑞银集团。

现在，如果我们看一下下面的价格表，我们就会发现许多能源实际上可以在现实的油价水平上竞争。这种竞争不仅适用于核能，也适用于水力、风能、蔗糖乙醇、纤维素生物燃料、地热和太阳能（比如在阳光充足的气候条件下，用太阳能板的屋顶来加热游泳池里的水）。但这些都需要具备特定的条件才能实现。

由于自然发生的核反应，地球内部的温度非常高。事实上，地球上99%的地方的温度都高于1 000摄氏度，只有0.1%的地方的温度低于100摄氏度。我们可以利用这种温度将其作为地热能源，在冰岛、菲律宾、土耳其和意大利北部等地方都很有前景。在这些地方，你需要做的就是把一根管子插到地下，把冷水灌到地下，然后把热水（或仅仅是蒸汽）取回来，就是这么简单。在其他地方，你必须挖得更深，而且你得到的水可能是不冷不热的，需要用电力来加热（使用一种反式冰箱）。我提到过，这实际上在我们瑞士的家里已经实现了，在某些地方，这种热能的使用比石油更广泛、更便宜。在一个街区，一个住宅的典型地热装置中会有一根管道，可以穿透到150~500米深的地下。然而，现在有大量的研究项目计划进行更深入的研究（"增强型地热系统"和"热干岩石技术"），这些项目的重点是地下深度要达到5 000米，并利用地热能发电和产生热能。地热能最接近构造板块边界，通常在山脉附近。例如，几乎整个北美和拉丁美洲的西海岸，以及欧洲、东非、日本、菲律宾和喜马拉雅山脉都是这样的高山地区，其热能普遍较为丰富。

垃圾燃烧是另一种重要的新能源的来源。在这一过程中，焚化炉的使用有三个好处：

- 将原有垃圾的体积减小 95%~96%
- 产生用于取暖或发电的能源
- 销毁含有病原体和毒素的有害废物

我在前一章提过，核能是地球上所有能源的主要来源，在宇宙中也是如此。核反应堆所产生的核能可以在一个合理的时间范围内大幅增加，而不会向大气排放二氧化碳。它是国际能源领域中潜在的清洁空气"举重运动员"。全世界目前处于运行的核反应堆大约有440个，它们提供了目前能源使用总量的7%和接近电力总量的17%。如果想要理解这是怎么实现的，只需考虑一下1千克铀产生的能量相当于300万千克煤产生的能量即可。

今天所使用的反应堆主要是第二代反应堆。之所以它们一直都很昂贵，很大程度上是因为它们都是一次性设计。然而，一些第三代的设计已经开发出来，包括新的卵石床反应堆。这些都是基于把鹅卵石大小的铀氧化物放在一个大容器的顶部，然后再从底部取出，使整个东西看起来就像糖果机里的糖果一样。在这样的设计中，每一颗卵石都含有大量的铀氧化物，它们都被包裹在碳化硅和热熔涂层中，然后再进一步装入石墨层。最后将氦气送入核反应堆中，从而使氦气得到加热——氦气的优点是没有放射性。通过这种方式，我们可以按照流水流程而不是批处理流程来实现这个过程。此外，这些反应堆无法熔化，而且燃料很难转换成用于核弹的燃料。

历史上，在没有考虑煤炭所带来的潜在全球变暖问题的情况下，核能要比煤炭安全得多，甚至包括切尔诺贝利核电站事故在内，它释放出的辐射量是在日本长崎和广岛所投掷的原子弹的100倍。在20世纪70年代的煤炭业中，平均每年有7万人死于煤矿事故，现在每年仍然至少有1万人死于煤矿事故。至于切尔诺贝利最终将会造成多少人的死亡，我们这一代人可能无从得知了。最高的估计是有4 000人死亡，但截至2010年，放射性沉降物已经造成接近4 000例预测外的甲状腺癌（一般可治疗）和57例死亡。虽然在遭受辐射的80万人中，没有观察到其他类型的癌症发病率的上升，但这也很糟糕。当然，从另外一个角度，相较之下，显然还是煤炭在数量级上更加危险，尤其在了解了新的核反应堆（甚至是西方旧的核反应堆）的建造方式之后，像切尔诺贝利这样的事故未来是基本上不会发生的。

今天产生核能的核反应是基于核裂变的，也就是原子分裂。核反应使用的燃料是铀，一般的反应堆只能使用铀能量潜力的大约7%，另一种所谓的增殖反应堆，可以对传统核反应堆使用过的燃料进行再利用，并从中提取更多的能量。据估计，目前探明的铀矿资源如果以现在的消耗量和速度来计算，还可以再维持280年。如果我们采取进一步措施提高利用率并增加增殖反应堆数量，那么铀资源将够我们使用几千年。如果我们开始从海水中提取铀，那么接下来的数十万年，我们还将获得更多的铀资源。这样一来，不得不说，核裂变确实是一种丰富的能源。

核聚变是另一种情况，它是一个与核裂变完全不同的规模。通过核聚变，我们实际上可以直接模拟太阳发生的情况。创造核聚变的实验已经持续了几代人，而且有句老话说，核聚变还需要40年的时间才可以实现，而且永远都是如此。但是，我们正在取得进展，正在接近一个能产生比所投入能源更多的核聚变反应堆的时点——尽管其效果十分短暂，但是它能产生比投入能源更多的能量。如果核聚变能够在商业上得到应用，我们将解决大部分能源问题。这个过程的燃料是小颗粒的氘和氚，它们可以从海洋中提取。核聚变不会产生放射性废料，而且我们有足够的氘和氚储备来保证我们在未来几百万年都能得到电能供应。

此外，甲烷具有成为第二种新能源的潜力。据估计，甲烷水合物的含水率至少比天然气高 100 倍，即使只使用一小部分甲烷，也能让我们维持几个世纪。然而，甲烷水合物在燃烧时会释放二氧化碳，因此它们不能被称为清洁能源。即使我们从未使用过它们，它们也被认为是潜在的威胁，因为它们大多数被困在西伯利亚的冻土中。然而，如果温度升高，它的一些碳水化合物就会蒸发，随后它会被分解成二氧化碳和水，而前者会导致全球变暖。目前在商业操作层面上还没有提取甲烷水合物的可行方法。

与甲烷形成鲜明对比的另一种能源形式是乙醇，它吸引了非常强大的资金和政治支持，在巴西和美国尤其普遍。巴西的乙醇生产是以甘蔗为原料的，而且乙醇已经与石油形成非常激烈的竞争。此外，这种资源很容易处理。人们只需对汽车化油器进行简单改造，就能像使用汽油一样使用乙醇。然而，尽管如此，巴西的乙醇产量也仅相当于世界石油产量的 0.3%。

美国的乙醇产量更多，但其气候却不如巴西好，这意味着美国人主要使用的原料是玉米而不是甘蔗。美国生产乙醇消耗的能源几乎和它创造的一样多，这使得它看起来像一个巨大的试验项目。它采用了所谓的第一代技术，即利用植物的果实进行发酵，而不是纤维素、半纤维素和木质素。事实上，植物已经进化出了这些材料，以避免被细菌、真菌和昆虫轻易分解。

然而，从长远来看，美国的乙醇产业可能是更有意义的，因为有许多项目正在进行，以制造所谓的纤维素乙醇，通过这种方式，不仅植物的果实，而且包括大部分植物的结构材料，都可以使用。这需要依靠更广泛的加工来实现，但除了提供更高的产量外，它还具有农业和林业方面的优势。目前正在测试的一些资源包括玉米秸秆、杨树、杂交柳树、无花果树、甜瓜、桉树、芒草和木屑。然而，人们实际上可以使用任何种类的树、草和灌木，因为这项技术是可再生的。更重要的是碳中和，当植物生长时，从空气中吸收碳，然后在燃料燃烧时释放出来。所以除了乙醇，还可以用植物油、动物脂肪、回用油脂和甲醇制造生物柴油。

有趣的是，乙醇也可以用开关草制成，它不需要灌溉、施肥、耕作或重新种植，这主要得益于这些植物是多年生植物，可以在没有达到传统农业标准的土地上生长。有些地方采用的最佳策略是在粮食作物和生物燃料作物之间轮换。与第一代生物燃料相比，第二代生物燃料将为每单位面积的土地多提供2~3倍的燃料，而且更环保。一些能够加速其利用的技术是植物的基因改进和酶的创造（也许也是通过基因学），它可以分解纤维素、半纤维素和木质素。

然而，即使第二代生物燃料正在开发中，现在也不乏有许多团队已经开始研究所谓的第三代生物燃料。这些都是用转基因的藻类或细菌制成的，它们被保存在由太阳自然加热的水箱中。这涉及比其他两种生物燃料更高的资本投资。藻类和细菌的生长速度比生长最快的植物还快20~30倍，而且每单位面积的产量应该比传统作物高出15~300倍。此外，由于基因组学的进步，这种增长效率未来也可能进入指数增长阶段。事实上，克雷格·文特尔曾说过，在这个过程中，细菌可以达到1 000~100万倍的效率，甚至通过电脑的设计来完成。顺便说一下，应该提到的是，完全有可能创造出具有极高代谢率的细菌，用它来捕获碳，并将其转化为糖、建筑材料和其他许多物质。

第三代生物燃料所需的生长储罐可以放置在不适合种植作物的地区，如沙漠、干旱地带或盐分过高的地方。美国能源部估计，藻类燃料想要取代美国所有的石油燃料，将需要40 000平方公里的土地，这相当于目前用于玉米种植面积的1/7。欧洲则需要和比利时国土面积差不多的区域。然而，大胆激进的生物工程或许可以大大缩小其规模。

　　风能是近年来最成功的可再生能源之一。风车越大，风能产生的效率就越高，而且最有希望的方法是通过大型海上风电场输送可观的电力。然而，尽管这项技术的使用范围将继续扩大，但它确实引起了环境问题，因为它们看起来可能是毫无美感的、令人讨厌的，而且还会杀死鸟类。此外，它们甚至比太阳能更不可靠，因为它们依赖于风的存在。在丹麦，风力发电装机容量相当可观，但是在没有风的情况下，它们就不会运行；当风刮得太厉害时，由于电网无法吸收它们的能量，它们又不得不关闭。

　　从长远来看，太阳能可能是一个具有更大潜力的技术领域。全球太阳能的流入量接近世界能源消耗量的7 000倍。只要太阳能电池板覆盖撒哈拉沙漠2.6%的面积，就可以产生相当于2010年全球能源供应总量的能源。太阳能具体可分为两大类：太阳热能和光伏。太阳能热能使液体升温，从中产生的蒸汽可以带动涡轮发电。在最简单的版本中，液体可以仅仅是水，直接进入公用水箱或加热游泳池。此外，光伏还可以直接发电。光伏的装机容量每增加一倍，其成本就下降20%，这表明它是工业技术和信息技术之间的混合体。这里还有一种新型薄膜电池，它的成本更低，但产生的能量也更少。光伏可能会随着时间的推移变得非常有趣，因为它的生产成本可能会继续迅速下降，而使用它的设备会变得更加优质。例如，它的宏大展望是使太阳能板成为建筑物的表面材料，并应用到汽车、轮船上，而不是把太阳能板直接粘在建筑上，这样既丑陋又不实用。

······························ ∿ ······························

　　最后一点，但也许是最经济、最容易的方式，那就是节约能源。美国加利福尼亚州和丹麦这两个地方能够在不增加电力消耗的情况下大幅增加GDP，就证明了这是多么高效的一种方式。人类使用的大部分能源都被浪费了，而且大部分的浪费可以很容易地避免。在以燃煤和石油为基础的发电厂，有 60%~65% 的能源被浪费了（而这已经比几十年前的标准有了很大的改善）。此外，剩下 30 %~35% 的能源，有 10% 通常被消耗在电网中。大约 95% 通过灯泡散发的能量作为热能被浪费了。我们不妨再来计算一遍。

- 如果我们在发电厂燃烧 100 升的石油，我们将得到相当于 35 升汽油的电能。
- 大约 10% 的电能在通过电网输送时被损耗了，这使我们所获得的电能下降到相当于 32 升汽油的电能。
- 然后电能进入灯泡，最后只有 5% 的电能产生了光。

这意味着在 100 升汽油中，只有 0.6 升的油实际上被投入使用，有超过 99% 的电能在这个转化过程中被损耗了！汽车对汽油的使用情况看起来也不太好，大约 87% 的能量被浪费在发动机、空转、传动上。剩下的 13% 被空气动力阻力和滚动阻力消耗；如果汽车更轻，空气动力更大，并且可以像混合动力汽车那样，恢复一些制动动力，那么这些能耗的大部分就都可以被节约下来。确实，为什么要制造像金属一样重的汽车底盘？最好的跑车已经由碳纤维制成，也许可生物降解的碳是未来汽车的基本材料。

节约能源的方法有很多。最现代化的发电厂可能会有更高的燃烧温度，从而提高了效率。另一种方法是"热电联产"，又叫"热电联用"，利用发电站产生的热量来加热建筑物。

这可以对输电电网进行更好的管理，并降低其阻力。扎实工程与丰富经验的结合，这些都是很好的。同样的道理也适用于家居的改善，比如提供更好的绝缘材料，或者将传统灯泡换成荧光灯泡或 LED 灯，这些灯泡的寿命要长得多，消耗的功率也只有原来的一小部分。之前，这些灯的彩色渲染一直是个问题（灯让所有的东西看起来都很冷），但现在，这也已经得到了改进。

在制造业中也有很多可以改进的过程。其中一个最大的应用领域是使用新的酶来加速化学反应，或者使用生物工程微生物来制造所需的产品。借助更换旧的、大规模的电动机和更新的电机的方式来节省能源能耗。

最后，运输消耗了我们大部分的能量，我们可以通过诸如可控气缸燃烧技术、涡轮增压、混合动力/插电式混合动力、减少轮胎的滚动阻力以及利用诸如铝、钛、陶瓷、碳纤维等轻质材料来实现。

下面介绍一组通过信息技术来节约能源的技术。信息技术可以用于视频会议，人们借此可以大大缩短面对面实地旅行的时间。它还可以消减人们对纸制书、激光唱片（CD）、数字化视频光盘（DVD）和许多商店包装用纸的物质需求，并能防止人们开车时出现效率低下的情况。此外，智能软件和良好的地点规划可以确保更好地管理和运维世界上数量日益增长的计算机机房，而现在这些机房消耗的能源和一个中等国家一样多。避免这种消耗的一种方法是将机房放在有大量廉价可再生能源的地方，比如靠近水电站的地方（如谷歌公司在美国就放置了许多机房），或者靠近风力发电站（如得克萨斯州）、便宜的地热站（如冰岛）及太阳能发电站（如西班牙南部）。另一个重要的方式是借助所谓的虚拟化软件，实现在许多计算机之间组织任务，例如，在不使用时确保尽可能多的计算机进入睡眠模式，而只有那些实际需要的计算机保持运行状态。

这里引入或传递一个概念，电力的生产价格是实时计算的并传送给用户，以使他们的电子设备，如洗衣机、游泳池过滤器，特别是明天要使用的电动汽车，在电力消耗量很低且能源生产价格较为便宜的时候自动进入夜间充电模式。这不仅节省了发电站的资源，还提供了一种方法，可以在天气对充电特别有利的时候，从风能和太阳能中吸收足够的电力。"超级电网"的基础就是实时电力计量，每个人都有权出售和购买电力，它有时也被称为"电力公司"（electranet）。如果这让你想起互联网，那就是他们希望你思考的对象。如果存在这样的网络，而且每个人都知道化石燃料的价格很昂贵，那么人类创造力的总和就可能会发展出各种各样的能源形式和业务，这将使我们在几代人内完全独立于化石燃料。

一个相当普遍的误解是我们应该建立"氢经济"来解决现在的问题。好消息是，宇宙中 90% 的原子都是氢，所以如果这是我们想要的，那就有很多了。此外，当你燃烧它时，其残留物除了水，没有别的东西。

然而，下面才是好消息的结局。氢原子是一种非常活跃的原子，你永远不会发现它在自然界中是独立存在的——它总是与其他原子相结合，所以必须首先将这些原子分离，而分离就需要能量。获取氢所消耗的能量总是会超过氢燃烧所释放的能量，通常是超过 30%~40%。这也就意味着氢根本不是能源，而是一种昂贵的运输能源的方式。

我认为以上这种方法是一种极其不切实际的想法。氢是一种挥发性很强的轻气体，这就是为什么它被用于兴登堡的齐伯林飞船的原因。然而，氢很轻这一事实也意味着它的结构不是致密的，也就是说，每单位体积的氢的势能很小。如果你想在汽车里使用氢，你需要把它压缩成液态，以获得比较强的能量，这种压缩可以通过将它冷却到零下 253 摄氏度来完成，然后在此后保持那个温度。这听起来很耗能，很危险，所以另一种方法就是大规模压缩。然而不幸的是，在压力下，氢气会以每天 1%~5% 的速度缓慢地渗透金属，所以当你在度假的时候，油箱会逐渐空出来，车库也会充满氢气。而氢又是透明看不见的，也没有气味，所以如果你在车库点燃一支香烟，车库就可能发生爆炸。所以，由于氢被压缩了，你的汽车可能会发生事故，这种情况引发的爆炸可能会比较猛烈。卡车也可以运输压缩氢气到加油站。所有这些问题都有可能解决，但在我看来，面对能源挑战，我们还有更好的方法。

这里有一个问题：既然存在如此多的方法来保存和产生能量，我们就不能对所有的能量进行全速运转，从而实现能源结构的必要转变吗？为什么，事实上，它已经发生了吗？

原因有很多。首先，在这种人类使用的能源结构发生转变之前，需要盈利或补贴，第二个是在投资新的能源形式之前你需要对未来的价格有一定的信心，因为这样的项目通常只会在你启动 5~10 年后才开始产生收入。至于补贴，大多数发达经济体不具备增加公共预算的现实机会，因为提高税收会侵蚀税基，而且这些国家的大部分领域的经济都已经出现赤字。

至于盈利能力，新能源项目的一个问题是，它们是资本密集型项目，它们的投资回报期往往相当长。这里有三条商业法则应该牢记在心。第一个是 π，我称之为"时间和金钱的经验因素"。该数字在 3.14 左右。事情通常都是这样发展的：你坐下来，对一个项目需要多少时间和资金进行逻辑计算，一旦你完成了，你只需将两个数字乘以 π 就可以了。我已经做过很多次了，发现它确实让事情变得更加现实。通常，当学者们在一个真正的大型项目中研究如何拯救世界的时候，我认为你需要做的就是将他们所估算的成本和时间乘以 π。

第二个重要数字是 7%，这是因为机械工业产品年产量的每次翻倍都是典型的成本降低案例。

第三个数字是 15%，这是大多数投资者期望从高风险项目中得到的内部回报率。例如，这也是运营良好的对冲基金和私人股本公司所期望的基准。如果这个项目风险较小，他们的预期收益可能会下降到当前的资产上限，或者接近股票收益，甚至是长期债券收益，如果通胀率低的话，这个数据通常是 3%~7%。而世界银行通常会使用 8%~10% 来计算收益。

《斯特恩评论》和贴现率

英国政府委托《斯特恩评论》对全球变暖的经济后果进行了严格的审查。至于缓解气候变暖的成本计算，该报告采用了 IPPC（国际植物保

> 护公约）的成本区间的中间值，并将其除以 2（我个人将会再乘以 π）的计算方式。
>
> 《斯特恩评论》采用的这种计算方式所带来的好处是：它比 IPCC 提供的任何可能的方案的数字都要高得多，其中一些数字提高了 8 倍之多。
>
> 然后，它通过使用大约 1.4% 的折现率来书写经济史，这与我在现实世界中所见过的事物几乎没有任何关系。

我提到过，尽管获取传统化石燃料的成本很可能会上升，但随着创新和规模经济的增长，许多形式的新能源的成本将会下降，至少在现实中是这样的。然而，如果我们以风能和太阳能为例，就可以清楚地看到，为什么说要减少化石燃料的使用还需要时间。在 2010 年的世界能源消费中，大约有 33% 来自石油，25% 来自煤炭，20% 来自天然气，7% 来自核能。其余的有 15% 是可再生能源，但这 15% 的可再生能源中，绝大部分是水力发电，这是无法再增加太多的。然而，太阳能和风能的供应不足全球能源消耗的 1%。想想看：风能和太阳能在全球能源消耗中所占的比例不到 1%，尽管这一比例以每年 2% 的速度在增长，但能源需求的年增长率是太阳能电池板和风车全部装机容量的两倍。

所以现实情况是，所有这些技术都需要很长时间才能达到一定数量的安装规模，而且除了核能，每一种技术都只在特定的情况下才有意义。对于太阳能而言，你需要合理的日照，而对于风力发电来说，显然需要有很多相当稳定的风，而对于其他形式的电力，你需要便宜的土地、充足的水和地热等等。想要了解现实情况，还有一种方法就是看看沙漠太阳能发电项目，该项目于 2009 年 10 月 30 日由 12 家创始公司共同签署启动，其中包括阿西布朗勃法瑞、德意志银行、德国意昂集团、慕尼黑再保险公司和西门子公司等重量级公司。这是为了实现一个环保主义者的梦想（也是我的梦想），通过电网、太阳能电站、地热、风力发电和水力发电的组合，将更容易实现每一天、每一季的平稳发电，并且有可能将太阳能电力从沙漠地区输出到电力不足的欧洲。该项目预算大约是 4 000 亿欧元，到 2050 年，该项目可以满足大约 15% 的欧洲电力供应，尽管整个地中海地区的输电损失大约为 10%~15%，但由于通货膨胀的原因，平均电价预计将低于现在的水平。从各方面来看，这都是一个极好的项目，但是我的观点是，4 000 亿是一个惊人的数字，而且目前无法保证结果。

刺激新能源开发的最好方法可能是对化石燃料能源采取较高的且较为灵活的税收，消费油价永远不会低于给定的水平，甚至这一水平的价格每年都会上调一点儿。然而，在我写这本书的时候，现实是欧洲的能源税很高（但没有可信的底价），而美国的能源税太低，许多新兴市场甚至补贴能源消耗，这是不明智的。但不可否认，新能源社会终将到来，并将成为世界上最大的增长动力之一。

新能源的开发将会一波波地次第发生。第一个重点将是电网的升级和节能的实施，投资这些的收益回收期都非常短。同时，在短期内将会出现大量的新煤电厂和发电厂，它们不是"干净的"（特别是煤炭），但肯定比前几代更清洁。这可能在很大程度上是基于高温技术或合成气而实现的。此外，还将有开采页岩气并提炼焦油石油的一些重大项目。这将推动汽油汽车逐步向电动汽车转向，也将为白天部分时间的剩余电力生产提供大容量的缓冲电池容量。虽然跑车仍将永远由液体燃料来驱动（你需要的声音），但也将能够同时使用生物燃料和化石燃料。

大约在 2020 年，我们可能会看到基于转基因细菌、藻类和植物的大规模第二代、第三代和第四代生物燃料的引入，到 2025 年可能还会有一个商业路线图，使我们在其后 20~30 年内不再信赖煤炭和石油。与此同时，光伏太阳能将变得如此廉价，以至它将被广泛用于建筑表面。此外，我们将在气候温暖的地区看到巨大规模的热电厂。最后，在 21 世纪中叶之前，我们可能已经解决了核聚变的技术难题，使我们能够在接下来的几十年里把它推广出来。这项推广将使我们能够拆除风车和移除太阳能电池板，从而提升美感。

综上所述，我相信是这样的：除非有了钱，否则世界将得不到拯救。幸运的是，未来将会有越来越多的钱。其主要原因是：能源需求将会激增，随着人类知识量每8~9年就会翻一番，我们将想出一些非常聪明的解决办法。到2050年，人类的知识将大约是2010年的45倍。在这个方面，知识将是解决能源问题的全能方案。一切都将以信息技术为基础，以核科学、基因学和生物技术的形式表达。

最后两个是下一章的主题。

第 15 章　基因学和生物技术
解码与创新

我父亲在从事科学研究工作时，经常申请研究补助金。补助金通常在 2 万~50 万美元，而且在任何地方都是如此。可以说，在这一额度范围内，只要申请有意义，就有机会获得补助金。但当他的申请被拒绝时，他就会心情不好，自然也会抱怨拨款委员会，父亲会说委员会不明白他的团队的工作的重要性。我逐渐形成了一个对拨款委员会的印象，觉得他们就像一群邪恶的酒鬼政客，什么都不懂。

下面是一个关于拨款委员会的疯狂幻想。

......................⋀......................

这是 1989 年的一个灰暗的冬天。拨款委员会已经组织审批完成了许多申请。会议已经开了一个小时了，大多数申请都被拒绝了。主席现在打开了一个文件夹，说道：

"这里是第 9 号申请。它是一个非常大的项目，所以我已经邀请了来自该科学团队的一名代表来解释它是什么。"

主席走到门口,打开门,邀请一位留着胡子、穿着西装和网球鞋的科学家进来。随后,他们都坐了下来。

"早上好,先生们。"科学家说,"我来展示一下……"

"这个申请有多大?"一个喝了酒的国会议员用一种响亮的、沙哑的声音打断了他。

"嗯,这是,呃,30亿美元。分摊在13年里。"

"多少?"

"30亿美元。"

国会议员惊呆了,但仍在想着他的威士忌。

主席现在转向那位科学家说,"也许你可以向我们解释一下这个项目的目的是什么?"

"嗯,我们要先研究一下分子结构,这对理解它非常重要……"

"我只关心为什么要花费30亿美元?"国会议员打断道,他刚从第一次的震惊中缓过神来。

"你看,这个分子式非常非常长,事实上,真的很长。"

"有多长?"主席温和地问道。

"每个分子式大约2米,抑或不到7英尺。"

国会议员感到血压上升,他开始思考。用30亿美元就换那该死的、不知道是什么的"2米"?也就是说,每毫米就要150万美元,这太疯狂了!他的思绪又飘荡到威士忌酒上去了。

"能把这昂贵的2米解释成我们听得懂的话吗?"主席说。

"我可以试一试。这种分子式主要由两根碱基组成,称为腺嘌呤、胸腺嘧啶、胞嘧啶和鸟嘌呤。有时我们以字母称呼它们。因为每一个字母总是和另一个字母配对,总共是32亿个碱基对。"

这位国会议员在小心翼翼地将短信发送给他的秘密女友,但这位科学家没有注意到,并继续他的解释:"想象一下,我们打印出了这一系列的字母,每个碱基对都对应字母表中的一个字符。我的意思是:如果用一台普通的打印机将它们打印出来,在某种程度上,整个碱基对将是一根长长的细绳。好的,我们把这根细绳放在高速公路路边,然后我们一边打印,一边启动汽车,车一直行驶,直到打印结束,因为我们想知道它有多长。"

国会议员显然对此很感兴趣。因为他喜欢汽车。

"所以,加快车速,达到速度的极限。假设你开车的速度是75英里每小时,或者说120公里每小时。那么,要花多长时间才能打印完毕呢?"主席问道。

"如果你以这一限定速度不停地开车,那将需要两天两夜。换句话说,到达打印输出终止的地方,需要大约50个小时。"

"好吧。"国会议员说,"我们知道这是很大的项目。但是,是什么使它如此重要,足以证明花费30亿美元是合理的呢?"

科学家看了国会议员一会儿,没有回答。最后他说了一句:"这些字母掌握着生命的秘密。"

--------∧--------

我敢肯定,没有人能比我描述得更好了(尽管有些科学家确实穿着西装配着网球鞋,我曾看见过)。然而,1989年确实存在一个项目,花费了30亿美元和13年的时间来描述一个分子,它被称为"人类基因组计划"。事实上,这一项目确实得到了资金,并于1990年启动。

人类基因组是包含在DNA分子中的代码,它和我上面讲述的故事一样,长而复杂。在我们的身体中,除了血细胞外的每一个细胞中都有一个DNA副本,而且在所有其他生命细胞中都有类似的DNA品系——动物、植物、细菌、真菌。

早在人类基因组计划开始之前,研究人员就已经知道,人类生命的遗传指令隐藏在这些DNA分子中,而每个活着的人都是一个不间断的、30亿年前的遗传链的结果,这些人都有一个共同的特点,即他们是被繁殖的(距今大约20万年前产生了智人）。换句话说，我们身上包含了在我们之前故去的人类的所有指令以及如细菌等更早期、更原始的生命形式所创造的指令。

我想把DNA分子中代码的大小，也就是32亿个碱基对，放在基因组里进行观察。在计算机程序中，代码的长度是由行数来描述的——这称为源代码行（SLOC）。世界上最大的软件程序大约包含30万行指令，平均每行有20个字符（许多行包含非常短的指令，甚至只有一个数字）。也就是说，大约有600万个字符。如此庞大的数量却仅相当于人类基因组的0.2%，这意味着我们的遗传密码大约是世界上最大的软件程序的500倍。

这种遗传密码有多少实际用途是另一回事。但我们应该了解，其中大约有80%用于产生蛋白质，尽管有很多迹象表明只有大约2%~5%的蛋白质具有实际功能。其余的遗传密码被称为"非编码DNA"或"垃圾DNA"。例如，有一个代码叫ALU（算术逻辑单元），它由300个字母组成，它在我们的DNA中重复了30万次。那有什么用处或者说好处吗？没什么，至少我们是这样认为的。它似乎是垃圾，我们暂且这样表述。

事实上，我们已经确切地知道存在着很多垃圾DNA，因为我们已经试着从动物身上移除这些垃圾DNA，而没有产生任何明显的区别，此外，来自其他物种的其他迹象也证明了这一点。举例来说，日本河豚东方鲀基因的数量与人类是基本相同的，但其DNA长度是人类的1/10，这或许可以在一定程度上证明，人类基因中存在无用处的DNA。另一方面，细菌和蠕虫的DNA比要我们多得多。阿米巴变形虫的DNA链是我们的200倍长。没人能够说服我，它们为什么需要如此的复杂。因此，我相信存在垃圾DNA，如果我们把它们去除，有用的DNA的长度就相当于大型软件程序的大小了。

因为除了血细胞之外，DNA可以在我们体内的每一个细胞中进行复制，我们有100万亿的DNA副本。如果我们把所有这些DNA首尾相接地串在一起，它们的长度将相当于地球到太阳距离的600倍。

当我开始编程时，我把计算机代码存储在穿孔卡片上。之后，我可以把它复制到磁盘上。而DNA并不是那么简单。你无法通过显微镜看到DNA

链是如何形成的。相反，你必须通过一系列的化学反应来发现它。这很费时间，尽管其原理并不难。最初，这个模型是用酶并在特定的地方对 DNA 进行切割。然后把切割了的 DNA 放置在细菌中，这些细菌被复制，以获得更大的单链。随后，可以应用凝胶电泳技术来研究单链的含量。我本人在大学里也曾这么做过。这里存在一个问题，你所需要分析的分子是如此疯狂而难以置信的长。

人类大约有 23 000 个基因。其中的每一个基因只是全部基因组（即整个 DNA 链）的一部分，每个基因都代表着一个甚至是几个特定的化学功能。DNA 中的小序列与所谓的 "RNA"（核糖核酸）相互作用，再次构成了非常长的蛋白质基质，它们在极其复杂的过程中相互折叠并相互作用。

人类的 32 亿个碱基对已经被反复修改了超过 44 亿年的时间，这意味着每 17 个月就会新增加一个碱基对。这听起来可能令人印象深刻，或许还会有点儿惊讶，但我们应该记住，它们大多数都是垃圾，换句话说，每 30~60 年的时间才会发生一次有用的单原子改变。

另外，每一代人的出生可能只有 15~20 年的间隔时间，但绝大多数生命在几天或几小时内就完成了细胞分裂。大自然的"计算机代码"经常被数以百万计的小变异所改变，例如通常在每个人出生时就将发生 100 个小变异，而且这些不仅仅发生在一个从父到子的线性链条中。这个链条中包含成千上万、数百万、数十亿的个体，或者，就像单细胞生物一样，同一物种以数以万亿计的个体平行存在，其中最强的个体获得最佳的存活和繁殖机会。因此，进化是超大规模的并行计算，由最适应的具有最高繁殖力的简单算法驱动。

并非所有的基因都同样容易发生突变。有些基因，例如眼睛的编码，在基因中被描述为比其他部分更强健的基因。大多数的突变在发生的时候都是非常微小的——通常只有一个原子，可能只是由于氧化、太阳照射、宇宙射线或者放射性，就被淘汰出局。或者可能是一个很短的序列，被多次复制、添加，或者脱落。但也可能是一个长链，代表一个连贯的遗传指令，由病毒随机地从一个有机体传播到另一个有机体，或者在更罕见的情况下，通过细菌进行传播。在这个过程中，一个个体或有机体可以从另一个个体身上获得一长串连贯的程序代码，而这种代码有时甚至可能不属于同一物种。到目前为止，大多数这样的变异都是有害的，但是也不乏一些改进，并为下一代提供了竞争优势，后者就是创造进化和生物多样性的过程。

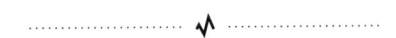

在最初的几年里，人类基因组计划进展极其缓慢，而且肯定有许多人怀疑它是否能够在预计的13年内完成。然而，1998年——在这个项目进行了8年之后——其中一位科学家加入了研究计划，克雷格·文特尔创立了一家名为塞雷拉基因组公司的私人公司。他声称，通过一项新技术的创新，他能够比所有公立大学团队更快地完成基因组计划。文特尔使用的方法被称为"猎枪测序"，它使用600台计算机进行每秒超过1万亿次的计算。起初，人类基因组计划的研究人员对文特尔充满怀疑，但最终得出的结论是他的方法更好。这两个项目在2002年几乎同时达到它们的目标——比原计划提前一年完成。文特尔只花费了3亿美元（即人类基因组计划原预算的1/10），必须补充的是，他可以自由访问由公共项目编制的数据库。

从那时起，文特尔的团队就已经收集了超过1万人的DNA，并开始绘制这些人基因之间的差异。他还把自己的游艇开到世界各地，从数百万的细菌、藻类和病毒中收集基因，并由他的团队人员进行破译。他的团队现在已经发现了许多新的生命形式，并将超过1 000万个基因载入其数据库中，而且这个数据库每天都在更新。作为一个次要的子项目，他也破译并发表了自己的完整的基因组，而这个项目原来需要花费130亿美元。

人类基因组计划是真正具有革命性的。在过去的300年里，世界各地的生物学家系统地研究了大量的生命物种，并对它们生存、死亡、繁殖、进食和战斗的情况进行了观察描述。现在我们再一次调查了同一物种，但这次我们研究的是基础的"数学"（即确定人类、动物、植物、细菌、真菌和病毒的"源代码"，正如它在信息技术中的说法）。此项工作有巨大的工作量——地球上有350万~1亿种物种，而只有150万~180万种完成了基因描述。

其中，用于了解哺乳类动物基因的一种方法是利用所谓的"敲击小鼠"试验，即通过植入或去活其中一种特定的基因，以观察效果。例如，我们已经发现，如果对老鼠体内一个既定的基因进行去活处理，该老鼠就会患上结肠癌，这自然表明我们应该把人类结肠癌研究和治疗的重点放在那里。人类历史上最重要的发现过程之一——也许是最重要的发现，当属探索如何精确地理解DNA片段与RNA、蛋白质的相互作用以及它们对生物体功能的影响，而且这项研究是非常前沿的。

基因组学的研究和创新正在加速，并将在未来的几十年里获得更多的进展——一些公司现在已经有能力每天分析成千上万的碱基对（字母）。现在，我们有可能以大约5万美元的价格对人类基因进行解码，但在未来几年内，其价格可能会降至1 000美元。2008年4月，我在麻省理工学院《技术评论》（MIT Technology Review）上看到了两个美国公司正在研发一种新技术，可以以100美元的价格解码人类基因。要知道，在1990年，它需要花费30亿美元，并耗时13年。现在人们只需花费100美元就可以做到了吗？哦，我有没有提到要花多长时间？只有8小时……

人类基因一旦被解码，下一步就是分析它所产生的蛋白质。说来简单，做起来却是极其复杂的，因为蛋白质可以折叠成三维的像意大利面的形态，而折叠的方式决定了它们的工作方式。然而，我们至少可以知道一件事：蛋白质总是能以一种最小的内部张力折叠。这就是为什么庞大的计算机系统可以被应用到所有已知化学键的信息中的原因。基于此，我们就可以模拟蛋白质可能产生的化学反应。

基因技术人员应用了许多不同的工作方法来进行模拟。最常见的是遗传分析和诊断，这里面包括所谓的 DNA 解码或者说"测序"。2002 年，来自牛津大学的基因技术专家理查德·戴维斯计算出，每过 27 个月，DNA 碱基对测序的价格就会减半，此后，测序的价格下降得更快。其中一个原因是使用所谓的"DNA 芯片"，这种芯片可以在微观网格上保存 DNA 序列。网格的特定部分吸引了 DNA 序列的特定部分，当这种情况发生时，就可以通过荧光分子标记来观察序列，因为当互补链与某个特定点结合时就会发光。通过这种方式，我们现在就有可能进行羊水分析，并以很低的价格测试 450 个潜在的遗传缺陷。有人认为，类似的方法甚至可以用来识别类似强奸犯和杀人犯等罪犯（或者释放那些被冤枉的人）。

基因组学的另一种方法是合成，根据一个特定的方法，将一个纯粹的原子和分子结合在 DNA 链上。几年前，杜邦公司改造了大肠杆菌结构，这样它们就可以产生一种用作纺织的材料——丙二醇。杜邦的总经理甚至还会穿上了这件大肠杆菌制作的衣服。孟山都和其他一些公司长期以来一直致力于开发和制造基于基因改造的产品。胰岛素产业让大约 400 万人通过植入人体基因的细菌实现了药物治疗。或者也可以在奶牛身上植入一种基因，然后将一种所需的物质通过牛奶分泌出来，这种方法被称为转基因。

基因组合成的另一个应用领域是开发比今天更精确的治疗药物。如果我们能更好地理解是什么触发了人类的疾病，如果我们能成功地研制出能够针对疾病的药物，而不需要其他任何东西，我们就可以实现精确治疗。例如，在针对哮喘、多发性硬化症、白血病、关节炎、疟疾、高血压、风湿性关节炎、沙门氏菌感染和药物成瘾等疾病的疫苗的研制方面，我们已经取得了长足的进展。此外，我们还发现，如果能在抗击一种疾病上取得成功，往往就能阻止另一种疾病的出现。例如，癌症通常是由病毒引起的，因此对免疫病毒的疫苗接种可能就可以阻止癌症的发展。关节炎可能是由一般的炎症引起的，所以预防这些可能还会使血管更健康。另一个有趣的领域是通过阻断它们的基因表达来识别和抑制一些有缺陷的基因。

这里再讲一个特别有趣的领域，它可能是人工合成抗体的发展。当一种新的细菌或病毒被识别出来时，人类就有可能对其DNA（或某些病毒的RNA）进行分析，然后人工智能软件程序就可能研制出一种抗体。接着通过使用转基因细菌和藻类来快速地合成并大规模生产，以便对新的疾病进行快速防御，如西班牙流感。据说在1918—1919年，西班牙流感导致了世界人口2.5%~5%的死亡。来自美国哥伦比亚大学的科学家警告说，未来可能产生许多这样的新疾病。

此外，我们将能够为一个特定的病人或者仅仅为一个病人感染的特定突变细菌量身定制药物。这种药物可以帮助强化或破坏特定的细胞，也可以抑制一些不好的基因。虽然我们知道所有的标准药物都有副作用，但大部分都只出现在一小部分患者身上。通过低成本的基因测试，我们将能够准确地发现最适合每个人的药物。所有这些工作的最终目标是用药丸或注射来代替今天可怕的化疗，以阻止癌症的发生，使身体的其他部分保持健康。许多诊所甚至家庭都有简单的设备，可以对我们的血液、尿液和呼吸进行分析，并立即诊断我们是否患有癌症或其他疾病。

与许多其他新想法一样，人们用怀疑的眼光来看待基因控制，并认为它是有潜在危险的。想象一下这样一种情况：胡萝卜的品质发生了变化，因此它有了一种坚果的基因。对坚果过敏的人吃了胡萝卜，遭遇了过敏反应，然后死亡了。

没错，它可能是危险的。然而，如果说人类正在测试和控制基因，那么我们实际上并不是唯一这么做的物种，因为大自然也一直在这样做。细菌不断地变异，每当活细胞分裂时，无论是在动物体内还是在微生物中，都有百万分之一到百亿分之一的分裂是存在缺陷的。在这些分裂中，大多数分裂会破坏细胞，但有些也会使细胞变得更强壮，并帮助细胞适应分裂。举例来说，细菌就是这样发展出抗生素耐药性的。

当一个女人怀孕的时候，将平均有大约 100 个自发的基因发生突变（即在她的 DNA 中有 100 个原子随机发生了变化）。在这些变化中，大多数可能根本没有意义，只有很少一部分会带来特别的好处，而另一些可能会导致小错误或变化不一致的情况，但都不用在意，因为大多数这些变化都没有实际意义，虽然有些变化可能导致残疾、流产或夭折。

顺便说一下，在我们出生后，每一个细胞都发生了无数次的变化。据估计，在我们体内的细胞中，平均每天有大约 1 万个原子在其 DNA 中被剔除——大部分是来自氧化。幸运的是，一个健康的身体能够修复其中的 9 997 个，但仍有 3 个基因缺陷未被修复，随着年龄的增长，这些缺陷也会增多。当然，一天中在 23 亿个里出现 3 个缺陷并不算多，但你永远不知道这 3 个是否会造成灾难，带来小问题，或者根本没有影响，甚至可能是有益的。

在我们走向衰老的过程中，其中有一个问题就是上述那些由于累积的变化而开始变得很糟糕的细胞通常会存活下来。它们随后可能会释放干扰其他细胞的物质，随着这些物质的日积月累，身体通常会变得虚弱。另一个更严重的问题是，当一个突变的细胞开始不受控制地繁殖时，就可能会引发我们所说的"癌症"。

然而，我们不应该忘记，实际上，我们对大自然的基因控制已经有几千年了。在我们了解 DNA 之前，人们就会通过物种选择来繁殖有利于我们生活的物种。我们甚至有意识地选择植物并对其进行杂交，使它们看起来完全不同于自然界中的原始物种。农业是在大约 11 000 年前最后一个冰期结束后不久被引进的，通过有针对性地选择，我们已经把许多大自然的植物培育为一个与其"祖先"几乎没有相似之处的生物。许多园艺植物，包括兰花和玫瑰也都是人工培育的。

我们对动物也同样进行了选择性的繁殖。大约在 12 000 年前，人类开始和灰狼一起生活，之后，我们就由它们培育出了今天 160 多种不同的狗。我们培育出的一些可爱的小狗已经不再具有灰狼的样子，因为它们已经被人类重新创造，在野外根本没有生存的机会和能力。但在某种意义上，它们还是灰狼，可以和一只狼交配。在美国，现在大约有5 000万只这种狗，而只有3万~4万只狼。换句话说，每只"天然"狼都对应1 000多只"人工"狼。同样，我们也创造了马、猪和牛，它们与自己的自然祖先几乎没有什么共同之处，但如果我们不这样做，我们就永远无法养活世界上现有的人口。同样，谷物已经被改造成能够更好地抵御暴风雨天气、产量更大、生长更快的品种，今天的水果个头儿更大、更不易腐烂，而且通常也比自然的原始品种口感更好。

分析和合成基因的能力已经将生物技术从一个以模拟技术为主的行业转变为真正的"数字"行业，这与软件行业越来越相似。在合成过程中，一个人原则上可以待在新加坡，通过使用计算机模型来决定建立一个特定的DNA基因，根据这些模型，该DNA基因可能会有一些有用的功能。然后他可以将代码发送到远在美国的一个实验室，DNA基因将在几小时内被制作出来，然后植入一个被掏空的细菌细胞中，之后它被"启动"，就像在计算机中安装新的操作系统一样。几小时后，细菌就会改变并完成新的DNA指令。它实际上已经是一个新物种。如果我们更进一步，或许有一天我们能与距离70光年之外的文明交流。我们可以通过无线电波向他们发送一些DNA序列，然后他们将在自己的星球上重现这些物种。

基因组学的第三种工作方法是尝试改进基因组的功能。我已经提到，基因组有很多多余的序列，而且可能非常混乱。这听起来有点儿像我的电脑被过度使用，运转速度放缓一样。于是，我开始在Windows软件中进行"碎片整理"，系统将开始以更有序和更高效的方式组织这些碎片数据。此后，我的电脑又恢复了平稳运行。有些公司专门致力于改善某一特定基因的功能。这些公司产生了大量经过细微修饰的基因变体，以确定其中一些基因是否比自然界中普遍存在的基因具有更好的功能。这个过程通常被证明是成功的。我们可以将其视为一种"基因调节"。

基因技术的另一项重要应用是代谢工程。通常你会遇到自然界中的一种细菌，这种细菌虽然可以自然产生一种有用的化学物质，但是它的速度非常缓慢。通过应用代谢工程，一些基因从另一种生长速度更快的细菌中被转移出来。或者，负责生产所需物质的基因可以转移到如大肠杆菌等快速生长的细菌变种中。由于基因功能的改善被称为"基因调节"，因此代谢工程也有一个好名字，那就是"基因组调节"。

我认为，我们以计算机服务器的形式制造出一种挪亚方舟只是一个时间问题，所有已知物种的完整 DNA 序列都可以存储在那里。如果一个物种灭绝了，就有可能复制它的 DNA，将其植入到一个被掏空的细胞中，并培育出新的一代。如果灭绝物种的 DNA 与现存物种的 DNA 大不相同，那么这个过程就可以在不同的阶段进行。第一个阶段是找到并利用现存的亲缘关系最近的物种，然后复制其中的一部分——比如说 1/4——这是重建已灭绝物种所需变化的一部分。在其后代中，同样的程序只需要被重复 4 次。经过四代之后，已经灭绝的物种将被重新创造出来。

基因备份的 4 种方法

基因备份在一个健康的生态系统中会自动运行。然而，作为一种保障，它可以被细分为 4 种可能的备份系统：

- 在自我调节的生态系统中自然繁殖
- 在动物园或植物园，生物种类由人类培育
- 冷藏或冷冻的细胞样本、谷物种子
- 带有基因序列的计算机磁盘

第一种方法当然是我们想要的，但是其他方法可以为恢复提供备份。

在一定程度上，这种方法甚至还有可能追溯历史，复活很久以前就已经灭绝的物种，尽管几乎不可能回到《侏罗纪公园》一书（和电影）的情景

中，但当这部电影在 1993 年公映时，科学家们仍普遍认为，这部电影在原则上和逻辑上是合理的，即使实践中很难实现（他们的想法是，琥珀中的蚊子会在自己的胃里保存恐龙的血液，而恐龙血液中的 DNA 可以被植入到鸟蛋里）。

现在，我们将时间快进来到 2008 年，在《侏罗纪公园》上映 15 年后，科学家们报告说，他们相信自己能够复活猛犸象，即使需要大约 1 000 万美元。人们已经发现，西伯利亚冰冻的猛犸象的毛发上保存着相当完好的 DNA。通过分析来自同一动物的足够数量的基因组（其价格不再是昂贵的），并将 DAN 序列放在一起，是可能实现的。根据研究人员的说法，甚至有可能——也许是相当容易的——复活尼安德特人，尽管这几乎是难以选择的，因为最合适的繁殖动物必须是人类。

就个人而言，我认为基因控制不会止步于此。来自日本的 Eubios 伦理研究所的达里尔·梅瑟在 1993 年进行了一项调查，以了解人们对利用基因控制和筛查来预防儿童遗传疾病的国际态度。他发现，这一项目有很多支持者，尤其是在亚洲。

这些人还特别被问及对应用基因控制和筛查来提高儿童身体和心智的能力是否有兴趣。支持者的数量相较有所减少，但有迹象表明，仍有很多人赞成这个想法，尤其是在亚洲。在表 15.1 中，我已经给出了一些问题的答案，以"你觉得科学家如何改变人类细胞的基因组成……"开始，并以各种选择结束。

该表显示，如果目的是为了避免疾病，每个国家的绝大多数人都支持对基因的控制甚至是改变。当涉及基因操纵以提高儿童智力时，在印度（70%）和泰国（72%）获得了压倒性的支持，而澳大利亚、日本和俄罗斯的支持率则要低得多。美国以 44% 的支持率位于中间位置。

表 15.1 关于改变未出生儿童基因的伦理问题的答案

问题	态度	澳大利亚	日本	印度	泰国	俄罗斯	美国
……在以后的生活中降低患致命疾病的风险？	强烈支持	47%	35%	48%	50%	46%	39%
	有点儿支持	34%	40%	35%	32%	33%	38%
	总支持数	81%	75%	83%	82%	79%	77%
……防止儿童继承一种非致命性疾病，如糖尿病？	强烈支持	50%	25%	42%	63%	45%	41%
	有点儿支持	29%	37%	31%	28%	26%	36%
	总支持数	79%	62%	73%	91%	71%	77%
提高孩子们继承的智力水平？	强烈支持	15%	13%	41%	48%	18%	18%
	有点儿支持	12%	13%	29%	26%	17%	26%
	总支持数	27%	26%	70%	72%	35%	44%
我排除了调查中另外两个国家的结果：以色列和新西兰并增加了总支持数，尽管它们包括"有点儿支持"。							

资料来源：梅瑟，J.，J. 亚撒利雅和 P. 斯乃文，《亚洲关于生物技术的国际态度》，国际生物技术期刊，2000 年，第 2 卷，第 4 期。

我敢肯定，人类基因控制问题将会被越来越多的人关注，并尝试了解，甚至接受。今天，我们可以看到人们已经付出了多少努力来改善自身和自己的生活。我们创立了医学科学，它改变了自然的死亡率和生育能力，一方面，这对人口爆炸造成了影响；另一方面，它还通过避孕药来控制生育率。人们拥有更多的牙齿填充物，掌握髋关节和膝关节置换手术、心脏移植、人工听力、人工视网膜、隐形眼镜、起搏器、抽脂、头发移植、永久性脱毛、整形手术和肉毒杆菌技术也成为日常的生活方式。我发现有些东西相当令人反感，有些则是正面的，但令人难以抗拒的事实是，它们总会受到一部分人的欢迎。

我们也培育大量的试管婴儿。第一个以这种方式出生的孩子是生于 1978 年的路易丝·布朗，当时有评论家认为，这样的孩子会成为心理上的怪物。从那时起，已经有近 50 万名儿童以这种方式出生，而没有任何迹象表明他们在精神上或生理上与其他人有不同。事实上，人们对试管婴儿的第一反应和对在医院里生孩子的态度差不多。一百年前，这被认为是奇怪的。但今天，大多数人认为未能在医院分娩是一个不必要的风险。

我们已经看到在患有严重遗传性疾病的病人身上所做的第一个基因移植手术。这通常是借助感染病人体内的病毒来完成的，而这个病毒是一个带有缺陷基因的正确版本的病毒。然后病毒侵入人体细胞，并在许多情况下通过添加一个健康的基因副本来纠正这个问题，这叫作躯体疗法。可用这种治疗方法的其中一种疾病是囊性纤维化，这种疾病会阻塞肺部，产生黏稠的黏液，造成病人巨大的痛苦并导致寿命缩短。患者可以通过吸入带有相关病毒的呼吸蒸汽来治疗，还有其他的基因治疗方法，包括将裸露的 DNA 注入肌肉中，甚至在体外培育完整的细胞，然后再将它们植入体内。当然，从技术的角度来说，在怀孕之前纠正基因缺陷会更容易（通过对卵细胞和精细胞的基因进行分析，纠正缺陷，然后再在试管中进行受孕）。

在我看来，人类——作为第一个物种——可能会开始从基因上重建自己。其中的一个原因是我们的基因组越来越与现代生活不匹配。我们基因中所包含的人类组织几乎完全是在石器时代逐步形成的。它让我们的身体将储存脂肪作为一种保险或者说本能，以防我们找不到食物，或者在冬天地面积雪持续的时间比往年更长时得以抗寒；当我们停止生孩子后，身体似乎就失去了对自我保护的兴趣，尽管从技术上讲，这可以使我们活得更久；我们在一生中积累的知识在去世后将随之消失；我们的基因也使我们更容易歇斯底里和恐慌。可见，基因并没有给我们足够的智慧来理解我们所制造的技术。

基因工程存在的另一个原因是，大多数人希望过更长久、更健康的生活。1999 年，美国普林斯顿大学的生物学家在老鼠身上添加了一种基因，使它们（老鼠）变得更聪明；同年，意大利米兰的研究人员激活了老鼠身上的一种基因，之后它们（还是老鼠）在能量没有变化的情况下，延长了 30% 的寿命。1985 年，研究人员发现，如果单个基因被改变，那么，秀丽隐杆线虫的寿命就会延长一倍以上。1999 年，其他生物学家通过植入基因创造了两种抗氧化剂，从而使某种细菌的寿命延长了50%。具体到人类自我改造的步骤可能是这样的：

第一步是进行羊膜穿刺术，将一小部分含有胎儿组织的羊水从围绕在发育中的胎儿周围的羊膜囊中取出，并对胎儿的DNA进行基因异常检测。这已经非常普遍了。携带严重缺陷的胎儿将被终止妊娠。

第二步是胚胎筛选，在植入胚胎前进行遗传缺陷筛选。有时也会在受精之前对雌性卵细胞进行筛选。这在今天也是相当常见的。

第三步可能是人们开始克隆他们心爱的狗和猫。这已经开始了，但很罕见。

接下来，也许有人会利用基因操纵培育拥有特别高的智商和长寿的狗。人们现在会购买和培育这些狗，从而产生这样一种想法：认为对动物进行基因操纵与选择性育种没有本质上的区别。

下一步可能是那些没有生育能力并计划孕育试管婴儿的夫妇，相反，他们要求对大量的卵细胞和精细胞进行大约4 000种不同的基因疾病的筛选，然后选择最好的生殖细胞。

在随后的阶段，人类可能会选择对一些基因的细节进行修饰，正如人们所熟知的，它能提供更高的智力、更好的健康或更长的寿命。换句话说，这类似于苹果手机上的"应用程序商店"。我能想象出一种情况，一个生育诊所的人问一对夫妇是否愿意让他们的孩子拥有一个天然的音高（记住特定音调的能力是在一个基因中几个原子的位置上反映出来的）。如果答案是肯定的，那么一些原子就会被改变。它甚至可以在三个变体中进行选择：（1）有些变化不会自动传递给孙辈；（2）另一些只在服用的激活原子药丸个体成长中发挥作用；（3）其他变体可能是永久性的。从技术上讲，这些都是可以做到的。那些使用它的人可能是缺乏某种天赋的人，但是他们选择给他们的孩子一个更好的机会，从而减少阶层之间的差距。

在此之后，人们可以想象一些基因从其他生物体（如植物）中被提取出来，并植入人类基因组中。例如，一种基因可以通过释放抗氧化剂来保护我们的细胞延缓衰老，因此，衰老过程可能会减慢50%，从而使人们可以健康地活到150岁。

一个极端的发展将是给人类增加一个染色体来放置新的基因。

如果这些情况发生（而且我个人认为大多数情况都会发生），我相信第三和第四阶段可能会迅速发展并广泛传播。第五阶段（试管婴儿的筛选）将在许多国家引起轩然大波，但将在美国和亚洲流行起来。下一个阶段（改良基因的植入）将面临强烈的反对声潮，特别是在欧洲、拉丁美洲和阿拉伯世界。相反，它将起源于亚洲，那里对这种想法的态度是相对积极的。

......................⋀........................

虽然基因技术可能是提高人类健康和能力的关键，但比这些技术的短期后果更重要的是解决环境和资源问题，尤其是在农业领域。从现在到2050年，我们希望将农业产量提高100%。实现这个愿望的方式有：（1）用农田取代世界上更多的荒野；（2）减少数百万人口；（3）使用精准农业（基于精确、实时测量，以优化播种、灌溉等）和基因技术，以大幅提高农作物产量。

此外，我们依靠传统农业生产的大部分食物实际上都是非常不健康的。事实上，如果按照和转基因食品相同的标准进行测试，许多天然植物将无法被批准为今天的食物。例如，许多坚果会导致过敏，有时是致命的。如果这些坚果是我们通过基因组学创造出来的，就会立即被禁用。同样的情况也很可能发生在小麦和玉米中，这些小麦和玉米通常含有少量来自植物疾病的毒性非常强的物质，或者含有脂肪的食物是否会导致动脉粥样硬化（动脉壁内的斑块形成）？这样的食物是不可能有机会被端上饭桌的。然而，事实是人们每天都吃这些食物。既然我提到了，那么我们就一定可以通过基因组学来解决这些问题。比如生产防过敏坚果。

农业的不利之处在于，我们已经清理了巨大的自然区域，已经清除了野生动植物的自然栖息地，并为农业生产提供足够空间。总体来说，我们用来耕种的土地面积大约等于南美洲的陆地面积。

生态农业不能解决失去自然栖息地的问题。相反，生态农业需要更多的土地来获得一个固定的产量。如果我们被限制在生态农业上，要么会有全球饥荒，要么几乎没有野生动物能幸存下来。如果我们的人口数量少于10亿，我们就有可能广泛使用生态农业，但我们现在有超过70亿人口，而且很快就会达到90亿。但我依然相信，生物技术可以帮助我们使农业生产变得更紧凑、更智能，就像我们把电脑从一件重达数吨的设备缩小到你可以放入口袋里一样。我们的目标应该是尽量减少我们用于种植的土地，以便最大限度地利用剩余的自然区域。

......................⋎......................

农业中的基因操纵最初是在美国加州大学和斯坦福大学进行的，它从非常原始的技术开始，比如在不同的植物中分解细胞壁，然后把它们的基因混合起来，或者用X射线加速随机的基因突变，看看这种随机的高速突变是否能带来新的更好的东西。这些过程涉及改变一些植物细胞中的特定基因，然后通过组织培养，产生全新的植物，而在大多数情况下，这个过程是相当困难的。

渐渐地，这个过程变得更加简洁。一些研究人员注意到，当根癌农杆菌感染了一种植物时，这种植物就会生长出一些奇怪的小结节，这些小结节可以被切断并单独生长。这些结节出现的原因显然是因为除了正常的DNA，根癌农杆菌还有一种松散的基因链，它侵入了植物的细胞并改变了它们的功能。科学家们将这种DNA链插入到其他植物中，也取得了同样的效果。后来，研究人员在土壤细菌苏云金杆菌（Bacillus thuringiensis，简称Bt）上进行了研究。自1901年以来，日本人一直使用这种细菌作为杀虫剂，然后他们产生了这样的想法：或许可以在细菌中找到这些基因序列，并让这些基因序列最终负责杀死幼虫和昆虫，再将这些序列整合到植物的基因组中，从而避免喷洒杀虫剂。为了达到这个目的，基因组需要进行某种改造，因为植物"阅读"它们的基因与细菌的方式有所不同。然而，在经过无数次的尝试之后，试验终于成功了，并且产生了能够抵御幼虫和昆虫的一代植物。

后来，另一个想法浮出水面。20世纪70年代，美国孟山都公司推出了除草剂农达，与市面上的其他除草剂相比，这是具有革命性的。一般而言，除草剂的药剂是相当有选择性的——既要能起到立竿见影的效果，又要使其效果持续数周甚至数月。然而，农达在第一周没有明显的效果，当其效果最终得以体现时，它已经杀死了所有的植物，然后这些植物很快就被降解了，所以农达很快就在对路边石板缝隙的喷洒中广受欢迎。农民们用它来代替耕种，即使后者可能导致土壤侵蚀，而且非常耗能。孟山都公司的想法是将正常的思维方式颠倒过来——识别那些保护有用植物免受农达伤害的基因。如果能做到这一点，就有可能对农田进行喷洒，这样就可以消灭除理想的有用植物之外的一切植物。经过多年的紧张工作，科学家们的努力得到了回报，一种具有这种抗农达改进基因的籽粒被当作"抗农达"来销售。结果是农民们不再需要犁地，其喷洒的需求也减少了。例如，美国密西西比州和亚拉巴马州的试验表明，农民们在使用了抗农达除草剂后，喷洒次数从平均每季度8次降到1.5次。总而言之，环境收益增加了4倍——既减少能源消耗、减少每英亩的产量损失，又减少土壤侵蚀和食物中除草剂的含量。

2008年，世界上有8%的耕地种植转基因作物，相关技术也在迅速发展。2009年，孟山都公司推出了转基因玉米，其产量比以前提高了5%~10%，而抗农达II的大豆产量更是比原来的抗农达大豆的产量提高了7%~11%。

显然，这里发生了一些有趣的事情。种子公司曾经是"模拟"企业，它会检查植物，并选择最好的植株作为培育明年种子的基础——这一过程平均每年将提高1%的产量。然而，现在的农业显然是一种信息技术，它将极大地提高生产率。孟山都公司现在正在使用一种所谓的"种子凿切机"，它可以挑选一粒种子并将其旋转到一个位置，在这个位置上，种子的一小部分可以被切掉，而不会破坏其生长能力。之后，他们检查芯片中的基因组，以找到最终的植物特征的线索。通过使用这种方法选择种子，可以显著加速选择和繁殖周期。因此，他们希望将年生产率增长量提高3.5%以上，从而使2010年至2030年的产量翻倍。如果这是可行的，那将是至关重要的，因为从2010年到2030年，世界人口将会增加大约20%。因此，由于使用基因组学，同一时期的作物产量将增长100%，这意味着我们很容易就能赢得为世界人口提供食物的竞赛，同时扩大生物燃料的生产。事实上，即使有很多农民不愿意使用转基因植物，我们也很有可能不得不在2050年之前将现有一些农田还给自然。

此外，人们还会倾向于所谓的功能性食品，这些食品经过基因改造，可以带来$\Omega-3$或其他的健康元素，如更多的维生素、纤维或蛋白质。例如，植物中的脂肪可以通过从藻类中吸收一些基因从而加入健康的$\Omega-3$脂肪酸中。在发展中国家，这也将减少饥饿和减少营养不良成为可能，否则它们将导致数百万儿童智障、失明、虚弱甚至死亡。

对我们的食品基因直接进行干预的思想让很多人感到恐慌，尤其是在欧洲，但研究仍在继续，在未来的几年里，我们会看到更多新的农作物，其亩产量更高，生产需要的水更少，抗风霜的能力也更强。但也应该理性地看到，当欧洲人禁止从非洲和其他贫困地区进口转基因农产品时，在一定程度上不仅阻止了转基因作物在那里的利用，实际上也间接地使穷人为富人的恐慌买了单。

尽管植物生物化学的发展可能是拯救我们的环境和生存的最重要方式，但细菌的发展也可能是实现这一点的重要部分。

这个星球上最初20亿年的生命都是由单细胞组成的，然后由第一批多细胞生物进化成今天我们所看到的大型生物：树木、牛、人等。然而，许多研究人员估计，今天细菌的总数量实际上等于所有植物的数量，这些植物也包括海里的海藻和森林里的树木。由于我们一直在最奇异的地方发现细菌，比如离地球表面3公里处，因此，有许多研究人员认为，细菌占了当今世界总生物量的一半以上。

还有些细菌生活在有机物质中，其他细菌以硫黄或石头为食，或者从地热或光合作用中获取能量。有些细菌需要氧气，而有些细菌则不需要氧气。一些细菌可以忍受海底的放射性或过热的水温；其他细菌却只能在特定温度的牛奶里生活。

有些细菌喜欢生活在我们的身体里。据估计，人体内的细菌比体内的细胞还多。然而，细菌细胞平均比人类细胞小得多，因此这些生物只占我们总重量的大约10%，然而，这也告诉我们一个事实：我们真实地生活在生态系统中。

我之前提到过，2006年克雷格·文特尔开着游艇环游世界，收集水样本，以获取数以百万计的细菌、藻类和病毒样本。他把这些样本送回实验室，利用解码机器对其进行分解，并分离出了数百万的新基因。这一过程为其公司提供了一个巨大的数据库，通过搜索这一数据库就可以寻找具有已知特征的基因，这一方法无疑会被其他许多人复制。这样的工作还可能为众多新变体的发展奠定基础。例如，制造一种大量产生蜘蛛网所需物质的细菌，并以此为军队或警察织出非常薄的防弹衬衫。又或者是被改造成用于制造各种药物的细菌，事实上，这种细菌已经被广泛使用。

然而，第三代和第四代生物燃料可能是最有趣的应用：细菌或藻类通过光合作用，从空气中吸收二氧化碳，并将其转化为石油。瞧！有了这样的细菌，我们就能阻止空气中二氧化碳的积累，并拥有一个可持续的能源来源，可供飞机、汽车和船只使用，而无须对交通基础设施进行任何调整。现在美国有好几家公司都在努力试着培育这种细菌，而最有可能的结果是，在很短的时间内，这种细菌将在市场上推广，它们将与转基因藻类就制造第三代生物燃料展开竞争。当这种藻类生产或细菌生产石油的技术通过基因调节、基因组调节和修饰进行优化时，我们将不得不为它们起一些类似"酿油厂"这样的名字。燃煤发电厂的烟囱就将是一个好的起点。这种技术的作用是制造一种液体燃料，它可以很容易地融入我们目前的交通基础设施中，而且它是可再生的、紧凑的以及碳中和的。

这种技术和基因组学中的许多其他方面一样，有可能成为一个庞大的产业。除了为我们面临的许多环境和资源挑战提供简洁的解决方案之外，它还将为我们应对医疗保健挑战提供极大的帮助，因为在未来40年里，老年人口的数量预计将不会少于16亿。

到目前为止，这个领域的主要参与者来自美国、瑞士、新加坡、丹麦和许多新兴市场国家，巴西、中国、埃及、印度、以色列、南非和韩国等国处于主导地位。基因组学并没有类似信息技术那样庞大的网络效应，它降低了在相对短时间内创造出利润丰厚的公司的可能性。然而，由于缺乏网络效应，该领域也将会出现更多新的参与者。

────────── ∿ ──────────

DNA——以及蛋白质中的20个氨基酸——是最伟大的开放计算平台，它将会永远存在，而大自然所做的事情让人难以想象。人们所能想到的几乎所有的事物都是自然发生的，如果不是数以亿计的话，在地球上生存的物种已经达到数千万种。科学家相信，大约99%的曾经存在的物种已经灭绝了，当然，这大部分发生在人类出现之前很久，但从长期来看，物种数量总体上仍呈上升趋势。

> **生态系统与自然生态系统的相似性**
>
> 生物生态系统已经存在了数百万年，但直到最近我们才开始绘制它们背后的数学逻辑。然而，就像我们所做的那样，它看起来与我们在信

息世界中人为创造的一切，有着令人吃惊的相似度。在生物学和电子世界里，通常有一个巨大的软件架构，其中的层层逻辑都是建立在非常基本的代码之上的，在计算机中，它们是芯片架构和机器代码，在生物中，这些代码就是 DNA 序列。

其他的相似之处有：电子机械和生物个体都可使用电力传送信息，尽管神经细胞在两个世界里由不同的物质构成。此外，电子和生物世界都有错误代码和反方向代码等，而且两者都可以被复制。

电子设备——软件和硬件的结合——越来越让人联想到原始动物。今天的电脑可以看、听、嗅、自我定位，并可以说话。

生态系统与自然生态系统的相似性并没有就此结束。在计算机世界中，我们对软件进行备份。而自然界有它自己的备份系统，因为 DNA 是双链的。在 IT 行业，我们通过 CAD、CAM 的方式，成功地将软件设计与物质生产直接联系起来，而这正是生物在遗传学领域所做的事情，在那里，"软件"可以通过从环境中收集的化学物质产生自己的硬件。

然而，基因组学还有一个真正引人注目的方面。虽然它是一个开放的平台，而且它所创造的表达也是无限的，但不同物种背后的实际编码却有着惊人的相似度，任何编码的微小变化都会产生重大影响。想想猴子是怎么思考和说话的，通过与猴子进行有意义的"对话"，人们进行了各种各样的研究，在那里猴子可以通过按"按钮"来与我们交流，每个按钮都代表着某种意义。于是就产生了诸如此类的句子：

尼姆吃。尼姆吃。喝吃我尼姆。尼姆口香糖我口香糖。你我香蕉我香蕉你。

这里的尼姆是一只猴子，你可能没有猜到，它说的话对我们来说不太容易理解。当我们把它与人类语言进行比较时,事情看起来就容易一些了。

如果我们将一个哈达玛门(Hadamard gate)应用于量子计算机的第一个量子位,其作用是用数字为量子计算机生成一个新的描述,数字为 t_1, t_2……假设 $t_1=(s_1+s_{2n}/2+1)/\sqrt{2}$……

或者这样一句话:

直到母牛回家,我才可以和你一起跳舞。第二个想法是,我宁愿和母牛一起跳舞,直到你回家。

这两句话中的第一句话,我认为是非常明确的,是科学家迈克尔·尼尔森说的,第二句话是喜剧演员格罗克·马克思说的。当我们拿猴子的DNA——比如尼姆——与类似这两位天才进行比较时,通过对逐个碱基对进行比较,两者的差别只有4%左右。不仅我自己的DNA和猴子的几乎一样,而且和许多细菌也没有什么不同。这就是我所说的世界上最大的开放计算平台。顺便说一下,根据英国伦敦大学学院史蒂夫·琼斯教授的说法,我们与香蕉共享50%的基因(这可以解释我在某些周日早上的感觉)。

但是,对于生物技术和基因组学来说,这已经足够了。我们现在将转向所谓的"信息技术",这是我们关于人类使用电脑的坏术语。

第 16 章　信息技术

从晶体管到神经元和蜘蛛软件

　　如果你视力正常，那么你可以看到人的一根头发，它大约有 50 微米（50 000 纳米）宽。这大约是人眼可以识别的最小尺寸（0.01 毫米，即 1 微米）的 5 倍。我举个例子来说明。美国旧金山湾最宽处有 20 公里宽。再举一个例子，如果您站在丹麦首都哥本哈根眺望瑞典的海岸线，那么你能看到的最远距离大致有 20 公里。现在，让我们放大 4 亿倍。如果我们真的这么做了，那么一根头发看起来将会变成旧金山湾那么宽，或者有哥本哈根与瑞典之间的距离那么宽。在世界上，人类所能见到的最小物体将是直径只有上述距离的 1/5（4 公里）的一个点。

　　想象一根头发有 20 公里宽是非常奇怪的，但我仍想尝试一下，因为它将帮助我们认识一些非凡的东西。在此参照系中，1 纳米将是 0.4 米，一个细菌细胞的直径可能约为 10 米。当我们与这个直径为 10 米的细菌保持一个安全距离时，可以看到一些与其他原子相连的氢原子。每个氢原子直径约为 4 厘米，看起来与较大的鹅卵石的尺寸差不多。一个电子的直径大约是 1×10^{-14} 厘米，夸克的直径大约是 4×10^{-15} 厘米，所以即使在这个荒谬的被放大的世界里，你也不可能什么都能看到。

在这个范围内，真正结构紧凑、体积小巧的电脑芯片会是什么样的呢？这里提供一个线索：1959年，理查德·费曼（1965年诺贝尔物理学奖得主）介绍了关于未来可能被压缩到芯片里的数据的数量级的观点。他说如果能够制造出一个计算机，其中1比特的物理表示只有100个氢原子那么大，即10纳米，那么在一个100 000纳米×100 000纳米的空间内，计算机芯片居然可以存储所有已经出版的图书的全文（截至作者写作时，大约是2 400万本书）。因此，在被我们放大的世界里，他所说的用"1"或"0"表示的1比特的大小大约有100个大的鹅卵石或者直径4米的点所占的空间那么大。

那么，再想想，在我们的参照系中电脑芯片会是什么样的呢？如果丹麦和瑞典之间的距离（20公里）对应头发的宽度（50 000纳米），那么费曼所说的整个芯片边长将达到40公里，或者是我在前面提到的旧金山湾宽度的两倍长。在现实世界中，它只有一根头发的两倍那么宽，简直是一个微不足道的颗粒。

因此，根据他的描述，毫不夸张地说，就是将2 400万本书浓缩进一颗尘埃之中。如果将所有这些书都印在纸上，那么这些纸的重量将达到80万吨。如果你把它们首尾相连排成一圈，其长度将达到英国伦敦与美国纽约之间的距离。当然，这只是费曼在1959年的一个假设。稍后，我们将发现他所说的是如此的现实。

························∿·························

为了做到费曼所描述的事情，你需要使用一种被称为晶体管的发明。事实上，你需要的正是天文数量级的微小的晶体管。

在我看来，晶体管是人类历史上最伟大的两项发明之一（另一项是一种特殊的轮子，我们称之为齿轮）。如果你戴着一个复杂的机械手表并上紧发条，那么里面将会有数量庞大得令人难以置信的或大或小的齿轮相互作用，在这个过程中，简单的机械能量转换成复杂的信息。它可能显示日期、时间、时区甚至月相等等。所有这些都来自简单的规则以及更简单的规则，这些简单的规则又通过所有这些齿轮的相对尺寸和连接来表示。分针齿轮转动60次，时针齿轮转动一次；时针齿轮转动24次，日期发生变化。类似这样循环往复。

现在，当你编写软件时，你也要遵守简单的规则。最常见的一个句式是"if……then……else"（如果……，那么……，否则……）。为了对此进行解释，让我们假设你需要把汽车开到一个停车位上：

  如果灯是绿色的，那么继续，否则停止。

晶体管就是能够表示这个简单规则的物理设备。它于1925年在加拿大获得专利，在此之前，任何试图制造计算机的尝试都是基于齿轮的，就像手表一样。有了晶体管，你就可以用我们两个最伟大发明的其中之一来替代另一个了。

令人惊讶的是，在人类发明出晶体管之后的22年里，没有人用它来做过任何有意义的事情。事实上，甚至没有人曾经听说过它。直到1947年，晶体管的第一个技术突破才出现，那就是贝尔实验室的工程师发现可以通过向锗晶体施加电流的方式来制造晶体管。如果没有电能，晶体是一个非常糟糕的导体，但是有了电能，电流可以很容易地通过。通过这种方式，锗可以成为控制设备里的电流的开关：

  如果电源开启，那么它能导电，否则它不能。

晶体管最常见的应用之一是作为放大器使用。比如说，助听器里使用的就是晶体管，微型麦克风通过控制电流（或"基极"）来捕捉声音，然后用电池使更强的能量通过晶体管并驱动微型扬声器（见图16.1、图16.2）。

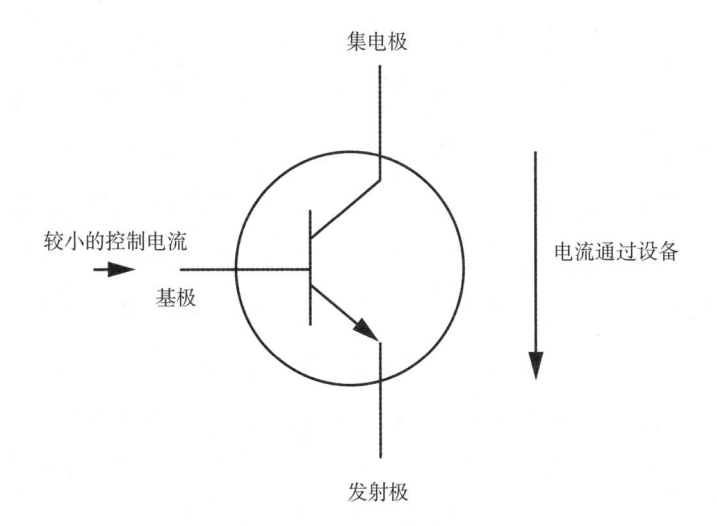

图 16.1　晶体管原理图

注：操作的基本原理是电流通过设备，从"集电极"流向"发射极"，并被加在"基极"上的较小的控制电流控制。这个过程比轮子要复杂一些，但并不是复杂太多。实际上，具有球轴承的车轮的原理似乎比晶体管更复杂。

资料来源：马库斯·内贝林，光纤网络工程公司。

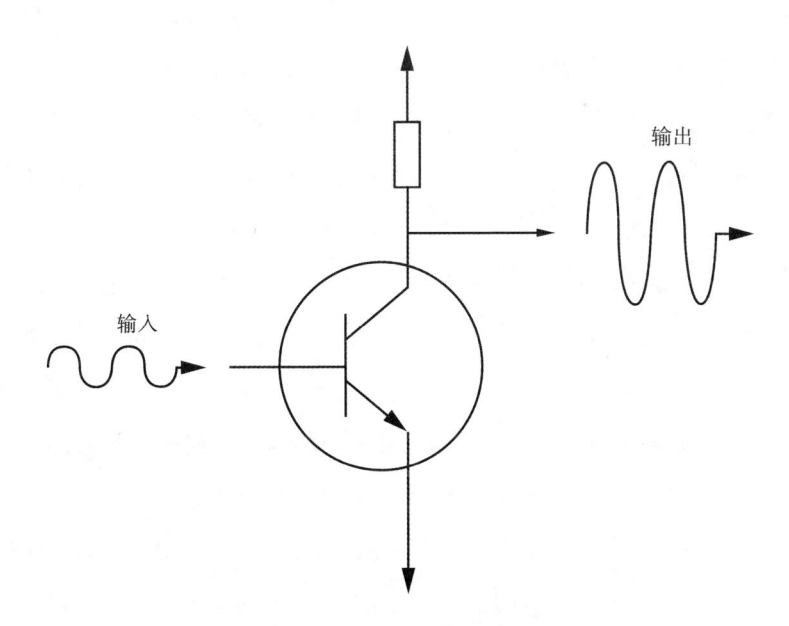

图 16.2　作为放大器的晶体管

注：通过输入信号的小的变化来控制一个更强大的电流波动。
资料来源：马库斯·内贝林，光纤网络工程公司。

因为如果在其基极上施加电流（没有电流就不能导电）锗就可以导电，因此，锗被称为"半导体"，因为它"有时候是但不总是"导体。如果将多个晶体管连接在一起，你就会拥有一系列可以支持无数功能的开关。在某种程度上，这类似于手表，手表中许多齿轮相互作用、产生了较高的复杂性。但是，两者之间有一个巨大的区别。计算机芯片中的晶体管运行得非常快，每秒能够开启和关闭几十亿次。这个令人难以置信的速度能够产生的其中一个原因是电子信号移动得非常快（电子信号不是实际的电子，因为电子的移动速度相当慢，这里所说的是电场）。实际上，这些场以接近光速的速度移动，这相当于在一段时间内在地球赤道上运行了7.5次，而且这段时间不是1天、1小时或1分钟，而是1秒钟。

第一个晶体管的体积很大，不过没过多久，晶体管的体积就变小了。后来锗被硅和其他材料取代了，人们设想如果把它们和砷、磷、锑、硼、镓或铝等少量杂质一起处理（一种被称为"掺杂"的过程），这些材料像锗一样可以作为"半导体"，那么这将是一个好主意，因为与锗相比，硅的价格更便宜，而且硅也更容易处理。

于是人们产生了另一个想法：把晶体管制作得再小一点，这样就可以把许多晶体管放在只有指甲大小的芯片上。在那个创新想法提出并开始实际运行不久后，一些工程师开始计算，如果只是简单地将一切都缩小了——体积小、耗电少等等，那么它将如何运行。令他们吃惊的是，他们发现晶体管在一切都缩小之后还能运行得很好，而且它们的运行速度还可以比原先快得多。在相同的布局中，晶体管在单位面积上甚至不会产生更多的热量，并且由于低电容互连反而可以降低所需的功率。所以，工程师们开始将一切缩小，一旦他们开始把芯片做得更小，他们就会把它越做越小。

要生产这些芯片，你需要一个所谓的"晶圆"，它是由无缺陷的单晶硅组成的。用带有金刚石边缘的金属来切割这种干净的材料，可以获得一个完全光滑的表面。接下来还有一系列的程序，其中最重要的一个步骤是添加所谓的"光阻剂"。在这之后，你把一个模板放在晶圆上，它有一个类似于你想要的芯片内的电流流动和晶体管的格局。

举个例子，这在某种程度上类似于将一个模板放在物体表面上，然后在上面喷绘一个标志。不过，在芯片生产中，喷绘的材料既不是油漆，也不是喷雾，而是光。因此，你用一种带有复杂图案的光源在晶圆上喷绘（晶圆上面有光阻剂），然后产生化学反应。这些图案因此被烧蚀到晶圆表面，其余的光阻剂则会被冲洗掉，由此产生的产品就被称为集成电路。为了节省时间和金钱，我们可以同时生产许多电路。一个晶圆可以包含许多集成电路样式，在最终连接到外部接线和其他材料之前，你可以把它像"骰子"一样剪下来。最后，在出售之前，每个产品都需要完成测试，没有误差的那部分就是"产量"，其余的则是废料。

我之前提到过摩尔定律，该定律指出放置于芯片（或集成电路）上的廉价晶体管数量每一年半到两年就会增加一倍。显然，这个定律不能像牛顿定律一样永远成立。然而，戈登·摩尔在1965年的一篇论文中第一次描述到它时，将它追溯到1959年，可直到将近50年之后它仍然成立，这是相当神奇的。确实，这一观察结果非常吸引人，它实际上是一种自我实现——它成为这个行业的口头禅，既然你的竞争对手遵守了摩尔定律，那么你最好做得比他们更好。在20世纪70年代的某段时期，容量实际上是每12个月增加一倍。

工程师们是怎么坚持下去的呢？这种不懈的进步有很多驱动因素。例如，晶圆的尺寸增加了，芯片中的所有东西都变成了越来越小的规则的几何图形。与此同时，人们还尝试了不同的方法以便更好地利用空间。于是，出现了部分电路由几个不同的夹层叠加在一起而形成的情况，这就节省了平面面积，更好地利用了空间。到2000年，芯片中通常包含超过50种不同的化学元素，所有元素对于芯片速度及可靠性的改进都发挥着至关重要的作用。另一种用来提高越来越小的几何图形的生产能力的方法是使用波长越来越短的光线，因为波长较长的光线无法制造足够精细、精准的样式。这反过来又给创造新的光阻剂造成了巨大的挑战，因为这些光阻剂要适用于更短的波长。这是一项非常复杂的任务，在给定的波长投入生产之前，化学家们需要提前 10 年开始研究这个光阻剂项目。毕竟，光阻剂不仅对光的特定波长非常敏感，还必须提供高对比度和锐利的边缘。此外，它还需要能够黏附在晶圆上，以确保在清洗过程中不被冲洗掉。

挑战并没有就此结束。工程师们还需要研制比哈勃空间望远镜更为精确的光学仪器，并利用激光创造波长越来越短的光线。还有一个问题是要避免所谓的"隧道效应"，即当晶体管或导线彼此非常接近时，电子会在晶体管或导线之间自发地跳跃起来。为此，工程师们发明了隔离材料，可以应用在只有几个原子大小的空间里。

还有一个问题是关于时钟频率的。假设你想要做一系列的计算，于是发送电子信号，电场变化的速度大约为每秒 30 万公里，所以在一瞬间，一切都完成了。然后呢？接下来你要做下一系列的计算，这可能是建立在之前的计算结果上的。所以，你发送了新的脉冲信号。怎么做到的呢？你可以使用具有固定频率的晶体，就像当你的手划过一个水晶红酒杯潮湿的边缘时，它会发出声音一样。当计算机芯片启动时，晶体周围的电路就会产生随机的噪声，这将不可避免地包含晶体固有的振动频率，然后晶体就会随之开始振动，这些振动将放大晶体发出的电子信号。这些脉冲之间的时间间隔被称为"时钟频率"。第一台商业电脑——牵牛星 8800（Altair 8800）使用英特尔 8080 处理器，其时钟频率达到了每秒 200 万转（2 兆赫）。到 1995 年，其频率已经达到每秒 1 亿转。大约 5 年后，我们又突破了每秒 10 亿转的难关。2010 年，一个芯片的标准是超过每秒 30 亿转（3 千兆赫）。

要达到这个目标并不容易。每一个脉冲发生后，晶体管的连接都需要时间来适应新的状态。如果下一个脉冲在此之前到来，那么上一个脉冲信号就会被破坏。另外，如果晶体管运行过快，那么数据处理会产生更多的热量，这可能会破坏集成电路。发热是一个很严重的问题，这也是摩尔定律遭受到挑战的关键领域之一，因为芯片设计者无法做到让这些更快的芯片适应当前的热负荷，因此，它们需要通过多核来解决热负荷问题。

只要摩尔定律发挥作用，就意味着不管你什么时候读到这儿，在接下来的两年里，计算机容量的增长量都将会和世界上第一台计算机诞生以来的整体增长量一样多。

摩尔定律的作用可以持续多久？专家们不知道，因为他们只能将当时的想法延伸到未来。不过，在2010年，大多数专家说他们可以清楚地看到2020年，甚至2025年。在那之后摩尔定律还能发挥作用吗？他们一般会说，也许可以，也许不行。"我们都不知道在那之前还会出现哪些未知的发明。"科学家们这样说。

不过，有一件事情我们确实是知道的：如果集成电路的逻辑门小于5纳米，电子可以跳过，即使"门"是关着的（这个最小距离是费曼在1959年的文章中设定的最小距离的一半）。因为我们发现1纳米相当于氢原子直径的10倍，而大约50个氢原子的距离是芯片中的电子不能自发地或无意地征服的最小单位。因此，这就是我们现在使用的计算机芯片的概念。

再次想象一下，我们此刻在我之前描述的被疯狂放大的世界里，在那里一根头发足有20公里宽。现在是2020年，我们正在研究一个电脑芯片（见图16.3、图16.4），这里面可能有150亿~200亿个晶体管，并且其中最小的"门"只有5个氢原子那么宽。芯片里包含625个核心，时钟频率是73千兆赫，这意味着每秒钟发送730亿次电磁脉冲，并以每秒120万亿公里的速度穿过迷宫般相互连接的晶体管（当尺度被放大时，速度也被放大了）。这大概就是目前我们接受的集成电路的概念。

不过，已经有强烈的迹象表明，在2020年我们达到最终的芯片压缩水平之后将会发生什么。我可以想象，三维设计可以让摩尔定律在2020年之后再延续使用10年或20年，这也许就来到了2030年和2040年。

图 16.3　IBM 三维水冷芯片原型

注：这张图片展示的是一个组装前单层、三维的冷却原型的完整视图。其中，主动冷却领域位于原型中心的结构区域，其边长为 1 厘米，高为 100 微米，并且包含 10 万个垂直互连。

资料来源：瑞士苏黎世 IBM 研究所。摄影：夏洛特·博利格尔。

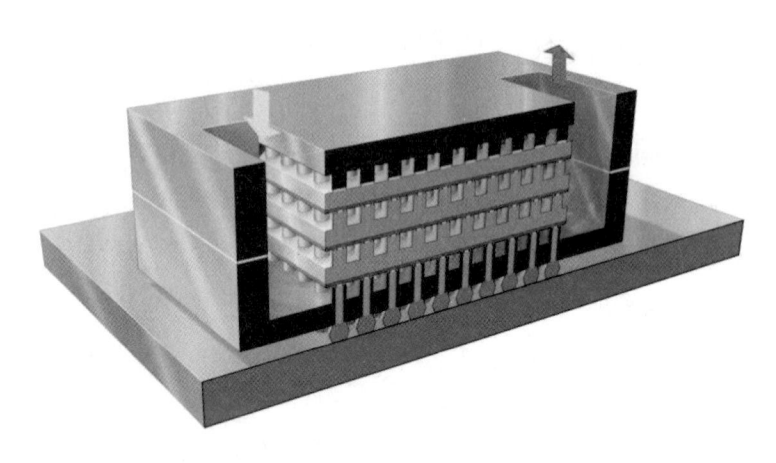

图 16.4　IBM 三维水冷芯片原理图

注：该图显示了夹层间的水冷技术，在此技术中，冷却结构直接集成到芯片堆中。IBM 研究人员与弗劳恩霍夫研究所合作，研发了一种特殊的组装技术，通过使用这一技术，这些夹层可以通过一种高精度并且可靠的方式连接，使水流通过嵌在冷却容器中的三维堆栈。使水流（约 20 摄氏度）从其中一侧注入，并流经堆栈中各个电路层，最终从另一侧流出。

资料来源：瑞士苏黎世 IBM 研究所。

第四部分　超级行业

我之前曾提过，轮子是世界上最伟大的两项发明之一。你如果有一辆汽车和一辆自行车，就拥有 6 个轮子，但在现代的抽屉里、办公椅上和其他许多地方也有一些小轮子。如果我们把自己拥有的轮子都加起来，那么大概有至少几百个甚至上千个。它们都要被嵌入你的汽车、自行车，以及手表、机械引擎。

接下来我们来看看晶体管。曾经有人预计，2010 年晶体管的产量会达到 1×10^{19} 个。事实上，截至 2010 年，在如此之高的晶体管年产量之下，如果我们把它们均匀地分配，世界上的每个人都将得到大约 14 亿个晶体管。换句话说，如果你家里有 4 个人，那么你们将获得 56 亿个晶体管。如果你是一位极客，那么你这一年的晶体管的个人配额可能会接近 1 000 亿。人类生产晶体管的规模要远远大于其他元件的生产规模，并且每 18~24 个月晶体管的产量将翻一倍。

到 2020 年，一台标准计算机的功率将是 2010 年的 30 倍，如果摩尔定律在 2030 年还成立，那么它的能量将增强 1 000 倍左右。但是晶体管的产量会增长得更快，因为每个芯片含有的晶体管数量在增长，每个家庭和工厂拥有的芯片也在增长。

不过，当你买电脑或者智能手机的时候，显然你想要的不是晶体管，而是通过它来进行数据处理或者做其他事情。数据处理能力通常是在所谓的"MIPS"（每秒处理百万次机器语言指令）中计算。在 1972 年，IBM 研发了"系统 /370 型号 158–3"，它的容量为 1 MIPS，人们已经目瞪口呆。每秒 100 万条指令！ 100 万！随后 IBM 还表态绝不会止步于此。

因此，许多人开始问自己，如果你拥有一个或几个 MIPS 的容量，你可以做些什么呢？美国机器人专家汉斯·莫拉维克通过一个容量与人类大脑容量相当的机器人能做什么来做解释，这就很容易理解了：例如，一个 MIPS 就足以让机器人指出或者遵循一些非常简单的事情。这就是 1972 年一台

IBM 大型机的容量。

现在让我们乘以 10。10 MIPS 的容量相当于查找或者追踪类似激光制导炸弹一样的灰色调目标。1987 年，摩托罗拉公司发布了拥有这种能力的芯片。第一次海湾战争期间（1990—1991 年），我们见证了激光制导炸弹的精准度。

接下来设想，如果拥有 100 MIPS 的能力，汽车就可以慢慢地在自然地形中找到路。举个例子，这就可以通过 1996 年推出的英特尔奔腾 Pro 处理器来完成。这之后的 4 年，容量达到了 1 000 MIPS，这足以引导多功能移动机器人穿越陌生的环境。

如果我们在 100 MIPS 的基础上乘以 100（10 000 MIPS）的情况下，视觉就变成了三维的，机器人可以找到并抓住目标。事实上，在 2005 年我们就已经完成了这一步。2008 年，英特尔推出的酷睿 i7 至尊版 965EE 处理器，其容量达到了 76 000 MIPS。现在，所有人都关注的目标是 100 000 000 MIPS，因为这正是目前所认定的人类脑容量的大小。

目前我们看到的并预期继续保持的增长速度促使新应用的创新以惊人的速度发展着。我来举个例子：我们试着将一台最新款的手机拿在手上，好好看一看，会觉得这简直太棒了，但在 2000 年 IT 泡沫破灭时，这样的事情是完全不可能发生的。然而，在今天，数以百万计的类似设备出现在日常生活中，人们早已司空见惯。

计算机性能的提高不仅体现在 MIPS 上，还体现在内存、数据储存、带宽以及便携式设备的电池寿命上。2009 年春，贝尔实验室宣布了一项关于光纤传输速度的新的世界纪录。在一根 7 000 公里长的光纤上同时传输 155 种波长的光，其速度达到了每公里每秒 10 万兆比特，相当于每秒钟 15.5 万亿比特的有效载荷。这个速度足以同时承载 10 430 个未压缩的高清视频信号。

如果所有这些技术继续呈指数级增长，那么在未来的 10 年里，将会有新的、令人难以置信的 IT 产品以数亿美元的价格被销售，这是你现在几乎无法想象的。这些 IT 产品也许是一个藏有大量电影的小小的设备。

实际上，这些设想的场景里已经有一些技术在研发中了。美国加利福尼亚大学的科学家已经展示了如何在一个硬币大小的设备里存储相当于 250 张 DVD 的容量的数据，斯威本科技大学的微光子中心开发了一种新的"5D"技术，该技术使用一种彩色滤光片和偏光将两个维度的数据表现添加到 DVD 中，一个 DVD 的容量将达到正常容量的 2 000 倍。这样看来，所有值得看的电影就都可以涵盖在内了。让我们想象一下，我们如果拥有这一容量，就可以存储 2 500 部电影（从需要很少数据的经典电影到需要消耗更多数据的高清电影。）如果你是一个狂热的电影爱好者，并且你时不时地外出度假，那么你每年大概也就能看 250 部左右电影。所以，一个磁盘中的电影就够你看 10 年，而且当你都看完了以后，还可以再来一次。

一些新的 IT 解决方案和庞大的计算能力无关，反而和小传感器的效率有关。未来将有三种确认物体位置的主要方法：无线射频识别、全球定位系统和移动电话。当我写这一章的时候，我刚从外面滑雪回来。每次我靠近滑雪缆车的时候，这些小的传感器都会自动让我通过而无须出示票券。在最大的电梯里，它甚至会向操控人员展示我的一张人脸照片。这可能是因为我放在口袋里的信用卡大小的电梯季度卡上已经粘了一个小小的 RFID（射频识别）标签。这是一种非常小又非常便宜的芯片，它包含一个晶粒大小的集成电路，为平面印制的金属天线所环绕。所有的信息都黏附在我这张塑料卡上，基本不会被注意到。

未来十大 IT 工具

（1）透明的智能手机。通过手机的透明屏幕你可以了解真实的世界，将你面前的世界描述出来并且概念化。

（2）电子纸。一种可以下载和显示任何媒体的柔软的、可弯曲的电子阅读器。

（3）家庭影院服务器。一个可包含数千部带有搜索功能和注释的电影的小型服务器。

（4）媒体墙。整面墙就像一个单色发光表面或者镜子，但是当你用手指触碰到它的时候它就会变成媒体屏幕。

（5）宽屏电脑显示器。一个有着几米宽的单一的平面屏幕，不工作时，它的部分屏幕甚至会变成透明的。

（6）汽车娱乐系统。后排座位和乘客座位上设有包含电影、电视、互联网的在线娱乐系统。

（7）无线监控。小的设备可以监控你所拥有的一切，让你在任何地方都能看到它。

（8）组成运算。这项技术能够轻松地将内容从任何智能设备投射到你身边的任何屏幕上（例如，从智能手机到媒体墙）。

（9）自动的房屋清洁器。当你不在的时候，它能自动清洁地板表面，并且清洁器自己就能在墙上的插座上充电。

（10）防盗窃物品。一旦报告物品被盗，它就会把自己的地理位置传送给警方，然后警方就可以追踪它了。如果汽车被偷，那么警察可以远程停车，如果盗窃者已经被截停，那么这个工具可以将他们锁在车里。

射频识别是如何发挥作用的呢？当我靠近电梯门的时候，有一个能向我发射无线电信号的传感器。这个信号在我的射频识别天线上产生一个电磁场，而来自这个电磁场的能量能使集成电路发回一个返回信号。这个返回信号包括我的个人订阅代码，在电梯门打开之前它就能被电梯系统的电脑所识别，所以我可以顺利进入电梯而不用等待。除此之外，电脑还会储存一张我的照片，这样电梯警卫就可以确认我的卡没有被偷（除非我因为戴着墨镜、头盔并有着一个蓝色鼻子而不可能被认出来）。射频识别技术和条形码技术一样，正如我滑雪的例子所显示的那样，你不需要把卡片放在扫描仪上，只要靠近就行了。现在，有射频识别功能的卡片越来越便宜，而且它们已经被制作得如此之小，你甚至可以把它们粘在活的蚂蚁身上。（事实上，一些想了解蚂蚁运动模式的科学家已经这样做了。我没有骗你。）如今，射频识别技术正被用在无数的消费品上，包括集装箱、包裹、停车罚单，甚至还被塞在猪和牛的耳朵里。它们也被用于收费公路（具有有效射频识别的汽车可以通过，其他的不可以）以及博物馆中的展品上等等。

未来，几乎每一种产品都将应用射频识别技术。之所以可这样断定，具体原因有以下几个。其一，它能让你在超市里装载货物，然后不用等待，自然通过出口。射频识别可以在自动阅读器上显示，你只需点击"购物清单"上的"接受"，便可在屏幕上弹出账单。通过这种方式，如果你不用手机，它就会给你的射频识别设备的付款卡发送账单。我们将看到射频识别爆炸式增长的另一个原因是，它们不仅可以识别产品，还可能触发其故事的发布。把你的智能手机对着它，你就可以阅读，看到或听到供应商在屏幕上告诉你的所有东西，这个屏幕足够大，人们可以阅读（记住：有很多老年人无法阅读包装上的小字体）。也许还包括其他人对同一产品的评价，就像共识评级那样。不难想象，射频识别、企业产品说明和评级的组合自然将会产生很大的影响。从这个角度来说，评级将是一切：企业道德和可持续性、度假胜地、餐馆、汽车、人以及这本书都可以被评级。评级已经走得很远了。如果你想要一个公司的透明度和道德评级，请查阅 ISO 2600 标准。酒呢？请查阅帕克购酒指南（和其他许多东西）。书呢？试试亚马逊网站。投资机会呢？问问银行。度假胜地呢？请访问 tripadvisor.com 网站。射频识别的第三个杀手级应用是洗涤说明。未来卫生间里的机器人不会把你的白衬衫和黑袜子一起洗，原因是它会检查射频识别标签，并识别哪些东西不能混合在一起。

第二个定位技术是 GPS，也就是全球定位系统。这是基于环绕地球轨道的一组卫星来实现的，每个卫星都发射时间信号。全球定位系统接收机从这些卫星中读取信号，并利用这些组合来定位自己，其准确度通常可以达到 5 米之内（如果天气不好的话，其精确度可能稍低）。这些卫星虽然播送信号，但并不会从人们置于小船、私人汽车或者智能手机等地方的海量的 GPS 接收机中收到任何反馈。所以，就像你有时听到的一样，这些类型的卫星无法追踪"人们"，但是如果一个GPS接收器连接到一个发射器上（如嵌入在手机上），那么这个发射器就很有可能会发送它所在位置的坐标。

事实上，一旦你打开手机，你就向网络暴露了你的大致位置，因为GPS可以通过各种手机天线读取你的信号强度，这也使得手机成为第三个关键的定位技术。如果GPS只用一根天线来读取你的位置，所获得的信息是相对模糊的，但如果用三根天线同时读取，那么它们可以进行三维定位，精确地定位你的位置，所以这项技术经常被用来抓捕罪犯和恐怖分子。还有另一个非常实用的功能：显示哪里有交通堵塞。因为大多数人在开车时都开着手机，这就很容易在主要道路上（比如在高速公路）追踪统计汽车的数量以及车辆的行驶速度。通过这些信息，不仅可以即时发现哪里有交通堵塞，还可以预测堵塞发生的时间和地点。这些信息还可以通过无线电广播反馈给司机，汽车中的全球定位系统进而可以自动提醒司机并且重新规划路线。

将射频识别、全球定位系统和移动电话三者结合，创新的可能性将不可估量，由此衍生的商机也是如此。只要在你的智能手机上输入"出租车"，出租车就会收到你的坐标并且找到你，你觉得这怎么样？如果出租车是机器人的话，那就更厉害了。或者，当物品（比如你昂贵的相机）从它的原来位置被移走的时候，这种创新结合会通知其主人或者警察。或者，当你偏离了预期的路线的时候，它会通知你。你只要输入它们被授权的最远移动距离，或者显示所有授权的路线就可以。事实上，你的孩子可以携带一个追踪器，在到达学校、网球俱乐部或者任何其他地方时，追踪器都会给你发送消息。甚至还有带全球定位系统的割草机；汽车收音机会告诉你在你即将到达的地方将会发生的事情；即将过期的食品也会发出警告（只要把你的智能手机放在冰箱里，它就会列出一张你需要立刻食用的东西的清单。）

信息技术的基础创新也将持续改变电子媒体。人们希望无论何时都能够在移动设备上获得即时的通知和娱乐。也许会有两种这样的移动产品：智能手机和平板电脑/电子阅读器。前者适合被放在口袋里并且有两种模式（透明屏幕和普通屏幕），后者也有两个模式（一种带有适合室内使用的背光灯，另一种带有适合室外阅读的液晶电子阅读器界面）。另一种改变将是在线游戏的受欢迎程度不断增长，尤其是大型多玩家的在线游戏，数百万人可以同时在线与对手比赛或者与现实世界中的实时挑战者进行对抗，比如一场赛车的直播。当现实中开始拥有像高清电影一样质量的画面后，这样的游戏就会成为电影的无缝延伸。当你看完一部冒险电影时，你可以回到你最喜欢的现实场景并且开始亲身体验。也许这些可以被称为"电影游戏"。

此外，电视上的新闻和辩论可能会演变成视频会议，成千上万的此类节目将从大型电视节目中获取市场份额。举个例子，在一个有着 20 000 个付费用户的电视节目中，用户可以身临其境地"出现在那里"并且在提问环节亲身参与，这就像在其他视频会议中一样。这样看来，"电视会议"可能是个好词。

⋯⋯⋯⋯⋯⋯⋯⋯⋯ 〢 ⋯⋯⋯⋯⋯⋯⋯⋯⋯

从某种意义上来说，3D 芯片是多核芯片最有效的形式，这种芯片还可以再次被连接到多个 3D 芯片上，从而创造更多的能量，但这也不会是最终的范例，因为人类的创新能力是不可想象的。例如，你可以用光代替或者补充电流，将敏感的、超高性能的容错芯片和更安全的传统芯片结合在一起。也许最终的解决方案将是把用硅制成的快速、精确的容错芯片与其他用光学和纳米管制成的芯片结合，虽然这些芯片可能有较大的误码风险，但它也具有无法比拟的巨大的并行计算能力。

还有研究人员用 DNA 来执行一些计算机的功能。DNA 是一种非常紧凑的储存信息的方法，因为它用 32 个原子来代表一些数据。这比我们今天的芯片架构所能做的显然要少许多数量级，即使它已经达到了终极形态。我们利用 DNA 的一个例子是计算出中国香港的景岭路和大涌桥路之间的最短路线，方法如下：

- 我们为该地区的每个路段都制作一条 DNA 链，并给它们设定可识别的碱基序列，再加上与这些路段成比例的长度。
- 我们现在用细菌来繁殖成千上万份这些序列的副本，然后把序列和用细菌繁殖出的序列副本混合在一起，最终会发现形成了很多不同长度的"线路"。
- 我们对结果进行筛选，把这些线路分开，每个线路的两端都分别代表景岭路和大涌桥路。
- 接着，利用凝胶电泳，我们找到最短的线路，然后识别它的序列。这就是我们要找的最短线路。

事实上，许多汽车里的全球定位系统都可以在几秒内完成同样的事情，这就告诉我们，用 DNA 来执行计算机的一些功能，要么还处于起步初期，要么可能没有我们想象的那么大的潜力。

最终的解决方案可能来自所谓的量子计算，它应用了一些在核物理中发现的深奥原理，其中一个粒子可能同时处于不同的状态和位置，并且与另一个遥远的粒子对称地连接在一起。在这里代表比特的粒子是电子，它们当然要比原子小得多，而且几乎比我们在硅基计算机中可能表示的最小量还要小得多。在量子计算中，一个单独的电子可以表示 4 种不同的情况，因为一个电子可以用 4 种不同的方式旋转。

你可以将量子计算机与拥有当今最好的主机的计算机进行比较，不过这就好比将一艘集装箱船与一只橡皮艇比较，或者将一艘宇宙飞船与一个纸飞机进行比较。事实上，如果我们把所有星系中的所有原子都放进一台拥有当今最先进技术的天文计算机中，然后要求这台计算机完成一项需要数十亿年的计算才能完成的任务，一台小型量子计算机瞬间就可以完成同样的任务。这就是量子计算机与最好的计算机之间的差别。然而，需要补充的是，量子计算机并非在解决所有类型的问题方面都具有这样的优势。它们表现最好的地方是一些涉及随机猜测的特殊查询问题。

这台小型量子计算机是什么样的呢？首先，一些从事量子计算的人认为最简单的出发点是使用大量的液体进行计算。他们中有些人还提出特别建议——将这种小型电脑安装在一杯咖啡里。据我们所知，在1998年确实有三个人制造了量子计算机。他们是来自洛斯阿拉莫斯国家实验室的艾萨克·庄、来自麻省理工学院的尼尔·格申斐尔德以及来自加州大学的马克·库比内茨。我们还知道他们用这个计算机做了哪些计算。它把1+1进行运算然后得到了正确的结果。后来，在2009年，研究人员成功地在固体物质上制造了一台量子计算机。

从理论上讲，这样一台计算机的数据处理能力要比当时所有人类和计算机的数据处理能力总和要高得多。然而，它将对宇宙射线极其敏感——这些微小的粒子以接近光速的速度从外太空到达地球。平均每秒钟就有两颗粒子从地球上任何一个人的头部穿过，这看似没有什么伤害，但通常会造成一些基因损坏。既然有这样的粒子通过，那么量子计算机芯片可以轻而易举地将电子从空间里（实际上是从计算机里）敲出来，因此它的表象就会有一点儿乱，我们有必要将量子计算机与周围环境隔离开来，同时还能找到与之通信的方法。例如，有人可能会把它放在一个专门的房间里，四面都围上8米长的铅板，但也会留一些通道。又或者，机器可以更多地直接暴露在宇宙射线之下，但是每个运算多次运行，然后将那些偏离主流的结果剔除出去。

你有没有想过蚂蚁的大脑有多大？我这么问的原因是蚂蚁有一个非常成功的高度组织化的社会，这使得蚂蚁的总生物量或多或少地等于人类总生物量。这些小昆虫成功地筑巢，采集食物，在复杂的环境中四处漫游，战斗，繁殖，等等。但是，蚂蚁的头部太小了，人们几乎看不见它。与它们相比，人类的大脑是巨大的。尽管如此，许多人还是把生活搞得一团糟，因为他们的"软件"出了问题。这表明，如果我们的大脑只有庞大的硬件，那么这样并不能保证成功，只有当硬件配备了优秀的程序时才会成功。这让我想到了一个问题：我们如何为一台硬件比我们强大得多的计算机编写软件呢？因为在相当短的时间内，最大的计算机将在性能上超越人脑，因此这确实值得思考。你如何对超过你的智能发出指令呢？

当然，这取决于计算机的用途。如果人们希望用它来生成对数表和计算质数，那我们可以使用50年前就已经拥有的计算机和软件。然而，对于一些更复杂和直接的任务，程序员已经开发了所谓的"人工智能"，即"AI"。

发明家兼科学家阿斯特罗·泰勒将人工智能描述为"尝试让计算机做它们在电影里做的事情"。虽然科学家和工程师已经在人工智能领域进行了30~40年的研究，但遗憾的是，在多数情况下，这种研究不过是一种令人沮丧和失望的经历。然而，在过去的10~15年里，我们取得了一些突破，主要是因为投资银行和对冲基金在系统的开发上投入了大量资金，而这些系统能够识别经济和金融市场的模式，我们希望能借此赚钱。然而，这些科学家和工程师们并不是唯一取得了成功的人。所有这些研发的人工智能系统中最有趣的一个是"TD–Gammon"，一款可以玩西洋双陆棋的软件。在比赛中，游戏给出的唯一信息是：规则、棋子的位置、获胜者的名字。显然，刚开始的时候它像个十足的傻瓜。但后来情况好转了，一段时间后，它学会了如何成为一个非常优秀的西洋双陆棋手。

还有一些其他的智能程序做着与人工智能类似的事情。例如，美国哥伦比亚大学自然语言处理小组与密特拉公司合作研发的程序bio–Gen，可以从海量的资料中读取新闻，然后生成一个每日新闻报道，这个报道看起来就像记者写的一样。

在这类可能不太有用的人工智能类别中，我们发现了像Brutus这样的程序，它所写的短篇故事，看起来好像是由一个专业的作家创作出来的。类似的程序还有百代唱片公司（EMI）作曲程序。给它听完某个作曲家的一段音乐后，这个程序就可以创作出听起来像是出自同一个作曲家之手的新曲。美国的认知科学教授道格拉斯·霍夫斯塔特对百代唱片公司的工作方式感到十

第四部分　超级行业

分惊讶，于是他邀请了来自美国一所著名音乐学院的几位老师，并请他们分别听了一段肖邦的相对没有名气的作品以及百代唱片公司作曲程序受肖邦启发创作的新曲。然后道格拉斯问老师们能否在这两者之间辨认出真正的肖邦作品，大部分的老师都指向由百代唱片公司创作的那个曲子。在这里，软件居然打败了艺术家！

其他的程序可以创作艺术画、辨认笔迹、分析指纹、发现机场里精神紧张的人等等。翻译程序也是一个主要的应用，但实际上做到准确是非常困难的。搜索引擎阿尔塔维斯塔公司（Alta Vista）有一个自动翻译程序。如果你输入："心有余而力不足"（"The spirit is willing, but the flesh is weak"），把它翻译成西班牙语，再把西班牙语翻译成英语，结果就是"酒精准备好了，但是肉很弱"（The alcohol is arranged, but the meat is weak）。翻译不是仅知道字体表面含义就可以了，它也是一个关于语义、语境、风格和幽默感的问题（我应该说，谷歌现在可以完美地处理上面提到的那句话的交叉翻译问题了。刚刚验证过了。）

还有各种各样的类似人类的程序。例如，科学家开发了一种软件，在这里我们可以寻找数学世界中有趣的理论和现象，并建立模型来解释这些现象。我最喜欢的程序是伊莉莎（ELIZA），它是为了好玩而制作的模拟心理学家提问技巧的程序。举个例子，如果你说"我的岳母不喜欢我"，它会这样回答："为什么你认为你的岳母不喜欢你？"令人惊讶的是，那些与程序交换信息的人相信这些程序背后是一个活生生的人，并且感谢它的帮助。

一个周日的早上，当美国一家公司的副总裁坐在麻省理工学院的一个房间里使用电脑的时候，一个特别有趣的情况发生了。他在电传打字机上发现了一张纸条，上面写着："把所有的信息输入电传打字机，并以句号结尾。"在开始之前，他想给一位叫博布罗的员工写信，以确认键盘是完好的。副总裁并不知道他要用的键盘不是用来和博布罗沟通的，而是用来和伊莉莎沟通的。于是就产生了下面的对话：

323

副总裁：你认为我今天早上能用电脑吗？

伊莉莎：你为什么这么问？

副总裁：我或许可以多做一些电信销售。

伊莉莎：你为什么那么不肯定？

副总裁：我的潜在客户从来没见过系统的演示。

伊莉莎：这对你来说很重要吗？

副总裁：当然。

伊莉莎：你似乎对此非常乐观。

副总裁：这真的有点儿滑稽。

伊莉莎：你的意思是，这很可笑吗？

副总裁：有什么理由让我现在不能使用电脑呢？

伊莉莎：告诉我更多关于你潜在客户的情况。

副总裁：请拨打我的电话号码491-1850

你可能注意到了，副总裁在最后一个句子后面忘记加上句号了，所以伊莉莎没有回答他。可他现在在等博布罗打电话给他，显然这没有发生，因为事实上博布罗在睡觉。这激怒了副总裁，他认为博布罗是在跟他开玩笑，他把博布罗从熟睡中叫醒，并问道："你为什么这么讨厌我？"博布罗回答："你说我为什么这么讨厌你是什么意思？"当他们两个人都知道真相的时候，两个人都笑了。

我在这本书的前面提到过，全世界大约出版了8万份大众期刊、4万份学术期刊、4万份新闻通讯以及25 000份报纸。这些信息堆积如山，却没有人能记录下来。这就是所谓的"数据挖掘"可以大有可为的地方。传统矿商寻找大宗商品，而数据矿商寻找的是信息。

第四部分 超级行业

构思这本书可能是解释这个问题的一个很好的方法。为了写作本书，我花了大约 2 个月时间用于读书，外加 5 个月的时间用于写作、编辑以及寻找复制许可等等，前前后后总共忙了 7 个月，或者说 28 个星期。我以前曾说过，在这一过程中，我的工作效率大约是 1985 年的 10 倍（这意味着早期的书内容范围更狭窄）。现在的问题是在接下来的 25 年里通过信息技术是否可以将生产力再提高 10 倍？

我可以想象这实际上是可以做到的。假设我们有一款软件程序叫速写者（SpeedWriter），它可以不断地扫描网页和电子书，就像现在一些搜索引擎所做的那样。不过，速写者的不同之处在于它可以理解扫描的事物，而不是机械地完成搜索指令。例如，它可以扫描所有关于食用红肉对健康的影响的研究，然后进行一个元研究，在所有这些研究的基础上得出一个全面的结论，而这个结论可能包括数以千计的独立研究。

好，假设现在是 2035 年。为了写这本书，我让速写者列出一个在增长理论中被引用最多的作家的名单。几秒钟之后，它列出一个单子，提供了该领域 25 位主要作家的名单，并且按照相关性进行了排序。速写者这个软件通过检查知名作家引用其他增长理论作家的频率来发现这些名单（"知名"是由他们在主要的科学出版物上发表的文章数量以及被其他作家引用的次数等指标综合决定的）。

下一步我请速写者直观地向我展示一下这些作家生活的年代以及他们每个人发表的最重要的作品的时间。速写者在一张图表中向我展示了这些信息。我要求它把作家按思想流派进行分类，它也做到了。我思考了一会儿，然后我输入：

- 写 150 页关于经济增长理论的书
- 一级结构：时间顺序；二级结构：思想派别
- 风格：学术类
- 20~40 幅技术说明图片，5~10 幅作者照片

- 弗里士 – 金凯阅读难度系数：25~30
- 完整资料来源的在线链接。

电脑在几分钟后就完成了原稿，我大致浏览了一下。我意识到它实在是太枯燥无味了，所以我让速写者找到所有至少包含了两个引用作者的奇闻轶事并且把这些故事放在时间线的适当位置上。此外，我要求它把风格改为"科普"，把阅读难度系数改成"50"。结果很快就出来了，而且情况好多了。我再输入"添加10~15个摘要框"，它也做到了。

"接近尾声了，"我想，不过我忽然有一个想法。我输入："创建5~10个不同的30~300秒的关于作者的电影，解释他们最重要的贡献，包括同一时间活跃在该领域的两位作者争辩同一个观点。"

计算机找到了一些作者的照片并绘制出与他们相似的动画角色，以用于电影片段。"好了，我们差不多完成了，"我想。现在我需要的是一些互动，所以我又写道："添加多选项的考试和辅导。"它照做了。我把结果上传到我的电子阅读器上，然后开始在花园里研究它。时间才过了一个小时，我就有了一个完整的互动多媒体书籍草稿。但是我已经为这项任务预留了三个星期，所以我将用这些时间来润饰草稿。这看起来毫不费力。

数据挖掘系统可以用于完成无数任务。它可以检查一个人是否知道哪些人曾参与犯罪活动，甚至这些人中是否有人知道谁曾经参与过。事实上，数据挖掘甚至可以自动根据伦理、社交网络、学术成就和许多其他变量自动对人们进行评价和简要描述。评级的整个概念本身也会因此发展。因为人们已经开始在网上对消费产品、餐馆、书籍等进行评级，未来的世界可能是几乎所有东西都要被用户/电子专家系统评价，在那里，即使是评级者，它本身也要被评价。

第四部分　超级行业

数据挖掘系统可以显示交通堵塞（通过读取智能手机的位置）并将此用于汽车的建议路线规划。它可以通过扫描博客以及其他更多的应用来发现人们对什么感兴趣。显然，也可以用这种技术来创建一个日报，并且为任何给定的服务对象量身定制一个完全符合其兴趣的周末娱乐计划。

除了人工智能，软件还有许多其他方法帮助我们了解周围的环境。其中一个叫"专家系统"的软件就是建立在收集人类专家如何做决策的知识的基础上的。其中一个例子是MYCIN——一个运行良好的疾病诊断程序，它以大量医生的手动输入为基础而运行。另一个智能软件是"神经网络"，它的目的是模拟大脑的运作方式。

然而，大脑实际上并不能像任何人类已经制造出来的软件一样可以远程工作。因为人类大脑大约有150 000~175 000千米的神经纤维缠绕在可以想象的最复杂的毛球上，并且每秒有数十亿的电子脉冲通过（记住，大脑每秒可以做100万亿次指令）。另外，它的形状也不是固定的。神经网络一直在改变形状并且在形成或脱离互联状态。所有这一切运动都是如此强烈，它占据了人体消耗的总能量的20%左右，尽管大脑只占成年人体重的百分之几，而且没有明显的移动。

考虑到这一复杂情况——人类很难搞清楚自己的大脑中究竟发生了什么，也就不足为奇了。此外，没有人能察觉到自己思考的机制，因为如果他能做到，那就会不断地分散他的注意力。总之，我们最近学到了很多关于人类大脑的知识。我们当然知道人类的智慧——它使得我们比动物聪明得多——主要分布在所谓的新皮质。这种新皮质由位于大脑外缘的6层结构构成，它只有2~4毫米厚，但由于我们的大脑中充满了褶皱和凹槽，实际上它有一个非常大的表皮——大约2/3的表皮隐藏在褶皱中，所以看起来没有那么大，总表皮测量时要像测量一张展开的餐巾那样。事实上，我们的大脑有这些奇怪的褶皱是为了增加表皮面积，这样大脑皮质就可能发展到现在这样大了。

这个餐巾一样的大脑表层里面大概有300亿个神经元，非常多。我可以用下面这个1厘米 ×1厘米的点来解释它：

■

如果那个点是我们从新大脑皮质中切下来的一块，那么我们就会发现这个点中大约有 1 000 万个神经元相互缠绕在一起。

然而，复杂性还远不于此。当我们从上往下看的时候，新皮质靠上的三个水平层主要接收来自下面的神经脉冲，特别是来自第四层的脉冲。你想象一下，如果视觉神经的脉冲从上面进入第四层，这些脉冲将在第三层、第二层和第一层依次产生大量的衍生信号。如果你用显微镜看，你会看到第一层的神经纤维主要依附在新皮质的表面，而所有更深的层则是从内向外或从外向内延伸的。

如果你仔细观察每一个神经元，你会发现它看起来既不像一根毛线又不像一根金属线，它更像一丛灌木。它们都通过一些分支（轴突）连接到其他的神经元上。事实上，平均每个神经元都连接着多达 5 000 甚至 10 000 个其他神经元。那么，让我们再次回顾一下我们 1 平方厘米的大脑表层，思考一下它包含了多少个神经连接。答案是，鉴于它有 1 000 万个神经元，那么在这个区域内大约有 500 亿~1 000 亿个神经连接。

没有人能和这个量级的数字联系起来，所以这里有另一种观察它的方式。我们从新皮质中取出一块和句号同样大小的部分：

↓

我希望你能看见我放在垂直箭头下的句号。直径相当于句号直径的圆柱形新皮层大约包含了 1.4 亿~2.8 亿个神经连接。顺便说一下，蚂蚁的大脑包含了大约 25 万个细胞，可能有 12.5 亿~25 亿个神经连接，所以其数量大概是我上面提到的句号的 10 倍。

如果这样的数字仍然难以理解，那么我们继续看一下肉眼所能看到的最小的物体，也就是 0.01 毫米——一根头发宽度的 1/5。这样大小的人类新皮质的切片大概包含 4 万~8 万个神经连接。没错，我们的大脑就是如此的紧密，这也解释了为什么昆虫的大脑那么小，而昆虫仍然可以在它们的环境中高速飞行。

顺便说一下，大脑是如此紧密，我们怎么能认为一个计算机芯片或一小部分的计算机芯片可以与之匹配呢？整个大脑新皮质看起来有 150 万亿~300 万亿个神经连接。如果 2020 年的计算机芯片有 150 亿~200 亿个，那么大脑新皮质包含的神经连接数量是远远超过芯片的，因为芯片比人类大脑小多了（毕竟大脑是一个 3.5 千克的 3D 芯片）。不过，计算机中的晶体管依赖于半导体的速度和电磁场的速度，而大脑中的神经细胞依赖于化学反应。前者——计算机硬件——工作的速度大约比神经元快 1 万倍。如果我们确实可以模仿大脑，那么我们可以用一些比生物大脑小得多的东西来工作。

但是大脑中的所有神经元到底发生了什么呢？就在几年前，研究人员得出结论，如果来自视觉神经的信号进入了新皮质的第四层，那么它们会向第三层发送信号，接着是第二层，最后才是第一层。所有这些都表明，第四层接收来自体内神经的原始数据，在接下来的两层中，这些数据被转换成某种可识别的模式。最终，当它和很多水平连接到达第一层时，数据被连接到来自大脑其他部分的各种信息存储，这样就有可能从这些信息中获得一个有意义的内容。

新皮质的神经元有着相同的结构并且或多或少都有相同的厚度，而神经纤维在所有地方看起来几乎都一样。同样，在显微镜下观察，新皮质有统一的结构，尽管它具备各种各样的功能。这和我们学到的知识相符，即如果新皮质的一部分受损，那么另一部分会接管它的工作，如果感觉器官的神经输入从新皮质的一个部位转移到另一个部位，那么一段时间过后，感觉器官仍会继续工作。

同样，我们知道人类大脑可以轻易地学习一些以前从未存在过的技能。大脑已经进化了几十万年，在没有汽车、钢琴和计算机的年代，大脑可以很容易地学会开车、弹琴、读书、写字。换句话说，新皮质被编码以接收感官方面的印象和发送运动指令，但这些指令的实际目的和新皮质没有关系——显然，这些指令或多或少得用与新皮质相同的原则解决所有的问题。但这些原则是什么呢？

大脑不使用数学公式或逻辑运算法则，这与计算机的运作方式是不一样的。大脑看起来更像一个电影服务器，它包含许多被压缩的电影，例如MPEG或者AVI格式的电影。越来越多的科学家认为新皮质的功能主要是储存大量来自生活的感观印象，当我们经历相同事情的时候它就会回放。

让我们先来看看数据是如何进入系统的：如果我们看到一张脸，新皮质就会接收大量的原始像素，但它们接着会被皮质的更高层转换成若干模式，这些原始像素的相对比例以压缩、程式化和概念化的形式被储存。这就形成了一种模式和现象，它们主要储存在皮层的外层，在那里像素可以被分类、重组，并与其他记忆相关联。举个例子，当我们看到一只公鸡时，首先大脑接收它感知到的原始的感观印象，它被认为是纯粹的声音和图像或气味。但在大脑皮质的下一层，这种印象转变成了一种略带傲慢、有点儿愚蠢的动物的形象——这总让我想起毕加索有时会采用的绘画方式。接着，在皮质的外层，"公鸡"这个词就会被连接到所有我们知道的词语里，这些词语可能是"鸟""黎明"，甚至是"红酒烩鸡"。

> 顺便说一句，红酒烩鸡让我想起了我们在法国普罗旺斯度过的一个假期，在那里我们吃过这道菜……我们住在一个葡萄园里，那里也有一些非常新鲜的水果……我们还将这些菜带到了沙滩……在这里，我们洗了很多次澡，还有……

……还有现在我在我大脑新皮质最上层的相关记忆里冲浪，正如我所做的，我的大脑使用了大规模并行计算。那些我储存下来的"电影"被压缩成一定的比例、相对的距离、想法、符号和概念。换言之，虽然大量的信息因为压缩而丢失了，但我们在速度、储存空间上获得了优势，也许最重要的是，拥有了识别相似但不相同的东西的能力。例如，尽管我们从各个不同的角度看到一个人，我们仍然可以认出这个人。如果我们听到一段音乐，那么大脑新皮质会储存时间间隔以及每个声音细节之间的音调。如果我们走在街上，新皮质会储存发送给肌肉的运动指令以及来自我们脚上的感觉的相关组合信息。

令人印象深刻的图片

毕加索被贴上了后印象派的标签，但他所画的是给他留下印象的事物，而不是这些事物的视觉形象，这使他的作品引人入胜，就连大脑似乎也会把它的感觉转换成符号和印象。

这样我们就可以知道信息是如何反馈回系统的了。当我们要做一些事情的时候，新皮质会播放一些"电影"，预测短时间内将会发生什么。如果我们沿着街道走，它会播放一部"电影"，告诉我们应该如何使用我们的肌肉，当我们的脚接触地面的时候，我们就能想到脚的感觉以及它应该发出的声音。这部"电影"驱使我们继续走下去，如果一切都像电影预测的那样发生在我们的新大脑皮质中，那么我们就不需要意识到这些事情了，因为大脑会自动播放它。我经常自驾穿越瑞士，有时我妻子在途中给我打电话，问我走了多远。我不知道。"你经过伯尔尼了吗？"她可能会这样问。我还是不知道，因为我根本不考虑我的驾驶过程。它只是在我大脑中的某个部位播放的一部电影，而其他的部分则在思考其他事情。

我想到了另一个很好的例子，你可能从自己身上感受过：我敢肯定，你曾多次尝试走上坏了的自动扶梯。这是一种奇怪的感觉，因为即使你事先知道它坏了，但当你迈出第一步时，你还是差点摔倒了，因为大脑已经本能地准备好迎接一个移动的自动扶梯——它的感觉是：一旦迈出第一步，脚就会被拉着向前了。实际发生的事情和大脑中正在播放的电影不匹配。这也解释了为什么有大约 10 倍的神经连接由大脑发出，而不是由感觉神经细胞发出。

下面是第三个例子。试试看你能不能读完它：

I cnduo't bvleiee taht I culod aulaclty uesdtannrd waht I was rdnaieg. Unisg the icndeblire pweor of the hmuan mnid, aocdcrnig to rseecrah at Cmabrigde Uinervtisy, it dseno't mttaer in waht oderr the lterets in a wrod are, the olny irpoamtnt tihng is taht the frsit and lsat ltteer be in the rhgit pclae. The rset can be a taotl mses and you can sitll raed it whoutit a pboerlm. Tihs is bucseae the huamn mnid deos not raed ervey ltteer by istlef, but the wrod as a wlohe. Aaznmig, huh? Yaeh and I awlyas tghhuot slelinpg was ipmorantt! See if yuor fdreins can raed tihs too.

（实际上我不敢相信我在读什么。人脑有一种令人难以置信的能力，根据剑桥大学的研究，单词中字母的排列顺序并不重要，唯一重要的是它的首字母和最后一个字母放在正确的地方。其他字母的顺序可以完全打乱而不会对你的阅读造成任何影响。这是因为人脑不会阅读每一个字母，而是整体地阅读单词。很惊讶，对吧？是的，我居然总是认为拼写是很重要的！看看你的朋友是否也可以阅读这段文字。）

这些字母混乱得令人难以置信，但这些话是有意义的，所以大脑新皮质会猜测单词和句子的意思。我在 9 岁孩子的身上试过这些方法，他们也做得很好。当一台计算机可以不经过训练就读出它时，我们就成功了。

结论是，虽然计算机使用数学，但大脑做了一些与计算机完全不同的事情。例如，大脑根本不会去尝试计算一场比赛中网球会落在哪里，或者当你在滑雪板上滑行时身体应该如何移动。它只是简单地回忆以前的经历——你正确击球时的经历，或者你在滑雪板上优雅地摇摆时的经历。它回忆起以前的经历，这些经历的顺序和之前发生的顺序一样。你还记得字母表，但它不是倒序的，你也绝对不会一下子全背出来。你就像记住一部电影一样记住它。你也许会唱弗兰克·辛纳屈的《我的路》，但不会倒着唱。如果你回忆起在法国巴黎街头散步的情景，那么你会记住一些片段，而不可能在一瞬间回忆起所有的事情，就像你不能同时回忆起一部完整的电影一样。

大脑显然是像上文所说的那样运行的，所以你也就能明白为什么幻想在里面安装带有说明书的芯片教它如何说法语或者做积分运算是徒劳的，因为大脑无法解释它们。不过还有一些事情是我们能做的。我们可以增加新的感觉。我相信给我们配备一个雷达是有可能实现的，这个雷达可以连接到一个芯片上，通过金属臂固定在大脑上。大脑可能会在一段时间后识别信号中的模式，并学会在黑暗中进行观察。顺便说一下，类似的事情已经发生了。在美国，有位盲人把一个连接着照相机的芯片移植到他的舌头里。舌头里的神经会捕捉来自照相机的信号，然后将其发送给大脑，然后（坚持住）……过了一会儿，他就能通过舌头看见事物了……感觉不是很舒服，但请注意，这是真的：他通过自己的舌头看到事物了。

当计算机接近人脑时，我们有必要问一下它们将如何与我们进行比较和竞争。我认为我们可以将人类的智力活动分为以下形式：（1）收集数据；

（2）解释世界；（3）表达天赋。显然，现实是这三者的巧妙结合。就像新大脑皮质在收集信息的同时回放电影一样，我们不断地把不同任务中的表现与精神技能结合在一起。这种能力实际上也就是让我们在复杂的世界中获得智慧和成功的能力。

在下面的表格里，我展示了我认为的人类智慧的一些关键技能。我将计算机经常打败人类的领域标注为灰色。浅灰色意味着在某些情况下它们会打败人类，而深灰色则意味着计算机通常都是非常优越的。

表 16.1　2010 年计算机与人类比较

	收集数据	
	非正式的	正式的
自组网	调查	检测
连续	控制	监视
	解释世界	
	非正式的	正式的
事实的	综合	分析
情感的	移情	说教
	表达的天赋	
	非正式的	正式的
事实的	谈话、 新闻报道	物理运动控制、 逻辑/科学写作、 精密的工作
情感的	艺术、设计和音乐， 社会人际交往能力	文学创作、 企业人员技能 和服务业务

该表体现了 2010 年计算机和人类的竞赛。根据预定的标准进行分析，计算机很擅长收集数据，并控制一些物理移动，例如汽车和飞机的运行，以及进行合理而精确的计算。然而，当涉及非正式和情绪化性质的任务时，它们通常很薄弱。

上面的表格显示了 2010 年的情况，而下面的图表则展示了我认为在 2030 年可能出现的情况，那时计算机在能量消耗上超越了人类大脑，我们掌握了新大脑皮质的模拟。

表 16.2　2030 年计算机与人类比较

收集数据		
	非正式的	正式的
自组网	调查	检测
连续	控制	监视
解释世界		
	非正式的	正式的
事实的	综合	分析
情感的	移情	说教
表达的天赋		
	非正式的	正式的
事实的	谈话、新闻报道	物理运动控制、逻辑/科学写作、精密的工作
情感的	艺术、设计和音乐，社会人际交往能力	文学创作、企业人员技能和服务业务

该表体现了 2030 年计算机和人类的竞赛。此时计算机已经学会了从不同的来源提取信息，能够独立做出定性的判断，还可以作为导师、帮助平台、订单接受者等与人类进行正常的交谈。而且它们还擅长完成许多创意/艺术任务，以及新闻摘要、手册、软件文档等专业文字工作。

正如两组表格所示，我不认为在 2030 年之前计算机会带有任何情感，但是我认为它们会很擅长伪装自己。此外，它们还将在数据收集方面取得巨大进步，也会在追踪事情进展和标记值得注意的事项等方面遥遥领先人类。这种计算机快速而不知疲倦，加上检测重要相关性的能力大大提高，它们将会获得成功。

在表达天赋方面，2030 年前的计算机将能够创作艺术绘画和音乐、撰写文学作品、设计房屋，并完成无数我们现在认为属于人类专属领域的创造性任务。它们还能以人类难以匹敌的速度和广度做更正式、更明确的工作。例如，它们将执行许多比人类执行效率高得多的军事任务，能够即时检测互联网上的连接数据，并以闪电般的速度创建结构化的报告。它们也可以和人类进行真实的对话，例如在技术咨询平台工作或当辅导员。

所以，它们将会非常聪明。我们知道计算机已经欺骗了人类，因为我们将计算机误认为其他人类。问题是什么时候我们能看到一台计算机没有经过特殊训练就在智商测试中取得惊人的成绩，是否有一天计算机能获得诺贝尔奖或者普利策奖。如果是这样，我们会把奖金或奖品给谁？或者我们会让电脑赢得最初为人类设计的奖品吗？

.... ∿ ....

现实是，如今的 IT 界已经有许多活动接近新皮质所做的事情，现在不妨让我们体验一下未来会带来什么，事实上只要想想"产消者"的整个概念及其互动内容就可以大致了解。产消者是指消费者向生产者提供特定的或指示性的信息来为自己产品的生产做出贡献。例如，你可以在网上选择汽车的规格，或者通过互联网浏览习惯推送给你的供应商获得提示。在互动媒体中，记者、出版商或者制造商可以发布信息，这些信息会立即得到消费者 10 倍的响应。这与新皮质的行为非常相似，在新信息进入的地方信息表达预期将会达到其他地方的 10 倍。看来，这种互动在大脑和市场上都是非常有效的。

我认为谷歌公司开发的程序在所有实际用途上都开始效仿新皮质的部分功能。当你用一个拼写错误或者没有意义的词进行搜索时，作为回应，这个程序通常会询问"你的意思是……"，接下来会提供一个正确的拼写或者有切实意义的建议，而这种建议是建立在它的经验基础之上的。从某种意义上来说，它是在回放一些基于特定情况产生期待的电影，就像新皮质一样，这些功能都是建立在之前的基础上的。它以人类为导师，又反过来做人类的导师。

谷歌公司有几十万台定制的服务器，并且每周都会增加数千台。这些服务器被划分为集群，由在开源软件上运行的专有软件进行协调。这些服务器包含整个互联网的副本，它通过使用"蜘蛛软件"来不断进行更新，这些"蜘蛛软件"在网络中自动从链接爬行到链接，并复制它所找到的一切。这些服务器还更新书籍、科学杂志文章的数字拷贝,并使用一套数学算法为每一页以及每一个与不同搜索词和术语联系的来源制作索引和排序。对于这个任务,服务器也研究人们如何搜索并试图从中学习——换句话说,软件把人当工具,这是一种全新的、颠覆性的工具。

现在我想进行一次搜索。我输入:"石油生产什么时候达到顶峰?"在0.11秒之后,搜索引擎为我提供了与这个问题有关的大约52 000个相关链接。它究竟是怎么做到的呢?只用了0.11秒?原因是它使用了大量的并行计算。当我输入一个问题时,谷歌软件会将它同时发送到每一个服务器集群,在那里它的软件将用户的问题进一步地分配给各个服务器。这意味着,在这0.11秒中,有成千上万台,甚至是几十万台电脑在同时为我工作。然后,这些数据通过逆向级联,将得出的结果传输到上游,最终到达最高级别的排序和聚合发生的地方,最后发送给我。

我认为这和新大脑皮质的功能非常相似。它回放了记忆,正如我之前提到的,这就是为什么每当有数据传入大脑,它都会与更大流量的数据输出相匹配,以模拟接下来可能会发生的事情。

现在互联网搜索仍处于起步阶段。WolframAlpha(一个搜索引擎)倒是可以回答一些简单的问题,例如当你输入"湾流G150有多长?"时,答案马上会跳出来。它不会提供无数个网站供用户检索,而会给出一个具体答案:18.97米(实际上工厂声称它有17.25米)。我没有湾流飞机,所以我不能验证谁是正确的,但是我们正在进步。

在未来的20年里,我们也许会设法制造一台能真正复制我们新皮质的计算机。艾伦脑科学研究所——一个在2003年由微软联合创始人保罗·艾伦捐赠了1亿美元创建的非营利组织,一直致力于绘制脊椎和大脑图谱。它使用机器操作的方法将大脑分为成千上万个微小的、几乎透明的薄片,然后用数码相机对这些薄片拍摄,并用条形码进行编码。例如,像小白鼠那样大的一个小脑袋将被切割成大约25万个切片,每个切片都非常薄,当你在一块玻璃上看到一个切片时,它甚至不会比指纹更厚。这些切片一旦被安装在玻璃上，就被浸泡在含有不同的 RNA 链的溶液中，而这些 RNA 只能附着在特定的基因链上。在完成这项工作之后，再用化学物质和特定的抗体对这些切片进行清洗，这些化学物质和抗体能够黏附在 RNA 上，使大脑切片可见，从而向科学家展示基因在大脑各个部位表达的情况。

即使我们成功地对新大脑皮质进行一次真实的模拟，基因也不会复制我们的感觉或意识，因为它们并不存在于新大脑皮质中。我们为什么要这样做？模拟情感是在自找麻烦。如果计算机感到焦虑或有攻击性怎么办？在电影（和书）《2001：太空漫游》中，HAL 9000 就这样做了，可结果并不好。

如果有一天，你能把所有出版过的书、音乐和电影都收集在一个相对便宜的小型服务器里，我也不会感到惊讶。我们可以取得如此大的成功，这一点可以从我们已经走了多远的事实加以证明。自 20 世纪 50 年代以来，计算机容量的增长已经超过了……稍等一下……10 万亿倍。是的，10 万亿倍。因此，信息技术仍在迅猛发展，而且有成千上万的神奇产品正在研发生产过程中，这并不奇怪。

当我还是个孩子的时候，人们主要使用由主机带动屏幕的中央计算机，这种计算机屏幕是被动工作的，所以有时也被称为主从式。第一台大师级的计算机居然比蚂蚁还笨。在集中式计算机之后出现了所谓的"客户端服务器"。这些大型的中央计算机连接许多智能终端，如个人电脑。

下一个级别是基于网络的计算，数百万计算机——大型机和小型机——通过互联网连接起来，并开始交流知识和资源。这一发展产生了巨大影响，因为它以前所未有的方式对社会进行改造。任何试图操纵人类的人都会在互联网上立即遭到博客作者和自媒体的反对。患有慢性疾病的病人在网络上相互联系，讨论他们的经历，最后常常反过来，他们告诉医生应该如何治疗，而不是医生告诉患者如何治疗。这就是我们现在的状况，那么，我们该何去何从？

我认为我们可以从两种角度——技术角度和客户角度——来看待它。从技术角度看，我认为我们正在加速发展，尽管这是一个由 8 个阶段组成的进化过程：

（1）主从式计算。只能由高度专业的专家操作的中央计算机。

（2）客户机–服务器计算模式。大型中央服务器连接分散的计算机，各台计算机都非常容易使用。

（3）网络计算。数以百万计的用户友好型计算机在互联网上相互连接。

（4）普适计算。计算机在环境中随处可见，通常是隐藏嵌入式的，或者手持移动式的。任何人都可以使用它们。

（5）自主计算。软件可以学习和执行直观和复杂的分析任务，如服务功能、研究、数据挖掘和环境扫描。

（6）虚拟计算。计算机网络在群组中工作，所需的部分计算是由对固定和移动计算机来说都实时在线的应用程序完成的。

（7）自修改计算。软件可以识别新软件的需求并且对自身进行编码。随之而来的是软件多样性的爆炸式增长。

（8）意识计算。软件可以意识到自身的存在。

第 4 阶段正在爆发，计算机随处可见，只不过它们经常隐藏或集成到其他系统中。普适计算或者普遍计算是更为专业的术语。如今，我们的数码相机、汽车、手机和各种各样的地方都有很强大的计算机。

最近的一个例子是电子书阅读器，例如亚马逊的 Kindle，人们可以在这款产品的屏幕上阅读书籍和杂志，而不需要在纸上阅读。Kindle 的使用不需要特殊的光照条件；阅读感受就像看着一张纸，而不是普通的电子屏幕，这实际上是在阳光直射条件下最容易使用的。Kindle 的显示器由微小的球体组成，球体一边是白色的，另一边是黑色的，并且是由磁性控制的。我相信未来的电子阅读器将是可弯曲的，有内置的视频剪辑、网络链接，并定期更新，因此，下载一本书或杂志意味着访问一个生动的多媒体文件。

我在第 8 阶段提到了意识计算，但我不知道它是否真的会发生。事实上，我们怎么可能预料到呢？如果有一天，当你开始在电脑上做预算修改时，计算机忽然关掉了你的电子表格并且告诉你它今天更想玩游戏，我想你就会知道了。

不管怎么样，以上是从技术角度考量的。从用户的角度来看，我认为未来几十年将由信息技术和数字媒体结合的趋势主导：

- 更多的分类定价化。当产品变得更数字化时，产品就不再被绑定到实体容器中了。音乐不再与实体激光唱片绑定，因此你可以一次下载一首歌曲，而不用购买整张激光唱片。有了在线新闻，你可以重新定制订阅，这样你只能看到你想要的部分。
- 更原子化。推特的受欢迎程度表明，许多人都喜欢类似口语的单句的文本媒体形式。同样的，对于给定的软件或者给定的股票交易所，一年可能只想使用几次。
- 更即时化。越来越多的人期望，从他们意识到自己需要信息到得到答案只需要几秒钟。谷歌和维基共享资源就是在这方面拥有巨大资源的例子。商业人士和投资者期望有持续的针对性的信息流实时支持他们。
- 更便携化。无论何时何地，只要你需要它，就可以通过不同的屏幕类型（无论手机、iPad 还是计算机）访问任何 IT 或者数字媒体。
- 更概念化。计算机将能够实时利用外部资源，向你展示你所遇到的任何事物的意义和背景。
- 更自主化。IT 系统不仅能回答问题，还能做出决策，具有创造性。
- 更虚拟化。信息技术的利用使物质化的东西变得不再重要，甚至看起来有点儿多余。
- 更实时化。信息技术将为我们提供关于世界的信息，并将模型和游戏与现实世界中的实时事件完美地结合在一起。

第四部分　超级行业

也就是说，除了我之前提到的 8 个技术阶段，还存在 8 种应用趋势。然而，还有第三个角度，将行业划分为三个明确定义的角色。

- 信息实用程序公司。提供数据处理和储存等标准服务。
- 信息营销组织。了解客户的观点，帮助客户构建正确的 IT 产品组合，以防费用过高。这些产品将以"开放架构"为基础，这意味着这些产品中也可能包括 IT 公司及其竞争对手的产品。
- 创新 IT 公司。比如房地产开发公司、创业公司和咨询公司等。

所以，这些是我所能想象的未来几十年里 IT 界的主要驱动力。也许，我们应该更具体一点儿，看看 IT 部门未来可能会推出的一些产品。我们不妨从科幻电影中最常展示的机器人开始了解。

........................⚡........................

当我坐在家里和办公室工作的时候，时不时地，我不得不抬起我的腿给一个叫伦巴（Roomba）的小家伙腾出空间。这是一个机器人吸尘器。猫觉得它很好玩。我也认为它很有趣，因为这是机器人行业第一次真正在大众市场上获得成功。

我认为机器人可以被定义为一个由计算机控制的无人驾驶的物体，在现实世界里四处兜售。这对机器人行业来说就像吃豆人对整个电脑游戏的影响一样：这是第一次大的成功。但这个机器人并不比一只木虱聪明多少。当今最著名的机器人可能是《星球大战》中的角色 C-3PO 和 R2-D2，它们让我们分别想起了一个跳动的男同性恋者和一个超天才的尼菲斯克真空吸尘器。这两个角色都表现出了极大的勇气（尤其是 R2-D2），如果相处久了你就会开始喜欢它们。然而，它们在现实生活中并不存在。

另一方面，汽车和飞机也是如此。一些现代汽车比第一艘宇宙飞船拥有更强大的计算机能力。它们有防抱死制动系统、制动辅助系统和牵引控制系统，可以进行大量的计算（每秒25次或更快）以识别危险信号。此外，这些现代汽车还使用卫星导航、在线路况广播报道、雷达停车距离控制以及干扰距离控制系统。换句话说，它们通过不断地阅读来自车轮和引擎的反馈信息，再加上无线电信号、卫星信号和雷达返回信号来通知、协助和引导司机。尽管它们还称不上机器人，但它们已经非常聪明了。

月球上已经发现了水，我可以想象到，我们有望在未来在那里看到一个永久性的基地。部分原因是这个基地将是一个比轨道卫星更实用的空间观测站，因为当周围存在重力时，许多事情都会变得更容易。还有，月球上有大量的氦–3储备，这可能是理想的第二代燃料，可用于核聚变。太阳就一直在产生氦–3，并把它放射出来，不过地球上的氦–3就很少了，因为我们的磁场使它发生了偏转。然而，月球上到处都是这种重要的燃料。

在离地球更近的地方，最新的里尔喷射机实现了100%的"电传操纵"，这意味着有两台计算机控制着飞机。当喷气机引擎启动时，这两台计算机的每一个系统都要诊断所有的飞机系统，直到两台计算机产生相同的状态报告，否则飞机无法起飞。如果它们成功起飞了，那么其中的一台计算机将接管飞行。根据定义，这些计算机不是机器人，因为里尔喷射机是人工操纵的，不过这些计算机也做了一些你期望先进的机器人同样能做到的工作。然而，因为军用无人机是绝对无人驾驶的，所以有许多其他军用车辆的无人驾驶技术已经投入使用，但也有些还处在不同的测试阶段。其中的一些需要远程控制，而其他的可以自主操作（例如，监控车辆）。

计算机芯片在1995年就超过了苍蝇大脑的"智能"水平，所以今天我们在制造像苍蝇一样"聪明"的机器人上完全没有问题。一只苍蝇的大脑大约有10万个神经元，运算速度大概有100 MIPS。苍蝇擅长飞行，所以我们几乎不可能捕捉到飞行中的苍蝇。但事实上它并没有学习新事物的能力，所以你会看到，如果它落在我的手臂上，我试着拍打它，它就会飞走。但过了一会儿，它可能会再飞回来，落在同样的位置上。这得有多愚蠢？我试着再拍打一次，而且还会重复第三次。它居然什么都没学到。

下一阶段的水平类似于蜥蜴，它们在棍棒和石头间冲撞，它们的头部可以避免被多次撞击。这个我们现在也可以做到。其中的一个例子是美国国防部高级研究计划局（DARPA）一年一度的无人驾驶机器人挑战赛。第一次比赛于2004年举行，当时有很多来自不同大学制作的机器人汽车通过程序操控穿越240公里的沙漠。在15辆决赛机器人汽车中，没有一个完成比赛，表现最好的机器人汽车也只行驶了12公里，大约是全程的5%。一年之后，比赛再次进行，这一次有23辆决赛机器人汽车参赛，并且它们都成功地打破了12公里的行驶纪录——事实上，其中的5辆越界了（见图16.5）。2007年，美国国防部高级研究计划局城市挑战赛由11辆决赛机器人汽车组成，它们在没有与其他车辆相撞或违反交通规则的情况下，在城市环境中行驶了96公里，并且有6辆完成了比赛。这是一个非常快的进步。

图 16.5 第二届无人驾驶机器人挑战赛的自动机器人汽车图像

资料来源：维基共享资源。

在技术领域有一个规则，那就是一个有吸引力的技术概念从在实验室的规模试验到被广泛采用大约需要25年的时间（尽管一些IT产品的销售要快得多）。考虑到机器人汽车的技术在2010年就已经基本成熟，所以预计它们可以在2035年左右被广泛使用是合理的。机器人驾驶卡车在高速路上行驶可以作为该方式的一个开端。例如，一辆从意大利到波兰的卡车，可能会被司机拖到意大利的高速公路上，然后司机会让这辆卡车自动驾驶仪。接着卡车自动驶往波兰，不需要任何人类司机，卡车在抵达时会停在路边的停车场上，在那里，波兰司机会找到它并开向最终的目的地。规则可能会规定，它必须在高峰时段停车，在晚上才能行驶。如果在路上它需要加油或者电池需要充电，它会自动进入一个合适的加油站，然后给自己接上电源，或者等待人工服务或机器人服务。

对于机器人来说，还有一个显而易见的大规模应用场景：购物。我个人把购物分成四类：

- 愉快购物。购买奢侈品、艺术或时尚品是令人愉快的体验。
- 扫码购物。对明确定义物品的替换/购买。
- 探索购物。寻找礼物或装饰物品，但你不知道该买什么。
- 补充购物。标准家居用品的日常采购。

我认为第一类最好采用老式的方法（因为它很好），接下来的两类通常采用在线购买（选择范围更广，搜索速度更快）的方式。然而，大多数购物都属于第四类，这就显得非常枯燥和耗时。机器人可以在仓库挑拣你的货物，然后把它们放到当地的加油站或者你的家里。因此所有的加油站都将由超市并购（因为汽车也将会变成电动的）。超市是完美的集散地。

下一个阶段是具有同等学习能力的机器人。换句话说，机器人将实时观察周围的环境，并对这种环境变化做出反应，然后在一定程度上预测周围环境对机器人自身的影响。

计算机行业可能会使用两种主要方式来培训如此精密的机器人。一种是"自上而下",试图制订一系列的规则。人类已经开发出几乎可以模拟我们做的每一件事的软件和硬件。我们拥有具有监测功能(也有两个维度)的摄像头、用于监听的麦克风(立体声),能够感知甚至具有嗅觉的传感器。我们也有全球定位系统,它能够告诉我们所在的位置以及怎样到达目的地。此外,我们有精通几种语言的软件,它理解别人在说什么,以为人类服务的态度去翻译和沟通。我们还拥有可以大声朗读、计算、书写、搜索信息以及做其他许多事情的程序。我们拥有汽车停车辅助控制软件,以避免车辆间的相互碰撞。同时拥有能够识别和解释图像与物体的其他软件。我们如果把所有这些结合起来,就肯定有能力制造一个智能机器人吗?也许吧。但是如果我们试着把它们结合在一起,那么我们最终会开发出一个极其复杂的软件。

另一种培训的方式是大脑新皮质的模式;用"自下而上"方式培训机器人,机器人在开始时几乎什么事都做不了,就像我之前提过的西洋双陆棋。在这里,我们从一些算法开始,让机器人在错误中学习,并在做对事情时得到奖励,这就是大脑新皮质的模式。

自然界的生物是如何做到的呢?昆虫和贝类动物的大脑主要是硬编码,也就是说,几乎所有与它们能力相关的指令都是在基因中预先确定的。它们的 DNA 中只有数亿个碱基对,但足以让它们识别脑细胞是如何连接的。然而,人类大脑中这 32 亿个碱基对却并不足以说明我们大脑中的 300 亿个神经元是如何连接的。

但也不用担心,因为人类与自然界生物是不同的。我们物种的特征是具有调整和学习的能力,因此,我们的脑细胞只说明了极少数的脑细胞是如何连接的以及它们应该做什么。这就是为什么新生婴儿是完全无助的,即使他们有一个巨大的大脑。所有儿童的大脑中的大量神经纤维都是在学习的过程中开始形成的,尽管这是由他们的基因决定的。当一个人发展成长为一个专业领域的专家时,一般来说,其个人在该问题上有 5 万~10 万条信息和经验。显然,每一条信息和经验都涉及大量的神经连接。

我认为"自上而下"的方法将主要用于机器人可能会变得危险的情况，尤其是当用作汽车或飞机使用时，它可能是最好的选择。然而，许多系统最终可能两种方式兼而有之。毕竟，绝大多数自学成才的人，也有许多硬编码的功能，例如反射、自动呼吸、心跳等等。也许机器人将建立在5%的自上而下的硬编码指令和95%的自下而上的新皮质模拟的基础上。

计算机的模拟大脑新皮质的10项主要任务

（1）汽车驾驶。人们在车上会感到无聊，道路变得拥挤可能导致车辆互相碰撞，最终陷入本可以避免的长时间交通堵塞、迷路或者是经济上不划算的开车出行。计算机此时可以发挥作用并可以做得更好，它让我们在开车的时候可以工作、读书、打电话、睡觉、上网或者看电视。有些时候我们仍然会手动驾驶汽车（特别是运动员），但是这只发生在我们认为它很有趣的时候。

（2）创建个人媒体。一台智能计算机可以为我们的兴趣建立一个详细的档案，然后通过定期浏览互联网和其他媒体上的所有资料，找到我们想要的东西。然后，计算机就可以撰写个人报纸，并制作个人广播节目和个人电视节目，其中包含我们感兴趣的所有东西。

（3）私人家教。在上学期间，大多数孩子都经历了某个科目的落后，而计算机可以在正常的教学时间之外作为他们的私人老师来工作。同样的现象也可以被成年人用来进行自我提升学习和补充训练。

（4）安全。智能计算机能够使用类似于警犬的嗅觉传感器、红外传感器以及眼睛来识别人类，并把人类解读为"属于"或"不属于"，以便对私人住宅、办公大楼、港口、停车场、机场、火车站和工厂等进行监视。

（5）分类。计算机可以进行非常精确的垃圾分类，同时对有时可能涉及的有毒物质具备免疫力。它也可以沿着路边或海滩行走，并捡拾垃圾。

（6）洗衣服。它还可以在私人住宅里对衣服进行分类、清洗、熨烫并晾干。

（7）洗碗。没有人喜欢洗碗，但几乎每个家庭和所有的餐馆每天都要洗碗。这项工作是在一个有限的物理区域内完成的，所以必须制造一台能够自动填充和清空的洗碗机。

（8）诊断。当医生与病人交谈时，智能计算机可以监测会诊情况。在病人离开之前，"万事通"计算机可以提醒医生他是否有遗漏或者可能做错的事情。

（9）同行评审。科学家在科学出版物上发表研究成果时，通常需要其他科学家发表批判性评论。智能计算机还可以参与到这项工作中，并且比任何一位科学家都拥有更大的背景知识优势。

（10）军事功能。计算机控制的汽车、飞机和伪装的"收听站"可以承担大部分军事侦察任务。在某些情况下，它们也可以接管战斗功能和控制战斗机，也就是通过远程通信来进行人为监测。最后，它们可以看透"战争迷雾"，正如卡尔·冯·克劳塞维茨所说的，在混乱与混沌中看清下一步该怎么做。

请注意，并不是所有这 10 个想法都涉及周围世界的物理导航，而且这些与人类在物理上没有什么相似之处。在机器人控制的汽车中，车身就是汽车；在机器人控制的飞机中，机体是飞机；而在机器人控制的安全系统中，传感器和摄像机是最基本的部分。

几乎和我谈论过机器人的每个人都会立刻并出自本能地断定，计算机绝对不会像我们一样，因为我们是"特殊"的。当然，从技术角度来看，我们绝对是这样的，很神奇。我们的大脑仍然比任何一台计算机强大得多，而且结构也比计算机芯片的布局紧凑得多。我们的身体在很大程度上能够修复自身的损伤，甚至可以复制自己。在我们身体的表面和内部有非常精确的触觉和温度"传感器"，我们的视觉、听觉和嗅觉具有惊人的准确度。让一个工程师把这些与机器相匹配，他也会晕倒。

想想机器人能做哪些我们做不到的事情。第一个问题涉及大脑的物理位置。机器人的大脑不需要停留在它们的身体里。相反，这些机器人可以通过无线连接到一台控制着它们的大型固定的电脑上。就像今天的军用无人机一样，其中一些飞行任务是由位于地球另一面的飞行员通过卫星控制完成的。如今，我们可以制造出一些机器人，将类似于碰撞控制这样简单的本能控制机制放置在其体内，但是大脑中要求较高的部分位于机器人体外一定的距离之内。事实上，机器人不仅可以通过电磁波吸引其他计算机智能，还可以将许多计算机的数据能力精确地组合成一个巨大的虚拟计算机。这种现象被应用在 SETI 项目中，它代表"寻找地球外的智慧生物"（"Search for Extra-Terrestrial Intelligence"）。通过 SETI@home 这个网站，在 2010 年，大约有 30 万台个人电脑相互连接，这使得其闲置的数据处理功能在不被使用的情况下可以自动地用于 SETI 项目。

与人类不同，机器人的另一个优点是，它能够在不丢失数据的情况下关闭大脑。因此，我们可以把它们送到遥远的行星进行为期一年的枯燥无味的太空冒险，那是人们不想去的地方，人们可能会在旅途中无聊到发疯。

还有数据复制的问题。我所学到的东西不会自动地被我的孩子继承，即使我被克隆了，我也不能保留大脑中的数据。我可能会留下一些东西作为我对社会文化和知识遗产的贡献，但是我的孩子（或者我的克隆人）不可能在生下来时就带着我的知识，人类唯一能传承的就是表观基因组，而这种传承与智力或知识无关。但是，西洋双陆棋可以被克隆到 1 000 个类似的西洋双陆棋中，如果它们能学到更多，那么它们就可以被克隆。人工智能的发展将比生物学习速度快很多个数量级。将一个成年人的专业知识教给一个新生儿至少需要 30 年的时间，而且大部分将会被新生儿遗忘。然而，计算机却可以轻松地在几个小时甚至更短的时间内复制大量的知识。

除此之外,你还可以使用那些最擅长学习的计算机,然后将其压缩成更小、更便宜的计算机,它们都是可以被复制的。而且,与人类不同,计算机什么都不会自动忘记。它们可以记住数十亿条信息且不遗漏任何一个细节,一台计算机不仅能在瞬间搜索自己的知识,还能搜索到其他成千上万台计算机储存的全部知识。不像我们,计算机会读心术,其速度比任何个人都要快得多,仅仅是因为电子晶体管的速度比我们大脑中的神经元快几百万倍。

计算机和机器人比人类拥有更多的优势。诚然,它们需要维护和更新,但在许多方面,它们比人类更容易打交道。例如,它们不需要休息、睡觉、吃爆米花、维生素,它们也不会感到焦虑和痛苦,因为它们有能力承担我们无法完成或不会完成的任务。这样的例子还包括清理下水道、寻找被盗的车牌、在矿山工作以及进行军事侦察等等。

所以,在比较机器人和人类的时候,我会说机器人有一些强大的优势。总而言之:机器人将比我们拥有更多的脑力,能够以比我们快几千倍的速度进行学习,有一个非常快的进化周期,能读懂彼此的思想,不会忘记任何事情,也不睡眠。一针见血!

计算机和机器人智能:超越人类的10个优势

(1)它们的大脑不必安置在它们的身体上。

(2)它们可以在数千公里的范围内实时传播精准的无线通信。

(3)许多计算机能够将其"脑力"结合起来,以解决特别艰巨的任务。

(4)它们的技术可以在几秒钟内被克隆。

(5)它们不会忘记事情。

(6)它们可以在几秒钟内搜索所有的知识。

(7)它们可以在不遗漏任何东西的情况下搜索其他计算机的知识。

(8)它们既不需要休息也不需要睡觉。

（9）你可以在不丢失任何数据的情况下把它们关掉。

（10）它们不会感到焦虑或痛苦。

机器人进入了我之前描述的信息技术发展阶段的第五阶段：自主计算。其他可能在该领域有重大发展的产品还包括智能监控系统，它能识别人类并说明他们在做什么。事实上，已经存在这样一个系统——安装在警车上的摄像头可以读取所有的车牌，检查这些车辆是否属于被盗汽车或被放在了其他汽车上。其他系统可以扫描机场的人们是否有情绪焦躁不安或发烧生病的迹象，还有一些系统可以观察餐厅员工的工作效率。这些系统接管了以前由人类开展的日常工作。就我个人而言，我认为它们最终可以完成很多与经营经济型酒店相关的工作。从柜台登记到房间送餐服务，一切都可以由电脑和机器人来运行。它也许不会很有魅力，但可能会很便宜。

然而，它们在自动化检索方面也有很大的市场潜力。电脑会接收专门的指令，然后会对整个互联网进行扫描，并在自己感兴趣的领域出现新内容时向我们提交相关报告。制作一个个人网站也很容易，上面有来自名胜古迹的视频（将你的凉亭囊括其中，如果有的话）、你的朋友在做什么、你的猫在哪里、你的股票表现如何，以及关于你最喜欢的音乐家何时会在你所在的地区举办一场音乐会或发布新的曲目的视频。我认为，这将向我们展示自动的、无所不在的计算与移动的、松散的、原子化的媒体体验的结合。

视觉搜索在谷歌地球上获得了一个新的维度，你可以在电脑或者手机上通过高分辨率卫星图片看到地球上的所有地方，人们也可以上传自己的照片，但在未来，人们可以利用数以百万计的网络摄像头通过互联网在移动设备上实时看到许多地方。

电信行业也在向前推进。未来，当我开车的时候，我可以在路过的地方看到有关交通堵塞和恶劣天气的图片；我还可以点击附近的餐厅、博物馆等场所的商业广告。当我到达火车站或者机场时，我可以用条形码扫描我的车票，随后我的手机就会告诉我该走哪条路。在城市里，我可以在我的手机上输入商店或品牌的名称，它将引导我根据一张由道路和箭头组成的地图穿过城市。

教学也会变得更有效。在瑞士，我的孩子们已经开始用笔记本电脑进行教学了，无纸化正在实现。老师可以随时把学生的屏幕放在黑板上让大家看，学生也可以通过写字和画画来说明他们的想法。学生可以把考试试题下载到他们的电脑里，并在离开教室之前将已做完的试题上传给老师。当他们在团队中工作时，还可以建立虚拟工作组，这样他们就可以在家里或任何有WiFi的地方同时在同一文件上工作。

普适计算尤其擅长满足这两种欲望：通过概念化计算来实现移动和情景感知。我们需要移动，因为总是被拴在办公椅旁是毫无乐趣的，我们需要情景感知，因为这样会让我们把时间用得更好，并且避免错误。

信息技术也越来越有利于实现物理世界的虚拟化。当然，仍然有很多东西无法被虚拟化（例如，一杯咖啡或者在海里游泳），但与信息有关的东西就可以。例如，现在我们有虚拟门票、虚拟图书、电子邮件、激光唱片、影碟、X射线、3D模型、在线会议和研讨会。这就减少了我们所需的物质数量。如果所有的书都是虚拟的，还需要图书馆吗？如果可以在网上购物，还需要实体商店吗？如果有电子银行，还需要银行分支网点吗？办公室呢？商务旅行呢？公司甚至开始在虚拟世界中测试发布产品，以便在决定制造产品之前评估需求。

我认为，当信息技术服务于社会目的时，我们确实需要实体店，因为许多人可能更喜欢在华丽的商业街购物，而不是在网上购物。但是，如果处理信息只是你必须克服的事情，那么虚拟化的方式就要好得多。在我们家，我们通过互联网订购许多生活用品，节省了大量的时间，也避免了很多麻烦。我们通过网络平台转账、购买电子书、下载音乐等。这样可以节省大量的物质和环境资源，节省时间，而且价格也更便宜。

虚拟化与资源节约

信息技术的创新帮助我们使用节约资源的虚拟产品来代替实物产品和服务。下面就是一些典型例子：

- 视频会议和移动电话取代旅行
- 视频下载取代视频租赁商店
- 电信取代办公室和日常交通
- 下载取代激光唱片和影碟
- 电子阅读器取代印刷出版物、书店和图书馆
- 电子邮件取代信件
- 在线目录取代物理目录
- 互联网取代目录和宣传册
- 网上购物取代实体商店
- 无线光缆取代铜线

有趣的是，IT部门本身也在虚拟化。每个商人都知道，运行和不断升级IT基础设施需要花费大量的时间和金钱。然而，就像金融界分散成多个大规模的公用事业公司并在大量的IT基础设施（如零售银行和在线经纪人）上开展业务，其他人负责具有创造性思维（如对冲资金和私人股本）那样，IT界也正在建造大型公用设施，比如提供大量的计算机和服务器，以方便成千上万的客户使用。这创造了两个非常成功的现象："云计算"和"即服务"模式。

"云计算"是一个可供许多不同客户使用的计算机资源。这是外包吗？不，因为在外包中，你需要付钱给一个组织来负责硬件和软件的运行和维护。云计算提供的服务就像一个IT酒店，客户可以租一个房间，但并不拥有它。这就是所谓的"多租户系统"。然而，这是一个奇怪的酒店，因为可能会有陌生人分享你的床。在云计算中，你可以访问大量匿名电脑，这种操作

第四部分　超级行业

甚至可以同时支持来自同一软件和硬件的不同客户端，但没有客户注意到这一点。目前，云计算已经培养了三种受欢迎的"即服务"商业模式，它们是：

- 基础设施即服务（IaaS）
- 平台即服务（PaaS）
- 软件即服务（SaaS）

这三种模式都是在不拥有任何 IT 资源的情况下获得 IT 支持（硬件和/或软件）。例如，亚马逊为电子数据储存提供了一个简单的储存解决方案，它的简单列队服务可以在不同的软件应用程序之间交换电子信息，还有它的弹性云计算服务（也叫 EC2，这种服务可以让客户在亚马逊的计算机上运行他们的软件）。举个例子，你可能使用的是计算机的一部分，其他三个客户机也在使用这台计算机其他部分各自的功能。虽然回归集中式的服务器资源似乎与去中心化的趋势背道而驰，但它实现了以下几点：（1）将 IT 的实用性与创造性分离；（2）将对软件和硬件的访问原子化；（3）对新容量的即时访问。

这就是云计算和即服务给你的感觉：你希望创建一个在线服务，因此你打开一个网页浏览器，其中一些图标代表你所需的东西。它向你展示了服务器、防火墙、路由器、电缆、数据库、软件包等。通过拖拽鼠标，你表明了你希望它如何连接。在屏幕底部，你将会看到基于该配置的价格指示，显示你每月固定的 IT 成本。它还将包括一个可变的部分，这取决于你的数据存储和预估的流量。

你一旦确定配置正确，就把你需要的这些发送到你的电子购物车，然后转移到下一个问题：你的办公室需要的硬件。你可以订购不同的打印机和"瘦客户机"（小型计算机），也可以为最有创意的工作人员提供一些强大的设备。因此，这些计算机将自动和来自供应商的新计算机进行交换。你也可以把它移到购物车里。

尽管电子阅读器正在逐渐取代纸质书，你仍然需要一些打印机来获取法律文件和资料，所以你也需要订购一些打印机。打印机上的印刷纸将会放在一组秤上，当打印机需要向你发送更多信息时，它们会自动发出信号。甚至当打印机中的墨快用尽时，它也会自己订购。

如果你希望在自己的网站上投放一些广告，那么你可以拖动一个广告服务标志。这些广告服务标志将会根据点击量给你带来一些收入。即使它只是一个收入来源，也会被放进购物车里。这笔交易的收入将抵消你的成本。最后，如果你想让客户在你的服务网站上进行在线购物，那么你需要有一个完整的虚拟信用卡结算解决方案，并且你已为此做好了准备。你再次对购物车里的东西进行检查，然后点击"确认"。这就是在做生意了。

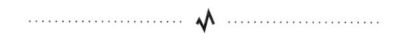

∿

未来计算机所面临的十大挑战

在未来，我认为以下10个领域将对强大的硬件和精致的软件产生特别的需求。

（1）数据挖掘。不断地扫描和分析电子数据以及现实世界，并理解它。这可以持续用于非正式的观察或研究，或专门用于更严格和更正式的监视和分析。

（2）创建元研究。自动地将给定主题的所有已知信息汇总成易于阅读的报告。

（3）生物技术模拟。模拟蛋白质是如何产生并进行3D折叠的，或者模拟在整个细胞内，甚至整个生物体内发生的事情。以这种模拟为基础，创造新的医疗治疗和药物生产方法。最终，可以避免大多数新的治疗方法的现场试验，而只需用可靠的模拟来代替它们。

（4）机器人。对在物理环境中自主导航的机械设备进行训练和控制。

（5）情境感知。提高我们的实时认知能力，了解我们在哪里，周围发生了什么，我们看到的是什么，我们应该去哪里，或者是否存在关系到我们安全的任何风险和机会。

（6）软件开发。开发能够识别任务并编写更多软件来处理这些任务的软件。

（7）便携式电子眼。透明的便携式计算机/电话将照片和位置上传到网络上，然后进行解读，向你介绍你正在查看的内容。

（8）大型多人在线游戏。高清晰网络游戏，数百万人同时在虚拟世界中相互竞争。

（9）现实/虚拟游戏。在现实世界中玩游戏的能力，如在世界一级方程式锦标赛车中用虚拟汽车对抗真实的汽车。

（10）旧媒体的逆向工程。对旧电影和音乐进行修复，使其以高清/高保真，环绕声，彩色等形式进行录制。

在此做一个总结：我把IT列为未来几十年中7个最有意思的行业之一，因为它虽然已经发展得很好了，但与我们将要看到的情景相比并不算什么。计算机世界将越来越像一个生态系统，计算机甚至会开始编写自己的软件，也许还会意识到自己存在的事实。

人们将不再考虑收藏"一套"书籍、音乐或电影，而是会拥有有史以来最好的东西的副本。

美国在更复杂的芯片业务中占重要地位。一些软件公司——主要是苹果、谷歌、亚马逊等美国公司——已经建立起了强大的网络效应，它们一直以来都具有相对稳固的地位。软件的创意和商业中心主要集中在美国西雅图和加利福尼亚州，但是在博尔德、奥斯汀、波士顿和洛杉矶等地也有许多较小的集中区。在欧洲，软件开发中心遍及欧洲北部和中部地区。印度在新兴市场中有明显的领先地位。至于人工智能和机器人技术，美国匹兹堡和马萨诸塞州具有领先优势，而日本在实际生产小型商用机器人方面领先。

第 17 章　奢侈品
品牌的虚拟货币机

有些人在工作的时候需要安静，所以他们穿着防护拖鞋蹑手蹑脚地四处走。我在这里想到的是著名手表制造商百达翡丽位于瑞士的工作室。钟表匠在给一名军官的怀表上的蓝宝石水晶保护罩抛光时，几乎不能容忍一点点噪声。手表的主人会用大拇指和食指轻轻弹开盖子，当他再次合上盖子时——当然，如果他这么做的话——就会发出非常特别的声音。

我没有开玩笑，它确实如此。所以钟表匠不断地打磨和抛光，然后试着打开盖子，再合上盖子，同时听着声音。如果它还没有发出那美妙的声音，那么钟表匠就会在其他部分再打磨打磨。然后不断重复着打磨、试听的步骤。有时候这种情况会持续好几天，因为最后的结果必须是完美的。

在劳斯莱斯工作的汽车设计师有时候也需要安静的工作环境，因为他们在设计新车型时，需要测试车门关闭的声音。车辆能否发出劳斯莱斯应有的浑厚的、华丽的声音？

在法拉利，他们不需要安静，这是真的。但他们对噪声非常讲究，当一辆法拉利加速到每分钟 4 000 转并准备超车时，它必须发出一种独特的、高音调的、野性的法拉利咆哮。这个声音是如此特别，以至于刚刚被超车的司机在没有看到从他身边飞驰而过的法拉利车的情况下，就能单凭声音准确判断它是什么车。"法拉利！"他会这么想。毫无疑问。

这些例子都是关于奢侈品的，而对于这个独家市场来说，"魔鬼"确实存在于细节之中。

······························∿······························

奢侈品并不是一个大市场：手表和珠宝是一个大约400亿美元（年营业额）的市场，其中手表为100亿美元，珠宝为300亿美元。成衣和皮革为350亿美元，白酒和香槟为300亿美元，无气葡萄酒为500亿美元，香水和化妆品为300亿美元，远洋游艇为150亿美元。把以上这些加起来，大约2 000亿美元。除此之外，还有飞机、豪华轿车和超高端音频设备。这其中有多少可以被称为奢侈品，很难定义。

然而，奢侈品市场是一个非常有利可图的市场，它比我们的经济增长快得多。想想看：1977年，路易威登还是一家小型家族企业，只有两家店铺，其营业额不到1 000万美元。但是，到了2009年，据国际品牌集团公司估计，路易威登的商业价值为210亿美元。每年，国际品牌集团都会对奢侈品市场上的大量品牌进行分析，以评估其商业价值。这并不是在衡量这些品牌有多吸引人，而是在衡量它们未来会创造多大的现金流。

什么是奢侈品？富人为了炫耀而购买的高价垃圾？可能是，但我想还有更多说法。首先，奢侈品与时尚、艺术有着密切的联系，但二者之间还有一些重要的区别：

- 奢侈品大多是为自己买的，而且通常会增值，或者至少是永恒的，这样奢侈品的主人可以一直使用它，不与现实生活脱节。奢侈品以产品为中心，是对工匠的钦佩以及对它所代表的更广泛的文化的认同。

- 时尚是面向他人的，而且会迅速失去价值。我倾向于把时尚看作一种讲故事的集体剧场，每个人都可以参与。它一定程度上抵消了城市化的负面因素，使我们都变得默默无闻。在室内待了那么久，失去了与户外活动的联系，取而代之的是时尚季节。

- 艺术可以是一种时尚，也可以是永恒的。它是一种纯粹的情感表达。它可能是美丽的、有美感的，但也可以表达其他的情感。例如，蓝调音乐在传统上是悲伤的（至少歌词是）。

这三者之间最明显的交集是高级时装，我认为这是奢侈品、时尚和艺术的结合。高级时装曾经与时尚业完全联系在一起，但这种联系越来越弱，甚至完全消失了。不过，高级时装领域现在正在被其他奢侈品行业（如手表和汽车行业）追赶，后者可以生产限量版手表或超级跑车。

设计师的首饰也与奢侈品、时尚和艺术这三个因素交织在一起，一些室内设计和建筑也同样如此。也许甚至存在重叠，而大多数人并不能完全看清这样的情况。当跑车制造商解释他们的电车不能有电动车窗或者空调是因为这会使车的圈速减少一秒时，许多人肯定认为这是荒谬的。但也许这真的是一件很酷的事情，就像一种表演艺术，不同之处在于，这里的人们不是专业的艺术家，他们试图挑衅或变得有趣。不，他们只是想要一辆跑车，即使这意味着在一个不舒服的座位上出汗。

真正的奢侈品（像艺术）永远不能通过消费者调查来设计。它的设计必须来自一个小团队或者一个充满激情、梦想和想法的人。此外，像艺术一样，消费者可能也需要一些时间来学会欣赏这些奢侈品（见图17.1）。

奢侈品与艺术、时尚还有其他共同点：它应该会对购买者产生感情上的影响。当人们看到一辆真正的豪华跑车停在街上或者一艘漂亮的豪华游艇停泊在港口时，他们自然会停下来拍照，因为这让他们屏住了呼吸，他们也想记住这种感觉并与他人分享。英国心理学家戴维·莫克森曾经对随机选择的40位年龄在22~61岁的男性和女性做了一个测试，他通过擦他们的嘴巴来测试其唾液中的睾酮水平（性唤起的一种衡量标准），随后让他们随机听玛莎拉蒂、兰博基尼、法拉利和大众 Polo 发出的声音。在每次听完一种声音之后，他再次检查他们的睾酮激素水平。结果很明显：当被测试者听到一辆跑车的声音时，睾酮激素水平上升，而当他们听到大众 polo 时，激素水平又大幅度降低。当测试中的女性听到玛莎拉蒂的声音时，被记录下来的效果最为强烈。在调查中，所有 20 名女性都在这辆车的测试中获得了较高的睾酮激素水平，尽管其中一些人在随后接受采访时表示，她们对汽车不感兴趣。事情就是这样的，她们在感情上已经受到了这些产品的影响，无论她们是否了解这些产品。因此，跑车是奢侈品。

图 17.1 对于社会来说，奢侈品一直是一种信号，表明它在做得最好的时候能做些什么。许多人强烈渴望与之产生联系，而这种渴望似乎在新兴市场尤其强烈。

同样，像艺术品一样，真正的奢侈品不会与其他产品进行比较。当雷克萨斯在美国上市的时候，它的第一个广告就是直接与奔驰相比，并向民众表明你买雷克萨斯的钱将花得更值。这不是奢侈品战略，而是一种溢价战略。奢侈品不能拿来比较，因为它是独一无二的。这简直和艺术品如出一辙——伦勃朗的作品和毕加索的作品不能相提并论，就像你不能说这一平方米的成本比另一平方米要少，或者说这个作品比另外一个作品用了更多的红色颜料。

正因为奢侈品是独一无二的，它才不想在其他产品的旁边做广告（因此频繁在杂志上采用双面传播），而且它不希望在其他产品的旁边销售（因此在百货商店里有专门的商店或销售区域）。日产可能会制造一辆比兰博基尼速度还快的汽车，但这两款车永远无法进行比较。

奢侈品还有一个标准：它必须是国际化的。购买奢侈品的人都经常旅行，他们希望这款产品非常好，在全球范围内都令人垂涎。如果不是这样，那就不是奢侈品了。

奢侈品最重要的方面之一是传统。奢侈品必须具有悠久的历史，或者至少来自一个在特定产品领域拥有悠久历史的社区。在香水方面，娇兰始于19世纪末；在手表制造方面，许多领先的制造商已有数百年的历史。欧洲在多项旧事物上都占据优势地位，而只有在美国发展为大国后所发明的事物中，欧洲和美国才共享领导地位。事实上，新奢侈品品牌可能会很快崛起，但前提是它们能从这些传统中得到显著的发展。以手表为例，例如尊纳、法兰克穆勒和丹尼尔罗斯都是这样的例子，它们都来自瑞士钟表业。但如果他们在瑞典发展，那就行不通了。

这一切并不意味着瑞典人无法制造出好的手表或者日本、中国、印度和其他国家不能制造具有极高质量的产品——这只是因为他们在这方面没有足够久的时间来获得国际认可，或者这些国家没有把产品包装成一个总体上让人感觉奢侈的产品，带给购买者奢侈的购买体验。当你购买奢侈品时，购买过程本身就必须非常特别。许多奢侈品商店都让人联想到艺术展览，每一件物品都用了大量的空间来展示。没有人会试图向你推销真正的奢侈品，因为产品是在客户之上的。这个过程是客户寻找产品的过程，否则产品就不是奢侈品。

奢侈品的独特性可能来自许多方面——外观、气味、感觉和声音，这种独特性也可能来自产品时间沉淀的方式。购买奢侈品的人通常会觉得，他们与所仰慕的高雅文化、工艺联系在一起，甚至与设计、制造产品的人联系在一起。奢侈品的价值可能会随着时间的推移而增加。例如，路易威登的旧箱子、百达翡丽的旧手表、布加迪的旧汽车，由于通货膨胀，它们的售价均超过第一个主人所支付的价格，因为这些奢侈品是在一个特定的时代里最优秀的文化所能提供的见证。除此之外，因年代久远而产生的光芒也随着时间的推移而增值。在拍卖会上，一辆看起来很新的老爷车的售价要比一辆有了年头但保养得很好的车低得多。同样，现在最昂贵的豪华别墅是用旧的、磨损的木头建造的，它的成本是新木材的4倍。包浆可能不便宜，但它确实是能提供奢华感的重要组成部分。

另一方面，人们为奢侈品付的钱越多，就会越重视它。这样看来，奢侈品不只是一种价格昂贵的产品，其价格本身也是产品的一部分。

还有，对于一个音乐家来说，他不仅希望得到金钱，更需要掌声。你如果只是简单地给他们送钱，就好像在说你不了解他们或者不关心他们。以此类推，你如果给他们奢侈品，就会给他们传递一个信息："我觉得这瓶漂亮的香水符合你的品位"或者"我觉得这个名牌的包适合你"。通过赠送奢侈品，你可以完成一次个人表达。

当然，这一切都取决于对风格的感觉。所有人都认为挥霍无度是庸俗的，除了那些自己这么做的人，但那些在精美的艺术品上投资的人，往往却会因此而获得赞赏。这主要适用于艺术领域，也适用于时装和葡萄酒领域。1991年，伯纳德·杜布瓦和帕特里克·杜肯对欧洲的奢侈品买家进行了一项调查，发现奢侈品消费与收入有很强的相关性，也同样与文化变迁的开放程度相关。文化开放的人比封闭的人更有可能购买奢侈品，而且在所有的收入阶层中都是如此。

或许最能说明奢侈品吸引力的文化是看人们如何看待奢侈品，这也是个人经济情况波动的结果。最典型的是消费者只有在收入达到一定水平时才会开始购买奢侈品，这表明奢侈品位于马斯洛需求金字塔的顶端。然而，当这个人出乎意料地看到收入下降时，得拼命削减基本商品的开支以维持奢侈品消费，就像住在城堡里的家道中落者负担不起取暖的费用。一段时间过后，你不仅拥有了你的奢侈品，奢侈品也拥有了你。

因此，所有这些都定义了一个规模虽小但利润丰厚的市场，而且也不受那些不适用于其他市场的规则的制约。当它真正起作用的时候，它就创造了市场营销中最引人注目的一种效果：品牌效应。

世界领先的奢侈品牌

一个有趣的话题是，哪些奢侈品牌在满足感和心灵空间方面能够发挥全球范围内的引领作用。以下是我的建议（斜体的是绝对的顶级品牌）：

• 私人飞机：*湾流*、庞巴迪挑战者/全球、里尔喷射机、猎鹰

• 娱乐游艇：*斐帝星*、乐顺、遨慕世、阿贝金与拉斯目森、贝尼蒂、CRN、黑森

• 风帆游艇：*佩里尼纳维*、皇家豪斯曼、沃利、天鹅

• 跑车：*法拉利、兰博基尼、布加迪、阿斯顿马丁、迈凯伦*、保时捷、莲花、谢尔比

• 豪华轿车：宾利、劳斯莱斯、布加迪、梅赛德斯、迈巴赫、奥迪、宝马、凯迪拉克

• 香槟：*库克、唐培里侬、路易王妃水晶香槟*、岚颂、罗兰百悦、酩悦、泰亭哲、凯歌

• 红酒：*伊甘庄园、木桐、拉菲、玛歌、拉图尔、柏图斯、奥比昂、平古斯、作品一号*、贝加西西利亚、西施佳亚、铁挪尼洛

• 化妆品：娇兰、香奈儿、莱珀妮、海蓝之谜、兰蔻、法尔曼、倩碧、迪奥、雅诗兰黛、希思黎

• 香水：娇兰、香奈儿、宝格丽、迪奥、杜尔塞、卡巴纳、卡尔

文·克莱恩、古驰、马克·雅各布、爱马仕

• 威士忌：*拉加维林、高原骑士*、大力斯可、云顶、麦卡伦、克拉格摩尔、阿德贝哥

• 白兰地：*轩尼诗、拿破仑、路易老爷、慕瓦耶、伯爵斯云利*、御鹿、人头马、卡慕、弗拉潘、马爹利、拉珊、豪达、拉攸

• 皮革制品：*爱马仕、路易威登*、宝缇嘉、芬迪、普拉达、古驰、香奈儿

• 女士成衣：*香奈儿、华伦天奴*、迪奥、乔治·阿玛尼、古驰、侯斯顿、米索尼、普拉达、马克·雅各布、奥斯卡·德·拉·伦塔

• 女鞋：周仰杰、莫罗·伯拉尼克、克里斯提·鲁布托、阿莱亚、托德斯、菲拉格慕

• 男装：布里奥尼、齐敦、康纳利、杰尼亚、乔治·阿玛尼

• 珠宝：*梵克雅宝、蒂芙尼、海瑞温斯顿、大卫·雅曼*、卡地亚、格拉芙、宝格丽、萧邦

• 音响设备：*奇力、柏思、威信、魔域、ARC、马克莱文森*、麦景图、马田卢根、世霸、B&O

• 手表：*百达翡丽、朗格、宝玑、雅典表、法穆兰、爱彼、伯爵*、江诗丹顿、积家、劳力士、卡地亚、欧米茄

• 皮草：*Birger Christensen*、芬迪、J. Mendel、克里斯汀·迪奥、哥本哈根皮草、Great Greenland、传奇世家

唯一拥有有限数量品牌的奢侈品市场是珠宝，在这个行业里，大约全球2/3的市场由本地家族珠宝商而非全球品牌主导。在这个市场中，钻石根本没有品牌可言，因为与其他奢侈品不同，珠宝实际上是用技术描述（纯度、颜色、克拉和切割）来分类的。即使是半宝石，也不仅定义了其出产国，还定义了其矿坑，比如"圣玛丽亚的海蓝宝石"。但钻石并非如此。

这里我想用一些篇幅来讲述国际品牌的惊人特性，因为只有在充分掌握了品牌的潜在吸引力之后，我们才能明白小型奢侈品企业为什么利润如此之高。

那么，我们怎样才能完全了解它呢？一种方法是把它与其他事物隔离开，就像科学家在研究某些事物时所做的那样。换句话说，我们需要找到一些与产品或服务无关的华丽品牌。可以这么说，品牌就是品牌。这听起来很难。帕丽斯·希尔顿因出名而出名也许有用，但我们如何评价她的品牌呢？不，我们需要的是一次真正销售一个单位的东西。

仔细想想，也许我们会发现这样一个领域：当代艺术。我订阅了一些艺术产品目录和杂志，包括一些来自佳士得拍卖行的。2006年的一天，我看到了一幅由伊夫·克莱因创作的画作，它只出现了简单的蓝色，除了完全统一的蓝色之外，别无他物。这对我来说理解不成问题，因为克莱因已经画了11幅相同的画，并把它们放在一起展示，我可以想象在某些地方它看起来很酷。碰巧我有一个画家在我的房子里工作，所以我给他看了我订阅的一些艺术产品目录，我说我觉得他对自己的作品要价太低了。我朋友放肆地大笑，但这里的重点是，虽然他也可以制作单色的蓝画，但没有人会为这个画作付很多钱——因为这不是一个品牌。总之，佳士得拍卖行的目录这样描述这些蓝色的画作：

> 这些作品可以让观众沉浸在无限的、明亮的、蓝色的精神世界中。受他的柔道经验、他对玫瑰红十字会的兴趣、他对原子时代的迷恋的影响，克莱因创作的画作没有框架，也没有边缘，它是通往永恒的、无尽的精神境界的窗口。

不管怎样，我还是惊奇地发现，我在目录中读到的那幅画以99.4万英镑

第四部分 超级行业

出售了,或者说价值180万美元,这意味着这11幅画的价值应该是2 000万美元。这就是品牌!

除了隔离他们的研究对象,科学家还有另一种方法可以证明某些东西的影响,那就是纵向研究。这种研究的具体方法包括跟踪某个变量如何随着时间的推移而发生改变。我知道在当代艺术世界里有很多我们可以在这里使用的情节,但其中有一个比较突出。在开始介绍它之前,我需要介绍一下主要人物:达米恩·赫斯特。赫斯特在艺术界有着悠久而丰富的历史(在财富方面也是),他最为人们所熟知的可能是对9·11大屠杀的形容——"本身就像一件艺术品",并且遗憾地认为"在某种程度上他们需要祝贺……"但是,他也以"喂饱鲨鱼"的故事而闻名。

把一只死去的鲨鱼放在橱窗里展出的想法来源于著名的广告和品牌大亨查尔斯·萨奇,他同时也是一位世界上顶尖的当代艺术收藏家。萨奇在几年前就发现了赫斯特,他似乎决心通过投资赫斯特来提升这位艺术家的名气。故事就这样发生了,他让赫斯特找到一条鲨鱼,并把它永久地展示出来。赫斯特同意了,他在澳大利亚投放了关于收购死鲨鱼的广告,并得到了一个名叫维克·希斯洛夫的渔夫的回应。希斯洛夫有一头虎鲨,赫斯特花了6 000英镑买下它,另外还花了2 000英镑用于冷冻和运输,这意味着这条死鲨鱼的登岸成本大约为8 000英镑。赫斯特把这个可怜的家伙保存在甲醛溶液里,并装在玻璃陈列柜里,还将其命名为《生者关于肉身不死的故事》。然后他以5万英镑的价格把它卖给了萨奇,《太阳报》发现这个价格是如此可笑,因此刊登了一则与这个故事相关的新闻,题目叫《花了5万英镑买一条没有薯条的鱼》。

不幸的是,在接下来的几年里,鲨鱼开始严重腐烂。皮肤变得皱巴巴、绿油油的,一只鱼鳍掉了下来,周围的液体也变得浑浊不堪,这看起来就像一个拙劣的笑话。然而,萨奇还是笑到了最后。2004年,他邀请世界上最著名的艺术品交易商拉里·高古轩寻找买家。据我们所知,很快就有来自著名的泰特现代美术馆的尼古拉·塞洛塔为它出价200万美元,而高古轩拒绝了。

显然，原因很明显，因为过了一段时间后，高古轩把鲨鱼卖给了美国对冲基金经理斯蒂夫·科恩，显然科恩有很多闲钱。据说科恩支付的价格是1 200万美元，如果你管理的资金是110亿美元的话，那就不算多了。也许这也源于这件所谓的"艺术品"是由世界上最具有品牌价值的艺术家（赫斯特）创作的，随后由最具品牌价值的收藏家之一（萨奇）所拥有，接着再由最具品牌价值的经销商（高古轩）所出售，并曾拒绝了最具品牌价值的博物馆之一（泰特）的收购。一切都与品牌有关。

故事本来可以就此结束了，但协议的一部分是赫斯特可以用一头新的保存更完好的动物来代替腐烂的动物，于是他让渔夫维克·希斯洛夫给他再送3头虎鲨，再加上一头大白鲨。希斯洛夫同意了，并送来了5头鲨鱼，其中有4头是赫斯特之前要求的，另一头是免费赠送的。现在一切都很好，除了一件事情：人们开始猜测赫斯特是否会创造更多的鲨鱼，从而破坏第一头的收藏价值。稍后我还会再回到这个话题。我介绍赫斯特的真正原因在于描述一个纵向研究，这个案例与世界知名政治家的一幅画有关，一个《星期日泰晤士报》的作家花了200英镑买下了这幅画。这位作家的名字是吉尔，他决定把这幅画卖掉，而这幅画是由一位不知名的艺术家画的，所以吉尔问佳士得拍卖行是否愿意为他出售这幅画。"不，谢谢。"他们回答说。接着，吉尔问，如果是赫斯特或沃霍尔创作的，他们是否会出售它。拍卖行显然会这样做。

吉尔随后打电话给赫斯特，问他是否会在画中政治家的身上画一个红鼻子，并在下面签名（这幅画之前没有签名）。赫斯特照做并且签名了。吉尔回到佳士得，现在佳士得接受了这幅画并标价8 000~12 000英镑。最终，这幅画以14万英镑的价格售出。对我来说，这是最纯粹的品牌形式。

我可以想出另一种建立品牌影响力的方法——一种历史悠久的安慰剂效应。其实有很多这样的例子。1964年，瑞典《哥德堡杂志》的记者们在画廊里挂了一些画，并声称这些画是前卫艺术家皮埃尔·布拉索的作品。这些画很快就赢得了赞誉，一位评论家写道：

第四部分 超级行业

布拉索笔下有力量，也有明确的决心。他的画笔因愤怒的挑剔而扭曲。布拉索是一位艺术家，他的表演带着芭蕾舞演员的精致。

这位评论家并不知道，这些画实际上是由来自布罗斯动物园一只4岁的黑猩猩画的，它的名字叫彼得。

另一个相似的例子发生在莫里茨堡的国家艺术博物馆，有人向馆长展示了一幅抽象画并暗示他这幅画由著名画家恩斯特·威廉·内创作，这位画家的作品曾获得艺术界梦寐以求的古根海姆奖。然而，这幅画的作者实际上是班吉，也就是另一位黑猩猩艺术家。顺便说一下，班吉当时在非常困难的条件下工作，因为她的伴侣萨奇奥经常在她的画还来不及被当代艺术社区保存的时候就把它们毁掉。当然，这都是坊间的传言，但事实上这些例子中都运用了一种非常强大的在统计上称为安慰剂效应的方法，即所有顶级艺术作品中，约有40%是假的。

类似这样的事情永无止境。赫斯特雇用了大量的助手来开发他的作品，其中包括通过在纺车上浇注油漆而创作的画。人们一无所知，继续购买他的画作。至于冰箱里多余的鲨鱼，赫斯特在2006年初就开始了《上帝之死》的创作，用的是他的渔夫朋友免费赠送的鲨鱼。它被出售到韩国首尔的三星美术馆（同样没有薯片）。紧随其后的是《王国》，用的是一头虎鲨，它在2008年9月被苏富比拍卖行以960万英镑售出。

所以，是的，人们确实一直在购买。他们疯狂地购买（字面意思）像安迪·沃霍尔那样大规模创作的艺术家的作品，现在你自然也会知道大部分作品也是由技术团队创作的。沃霍尔的作品《被撞毁的绿车》仅仅是1963年《新闻周刊》上出现的一张事故现场照片的丝网复制品，以7 170万美元转手。

我要指出的是，现代艺术工厂的认证过程并非没有问题。如果沃霍尔的大部分作品都是由其助理创作的，那么它们真的属于沃霍尔吗？例如，他在助理创作的时候，是否在房间里出现——至少5分钟左右？艺术创作团队显

367 /

然想要避免的一个问题是，由一个助理单独完成一件作品，因为在这种情况下，是她而不是艺术家完成了这个作品，这会让品牌变得混乱。因此，当助理们创作的时候，重要的是他们在集体工作，这样每个人都显得微不足道。

人们也会为河原温支付数十万美元，他只是在画布上写上日期，显然从来没有在一幅作品上花超过两个小时的时间（佳士得："一个存在的声明，一个艺术的证明"），或者花 69 万美元买吉姆·霍夫斯的作品《没有人真正离开过》，因为那只是一件扔在角落里的皮夹克。又或者是一堆白色和蓝色的蜡烛，苏富比拍卖行在 2000 年 11 月以 45.6 万美元的价格售出。这些都是因为品牌，艺术家、收藏家（拥有者）、经销商、拍卖行和艺术博览会的品牌。除非你成为一个艺术品牌，否则你将一事无成。但如果你应用了安慰剂效应，并且这样做了，"他们就会买你创作的东西"，赫斯特曾经有这样一个著名的解释。

就我个人而言，我喜欢伟大的品牌（在它们背后有实质性的东西），大多数人都是如此。阿联酋阿布扎比政府出资 5.25 亿美元，获得在当地使用"卢浮宫"这个名称的权利，耗资 4 000 万美元为巴黎卢浮宫进行翻修，还耗资 6.75 亿美元用于艺术贷款、专题展览和艺术收购建议。未来将被品牌打上烙印。

························· ⋀ ·························

抱歉，离题了，但我认为强调品牌的惊人力量是很重要的。由于一个奢侈品牌必须是国际化的，所以有很多固定的成本，但是一旦企业通过一个既定的经济门槛，这个品牌就可以变成一个虚拟货币机器。不过，这要求所做的事情都是正确的。第一条规则是关于价格是如何传达的。奢侈品牌几乎不宣传自己的产品价格，因为你知道，你如果一定要询价的话，就可能就发现自己买不起。然而，如果奢侈品店真的这样做了，他们也不会说这些产品有多便宜，而是会说它们有多贵。在一场艺术拍卖之后，拍卖行的广告是，在

第四部分　超级行业

最昂贵的拍品上，成交价到底有多高。大约有一半的物品未能如愿以偿地以保留价格（私密最低价格）售出，这些拍品通常在拍卖会后以私人方式出售，但这些令人失望的价格不会被公开。在极少数情况下，真正奢侈品的价格会在广告或公关中被提及，前提是这些奢侈品必须拥有最昂贵的配置以及最昂贵的生产线。这不仅是为了向潜在买家传达这种独特的东西，还是为了让其他人知道，那些拥有奢侈品的人为此付出了很多。

还有一些关于奢侈品价格（艺术品价格）的规则：价格可能永远不会下降。如果一个艺术家的作品价格下跌，那么他的经销商宁愿放弃他，也不愿告诉他的客户现在可以以比以前更便宜的价格成交。出于同样的原因，真正的奢侈品不做销售营销推广。它该卖多少钱就卖多少钱，如果你等待的话，价格会更高。这是你的选择，真的。

奢侈品牌营销还有另一个不同的方面。因为这个品牌的定位必须在客户之上，所以很重要的是要让它至少有一些难以获得。例如，人们永远等着他们的爱马仕、凯莉和铂金包，而日本女性经常半开玩笑地说要把她们即将出生的女儿也直接放到等候名单上。毕竟，等待是完全可以的，因为奢侈品不是必需品，就像树木生长和威士忌在木桶中发酵都需要时间一样，这种感觉应该是，无论生产时间有多么长，这都是它必须花费的时间。

在艺术市场上，你有可能会被列进一张清单，以购买一个特定的在世艺术家的下一个作品，但前提是你过去一直是该经销商的好客户，而且没有发生过通过拍卖快速转手卖掉任何东西的情况。在奢侈品行业，制造商们的目标是总能生产出比大众需求略低的产品，而且会有专门的子品牌和限量版，只有那些最具经济实力的客户才允许得到，而且往往要经过长时间的等待。对于经销商来说，你购买的东西越多，他们的关系越紧密。

最后一个阶段可能是经销商简单地告诉客户他还需要收藏什么，并为客户获取。这可能是一个管理客户收藏的艺术品经销商或者负责管理酒窖的酒商。每当一个艺术家的作品在一个大型博物馆展出或者在一本艺术杂志上被提及，作品的价格就会上涨。一件艺术品在一个大型品牌博物馆里的单独展出可能会使它的价值翻倍，如果一个著名的品牌艺术品经销商将一个艺术家带进他的马厩，那么这位艺术家作品的价格通常会立即升值300%~400%。同样，每当一款经典跑车参加比赛或被媒体提及时，它的价值就会随之上升。此外，当判断一个产品的真实价值很困难的时候，它以往交易的价格就会发出一个信号。买家对产品的总体满意程度是产品本身、产品允许她加入的社区、购买体验以及简单地了解其感知价值的一种组合。

主要市场及其参与者

奢侈品市场可能仍由欧洲主导。如果让我们来总结一下不同国家对奢侈品的主要看法，那么我们可以说，意大利基本可以代表那些拥有强烈艺术倾向的奢侈品，法国主要代表娱乐，德国代表质量，英国代表传统，瑞士代表精确，而美国则代表技术。但这当然是一种粗略的简化。

意大利可以被称为世界领先的奢侈品生产国。它以其乔治·阿玛尼、古驰、普拉达、华伦天奴、埃麦尼吉尔多·杰尼亚、麦丝·玛拉、萨瓦托·菲拉格慕等品牌在全球时尚界占据一席之地，而它的汽车工业也因其著名的法拉利、兰博基尼和玛莎拉蒂而闻名于世。此外，意大利游艇制造商生产全世界一半以上的超级游艇（30米以上），而且是以米为单位进行建造的。意大利家具和服装品牌也处于领先地位，有些人甚至认为意大利葡萄酒是世界上最好的葡萄酒之一。

法国可以被称为另一个奢侈品国家。如果说意大利人在纺织品方面可能领先，而在皮革制品方面占主导地位的可能是法国人。法国是香奈儿、爱马仕、路易威登和迪奥等一些真正的大品牌的发源地。当然，法国还拥有无与伦比的葡萄酒业、达索飞机制造和布加迪这位名人，尽管布加迪是意大利名字，而且所有权是德国的，但它确实是在法国制造的，埃多尔·布加迪在法国制造出了第一辆汽车。

此外，还有一些奢侈品制造国家，包括德国（主要是汽车，但也

第四部分 超级行业

> 有一些时尚业和游艇)、英国（时尚业、汽车、航空、钻石和游艇)、瑞士（手表)、美国（飞机、游艇、钻石、时尚业)、荷兰（游艇)、比利时（钻石交易和切割)、丹麦（皮草)。
>
> 在奢侈品经营领域领先的公司有路易威登、保乐力加、雅诗兰黛、欧莱雅、香奈儿、古驰、百加得、劳力士、富俊、蒂芙尼、华伦天奴、爱马仕、博柏利、斯沃琪、大众、戴姆勒、宝马、大众、保时捷、西港、CRN、乐顺、贝尼蒂、阿兹慕、法拉帝集团、庞巴迪、圣汐克、巴西航空工业公司、达索、雷神、佩里尼·纳威、皇家豪斯曼、沃利和天鹅。
>
> 除汽车制造商外，该行业的三大巨头是：
>
> • 法国的路易威登集团（路易威登、芬迪、罗威、纪梵希、伯尔鲁帝、唐培里侬、酩悦、凯歌、轩尼诗等)。
> • 瑞士的历峰集团（卡地亚、梵克雅宝、江诗丹顿、名士表、积家、朗格、沛纳海、万国、伯爵、万宝龙、登喜路等)。
> • 巴黎春天集团在意大利拥有的几个品牌（古驰、圣罗兰、宝缇嘉、宝狮龙等)。

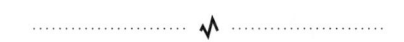

我之前曾经描述过，在古埃及、古罗马和其他古文明国家，奢侈品是如何兴盛起来的，但是大约从公元1450年到19世纪初，奢侈品主要是一种欧洲现象，然后蔓延到美国。它在第二次世界大战结束后几年里的发展始终保持平稳状态，直至20世纪70年代。日本经济从那时起强劲复苏，日本消费者对奢侈品的追求达到了不可估量的程度，而且这种情况一直持续到现在，至少有94%的日本女性拥有至少一件路易威登的产品，92%的女性拥有古驰的产品。由于路易威登等商店在法国巴黎有"每个顾客限购一件产品"的政策，所以日本人会安排退休人员到欧洲带薪旅行，条件是让他们带回奢侈品。日本人对奢侈品的渴望如此巨大，以至于他们所购买的许多顶级奢侈品牌占全球销售额的40%左右。日本地形狭长，没有足够的空间来容纳许多大房子或车，这或许可以解释为什么有这么多钱流入奢侈品市场。

这种狂热已经蔓延到了日本以外的地区。沙特和俄罗斯一直是全球最大的超级游艇买家。

中国的奢侈品用户大多生活在北京、上海、广州、成都、杭州、大连、西安以及其他沿海地区的经济增长中心。然而，在这些城市中，上海似乎已经成为中国奢侈品贸易的中心。这可能是因为来自其他地方的富豪通常在上海拥有自己的房子或公司，或者至少在那里有定期的商务会议，当他们来到上海的时候，他们看到了中国最具活力的文化。

在俄罗斯、中东地区、拉丁美洲以及其他亚洲国家，新兴中产阶层和上层阶级对最好的事物也表现出了同样的兴趣。大多数新的奢侈品消费者都有一个共同之处：他们自己赚到了钱。例如，《福布斯》印度富豪40强显示，他们中一半的人完全是白手起家，几乎同样来自信息技术和制药行业。在许多其他国家，如俄罗斯、中国、波兰，一夜之间变成富人在几十年前是不可想象的，这意味着所有的财富都是最近创造出来的。在阿拉伯国家，情况大致相同；在1974—1975年第一次油价上涨之前，真正富有的人很少。

即使是成熟经济体，其奢侈品消费也越来越多地来自新的财富。尽管在旧时代，往往需要几代人来建立一个赢利的企业，然而现在许多伟大的企业都是在10年内甚至更短的时间内建立并发展起来的。在全球范围内冲击奢侈品商店的财富之墙的，绝大多数是新货币。席卷全球的奢侈品商店的巨额财富绝大多数将是新的资金。

新财富的表现和以前的不大一样。那些继承财富的人往往对自己的消费非常谨慎，由于钱不是他们自己赚来的，他们害怕别人瞧不起自己。另一方面，新财富的所有者认为他们应该享有消费的权利，因为他们是商人，也可以在炫耀性消费中发现他们个人商业品牌的符号价值。

我认为，随着财富的增长，越来越多的收入会花在奢侈品上，中国对许多奢侈品的需求在未来20年内可能至少增加5倍，甚至更多。如果我们再加上印度、巴西、俄罗斯等国的需求增长——这些国家的中产阶层和上层阶级对奢侈品消费毫不犹豫，那么奢侈品的需求很可能会爆炸。

那么奢侈品供应的情况又如何呢？从技术层面讲，新兴市场本身可能会生产出许多奢侈品，但有各种迹象表明新兴市场的民众和其他人具有同样的想法，他们都认为奢侈品与以下几个因素相关联：（1）著名品牌；（2）有一个悠久的故事；（3）来自一个具有悠久传统的领域；（4）享有国际声誉；（5）绝对是崇高的。换句话说，他们想要和其他人一样的品牌。因此，从实际意义上讲，供应仅限于现有品牌决定生产的产品，而不会出现奢侈品生产竞争的情况，因为每一个品牌都将采取适度供应不足的策略。

正如我在第8章提及的那样，我不认为奢侈品只是被宠坏的富人的一种不必要的浪费。就像体育比赛、音乐会和艺术博物馆一样，它展示了机会出现时，最有技术和积极性的人能做什么。它展示了一个文明中最优秀的工匠、艺术家和工程师共同努力创造这一文明中所能创造的最好的产品。显然它只占了我们GDP的0.8%，但这让人们感到自豪并且认为："人类做到了！"或者说"我们的国家做到了。"它为每个人提供了能衡量自己的标尺，它激发了一个更美好的意愿，也许不仅仅是为了最终的结果，还是为了创造的喜悦。英国疯狂汽车秀的联合主持人杰里米·克拉克森曾写道：

> 我真的不想要一辆兰博基尼盖拉多，但我也不想生活在一个没有它的世界里。

我想大致上是这个意思，至少后半句话是对的。

第18章 生活方式
体验经济、分享经济、创造经济

我想通过展望未来的生活方式来结束超级行业这部分内容。个人生活方式影响了所有的商业部门，也影响了从政治到宏观经济的方方面面。当然，它也起到了另一种作用：改变生活方式。

在很久以前，原始工具改变了我们的生活，然后我们发展了农业，利用植物和动物为我们工作。我们也开始使用酵母和细菌来生产奶酪、啤酒和葡萄酒。接着我们发明了船舶和货币，还开始了贸易。接下来，我们发明了机器、火车、汽车、数学和统计学、化学、知识产权和大规模复制、核能、计算机、卫星电视、互联网。这些发明给我们提供了更多的杠杆、电力、收入、知识和财富，每个领域都创造了新的就业机会，并替代了一些岗位。例如，机器消除了对极其繁重的体力劳动的需求，计算机也消除了许多极其枯燥的、重复性的工作。

但这些都发生在过去。在接下来的几十年里，数以亿计的人将从贫困阶层变为中产阶层，数亿人将变得更加富有。这种变化将把工作从任何困难的、无聊的事情上转移到更有意义的事情上，并且它将改变从农村到城市的生活方式。

第四部分　超级行业

美国大学教授理查德·佛罗里达写了许多有趣的书籍并对不同的工作领域进行研究。佛罗里达和他的同事将劳动力分成三大类：（1）制造；（2）服务；（3）创意。我们都知道，制造业岗位（包括农业）不断地被机器所取代，这是可以理解的。当机器的年产量每次翻倍的时候，机器的实际价格就会降低7%左右（显然，机器人每年的价格要便宜11%~12%），而工资在上升。1920—1950年，美国工人阶级人数达到了顶峰，接近劳动力人口的40%，然后数量开始下滑。IT革命加速了其衰落，因为信息技术机器生产率每24个月翻一番，这就使得今天的工人阶级还不到美国劳动力的25%。

许多体力劳动岗位被服务业取代，服务业从业人员从1900年占劳动力的16%上升到1980年的45%。然而，信息技术现在仍在与大部分服务行业开展竞争。服务，那些纯粹是例行公事的工作，客户对它是由个人还是电脑/机器人完成并不感兴趣，事实上，服务也将越来越多地由后者来完成。我们当然更希望服务员或美发师是人类，但如果更换轮胎或边境防卫是由机器人来做的，我也没问题。

.... ⋀ ....

创造性工作是最近劳动力增长的来源。创新意味着你必须对如何处理好工作做出复杂的决定，或者想出一个全新的东西。新技术和新风格层出不穷，这也是为什么需要创造性思维。第一层创意工作人士包括科学家、工程师、艺术家、音乐家、设计师和知识型专业人士。对有创造力的人而言，最大的产业包括任何类型的研发、媒体、设计、艺术、广告、建筑、工艺、游戏和时尚。根据理查德·佛罗里达的说法，"创造性的核心"是那些从零开始创造事物的人，比如科学家、工程师、教授、诗人、小说家、艺术家、艺人、设计师、分析师和建筑师。第二层包括"创造性的专业人员"，他们可能在更明确的界限内工作，但他们必须自由地做出许多决定，决定如何从A到B。他们可能是律师、投资银行家、医生、营销总监。这种分层的区别当然是模糊的——我甚至还听说过创造性会计！

创意行业炙手可热。我个人认为，这一过程与全球化和IT革命密切相关——这也是通货紧缩繁荣背后的驱动因素。在美国，创造性工作目前占所有工作的1/3，其收入占个人收入的一半，而且这两种比例都在迅速增加。显然，美国并不是唯一有创造力的国家。欧洲也在朝着同样的方向发展，中国已经采取了一项重大举措，实现从"中国制造"到"中国创造"的思维模式转变，这意味着中国不仅仅制造其他国家发明的产品，还开始创造自己的产品，事实上中国做到了。

由于新技术不断取代制造业岗位以及越来越多的服务岗位，我们不禁要问：越来越多的人最终会从事创造性的工作吗？我并不完全相信这一点，因为当我们用硬件和软件来模拟新大脑皮质时，电脑也会变得有创造力。

当计算机学会模拟细胞和生物的变化时，计算机会提出自己的医学和营养观点，当它阅读互联网上发表的任何东西时，它们会告诉我们关于趋势、机会或威胁的数据组合。它们将能够创作音乐并设计建筑。

为什么电脑能有创意呢？想象一下：你有一块土地，想建一座房子。你将土地图纸上传到你的电脑，计算机就会自动与当地的建筑法规相匹配，并直观地向你展示建房子的具体位置以及一些体积和高度的组合的场景。然后，它会向你展示一个需求规格勾选框，你可以考虑所有的要求：三间卧室、娱乐室、开放式厨房、可停两台车的车库等等。接下来，计算机会弹出一个样式指南列表，你可以选择自己喜欢的主体样式类型。接着点击一下鼠标，它会给你提供一大堆此类风格房子的照片，当然你也可以选择自己最喜欢的房子。

当你完成后，你点击"创建"按钮，几分钟后，计算机会给你提供5个可供选择的房子三维效果图，它满足你所有的标准和当地建筑法规。每张图都配有电脑生成的时间和成本估计。你选择其中一个方案并给三家建筑公司发电子邮件，每家公司都可以为房子的建造提供一个报价。也许电脑无法像最好的建筑师那样想出一些巧妙的新创意，但是它的优势在于，在选择之前，你可以到处闲逛，查看大量的建议。本质上说，它可以取代你做创造性的工作。

这只是其中的一个例子，但计算机可能会进入创意行业的无数领域——不是消除创造力本身，而是消除人们的一些创造性工作。

然而，在作为人的简单任务方面，电脑始终无法取代人类。如果你更希望调酒师或理发师是一个人，而不是一台电脑，那么我认为这个职业仍然会由人来做，不管是现在、明年，还是永远。基于这一原因，创意工作的趋势很可能会停止，服务和创意之间的新平衡也许会被发现——或许服务最终会在就业市场上挽回一些份额。

理查德·佛罗里达和他的团队进行了大量的统计研究、焦点小组访谈和个人访谈，以了解那些从事创造性工作的人如何决定在哪里生活和工作。以下是他们正在寻找的一些东西：

- 聪明的人
- 深夜营业的餐馆
- 好的俱乐部和爵士／蓝调酒吧
- 个人运动场所
- 真实却稍微混乱的建筑
- 改造过的旧工厂和仓库
- 不同种族背景的人组成的非常多样化的组合
- 各种形状和形式的办公室、住宅和商店
- 许多不同且高度视觉化的生活方式——地铁、运动、知识分子、雅皮士等等显然，这些生活方式与真实性、自由、多样性和魅力相关。

有创造力的人在工作时需要非常专注，这样他们才能进入一个"思如泉涌"的状态。如果他们在这种情况下被打扰，那就需要多花 20~30 分钟来找回思路。然而，你只能在有限的时间内做这件事，接着你需要做一些完全不同的事情，比如举重、骑山地车，或者用重金属音乐让自己放松一下，然后你就可以回到自己的思绪中。创意工作者可能会听爵士乐，晚上在当地酒吧打鼓、跑马拉松以及在地窖里酿啤酒。他们在家里有很多工作要做，但是和有趣的人在一起是很重要的，而且他们在工作的时候也需要与同事进行社交。创意工作者的工作时间比按小时计工资的人要多很多，但不是"朝九晚五"。不管白天还是晚上，周末还是节假日，他们都要工作，但在白天的时候他们需要频繁地把工作和休闲结合起来，因此必须在他们居住的地方提供各种各样的设施。事实上，已经有人看到苹果员工穿着印有"每周工作 90 小时，并且很喜欢它"的 T 恤。

许多有创造力的人在某种意义上都过着前紧后松的生活，他们年轻时，为了取得一些成绩，工作得非常努力。一旦获得第一次成功，他们就很可能会转向另一个全新的专业领域，这只是为了好玩而已。与此同时，如果他们打算从事 5 个不同的职业，他们最好保持身体健康，因为他们还没有结婚，而且这将被潜在的商业伙伴和雇主看作决心和毅力的标志。他们可能喜欢冒险运动，自然也可以在技术边缘冒险。

吸引人才可能比建立科学园区更有助于培养良好的社会风貌，这一想法也许令人吃惊，但有证据表明，区域权力中心的许多最伟大的发展发生在将聪明人排在第一位的地方，而不是通过建立智能建筑来吸引他们的地方。让一个古老的城镇魅力无穷的诀窍是在那里创建一流的大学，并且不将其商业化。年轻人来学习的时候，会激发良好社会氛围的发展。有些人现在决定创办自己的公司，于是将办公室迁至人才所在地。

未来几代人将会非常富有，而现在的人们也将拥有大量的物质财富。他们将主要从事社交、创意或艺术方面的工作，因为这是他们仍然可以与电脑、机器竞争的领域，并且这是最有趣的。从长远来看，具有社会意识的服务行业可能最终会成为规模最大的行业，因为这是计算机或机器永远无法取代我们的地方。

至于未来人们的空闲时间，我一点儿也不相信人们会变得比现在更缺乏物质享受。然而，随着财富的不断增加和生产力的不断提高，越来越多的物质需求被满足，人们会倾向于把时间和金钱花在休闲上，而不是更多的有形财富上。比如，在新沙发和美好假期之间做出选择，你如果已经有了三个沙发，就会选择这个假期。此外，在空闲时间里，体验维度将占主导地位。度假只是为了逃避你的辛苦工作，躺在海滩上无所事事这种想法已经过时了，它将逐渐被更令人兴奋的体验取代，例如体育、冒险、文化探索、培训课程，你也可以帮助在异国他乡工作的工人，比如在一个高级葡萄园里采摘葡萄、寻找松露或者在国家公园里进行生物测量。

体验维度还将支持对产品的持续驱动，由此诞生的产品不仅功能强大，还可以讲述一个故事——或者主要是后者。人们对时尚、艺术和奢侈品行业的追求将在整体上超越对经济的追求，人们所追求的不仅仅是有形的产品，还包括引人入胜的故事。未来的经济也将是讲故事的经济。

20世纪90年代中期以来，信息技术行业就发生了一件有趣的事情：如何将故事添加到产品中。在那之前，大多数人认为计算机技术是相当枯燥的东西，只会引起电脑迷和书呆子的兴趣。但当学生们在他们父母的车库中创办公司，并在不久之后上市融资数十亿美元，成为这个充满活力的虚拟社区的组织者时，情况就发生了变化。

从那时起，只要会写代码，即使他们穿着短裤接受面试，他们也可能被雇用从事信息技术工作。事实上，如果他们真的表现很好，你几乎能预想到他们看起来很古怪。当你作为一个"新手"（初学者）存在，并一步一步地向"用户""专家""黑客""权威""奇才"等方向发展时，就像你在地狱的天使队伍里工作一样，一种全新的语言在这个行业中发展起来了。标准语言被极客语言和软件代码取代。对于一个新手而言，可能需要一段时间才能发现，一封有趣的电子邮件的答案可能是 ROFLMAOSHIMFO［rolling on floor laughing my ass off so hard it might fall off（在地板上滚来滚去，笑得我屁股都要掉下来了）］，或者，如果另一端的人更保守，只是用了（VBSEG），意思是"咧着嘴傻笑"（very big shit-eating grin）。你也不知道"g2g"意味着"我得走了"（got to go），或者"hand"代表着"祝你过得愉快"（have a nice day）。

所有这些都是围绕着信息产业发展的故事，这一故事使信息产业工作者成为全球范围内最时髦的社会群体。现在，代码是由"酷男"编写完成的。

在一个专注于创造力、艺术性和社会活动的社会里，人们将是自由和独立的，那些有技巧和勇气的人可以像维京人或牛仔那样去冒险：进入未知的领域，也许还会遇到一些志同道合的人。团体将会一直存在，在现代社会，你可以自由地选择你想要加入的团体——无论你想成为一个自行车骑手、嬉皮士、飞行爱好者、环保主义者、哥特人、西装阶层、书呆子，还是一个会写代码的酷酷的家伙，都取决于你自己。当然，如果你不具有男子汉气概，那么班迪多斯飞车帮可能不需要你，如果你不会写代码，那么你也无法加入编码团体。但也有可能存在另一个你能适应的团体，不管怎样，你都可以自由地创建自己的新运动，并看看是否有人会加入。这样的运动可能会在一段时间内成为一种反主流文化，但如果你刚开始的时候是时髦的，那么它很快就会被主流的、商业化的东西吞没——因此，主流奢侈品牌现在也开始售卖人造牛仔裤和嬉皮士设计的"碎布"。

这种巨大的文化多样性将会对时尚产生影响，因为在一个有着数百种截然不同的生活方式和团体的社会里，不可能让每个人"今年春天都穿橙色衣服"。人们将不再倾向于追随单一的时尚潮流，并一个季节接一个季节地互相模仿。相反，他们更有可能将所提供的东西分门别类，对它们进行挑选、选择和重新组合，这样每个人都以自己的方式穿衣，而且通常极富创造力——这一过程与我们在媒体上看到的情况类似。在媒体报道中，激光唱片被拆成单曲，而报纸变成单一的在线新闻。

第四部分　超级行业

体验经济不仅包括体验，还包括分享和创造。大多数人都有一种在白天不断地进行网络交流的基本冲动，而且随着家人和朋友居住得越来越分散，随着他们的出行越来越频繁，人们会寻求通过电子网络联系，并相互分享自己看到的、思考的、经历的故事。如果你带着智能手机四处游走，你可以接收到那些离你很近的朋友的信息，如果你同意，他们就能知道你在哪里。人们可能还会使用移动网络工具，在任何地方找到潜在的朋友和合作伙伴。此外，任何拥有中产阶层收入的人都能买得起高清摄像机和电脑电影编辑工具，这使得个人甚至能够制作出与专业好莱坞电影在技术上无法区分的影像。这本身很有趣，也可以带来很多乐趣，也有无数的年轻人在网上发布数据，当他们长大后，这些数据会让他们感叹的。此外，即使你不想让自己看起来显得很愚蠢，其他人也可能会发布来自某次派对的数码照片，20年后，当你试图成为首席执行官、高等法院法官或政治家时，这些照片不会对你有任何帮助。最明显的反应可能是人们开始接受年轻人就是他们那个样子。

这不仅是年轻人和中年人期待的体验。新的老人们也希望生活有乐趣，并且准备把钱花在生活必需品上。我有两次机会参加哈雷戴维森大事件，一次是在西班牙南部的波多黎各巴努斯，一次是在法国的圣特罗佩。让我震惊的是，一名普通司机居然也可以是年长的人，他们中许多人看起来有70岁或更年长。我们这个时代的老人去听摇滚音乐会，听着与其年龄相仿的音乐家在那里摇摆。在20世纪60年代，谁会想到滚石乐队、戴维·吉尔摩、艾尔顿·约翰、埃里克·克莱普顿、约翰·梅奥尔或者奥尔曼兄弟们还会在千禧年举办音乐会？

不断增长的个人主义也会反映在人们购买奢侈品以及旅游的方式上。奢侈消费的第一阶段通常是将它作为成功的象征，并且希望别人看到（"宝贝，我已经到了！"）。在这个阶段，你可以尽可能地提升自己穿着和使用的所有东西的品质，在任何地方和任何时候展示新标准。在第二阶段，你要学会适应和扩展，这样你就可以在某些场合穿宽松的衣服，在某些场合穿运动服饰，在某些场合穿得更正式。在第三阶段，你不再关心别人的想法，穿着和

381 /

使用任何你个人喜欢的服饰，以及你喜欢的任何组合。你变得更加有创造力和自主性，你的风格也变得更加鲜明。

在早期的休闲旅行中，你会把重点放在去尽可能多的地方，在那里你可以站在纪念碑前拍照，例如，你可以在一个星期内游遍欧洲，从一个地方赶到另一个地方。在以后的阶段，你开始喜欢在一个地方呆更长时间，把它装在心里，你可能会有更深的情感体验或更大程度的冒险。在第三阶段，你会获得第二居所或者更多的居所，这样你的生活就会在几个不同的地方来回转换，这些地方都有家的感觉。

我已经提到了带有讲故事的生活方式的趋势。这也适用于企业界。在讲故事的经济中，许多行业的成功公司都将提供专业的媒体服务。我之前提到过信息技术/电子媒体的一些趋势，例如更多的拆分、原子化，还有即时、移动和实时媒体服务。如果一个公司有一个有趣的故事，那么它将雇用专业的媒体人员，以确保这一故事以任何形式，在任何时间和地点，用任何设备，都能以令人信服的方式传达给大众。

有4个行业必须最大限度地利用这个讲故事的机会，它们是运动、食物/健康、奢侈品和金融。为什么是这4个呢？因为这是人们最感兴趣的，甚至很可能被吸引的领域。翻看一系列的报纸，你会发现人们为这4个商业领域贡献了大量的空间。

体育产业已经知道该怎么做了。人们追随自己喜欢的明星，在现场或通过背景资料，在舞台上或在舞台下，在胜利或失败的时候。不管他们喜欢的明星是赢还是输，球迷们都会表达同样的热情，因为他们通过媒体报道了解了明星付出的努力。然而，健康、奢侈品和金融产业仍有未开发的潜力，它们将在未来开始爆发。

例如，奢侈品行业有很好的故事要讲，其赢利能力取决于如何讲故事。想象一下，在2024年，波尔多的格雷夫斯葡萄酒产区的葡萄在度过了一个炎热干燥的夏天之后，是否具有用来酿造一种经典的吕萨吕斯酒堡酒的可能性，爱好者们想知道。一天早上，这些爱好者就收到了来自吕萨吕斯酒堡的首席酿酒师的视频信息：

"今天早上，我们认为，采摘的第一部分葡萄的条件是完美的。葡萄是成熟的，大约 1/3 的葡萄得了轻微的灰霉病，这将给它带来完美的口感。我们今天希望采摘 15% 的葡萄。正如你所知，每一粒葡萄都是手工挑选的。当我们去采摘剩下的葡萄时，我会让你知道的。"

然后，吕萨吕斯酒堡的粉丝们可能想要观看葡萄酒采摘者头顶凸轮上的精选出的葡萄。当葡萄酒经过发酵时，粉丝们甚至愿意在线时不时与酿酒师交流，酿酒师自然会告诉这些粉丝在生产过程中自己是如何以及为什么做出重要决定的。

吕萨吕斯酒堡是一种很好的奢侈品，但更多的普通产品可以从商品升级为高级产品，然后可能再从高级产品升级为奢侈品。在我小的时候，咖啡就是那样的。现在有很多种类，而且都是有故事的。我今天早上喝的雀巢咖啡被称为"哥伦比亚 – 若萨巴雅"，包装上有以下描述：

"这款混合了优质的单独烤制的哥伦比亚阿拉伯咖啡豆，带有典型的红果和葡萄酒香味，形成微妙的酸度，其强度为 6。"

我选择把它制成"卡布奇诺"，这种体验非常好。未来，我可以想象咖啡机能够识别每个雀巢咖啡胶囊的颜色，并在屏幕上显示产品的信息——这一次，视频包含种植咖啡的地方、地图以及更多的描述。事实上，任何产品都可以有一个小小的射频识别标签，它可以在我们附近的屏幕上触发一个电子故事——这个产品怎么样。我把我的智能手机放在一个产品上，然后点击"故事"，它将会把我想知道的东西告诉我。

健康/食品工业已经走过了漫长的道路。把食物作为管理身体的一部分，这样的想法与对保健、健康和康复的兴趣越来越紧密地联系在一起。当人们意识到，在孩子离开家以及自己退休后，有一个非常好的机会可以让自己过上丰富而积极的生活的时候，他们会越来越多地对保持身材和保持健康感兴趣。此外，随着现代服装越来越暴露，人们也会更多地考虑身体健康。然而，也有一些食物聚焦于味觉和嗅觉的享受。未来，食物将分为 4 个主要类别：

- 快餐。可以在免下车餐厅买到，或者可以在10分钟内在家里准备好。
- 高档食品。它是在极端负责的条件下创造的，经过精心挑选，带有独立包装，并有一个关于其背后工艺的故事。这是关于快乐、文化崇拜以及慢食风格的食物。
- 生态食品。这是一个回归自然加上环境保护主义的故事。这里的故事与你的身体、自然以及整体性有关。
- 功能食品。经过基因改造，特别健康（例如，用含有重要矿物质和维生素的不饱和脂肪取代饱和脂肪），并进一步细分，以适应不同年龄、生活方式的群体（还有一些适用于活跃的体育人、老年人、儿童、肥胖者等等）。这种功能食品对你身体的影响，将是关键信息。

在这4个领域中，最有可能发展的是后者。然而，它们的共同主题是讲故事。人们想知道他们得到了什么，如果它是一个好故事，并且被很好地讲述，人们就会倾听。

至于金融方面的故事，媒体之所以如此积极地报道它，部分原因在于其永无止境的戏剧性（就像次贷危机一样），而部分原因在于人们的财富依赖于这些故事。但为什么投资者更倾向于使用雅虎作为主页，而不是它们的银行网页？让我猜猜……嗯……因为雅虎的工作人员比大银行更了解金融？尽管我们在次贷危机的失败中看到的一些东西可能会留下这样的印象，但我怀疑这个结论。我认为与银行的网页相比，人们更喜欢雅虎的网页和智能手机数据是因为银行对媒体聚合的了解比雅虎的员工更少！金融机构有一个独特的机会来创建实时媒体，它们的客户可以随时随地经常访问该媒体。如果执行得当，那么它将非常引人注目和令人上瘾。一旦使用媒体成为一种习惯，客户就永远不会离开精通媒体的银行。这样的服务可以包括对分析师的采访、对早间新闻的实时传输、实时报价、图表、评级和新闻等。那些最聪明的银行将会打开引擎盖，而不是只显示其抛光表面，以展示它们所经历的艰难的市场决策过程，以及它们的内部讨论，这将使银行更具有人性化，并与它们的客户建立联系。我们不应该忘记的是，虽然大多数媒体都可能而且将会被盗版，但现场媒体是一个例外。现场媒体往往是专有的。

我相信这种引人入胜、令人上瘾的企业多媒体的增长是不可避免的，因为它将成为媒体分散化趋势的一部分，而一些电子媒体将一直由大型专业媒体组织（内容为王）创造，增加的部分将由消费者（消费者为王）和公司（公司为王）产生——后者主要在运动、食品/健康、奢侈品和金融领域。此外，由于在金融、奢侈品和其他行业领先的公司是其所在领域的终极专家，它们自然能够比其他人更好地表达自己的意思（语境为王）。训练有素的记者在这方面的作用在哪里？我认为，报纸行业的工作机会将会减少，但有更多的公司需要把自己的故事讲得更完美，也就是说不再依靠报纸来讲企业故事。

……………… ᴧ ………………

所以，总结一下，有一个持续走向自由的趋势将使人们完全具备原创性，或寻求成千上万种生活方式——甚至试图创建新的团体。这样做将会增加多样性，使人专注于创造力、个性、真实性和魅力。因为这将使产品和生活方式更有趣，由公司和消费者讲故事将成为未来的重要组成部分。

就职业而言，这种趋势将趋向于创造性和社交性工作，在那里，人际关系至关重要，并也将趋向于讲故事。这类工作将远离任何重复的东西。计算机正以其自己的方式与我们进行匹配，然后在数据收集、事实性信息解释，以及许多形式的天才表达（例如艺术、设计和复杂的运动控制等领域，这些领域今天被我们视为人类的专属领域）中击败我们。人类擅长的地方是情感和伦理方面，人类在控制信息技术和讲故事方面获得了成功。

未来，消费将转向休闲和旅游、媒体、时尚、艺术，奢侈品行业将会比整体经济增长得更快。经验加上有好故事的产品和服务将会受到追捧并获得更高的价格。

我想用一些关于社区如何吸引增长的评论来结束这一章。有些人会追求所谓的"种子战略"：努力吸引和培养年轻的人才，希望他们最终能留下来工作，并赚很多钱。第一种，也是典型的方法，是在接近有吸引力、有创意的社区的地方建立世界领先的大学。这样做能成功的主要因素包括创意和艺术文化的存在、合理的移民政策，以及低成本住房的供应。

地理增长动力

下面列出了一些驱动增长和财富的可能的因素：

- 化石能源和金属
- 接近理想的位置
- 淡水
- 使用英语
- 温带或亚热带气候
- 灵活的移民政策
- 自然美景
- 审美文化
- 创意文化
- 科技文化
- 教育机构
- 艺术文化
- 根深蒂固的网络效应
- 经济和法律稳定
- 交通/通道
- 为孩子们提供教育机会

- 法律环境
- 低犯罪率
- 低税率
- 提供优质住房
- 财政服务的深度
- 海上通道
- 文化多样性
- 高科技文化
- 精彩的夜生活

第二种方法是"收获战略"，即吸引现有的公司以及已经拥有大量资金和收入的人。这里的关键因素包括经济和法律的稳定、儿童的教育机会、低犯罪率、低税收和金融服务的深度，这些都可能对富人特别有吸引力。

当然，这两个方法中的每一个都会导致另一个出现。当富人搬到低税率地区的时候，他们也经常在那里创业。由于他们有才能，因此他们很可能很富有。如果你是一个有创业精神的人，那么你通常也不会停下来。

当涉及人力资源时，东亚将脱颖而出，在这里，人们有雄心，有能力向前推进。然而，这也适用于北美和欧洲地区，因为这一地区创造了繁荣的创意中心，是培育新的激进想法的理想之地。我认为，在信息技术、基因组学／生物技术和新能源方面，最前沿的创业精神将主要来自欧洲和美国北部。

第五部分

超级大脑

- 进步在本质上是智能的应用。
- 所有智能都朝着更具合作性、分散性和创造性的方向发展。这同样适用于文明。从长远来看,极权主义制度是不具备竞争力的,而且终将失败。
- 在历史上,一个接一个的行业已经从手工或工业转向以信息技术为主的行业。化学、制药和金融行业是第一批实现这种转变的行业,现在农业也在跟进,新能源应该紧跟农业之后。信息技术的发展速度比手工或工业快得多。
- 所有智能的发展从本质上说都是高度指数化的,由于信息技术、基因组学、全球化和自我修正,人类文明和人类自身的智慧在未来的几十年里将会加速发展。
- 人类的幸福主要取决于自由的程度,尤其是经济自由,同时也取决于收入和财富。
- 社会发展的长期目标似乎是我们能够拥有更多的自由、更多的创造力、更多的经验、更多的和谐以及更多的幸福。

第 19 章　智慧和幸福
从介质遗传到智能进化

你可以想象一下，在 1970 年你参加的一次晚宴上，有人做了一个带有预言色彩的演讲，预测如下：

40 年后，即 2010 年，资本主义国家将成为世界舞台上的主角。苏联将从内部解体，东欧将发展出超级资本主义国家，中国将拥有蓬勃发展的自由市场经济，而且这一经济形态由数以百万计的私营企业驱动。

此外，汽车将与卫星、无线电信号相连接，实现精确导航，即使穿过城市，汽车上也将拥有雷达和大量的机载计算机。电话不再需要电线，大多数人可以将它们放在口袋里随身携带。数百个不间断的电视节目将从巨大的卫星群传到千家万户。

我们将知道如何复活已灭绝的物种；我们将改造植物，不需要杀虫剂，植物就可以生长得更快；我们将使用含有人类基因的细菌来合成人类胰岛素和其他药物。地球上将增加几十亿人口，但饥饿人口将大幅减少。事实上，肥胖的人将比饥饿的人更多。

第五部分 超级大脑

大多数的房间都将拥有电脑，有些电脑会很小，很容易随身携带。顺便说一下，这些电脑将比我们1970年最好的主机更强大。你也可以将1 000首歌储存在装进口袋的设备中，而且可以在几分之一秒内免费扫描几乎所有出版过的关于某一主题的印刷信息。

我们已知的自然资源将比今天多得多，尽管人口和财富大幅增长，我们将减少空气和水的污染，并加强营养，人们的预期寿命要比今天长得多。最富裕的国家也将是最干净的国家，它们的人口将会稳定下来或减少。

与过去40年相比，未来40年的战争水平将大幅下降。尽管东欧、中东和其他地区的不同部落和国家都试图征服别国的土地，但这些尝试大多失败了，侵略者付出了巨大的代价。

然而，我们现在所幻想的一些领域可能不会有太大的进展。尽管第一批人类已经在月球上登陆了，并尝试对金星进行了第一次探测（2005年），但在从现在开始的40年里，人类几乎没有什么新的里程碑。的确，最近的月球漫步将难以超越。飞机看起来将和今天一样，几乎不会超过现在的747大型喷气式飞机或协和飞机。

对于大多数人来说，这听起来似乎很白痴。使用卫星导航和雷达的汽车？再造物种？你口袋的设备里可以存下1 000首歌？得了吧！

不过，我敢肯定没有人会预测得这么精准。在未来40年里，人们没有办法精准地预测事物及其发展，而且，人们尝试着做出的预测，也基本上都是错的。在这本书里，我肯定也有很多错误。然而，也许我们可以从以前的失败中吸取一些教训，从而更好地预测。关于技术，我相信过去的经历已经传授给了我们以下4个主要经验：

- 我已经提到过，虚拟或微观技术的发展遵循非常积极的发展曲线（即每18~24个月可能会翻一番），而物质/工业技术在每年产量翻倍的情况下通常只提高7%左右。这是过去人们大大低估甚至忽略了基因组学和信息技术进步的一个原因，却又高估了飞机和宇宙飞船的发展前景。

- 人们的任何问题或需求可以通过信息技术或分子技术来满足，而且极有可能出现的情况是，解决方案将比需求的发展快得多，这将带来价格的下降和充足的供应。因为没能看到这一点，所以为什么环保主义者和增长怀疑论者一直低估人类战胜挑战的能力就能解释通了。
- 超过某个门槛，经济增长、新技术和财富就不再是环境问题的根源，而是成为解决方案的一部分。清洁技术的发展使得人们对循环利用等方面的投资以及人口稳定的发展可以实现。
- 没有经济意义的政治作秀的发展将会减缓或停止，而且宜早不宜迟。1969年，人类就登上月球了，而在之后的4年里——除了宣传，没有什么其他作用。至于载人火星计划，与其他优先事项相比，如哥本哈根共识小组所列的其他优先事项，将是一种巨大的资金浪费，可能会被无限期地推迟。

························ ∧ ························

我认为，关于战争、权力和帝国，还有一个重要的教训。武力征服土地的时代已经结束，两军之间的单纯武力战斗也结束了。未来的战争要么是贫穷国家的内战，要么是消耗战，一边是叛乱分子和恐怖分子，另一边是机器人。你不能再用暴力来赢得人们的支持——而且要付出很大的代价，但是你显然可以通过灵感、可见的成功以及你的思想具有的吸引力来获得支持，即使这可能需要几十年的时间。

最后，我认为关于社会的领导和政治有一个深刻教训。就个人而言，在我年轻的时候，第一次通过电影和电视剧感受到了未来的气氛。它们可以分为两类。第一个是在《一九八四》（1949年出版）或《2001：太空漫游》（1968年上映）中描述的"寒冷、统一的世界"。在这里，人们穿的基本上都

第五部分　超级大脑

是一样的；这里有金属的墙壁，塑料的家具，到处都是巨大的电脑，你看不到自然界的任何东西。此外，在这些作品中，我们似乎被一个可恶的精神变态的老大哥或有人格障碍的具有自我意识的超级计算机控制。我想，这些场景背后的假设是社会变得更加结构化，如果这种情况继续下去，我们最终将会变成傀儡，生活在一个被过度监管、由电脑驱动的地狱里。

另一组电影描绘了一个"后世界末日"的世界，也许由于发生过一些灾难性的事件，那里的文明已经崩溃，而军阀们在混乱的无政府状态下互相争斗。《疯狂的麦克斯2》（1981）和《银翼杀手》（1982）就是例子。

如今，我们已经经历了1984年和2001年，因此，实际上我们就生活在这些书籍和电影所想象的未来或者与之非常接近。因此，我们可以问一问，政治世界与这些作品所描绘的世界是多么接近，同时也要问我们从中可以学到什么。

我想说的是，在一些电影中想象的"后世界末日"的世界在今天确实存在，这会让这些带有启示录性质的电影成为未来的现实写照吗？我认为不会。今天，一些社区的混乱和恐怖并没有发生，因为这些地方已经进入了未来。而有些国家的生活就像几百年前的欧洲一样，在那里，许多不同的军队四处游荡、掠夺、强奸和杀人，通常将它作为一种生活方式。

实际上，发挥作用的模式——让部落和国家富裕的模式，以及大多数新兴市场现在正在模仿的模式——几乎与所有人的预测都是截然不同的。现代世界极具多样性和流动性。我们比以往任何时候都有更多的选择，并接受更多的生活方式。现代学校比很久以前的学校更注重创造力和个人思维的培养，今天人们可以选择以多种方式进行旅行、运动、交流和变换工作，而这些方法在以前是不可能的，人们也许都不会想到。我们拥有收音机、电视和互联网，但我们仍然会阅读书籍和杂志。这是一个自由的世界，也充满了各种各样的选择。我小时候看过的科幻电影都没有预料到这一点，但这是一种趋势：世界走向多元化，而不是铁板一块，它走向自由，而不是专制。

但这是为什么呢？为什么一个更发达的世界并没有像许多科幻电影所显示的那样变得更加集中？我认为这与我几年前才想到的一个现象有关，那就是关于基因组学和信息技术相似性的思考，二者都与智力的一些非常基本的特征有关。

让我先对智力进行定义：它是获取和应用知识的持续能力。我认为基本智能系统的两个基本组成部分是量子物理和数学/统计学。这些组成部分存在于大爆炸之前，或者是由它自身创造的，这些基本组成部分是一切事物的自然基础。在此期间，它们一开始就产生了有117个元素的化学，然后大约在地球形成现在的形状100万年之后再次创造了第一个基因组/生物化学。从那时起，大脑、文明和信息技术相继产生。而前面这三个智能系统现在已经创造了成千上万个智能子系统——从所有的生物物种到带有音符的音乐、象棋、无数的软件平台、法律等等。

任何种类的智能系统，无论是在计算机、细胞、大脑、文明还是生态系统中，都需要遵循一些共同的核心原则（规则）才能向前发展。我们如果理解了它们，就会明白，为什么文明发展到专制集权或分裂混乱的程度将会是非常奇怪的事情。

规则1：智力需要一种书面语言。我指的是一种记下新发现结果的方法。任何一种智能都会使用一种语言，使智能能够被获得并应用。生命的代码是基于DNA的四种碱基——A、T、C和G。化学使用的是117种元素。树木的一颗种子本质上是一组数学指令，这种指令用来描述如何从周围的化学元素中制造出一棵树。在计算中，最基础的代码包括两个字符——0和1（在晶体管中它们分别意味着有电流的流动和没有电流的流动）。经济学中的代码大部分是用我们的10个基本数字来写的，但也有用字母来写的。文明也是如此。在大脑中，它是大脑细胞流动的有机晶体管（如果我可以这样称呼的话），也意味着有电流的流动或没有电流的流动。

规则2：接下来需要一些变化的介质。在遗传学上，必要的变化是由突变引起的：

- 随机的化学反应
- 阳光照射
- 放射性暴露
- 宇宙射线
- 氧化
- 基因插入/通过病毒和细菌感染产生的变化

就个人而言，没有人想要太多这种东西，但对于一个试图进化的物种来说，这是必不可少的。在人类的大脑中，当我们在物理上、社会上、智力上和地理上的风景中穿行时，变化就会发生。作为对文明的关注，我已经提到了一个词来形容这种变化的推动者，那就是"元思想"。

从历史上看，一个重要的元思想就是旅行。人类文明的发展主要以移民、旅行者和征服者等为特征。而所有的元技术都是变化的介质，但我们这个时代最大的两个元技术可能是卫星电视和互联网。

规则3：智力上的每一次进步都需要劳动分工。亚当·斯密最著名的观点之一：经济增长主要是由劳动分工造成的，因为这有助于提高专业化程度和生产率。一个单一的细胞、一个单一的个体、一个单一的计算机，或者一个独立的文明可能会朝着积极的方向发展，但当更广泛的劳动分工出现时，真正的进步和成功就开始了。在人体中，我们有大约200种不同的细胞类型和众多的器官、结构，它们共同创造出比一大团包含75公斤相同的单细胞生物体的果冻更有效的东西。

与网络的互联创造了网络效应，随着网络的发展，每一个单元都变得越来越具有独特而不可替代的作用。一个庞大而复杂的生态系统比一个小的、同质的、受限制的生态系统更加健壮和有效，尽管在我们的本能中隔离可能是一种保护。一个大而开放的自由贸易区也比许多小型的自给经济更有价值。与孤立的个体相比，一个全球性的网络用户将创造出更多的创新和新思维。

规则 4：为了繁荣，智能需要开放的标准。开放标准是一种立即可访问的基础，在此基础上可以构建和共享所有内容。这样的开放标准使劳动分工和网络效应得以实现。互联网就是这样的标准，正如全球移动通信系统（GSM）是移动电话的标准，运动图像压缩标准（MPEG）和联合图像专家小组（JPG）是编码视频和图像的标准一样。在国际交流和商业交往，以及世界贸易组织之间的自由贸易协定中，英语也同样成为事实上的标准。欧盟和北美自由贸易协定也发挥了同样的作用。在自然界中，这一标准是DNA——在大多数生物中，它们之间的相似性是最值得注意的。我已经提到过，从基因的角度来说，黑猩猩与人类的基因只有2%的差异。事实上，老鼠和人类的基因有85%的重合，而人类和果蝇的基因有50%的重合。

规则 5：必须有一种方法来复制已经写入的内容。RNA 和 DNA（可能在后来）在生命中扮演着这一角色。在信息技术中，这个功能当然是由软件、源代码和芯片架构中的数学代码来处理的，所有这些都很容易被复制（自然也很容易被盗版）。在文明的发展过程中，我们主要通过书面的法律和文学、音乐的音符、艺术作品以及经久耐用的建筑等载体来实现知识在人与人、代与代之间的传承。在我们的大脑中，突触将我们所学的一切都储存起来。

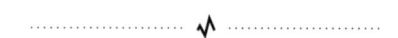

.... ∧ ....

以上关于智能的这 5 种规则似乎是放之四海而皆准的，正如我的例子所希望说明的。同样有趣的是，所有智能的进步之路似乎是相似的。它通过三个阶段达到 8 个层次的复杂程度，我们可以将这三个阶段分别称之为"单一单元""合作"和"创造性"。阶段 2 比阶段 1 进化得更快，而阶段 3 也比阶段 2 进化得更快。智能的进步总是指数级增长的。此外，每一种智能形式都

第五部分　超级大脑

创造了新的形式。最后，不同形式的智能可以互相强化。

以地球上的生命为例。它大概是在45亿年前出现的，然后通过许多复杂的衍生规则形成独立细胞（有非常有力的证据证明这些是所谓的原核生物）。接下来发展成一种由原核生物分化成的细菌和古菌，然后发展成第一个多细胞生物，在这一阶段，每一种细胞都与其他细胞互补。我们现在处于"合作"阶段。生命产生了氧气，在一段时间里，氧气有可能成为一名"演出终结者"，直到进化出消耗氧气的生物来拯救危机。至此，一个相互依存的生态系统就建立了。

这样的生态系统变得越来越复杂，像浮游生物和水母这样的有机体，形成了由几个神经细胞组成的"大脑"，这些神经细胞连接光传感器——基于DNA的智能产生了基于神经系统的智能。复杂的生物——比如猫和狗——在很久以后才出现，猫和狗有数十亿个脑细胞，这些脑细胞被集中在处理不同任务的区域，但它们是相互紧密联系的。人类具有创造力和自我意识，并通过教育、一般的信息搜寻和技能培训来训练自己的大脑，以增强其功能。此外，正如我描述的那样，科学家们现在正试图制造人造大脑，并理解我们自己的大脑是如何运作的。最后，我们现在能够设计人工智能，这在历史上是第一次。

在计算机领域也有类似的发展。第一批商用电脑是单机的（"主从式计算"），接着是多小区（"客户机-服务器计算"）和多单元（"联网计算"和"普适计算"）。我们现在已经达到了"创造性计算"阶段，软件甚至可以处理自主的任务，比如为机器人汽车导航，同时，很多计算机结合在一起，利用彼此的力量，一起完成复杂的任务。下一步发展已经开始，即可以编写具有创造性软件的软件。我们不知道软件是否最终会发展出意识，但是它将在提示和记忆中通过必要的技术力量尽快完成。

至于文明，似乎最原始的是一个以占统治地位的人物为中心的小团体。大家庭，换句话说，就是共同居住的几个家庭。当这些家庭偶然遇到另一个这样的群体时，战争通常会爆发，流血事件也会出现。然而，随着时间的推移，这些群体将合并成部落，然后部落又发展壮大，合并为国家。然后，这些国家形成了像欧盟这样的组织，并开始合作，很快地，世界将成为一个由联合国等机构协调的地球村。发达国家和经济高速增长的新兴国家现在已经进入了文明的创新阶段。

综上所述，所有的智能进化都经历了 3 个类似的阶段。首先是单一单元阶段，从基本规则和物质开始，然后是单细胞阶段，最后是多细胞阶段。第二个主要阶段是合作，我们有多个相互依赖的单元，它们演化成复杂的生态系统。第三个阶段是创造性的，这一阶段里智能可以表现出自主的行为，可以利用其他的智能，还可以意识到自身的存在，并开始有意识地改变自己。我认为这是自然而然几乎不可避免的智能发展顺序。

另一个结论是，智能发展得越来越快。在地球上的第一个生命之后出现的是生态系统、人类的大脑、人类文明、经济系统和信息技术等等。我们现在正在使用这些形式的智能来增强其他的智能；信息技术加强了基因组学，也许基因组学也创造了信息技术（DNA 计算机）和化学物质，并且两者很快就能强化我们的大脑。

这个过程的一个部分是，智能不仅产生了新的智能形式，还将应用到一个又一个领域。在商业领域，一个接一个的产业自然会从主要的手工业或工业驱动转变为信息技术驱动。例如，这种转变发生在化学工业，从以炼金术为基础转变成以科学为基础，而制药产业，将从蛇油、迷信、"治疗"转变为模拟实验，继而建立在精确的知识之上。金融领域也出现了这种情况，它在很大程度上已经成为一个计算机产业；这种转变还开始在农业中发生，而农业正在成为基因工程的基础。能源应该是下一个发生转变的产业。

关于智能进化的速度有什么规则吗？有的。由于智能是获取和应用知识的能力，所以，几乎不用多说，它会随着时间的推移而增长。我们已经在生物学或文明中看到，智能可能会暂时后退（或者它的一部分可能会被摧毁）。但是这样的后退只持续一段时间，接下来它会回升并到达新的高度。

让我来提出一种几乎没有被削减的智能形式：化学。它满足了我的 4 项进化标准，但第五项——复制所写的东西的能力——通常不会发挥作用。一个分子的产生通常不会导致自动复制的发生。这里只有两个例外：晶体的形成和碳基结构。虽然晶体不能做到，但碳结构可以创造出如此令人眼花缭乱的组合，以至于我们发现一些可以自我复制的东西（RNA 和 DNA）只是时间问题。换句话说，化学最初是一个非常简单的智能系统，它产生了另一种体系——生物化学——这比化学本身复杂得多。在新系统中，智能是一种链式反应，但由于这些系统越来越复杂，它也是一个级联反应（见图 19.1）。

这也意味着，我们如果回溯历史，就会到达一个非常微小的起点。想想我们如何观察膨胀的宇宙，并得出结论：宇宙一定来自一个点，因此是一个单一事件——所谓的大爆炸。和宇宙起源一样，任何智能的出发点都是一个反常的小事件。举一个可能的例子：我们不知道地球上第一个简单的细胞是如何进化的，但它可能是一串随机形成的 RNA，可以从周围的液体中获取氨基酸组装成相同的带状物（我们知道这是可能的，因为我们可以在实验室复制）。那么，这个过程中的智能体现在哪里呢？它是关于如何组合这些带状物的知识，这些知识在它们创建时得到了应用，当这些知识在自我复制的过程中被复制时，它是持续的。

可能存在另一个例子：事情可能是这样的，原始人最早的文明迹象来自一个随机的突变，通过这一突变，原始人的能力略有改善，可以感知其他成员的意图；或者是因为我们拥有灵活的手指，可以精确地操纵事物；或者来源于 FOXP2 基因，它对我们说话能力的形成发挥着重要作用。也有可能来自这三者的组合，但它们中的每一个都很简单。作为我们基因组的一部分，我们讨论的是不到 1% 的那些差异，而就是这些微小差异使我们能够创造文明。

综上所述，由于新智能中存在层叠，以及它们之间的反馈关系，智能的自然发展速度是超指数的。

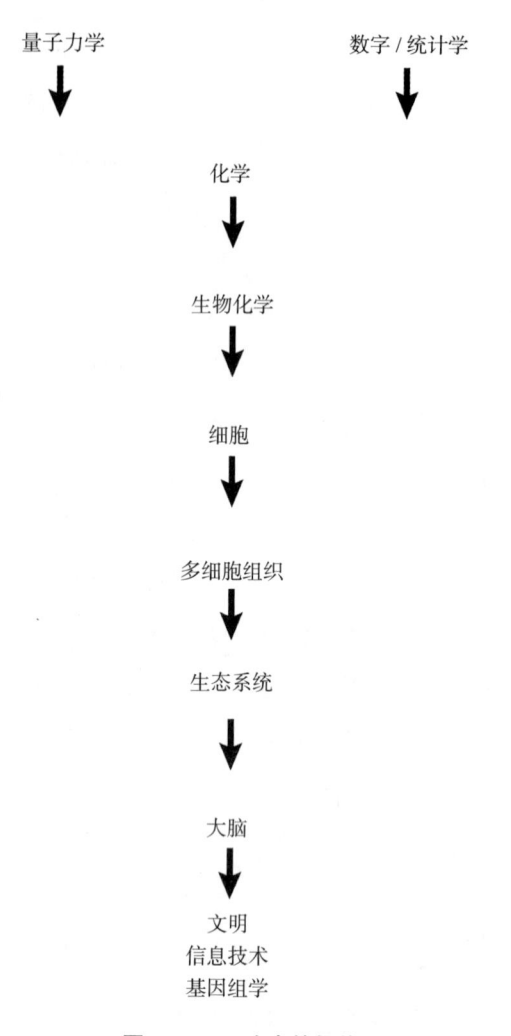

```
量子力学              数字/统计学
   ↓                      ↓
   
           化学
            ↓
          生物化学
            ↓
           细胞
            ↓
         多细胞组织
            ↓
          生态系统
            ↓
           大脑
            ↓
           文明
          信息技术
          基因组学
```

图 19.1　一连串的智能

注：每个新的智能的典范都将对之前的智能成果进行反馈，反之亦然。起初，一切事物都只是以基本的规则和化学元素而存在。像自然生态系统和人类大脑这样的智能系统，主要使用元素周期表前半部分的元素，如碳、氧、氯、硫、磷和氮。我们从中发展出了电子信息技术，而这种信息技术更多地基于元素周期表另一部分的元素，例如铁、金、银和硅。

......................⋀......................

我该怎么做呢？好吧，我想把智能的发展与文明、经济的发展相提并论，因为它们都是智能的形式。人类文明的先进形态必须是一个创造性的、去中心化的、合作的、不断发展的、全球性的生态系统。这是为什么呢？因为具有创造力的智能以及随之而来的一切，是最有效的智能形式，因此最终在竞争中胜出。这就是为什么一个没有结果的、高度中央集权噩梦的未来版本并没有出现，也永远不会实现。这也是为什么混乱只是我们经历的一个阶段，而不是最终的目的地。

我们已经走过漫漫长路。经济体系已经从地方化和相互隔绝向全球化和开放性演变。以前那种地方化、封闭性的经济体系模式曾遭受了无数次可怕的攻击。这种经济社会提供了一种单一思想的总体优势，这种思想通常被广泛的洗脑运动驱动，虽然这是多元社会无法比拟的。一些极权主义社会在一段时间内看起来很强大，因为他们动员了社会中的所有人朝一个方向前进。但这种社会迟早会落后，因为他们的制度框架不能鼓励或激励个人的创造力和创新。事实上，在这样的社会发展停滞不前时，随之而来的往往是绝对的衰落，因为在这样的社会里，个人的主动性通常会变成腐败、犯罪或暴力，随着时间的推移，社会发展的过程会变得更精细，组织得更有条理，而其他的一切都会崩溃。

从经济的角度来看，为了促进经济体系向全球性和开放性演变，你或许可以对那些能激励人们过不同生活的信息进行审查，或许可以关闭边界以阻止最具活力和创造性的人离开。

智能的规则

智能是获取和应用知识的持续能力。对于任何类型的智能发展，以下5个规则都是必要的：

- 书面语言
- 改变煽动者
- 劳动分工

- 开放标准
- 复制所写内容的方法

如果这些都是存在的,它将经历以下几个阶段:

(1) 单一单位模式
- 编写规则
- 单细胞
- 多细胞

(2) 合作模式
- 多品种
- 复杂的生态系统

(3) 创造性
- 自治
- 自觉性
- 有计划的
- 自我修改

任何形式的智能都是从一个非常小的事件开始的。随后的发展是由随机事件和竞争共同推动的,因此适者生存。当你从单细胞发展为多细胞时,它允许分工,从而加速了进展的速度。在后期,当多个物种开始进入一个生态系统时,竞争就会加剧。这加速了自然选择,从而进一步进化。一旦达到第三阶段,进步本身就会被有意识地管理并再次加速。

智能的自然发展轨迹是超指数的,原因如下:

- 每一种智能形式都创造了新的智能形式
- 不同形式的智能会相互吸引,从而形成复杂的、积极的反馈
- 创造性的智能会导致有意识的自我修正,这比自我修改要快几个数量级

第五部分 超级大脑

所以，我相信我们正朝着自由和创造力的方向前进，但是幸福是什么呢？这是一个非常有趣的问题。关于这一课题，人们已经进行了数千项研究，它也被称为"积极心理学"（研究能够使个人和社区蓬勃发展的优势和美德）。甚至还存在关于幸福研究、幸福研究机构的杂志，以及关于个人获取幸福能力的科学参考手册（《性格优势和优点：分类手册》，也被称为"CSV"）。在幸福研究领域，处于世界领先的科学家是鲁思·范荷文，他在1984年创建了世界幸福数据库。这些数据对世界各地所有科学的幸福研究的结果进行汇总、索引、分类并比较。可以说这是一个连续的元研究。

我认为你不需要阅读分类手册就知道有些人似乎比其他人更快乐，不管他们发生了什么。另一些人则患有抑郁症，尽管他们的生活看起来很好。因此，快乐与否有一部分可能是遗传的。

然而，其他的部分显然是不一样的，因为不同人群的幸福程度有很大的差异，而同一国家的平均幸福感也会随着时间的推移而发生变化。我们之所以知道这一点，是因为世界幸福数据库对这些数字进行了追踪。这些幸福研究所使用的尺度是从0分到10分，其中10分是最幸福的。中国的幸福指数为6.4分，印度为5.5分，美国为7.4分，印度尼西亚为6.1分，巴西为7.5分，巴基斯坦为5.4分，日本为6.2分。全球的无加权平均水平是5.8分，但像中国、美国、印尼和巴西这样的国家幸福指数都比较高——我认为全球平均水平大约是6分，这基本上是可以接受的。

然而，各国之间也存在着巨大的差异。20个最幸福的国家的得分范围从8.5分到7.4分不等。根据2000—2009年所有研究的平均水平，我把世界上最幸福的20个国家列在表19.1上。

这些都是欧洲和拉丁美洲的国家，或者是欧洲移民国家（美国、加拿大、澳大利亚和新西兰），这些国家的大多数人都是地球上最富有的人。

表 19.1 世界上最幸福的 20 个国家，2000—2009 年国家平均幸福指数

排名	国家	幸福指数
1	哥斯达黎加	8.5
2	丹麦	8.3
3	冰岛	8.2
4	加拿大	8.0
5	瑞士	8.0
6	芬兰	7.9
7	墨西哥	7.9
8	挪威	7.9
9	巴拿马	7.8
10	瑞典	7.8
11	澳大利亚	7.7
12	奥地利	7.7
13	哥伦比亚	7.7
14	卢森堡	7.7
15	多米尼加	7.6
16	爱尔兰	7.6
17	荷兰	7.6
18	巴西	7.5
19	新西兰	7.5
20	美国	7.4

资料来源：世界幸福数据库，平均幸福指数排名报告，10/09 版。详见网站：http://worlddatabaseofhappiness.eur.nl/index.html。

我们走到天平的另一端，研究幸福指数较低的国家，它们的得分在 4.3 分到 2.6 分之间。当你的得分低于 5 分，幸福感可能就没有那么强烈了；如果你的得分在 4 分以下，生活就会很糟糕。正如表 19.2 表格所显示的，这些人主要是非洲大陆居民，而且极度贫困。事实上，这些国家当中很少有富裕的国家。

数据库还显示了一个国家的幸福是否会随着时间而改变。只有少数发达

国家有足够的数据，可以在这方面得出可靠的结论。从 1973 年到 2008 年，追踪的 14 个国家的长期数据显示，它们中的 9 个国家的幸福感有所增加，3 个国家的幸福感几乎没有变化，2 个国家的幸福感有所下降。美国的幸福感增加了 0.35 个百分点，欧洲的 9 个国家和地区增加了 0.28 个百分点。因此，一般来说，在富裕国家中，幸福指数正在缓慢上升。

表 19.2　世界上幸福指数得分较低的 20 个国家，2000—2009 年国家平均幸福指数

排名	国家	幸福指数得分
129	刚果（金）	4.4
130	安哥拉	4.3
131	格鲁吉亚	4.3
132	利比里亚	4.3
133	卢旺达	4.3
134	埃塞俄比亚	4.2
135	阿富汗	4.1
136	喀麦隆	3.9
137	海地	3.9
138	莫桑比克	3.8
139	尼日尔	3.8
140	刚果（布）	3.7
141	马达加斯加	3.7
142	塞拉利昂	3.6
143	肯尼亚	3.4
144	贝宁	3.0
145	布隆迪	2.9
146	津巴布韦	2.8
147	坦桑尼亚	2.6
148	多哥	2.6

资料来源：世界幸福数据库，平均幸福指数排名报告，10/09 版。详见网站：http://worlddatabaseofhappiness.eur.nl/index.html。

这是为什么呢？是什么让人们感到快乐，又是什么让他们在过去的岁月里更快乐？这里所说的幸福似乎有三种不同的形式：

- 愉快的生活。讲笑话；做运动；做按摩；看一场好电影；吃爆米花；去一家意大利餐馆；在蓝色的大海里游泳；买一个古驰手袋；给你的iPod充电；开一辆很酷的车；收藏葡萄酒；玩一款很棒的电脑游戏。

- 忙碌的生活。完全融入艺术或音乐；在互联网上运营一个博客；加入一个专业的协会；学习西班牙语；坠入爱河；生育孩子；在运动中设定一个目标并实现它；攀登乞力马扎罗山；学会风帆冲浪；训练一条狗；和你的姐姐一起吃午饭；和你的朋友一起打牌。

- 有意义的生活。帮助那些需要帮助的人；尽你最大的能力培养孩子；创立一家公司；发明新技术；创造持久的美；信仰宗教；让人开怀大笑；保护弱者；取得一些成果。

这三种幸福形式的分类来自心理学家马丁·塞利格曼，而这些例子是我列举的。除了列出幸福可能的组成部分，我们还应该注意到感受不到不快乐的重要性。由于生理原因，大脑只能在有限的时间内感到兴奋。然而，它对抑郁时间的长短没有任何自然的限制。因此，避免痛苦、愤怒、无聊、悲伤和痛苦是很重要的。我认为富裕国家的人有特别好的机会避免巨大的痛苦。

根据鲁思·范荷文的观点，最重要的幸福因素是收入和自由，以及由此带来的一切。对于收入来说，只要大多数人自身收入处于良好的水平，一个国家的收入分配情况似乎并不重要。2003年，范荷文与迈克尔·哈格蒂合著了一篇论文，题为《财富和幸福的重新审视：日益增长的国家财富带来了更大的幸福》。他们发现，正如论文题目指出的那样，幸福和收入之间存在着很强的统计学意义上的相关性。

然而，对于收入来说，当它达到一个给定的阈值（低于1.5万美元）后，效果就开始趋于平稳，收入与自由的相关性是持久的：你获得的自由越多，幸福就越多。如果你可以自由地选择你的教育、工作、性取向、生活方式、配偶、信仰和生活的地方，那么这些你可以自由选择的选项带给你的幸福比你被动接受它们更能让人快乐。如果你也可以选择离婚、换工作、再次搬家或者别的事情，那就更好了。

在不同类型的自由中，经济自由是最大的幸福。从那些高度集权的国家移居到民主色彩浓郁国家的移民，其平均幸福指数上升了 2 个百分点，这是一个很大的数字。

························ ⋀ ························

我们的全球文明正在像一架没有飞行员的飞机一样高速飞行，这种文明在发展过程中所发生的事情将主要由自然力量驱动，这在很大程度上是不能停止的。通常情况下，大约 1/3 的人会反对大部分的改变；1/3 的人将对这种改变无动于衷，只要不伤害到他们自己即可；剩下 1/3 的人则渴望改变。然而，不管人们愿不愿意，事情该发生的时候就会发生，在未来的几十年里，我想我们会看到惊人的变化。计算机将在处理能力上超越人脑，我们将了解我们的思维是如何工作的。这一时期也将见证一个物种开始操纵自己的基因（事实上已经开始了）。我们还将在摆脱对化石燃料的依赖方面取得重大进展。

人类的财富将显著增加，智力将会提高，贫困将会减少，而且大多数人将把成长过程中的一部分时间用于创造性的工作、休闲、艺术和文化。此外，我们将越来越多地寻找有"故事"的产品，我们所购买的越来越多的产品将是优质、奢侈的产品。

世界还将老龄化，许多国家的劳动力人数将会萎缩。然而，这一现象带来的负面影响将在很大程度上被计算机、机器人和基因创新抵消。

全球气候也可能会变暖，我们将如何阻止这一趋势呢？我们可以增加电动汽车的使用数量。太阳能以及第二代、第三代生物燃料将成为主流。核聚变发电可以在商业领域启用。

普通人将拥有成千上万的书籍、电影和音乐曲目，这些都将以数字的形式存储在小型服务器和手持设备上。

世界上大约 80% 的人口将会继续发展，但是处于较底层的 10 亿人将会目睹频繁的混乱。全球整体上还将经历大约 2~3 个全球主要的房地产崩溃周期，随之而来的是银行业危机、3~5 个资本支出崩溃、8~10 个库存周期、12~18 个泡沫和崩溃，还有同样数量的恐慌。

然而，所有的混乱都会有一个归宿。我之前的结论是，社会的总体方向似乎是朝着自由和创造性经济的方向发展，更注重体验，也更注重人与环境之间的和谐。如果我们假设很多人会脱离贫困，如果我们相信财富和自由能让人们更快乐，那么我可以这样总结：

> 尽管世界历史上充满了动荡和挫折，但我认为人类幸福的前景总体是光明的。假设在未来的 40 年中，全球特别是新兴市场的平均收入大幅增长，社会发展趋向更自由这一总体趋势仍在继续，我认为期待人类平均幸福感的大幅提高是保守的、稳健的。

然而，我们也应该小心谨慎，因为历史经验已经表明，先进的文明也可能会进入结构性衰退。即使不能持续千年，持续数个世纪是完全可能的。这绝非我的预测，因为数十亿人会在早上起床后做一些让我们前进的事情。我们在到达目的地之前还有很多事情要做，但幸运的是，大部分事情都会完成而且至少会比较有趣——如果不能说非常有趣的话。

后　记

站在未来看现在

100年后，人们会怎么看待我们现在所处的时代？

我想，他们会以复杂的情感来看待这个问题。他们可能会认为这是一个肮脏、拥挤、混乱的时期，并伴随着恐怖分子、内战、海盗、污染、过度拥挤和外表丑陋的水泥建筑而迅速发展起来。他们也可能将其描述为一个人均智商低得惊人的时代。事实上，按照未来人们的标准，他们可能会把我们都看作愚蠢的人，包括正在阅读本书的你，这是真的。

未来的人们可能也会对人类如何死于诸如癌症、疟疾和艾滋病等可怕疾病而感到恐惧；那时，许多人被压抑，被洗脑，难以置信的是，100年前有无数人生活在贫民窟里，甚至饿着肚子上床睡觉。也许他们也会在博物馆展示贫民窟的样子。

然而，他们可能会将1980—2080年这段时间称为"第二个百年繁荣时期"。他们可能会这么说：

"第一个100年的繁荣期从1800年持续到1913年，是由工业化和全球化第一波浪潮推动的。然而，全球只有15%的人因为经济的繁荣而过上了比较体面的生活。"

他们可能还会补充：

"在从1980年到2080年的第二个100年的繁荣期，这个数字上升到80%。繁荣背后的驱动因素是一股新的全球化浪潮，以及信息技术和基因组学的发展。"

然而，当未来的人们可以这么说的时候，他们可能已经进入了"第三个百年的繁荣期"，它可能是由 5 个重大突破推动的：全球推广核聚变、人类超级智能、自动机器人、量子计算和第四代农业，通过大规模转基因植物、细菌和藻类提供食物和生物燃料。

第三个繁荣期，仅仅从上一次繁荣期结束后的 20 年就开始了，为了繁荣而付出的努力可能不再是数量上的，而是质量上的。"自由，而不是恐惧"将成为心态的一部分。"和谐，而不是仇恨""有趣，而不是大惊小怪"也同样如此。

到那时，人们几乎拥有不限量的资源，很大程度上可以用来清理过去遗留下来的污染痕迹。此外，农田可以回归自然，外表丑陋的房屋被推倒，取而代之的是一些有风格和魅力的房子。22 世纪美丽的时代将由此开篇。

我希望如此。

波动性

1. 在 2010 年至 2050 年间，存在 12~18 个金融泡沫和危机。

2. 存在 12~18 次一般性的恐慌。

3. 除泡沫、危机以及恐慌外，还有 1~3 次全球房地产崩盘，每一次都伴随着银行业危机。

4. 3~5 次资本支出崩盘。

5. 以及 8~10 个库存周期。

人口统计学

6. 全球人口增长正在减速，但在 2050 年左右达到 90 亿的人口高峰之前仍将增加大约 20 亿人口。

7. 人口增长率最高的地区将出现在非洲（+93%），中东和土耳其（+60%）。

8. 在印度（+33%）、北美（+28%）和拉丁美洲（+24%），人口增长会有所放缓。

9. 西欧和中国的人口增长水平基本稳定，大约在 18%~20% 之间。

10. 东欧国家和日本将会见证它们的人口减少大约 18%~20%。

11. 到 2050 年，大约 80% 的世界新增人口将超过 60 岁。老龄人口增加的数量相当于现在所有发达国家人口的1.6倍。90%的"银发"人口将出现在新兴市场国家。

12. 从2010年到2050年,全球城市人口将增长30亿。

13. 同一时期,全球农村人口将减少10亿,这是许多乡村和乡村住宅将面临被遗弃的结果。

14. 全球预期寿命每10年将增长约2.5年(即2010年至2050年间总共将增加10年)。在欧洲和北美地区,这一时期的预期寿命可能会增加6~7年,而在亚洲则是10年左右,而在一些较为贫穷的国家,寿命增长数将会更高。

15. 然而,到2050年年底,一些国家预期寿命的增加将开始加速,因为通过使用先进的生物技术和基因组学,预防衰老将成为一项信息技术。这可能最终将会使人类的平均寿命在未来的一个世纪内提升到150岁甚至更长。

宏观经济学

16. 经济增长在那些低收入、低税收、自由贸易、掌握英语或中文、具有容忍/创造性文化、通海航道、真实和丰富的文化以及温带或亚热带区域通常是最强劲有力的。

17. 从2010年到2050年,全球国内生产总值的实际增长率是400%,其中发达国家的人均实际收入通常增长200%~300%,而在中国、印度、巴西、俄罗斯和金钻十一国等发展中国家,人均实际收入增长率高达400%至600%。到2030年,新兴市场的经济扩张将超过目前六大经济体的总规模。

18. 到2050年,现在的大多数新兴市场国家的居民将享受到——接近或高于——经合组织国家目前的平均生活水平。世界将变得非常富有。

19. 作为经济转型的一部分,全球中产阶级人数每年将增加7000万至9000万人。

20. 此外,到2050年,各国之间的收入水平差距要比现在平均小得多。一个重要的国际经济平衡点即将到来。

21. 中国将开始成为推动世界经济增长的必要引擎,并在2040年之前成为全球最大的经济体，但从那时起，由于其人口结构的优越性，印度将成为全球经济扩张的最大贡献者。

22. 然而，现在大约有 50~60 个国家的 10 亿人口（即所谓的底层十亿人口）错过了全球化的进程。这些贫穷国家的经济将继续停滞甚至萎缩。这些国家主要分布在非洲和中东地区。

23. 许多发达国家将缺乏为"退休潮"买单的资金。许多人都将经历严重的债务危机。

战争与冲突

24. 在 2010 年到 2050 年期间可能发生大约 100 场新的战争，而这些战争可能绝大部分都来自底层 10 亿人口所在的国家，其中大部分将会是内战。

25. 到 2050 年，底层的 10 亿人口所在的国家将会发生大约 5000 起恐怖、绑架和海盗事件。

26. 两支政府军队之间的战争将变得非常罕见。

27. 另一方面，在军队和叛乱分子之间的机器人战争将会越来越普遍。

28. 军事职能将越来越多地外包给私人武装力量。

29. 我们将营造出一个针对恐怖主义问题的国际法律环境，就像在侵犯人权、犯罪和战争方面已经存在的一样。

30. 经济大国将会资助在政治上有更多话语权的国家，以换取其政治资源。

31. 美国仍将以一定的优势继续保持世界军事强国的地位。

32. 到 2050 年，庞大的帝国将是虚拟的，它们将会有机地生长。到 2050 年，将会有两个这样的虚拟帝国：一个主要由中国人组成，另一个是由拉丁/德国/盎格鲁–撒克逊人组成。很多人都会对这两者产生依恋感。

知识和科学

33. 从 2010 年到 2050 年，人类的知识量将每 8~9 年翻一番，大约增长

4500% 或者 45 倍。

34. 推动增长的一个主要因素是摩尔定律的影响，即在 2030 年之前，计算机芯片性能每 24 个月翻一倍。这种增长将通过芯片架构中不断缩小的几何图形来实现，最终在 2020 年之后达到顶峰。此后，水冷式 3D 芯片和多核芯片的设计将进一步被用于计算机性能的改进。

35. 在 2050 年之前，我们还将看到光学计算和量子计算。特别是后者，将使计算能力进一步增强。

36. 到 2020 年，最好的计算机将在数据处理能力方面与人脑一决高下。

37. 到 2020 年，计算机也将相当擅长模拟人类新大脑皮质的运转方式。这将使计算机更具有创造性和直觉性。的确，计算机将在创造性方面开始与高超的科学家、艺术家展开竞争，甚至超越他们。然而，新大脑皮质的模拟并不能给人类带来经济效益，尽管这可能使他们能够对情绪进行很好地模拟。

38. 人类知识增长的另一个主要驱动力是基因革命，正是基因革命，它将维持生产力的增长，使知识的增长与我们所看到的信息技术的发展一样。这将使我们能够理解所有生命的核心——这是人类历史上最大的智力努力。

39. 此外，人类将继续发展"元观念"——关于如何创造和传播观念的观念——这将促进知识的产生。未来主要的元观念之一将是不知疲倦地，快速地"挖掘"数字数据（阅读和理解）并从中得出结论的计算机。其中一些结论和建议将真正具有创造性，其绝对规模将远远超出人类所能达到的范围。

40. 此外，通信带宽和数字分类技术也将继续呈指数级增长。

41. 尽管计算机在很多方面都将超过人类的智力，但每隔 15 年，接受高等教育的人数将会翻一番。

42. 在这种情况下，女性平均受教育程度要高于男性。

43. 从 2010 年到 2050 年，全球平均人类智商将会提高大约 12%——主要是由于跨人种的婚姻，更好的健康和营养，以及更好的成长环境。然而，在这一时期结束的时候，人类智商的增长速度将会加快，因为一些社区将开始修改人类基因以获得更高的智力。这将是在 21 世纪下半叶创造超级人类的过程的开始，而这些超级人类的智力将几乎超出（目前）的理解能力。

44. 月球上的永久空间站将在 2025 年至 2030 年前后建成。

45. 我们将在 2030 年之前识别暗物质，并发现宇宙中最小的粒子。

46. 我们将在 2040 年之前达成一项关于"万有理论"的共识。

资源与环境

47. 污染通常会减少，尤其是在 2010~2050 年这个阶段的末期，这在一定程度上是由于财富的增加和人口增长的减速，但主要是由于大量新技术的投入，如机器人循环利用，提高农业产量的代谢工程（它只需要较少或不需要耕地和杀虫剂），第三代和第四代生物燃料，太阳能和核聚变能源等。

48. 然而，碳排放需要几十年的时间才能得到控制，因此，全球温度可能比自然温度高 1~2 摄氏度。海平面可能也会缓慢上升，但对人类造成的影响十分有限。

49. 就资源而言，我们不会耗尽任何大宗商品。在这里，最成功的行业将是农业。农业正迅速成为一种信息技术行业，其生产率增长将大大超过需求增长，尽管越来越多的土地被用作种植生物燃料。

50. 这种生产率的增长将使我们能够为野生动物腾出土地，腾出空间，同时在土地减少的情况下还能增加农业产量。

51. 淡水的供应在很大程度上仍是一个经济问题，这将困扰着底层 10 亿人口所在的国家，富裕国家虽然也受到困扰，但它们将更容易解决这一问题。

52. 能源和工业金属将出现暂时的短缺。

七个超级行业

53. 在未来的几十年里，有 7 个商业领域将特别有利可图，特别是新兴市场的增长将推动它们的增长，分别是：（1）金融。（2）房地产。（3）大宗商品。（4）新能源。（5）奢侈品行业。还有因其惊人的创新速度而上榜的两个行业：（6）IT行业将继续蓬勃发展。（7）生物技术/基因组学也将面临同样的原因，尤其是为了解决老年人口激增所带来的医疗压力，以及解决环境和资源挑战的问题，其结果将是迫切需要的。

54. 由于新兴市场目前主要是基于货币经济，并发展了信贷文化，金融行业将从中受益。此外，该行业将为全球经济提供四倍的融资，包括房地产的开发建设，为创新型初创企业和成长型公司提供资金，尤其是在其他超级行业。

55. 房地产市场将不得不为每年7500万人口建设净增长的住宅地产以及商业地产等。这将促进世界经济的大规模扩张。此外，最受欢迎的地区的土地价格将会快速增长。

56. 有一段时期，我们努力提高工业金属和能源的产出，以满足不断增长的需求。这种快速的产出导致这些行业反复出现剧烈的价格上涨，从而使大宗商品成为一个有趣的投资领域。

57. 为了弥补能源需求的短期增长，第一个重点将是升级电网、节约能源和更有效的燃煤发电。下一步是深海钻探，采用先进的回收方法——天然气–液化技术，大规模开采页岩气和提炼煤焦油。我们拥有巨大储量的页岩油也可能被投入使用。

58. 从大约2020年开始，我们可能会看到大规模的第二、第三、第四代生物燃料出现，它们是基于新的酶和基因改造的细菌、藻类和植物而形成的，包括一些具有极高"基因调整"新陈代谢功能的生物。

59. 与此同时，光伏太阳能将变得非常便宜，它将被广泛地用于建筑表面。此外，我们将在太阳能资源丰富的地区看到规模巨大的太阳能发电厂。

60. 最后，为了解决能源短缺问题，聚变能将在2040年左右进入试验期运行，并将在2050年到2100年期间进行商业推广。一旦这种方式投入使用，我们就能够拆除风车和太阳能板，因为它们被认为是景观污染。届时，能源将变得极其便宜。

61. 对奢侈品的需求将增长 5~10 倍，随着越来越多的人寻求知名品牌产品，这些产品将能够控制价格和供应，从而保持很高的定价和利润。

62. 电脑、电子身份标签、电子传感器和机器人将无处不在。它们将负责驾驶汽车、创造个人媒体、提供个性化的辅导、安全处理、垃圾分类、洗衣服和洗碗、进行科学的元研究和同行评议、管理和执行军事行动，以及使我们能够在高度仿真的虚拟环境中参与大规模的多人游戏。此外，通过观察它们的工作，并谨慎地纠正其错误和疏忽，它们还将帮助像医生一样的人执行他们的专业职能。

63. 机器人将使用一种硬编码的软件来处理诸如避免碰撞等基本的"本能"，或者通过新大脑皮质模拟学习。就整体能力而言，后者将是目前最重要的。虽然这种学习需要时间，但与生物学的情况不同，一旦它成功了，它就很容易被克隆到其他机器人身上。

64. 软件将非常擅长于编写软件，并识别隐藏在我们的知识和物理环境中的威胁和机会。

65. 计算机还将帮助我们解读生命，支持即将到来的基因组学革命，这主要是通过首次模拟整个细胞和整个生物体的能力来实现的。通过这样做，计算机将能够提出自己的药物、营养和生化生产方法的想法。这将大大加快发现和批准所有类型新的生物化学的速度。

66. 我们将研制治疗哮喘、多发性硬化症、白血病、关节炎、疟疾、高血压、风湿性关节炎、沙门氏菌感染等疾病的疫苗。

67. 普通的健康检查将取得巨大的进步，而且会变得又快又便宜。

68. 我们将轻而易举地获得具有较少或无副作用的个性化药物。例如，癌症可以在不严重影响病人的情况下有效地进行靶向治疗。

69. 我们将开始通过"逆向工程"复活已灭绝的物种，并创造一个全球诺亚方舟的遗传信息库。

70. 我们将建立大规模的燃料农场，利用转基因藻类和细菌将二氧化碳转化为燃料。第一种将位于燃煤发电厂附近，在那里转基因藻类将在出口处利用二氧化碳。

71. 我们将开始改变我们自己的基因组，以减少疾病的风险，延长寿命并提高智力等。

盈利模式和资产价格

72. 从 2010 年到 2050 年，同全球实际国内生产总值一样，全球实际财富将大约增长 400%，可变价格资产将大约增加 800 万亿美元。这种经济增长的绝大部分将来自于新兴市场国家。

73. 由于提高了创新速度，越来越多的新财富将由那些敢为人先地预见未来，迅速行动，并管理随之而来的网络效应的个人和公司所创造。

74. 此外，由于用作支出和投资的资金增加了四倍，持有/获得有限供应的资产或产品往往是一种成功的策略。能源、工业金属、领先的奢侈品品牌、限量供应的收藏品、或者溢价土地，可能会因为这个原因表现良好。

消费品

75. 房子的内墙是由"智能玻璃"制成的，只要按一下按钮，就可以变成乳白色。其中一些内墙将拥有 c 区，它们是由无触控手势操作的电脑/媒体显示器组成的，也可能被称为"媒体墙"。

76. 未来的人们还将拥有智能墙纸：整个墙壁或墙壁的大部分都可以变成媒体的显示器，或者设置一个想要的情绪或氛围。

77. 我们将得到一个包含每一部优秀电影、书籍和音乐作品的私人媒体服务器。

78. 大多数汽车的后座和乘客座椅将会接入娱乐网络，当汽车学会自动驾驶的时候，我们将有足够的时间去享受。

79. 我们最有价值的财物如果被偷了，这些财物会自动报警，警察就能追踪到它们的位置/或禁用它们。

80. 整个屋顶和墙壁都是用光伏电池做成的，这通常看起来很酷。

81. 计算机的"大脑"（CPU），键盘和屏幕将会在空间上被分离，例如，任何掌上电脑都能在附近的任何屏幕上显示它的内容。

82. 书籍的概念仍将保留在我们的身边，但这些书主要是在电子屏幕上阅读，而且通常会包含动画、电影和链接。

83. 大量的多人游戏将拥有高分辨率和环绕立体声，并且会变得非常流行。

84. 我们将借助网络诠释的真实世界来获得透明的移动电话。事实上，这可能会成为所有时代最引人注目的消费产品之一。

85. 视频会议将最终被大规模使用，因为延迟问题已经解决，更宽的屏幕/多个扬声器使用户能够分辨谁说了什么。

86. 许多小众电视节目将演变成"电视会议"。

87. 旧的媒体材料将获得逆向翻新，使它看起来或听起来是新的。

88. 我们将根据个人基因来量身定做饮食。

89. 食物将分为四大类：快餐、奢侈品、生态食品、功能食品。后者是为满足特定的营养需求或要求而定制的，将是食品中增长最快的部分。

90. 我们将会购买电动汽车，并在电价便宜的时候进行充电，尤其是在夜晚。这些电动汽车甚至可能以更高的价格将不需要的电力资源卖给电网。

91. 我们将停止制造金属汽车底盘。取而代之的是可生物降解的纤维，它的强度更大，重量更轻。

92. 主要用于长途旅行的汽车将会有空间充分的后倾式座椅，就像头等舱的座椅一样。

生活

93. 来自开放文化地区的人们将继续融合和团结共处。种族主义和民族主义将会衰落。

94. 大多数新工作都将是创造性的、服务性的或讲"故事"的行业提供的岗位。

95. 就生活方式而言，会有一种体现创造、个性和真正魅力的趋势。

96. 奢侈品、经验和讲"故事"的市场将比基本产品的市场增长更快。

97. 人们将越来越自由地定义自己、自己的灵性以及个性化的生活方式。

98. 人们将会继续追求物质享受，但会逐渐将他们的消费组合转向体验而不是产品，转向质量而不是数量。

99. 消费者会通过电子媒体所讲述的故事来寻找那些有很多故事的产品和公司，顶尖的公司将聘请专业媒体创造或讲述他们的故事，这在体育运动、金融、奢侈品、食品/健康行业尤其流行。

100. 随着我们越来越富裕，在经济和其他方面获得更大的自由，人们普遍会感到更快乐。